처음 배우는

민법 총칙

서을오 지음

처음 배우는

민법 총칙

서을오 지음

GENERAL PART OF THE CIVIL LAW FOR BEGINNERS

이화여자대학교출판문화원

머리말

이 책의 첫 장을 당신이 펼쳐서 읽기 시작했다면, 당신은 민법 공부를 처음 시작했거나, 아니면 예전에 시도했다 포기했던 민법 공부를 다시 시작했을 것이다. 어쩌면 이번이 법학에 대한 마지막 도전이라는 심정으로 반신반의하고 있을지도 모른다.

그렇다. 당신은 민법에 대해서 거의 알지 못한다. 그렇지만 어떤 사정이 있어서 ― 가령 로스쿨 진학을 계획하거나, 어떤 자격시험을 준비하려고 ― 썩 마음이 내키지는 않지만 민법 공부를 시작할 결심을 했다.

"민법을 처음 공부하는데, 내가 과연 잘 할 수 있을까?", "이번에는 포기하지 않고 끝까지 할 수 있을까?", "법학을 공부할 만한 적성이 과연 나에게 있는 것일까?"

이런 생각들이 머리 속을 스쳐 지나간다. 그래도 한 가지 긍정적인 것은, 이 책이 다른 민법 교과서만큼 아주 두껍지는 않다는 사실이다.

완전 처음이든 아니면 재도전이든, 새롭게 시작하는 마음은 그 자체로 소중하다. 내 삶의 제한된 시간과 노력을 어렵게 할애하여, 그것을 민법 공부에 투여하기로 스스로 결심했기 때문이다. 간절한 나의 발원(發願)이 어떻게 하면 소중한 결실을 얻을 수 있을까?

'첫 단추를 잘 꿰는 것이 중요하다'고들 하는데, 법과 관련된 직업을 준비하려고 법을 공부함에 있어서 첫 단추는 바로 민법이다. 찬물을 끼얹는 이야기가 될 수도 있겠지만, 민법은 법 중에서 가장 양도 많고 내용도 난해하다. 일단 좀 쉬운 내용부터 시작하여 차츰 어려운 주제로 나아간다면 공부하기에 훨씬 좋을 것 같은데, 민법이나 민법 교과서는 그렇게 친절하지 않다. 민법은 당신의 두뇌가 충분히 준비될 때까지 기다려 주지 않는다. 민법은 가장 어려운 내용으로 처음부터 '훅' 들어간다.

교재와 강의 모두, 민법 공부는 '민법 총칙'으로 시작하는 것이 정석으로 되어 있다. 민법 총칙을 배운 후에는, '재산법' 세 과목(물권법, 채권법 총론, 채권법 각론)을 공부하고, 이어서 '가족법' 두 과목(친족법, 상속법)을 배움으로써 마무리한다.

이 중에서 가장 어려운 과목은 무엇일까? 내용 면에서 보면 채권 총론이 가장 복잡하지만, 배우는 순서를 고려할 때 학습자가 가장 어렵게 느끼는 과목은 민법 총칙이다.

아니, 왜 이 어려운 과목을 제일 먼저 가르치냐고 불만을 가지겠지만 예외 없이, 모든 학교에서 민법 공부는 민법 총칙으로 시작된다.

'민법 총칙'의 비밀은 어느 정도는 그 이름에서 벌써 드러난다. '총칙(總則)'은 '공통적인 부분'을 말한다. 민법을 수식으로 표현하여 'ab(물권법) + ac(채권법) + ad(친족법) + ae(상속법)'이라고 한다면, 공통된 부분을 괄호 앞으로 끄집어 내어서 '민법 = a(b + c + d + e)'로 표현할 수 있을텐데, 이 괄호 앞의 부분(즉, a)이 바로 총칙이다.

민법 전체에 대하여 공통적으로 적용되는 부분이기 때문에 총칙을 '먼저' 배우는 것인데, 아직 뒷부분(ab + ac + ad + ae)을 배우지 않은 상태에서 총칙을 배운다는 점이 문제이다.

민법의 내용에 대하여 아직 아무런 지식도 없는 초보자에게 특히 총칙은 어렵게 느껴진다. 이상적인 학습의 순서는, 재산법과 가족법을 먼저 배우고 나서 총칙을 가장 나중에 배우는 것이다. 그러나 현실은 그 반대이다.

그래서 민법부터 시작하여 법 공부를 본격적으로 해 나가려던 당신의 거창한 결심은, 민법 총칙이라는 완고한 방파제에 부딪혀 한풀 꺾이고 만다. 민법 총칙을 통해 시작되는 법 공부는 왜 이다지도 어렵고 낯설까?

대학생 시절의 저자는 민법 총칙이라는 첫 단추를 심하게 잘못 꿰었다. 그 여파로 민법 전반은 물론이고 법 공부 자체를 싫어하게 되었다. 법 공부에 대한 이러한 부정적인 태도는 대학 시절 전체를 지배했다. 기계적으로 법학 수업을 듣고 학점을 따기는 했지만, 법 공부에 대해서는 애정도 미련도 없었다. 법대를 졸업할 때가 가까워지자, 이후에 무엇을 할지가 너무나 막막했다. 여느 친구들처럼 사법시험을 열심히 준비하지도 않으면서, 그렇다고 법이 아닌 다른 분야에 대한 적성을 발견한 것도 아니었다. 법학 도서관에서 열심히 공부를 하는 다른 학생들의 모습을 보면서도, 나는 무엇을 해야 할지 알지 못했다. 졸업 이후의 미래가 두렵게 느껴졌다.

나는 대학 졸업 이후 법과는 완전히 무관한 삶을 살 예정이었다. 그러나 우연한 계기를 통하여 나는 법대 대학원에 진학하게 되었다. 대학원 과정을 마친 이후에는 독일 정부가 주는 장학금을 받아 독일에서 공부를 이어갈 수 있었고, 결국 법학 박사학위를 받았다. 이후에는 이화여자대학교(2003년부터 법과대학, 2009년부터는 법학전문대학원)에서 법제사 · 로마법 · 민법을 가르치는 교수로서 20년 이상 일해왔다.

대학 시절에 민법 공부에 아무런 흥미도 느끼지 못했던 나는, 역설적이게도 학생들에게 민법을 가르치는 교수가 되면서, 대학 시절 자신을 좌절에 빠뜨렸던 바로 그 질문, 즉 민법 총칙이라는 첫 단추를 어떻게 꿰면 좋을지 하는 문제를 더 이상 회피할 수는 없었다.

민법에 대한 실패는 과거의 나 한 명이면 충분하다. 내가 가르치는 학생 중에 단 한 명이라도 민법을 포기하는 일은 막아야 한다. 내가 맡은 민법 총칙 수업을 통하여, 민법이 결코 어렵지 않고 충분히 공부해 볼 만하며, 오히려 무척이나 재미있다는 생각을 학생들이 할 수 있다면 얼마나 좋을까.

그래서 이 책은, 민법 특히 민법 총칙은 어렵고 지겹다는 고정관념에서 벗어나, 민법 공부의 재미를 독자에게 소개하는 것을 목표로 한다. 민법이 어려워서 법 공부를 포기하는 것이 아니라, 오히려 민법이 재미있어서 다른 법도 더 열심히 공부하게 만들고 싶다. 올바른 방법과 적절한 조언이 뒷받침된다면, 누구든지 민법 총칙을 '즐겁게' 공부할 수 있다고 생각한다.

이 책을 쓰면서 많은 분들의 도움을 받았다. 대학 시절 저자가 민법과 법학에 대해서 완전히 포기하고 있었을 때조차도, 법학 공부에 대한 희망을 잃지 않게 해주셨던 박병호 교수님, 대학원 시절의 지도교수셨고 올바른 학문하는 자세의 모범을 보여주신 최병조 교수님, 독일 유학 시절 지도교수로서 생활과 학문 모든 면에서 나를 이끌어주신 베르톨드 쿠피쉬(Berthold Kupisch) 교수님께 감사드린다.

이화여대에서 교수로서 일을 하기 시작한 이후로 꾸준하게 가르쳐주고 이끌어주신 송덕수 교수님께 특히 감사드린다. 이 책의 많은 부분은 송 교수님의 너무나도 훌륭한 교과서들을 모범으로 하여 서술되었다. 저자가 민법 총칙에서 처절하게 실패했던 것이 자신의 잘못만이 아니라, 잘못된 교수 · 학습 방법에도 원인이 있음을 일깨워주신 오수

근 교수님께도 진심으로 감사드린다. 특히 오 교수님의 훌륭한 교과서(『기업경영과 법』, 홍문사, 2021)는 이 책에 대한 직접적인 자극이자 격려가 되었다.

이 책의 출간을 흔쾌히 결정하고 교재개발지원까지 해주신 이화여자대학교출판문화원의 주소현 원장님, 책이 나오기까지의 모든 과정을 꼼꼼하게 도와주신 이혜지 주간님, 편집의 전 과정을 전담해주신 이지예 편집자님께 특히 감사드린다. 마지막으로 그동안 저자의 강의에 함께해준 이화여자대학교 학생들에게 진심으로 감사한다. 함께 열심히 공부해준 그들이 없었다면 이 책은 결코 세상에 나올 수 없었다.

민법 공부를 처음 시작한 이 책의 독자들과 내 강의의 학생들이, 민법의 재미와 아름다움을 꼭 발견할 수 있기를 진심으로 기원한다. 그 여정에 여러분의 조력자로서 함께하게 된 것을 큰 영광이자 기쁨으로 생각한다.

2024년 가을의 길목에서

저자 서을오

차례

6부 권리의 주체와 객체

일러두기

1. 용어의 이해를 위하여 꼭 필요한 경우에는 한글에 한자(漢字)를 병기했다.

2. 본문에서 학설을 소개할 때 그것을 주장하는 학자의 이름은 밝히지 않는 것을 원칙으로 했다.

3. 법조문이나 판결을 인용할 때 이해의 편이를 위하여 필자가 임의로 추가한 부분은 [ ] 안에 표기했다. 판결문의 경우에 이해를 돕기 위하여 추가한 한자는 ( ) 안에 넣었다.

4. 판결의 인용에 있어서는 다음과 같은 방식으로 표기했다.
   대법원 전원합의체 판결 → 대판(전)
   대법원 결정 → 대결
   지방법원 판결 → 지판
   고등법원 판결 → 고판
   대법원 1983. 6. 14. 선고 80다3231 판결 → 대판 1983.6.14, 80다3231

5. 민법 조문을 인용할 때에는 법명(法名: 법의 이름)을 쓰지 않았으나, 다른 법과 혼동할 우려가 있는 경우에는 사용했다. 민법이 아닌 법에 대해서는 법명을 썼으며, 자주 사용되는 법의 경우에는 다음의 약칭을 사용했다. 직전에 언급된 법이 다시 인용된 경우에는 동법('같은 법'이라는 뜻)이라고 했다.
   민: 민법
   민소: 민사소송법
   상: 상법
   헌: 헌법
   형: 형법

6. 조문번호는 숫자로만 인용했고(가령 433은 민법 제433조를 의미), 항의 경우에는 원 안의 숫자로 표기했다(가령 1 ①은 제1조 제1항을 의미). 또한 '본'은 본문, '단'은 단서를 의미한다. 한 개의 조문이나 항이 두 개 이상의 문장으로 이루어진 경우에는 각각의 문장을 '1문', '2문'으로 표기했다. 하나의 문장이지만 앞뒤 부분을 쪼개어 인용할 경우에는, 앞 부분을 '전반', 뒷 부분을 '후반'으로 표기했다.

7. 이 책만의 독특한 약어를 다음과 같이 사용했다.
   判: 판례
   通判: 통설·판례
   多判: 다수설·판례
   通: 통설
   多: 다수설
   少: 소수설
   eg.: exempli gratia(예를 들면)
   NB.: Nota bene(주의하라)

8. 외국어에 대한 약어는 다음과 같이 사용했다.
   라: 라틴어
   영: 영어
   독: 독일어
   불: 불어

1부

민법 공부를 위한 준비운동

본격적인 민법 공부를 하기에 앞서 가볍게 몸을 푸는 의미에서, 이 책이 다른 민법 책들과 어떤 점에서 다른지를 설명한다. 아울러 민법이 왜 중요한지, 민법 공부가 법 공부에 있어서 얼마나 필수적인지도 짚어본다.

1장 이 책의 목적

'처음 배우는'의 의미

이 책의 제목은 그냥 민법 총칙이 아니라, '처음 배우는' 민법 총칙이다. 저자는 민법을 '처음 배우는' 사람들을 위하여 이 책을 썼다. 법 공부, 특히나 민법 공부는 어렵고 지루하기로 악명이 높다. 민법에 어느 정도 익숙한 상태에서도 민법 공부를 지속하는 것은 어렵고 괴로운 일인데, 더구나 민법을 '처음' 배운다면 얼마나 힘들까?

사실 모든 공부는 쉽지 않다. 어떤 새로운 내용을 이해하고 익혀서 내 것으로 만드는 데에는 상당한 노력이 필요하며 큰 고통이 따른다. 민법을 배우는 과정 역시 다른 분야처럼 매우 고통스럽다. 이 어려운 공부를 쉽게 할 수 있는 방법이 과연 존재한다면, 그것은 무의식적인 착각이거나 의식적인 사기일 것이다.

민법 공부가 더욱 어려운 이유 중의 하나는, 우리가 보는 민법 책들(교과서, 교재 등)이 무척이나 '어렵게' 쓰여 있기 때문이다. 책의 내용이나 민법전의 조문을 읽다 보면 이것이 우리말로 되어 있는 책이 맞는지 의문이 든다. 법률가들은 글을 쓸 때 그 내용을 법률가가 아닌 사람들은 절대로 이해하지 못하도록 쓰는 것은 아닐까 싶을 정도이다. 도대체 법은 왜 이렇게 어려운 것일까?

대부분의 법학 책이나 법전은 법에 대해서 상당히 잘 알고 있는 독자를 예상하며 서술되어 있다. 법학 교재라면 법을 처음 배우려는 학생들을 위한 책이니 조금 쉽게 쓰여 있으면 좋을텐데 대부분의 책은 그렇지 못하다. 저자들은 관련된 법학 이론을 빠짐없이 완벽하게 서술하는 데에는 열심이지만, 법을 처음 공부하는 초보자에 대한 배려는 거의 하지 않는다.

그러나 이 책의 목표는 다르다. 민법에 관하여 이미 많이 나와 있는 완벽하고 훌륭한 교과서들과 감히 경쟁하려 하지 않는다. 목표는 오로지 하나이다. 가능하면 독자들이 민법의 기초적인 내용을 '쉽게' 이해할 수 있도록 돕는 것이다. '어려운' 민법을 '쉽게' 배운다는 것은 일종의 형용모순(oxymoron: 의미상 양립할 수 없는 말을 함께 사용하는 수사법)일지도 모른다. 법을 과연 쉽게 배울 수 있을까?

물론 민법 중에서도 정말로 쉽고 '말랑말랑한' 내용만을 골라서 가르친다면 누구라도 쉽게 이해할 수 있을 것이다. 그러나 그랬다가는 민법의 극히 일부만을 배우게 될 뿐이다. 그것은 이 책이 의도하는 바와는 거리가 멀다. 이 책은 민법의 핵심적인 내용을 (비록 그것이 매우 어려운 부분이라 하더라도) 제대로, 그렇지만 가능하다면 '쉽게' 이해하는 것을 목표로 하고 있기 때문이다.

이 목표가 어떻게 하면 실현될 수 있을까? 저자는 두 가지에 중점을 두고자 한다.

첫째, 저자 역시 독자와 마찬가지로 민법에 관하여 '백지상태'인 채로 출발한다. 즉 민법을 '처음' 공부하는 독자도 충분히 이해할 수 있도록, 최대한 간결하고 쉽게 설명할 것이다. 이러한 자세를 책의 마지막 문장까지 유지하고자 노력할 것이다.

둘째, 독자가 민법 공부에 재미를 느낄 수 있도록 자극하고 격려할 것이다. 법 역시 다른 공부에서와 마찬가지로 그 지식을 완전히 나의 것으로 만들기 위해서는 능동적이고 적극적인 자세가 꼭 필요하다. 저자가 제시하는 특정한 법적 문제에 대하여 독자도 함께 고민하고 올바른 답을 찾고자 고민해야만 한다. 독자의 능동적인 참여를 유도하기 위하여 저자는 이 책에서 가능하면 많은 예제를 제시했다.

총칙과 각칙

이 책은 민법 중에서도 주로 '민법 총칙'을 다루고 있지만, 꼭 필요한 경우에는 '채권법 각론'이나 나머지 부분에 해당하는 내용도 자주 설명하고 있다.

민법은 크게 다섯 부분으로 이루어져 있다. 즉 총칙, 물권법, 채권법, 친족법, 상속법이다. 민법에 관한 가장 기본적인 법률인 '민법전(民法典)' 역시 이러한 틀에 입각하여, 제1편 총칙(제1조~제184조), 제2편 물권(제185조~제372조), 제3편 채권(제373조~제766조), 제4편 친족(제767조~제996조), 제5편 상속(제997조~제1118조)이라는 다섯 개의 '편(編)'으로 이루어져 있다.

'총칙(總則)'은 원래 독일에서 유래한 용어인데, '일반적인 부분'(독 Allgemeiner Teil, 영 general part)이라는 뜻이다. 즉 민법 전체에 대하여 '일반적'으로, 즉 '공통적'으로 적용되는 부분을 중복을 피하려고 맨 앞으로 끄집어 내놓은 것이다. 마치 수학에서 ab + ac + ad + ae를 간략하게 a(b + c + d + e)로 표시하는 것과 비슷하다.

가령 민법 제2조 제1항은 "권리의 행사와 의무의 이행은 신의에 좇아 성실히 하여야 한다."라고 규정하고 있는데, 이것은 '신의성실의 원칙'이라고 부르는, 민법의 모든 영역에 적용되는 기본적인 원칙이다. 즉 이 규정은 물권법과 채권법은 물론이고 친족법과 상속법 등 영역을 가리지 않고 민법 전체에 공통적으로 적용되므로 민법전의 가장 앞 부분인 '총칙'에 집어넣은 것이다.

이처럼 뒤에 나오는 부분 중에서 일반적·공통적인 부분을 모아 정리하여 '총칙'이라는 이름으로 앞에 두는 방식은 민법전의 곳곳에서 반복적으로 사용되고 있다.

'총칙' 방식의 사용

민법 전체에 대한 '공통적 부분'은 민법 전체의 '총칙'이므로 '민법 총칙'이라고 부른다. 그런데 이 방법을 '민법 총칙' 부분만 한정하여 다시 한번 적용하게 되면, 제1조부터 제184조까지로 이루어진 규정들 중에서도 다시 '일반적인 부분'을 '총칙의 총칙'이라고 볼 수 있다. 그래서 실제로 우리 민법은 총칙 중에서 제1조와 제2조를 나머지 제3조부터 제184조까지의 내용과 분리하여 하나의 장을 할애하고 '제1장 통칙'이라고 부르고 있다. 원래는 '총칙의 총칙'이라 불러야 하겠지만, 용어의 중복과 혼동을 피하기 위하여 '총칙'과 같은 의미를 가진 '통칙(通則)'이라는 말로 바꾸었다. 그래서 '제1편 총칙'의 제1장은 '통칙'이다.

민법전의 '제3편 채권' 부분도 같은 방식으로 구성되어 있다. 채권법 전체에 적용되는 일반적인 내용이 '제1장 총칙'으로 되어 있고, 제373조부터 제526조까지의 규정이 여기에 해당한다.

민법의 내용 중에서 일반적이고 공통적인 부분만을 따로 모아서 '총칙'이라고 부른다면 총칙을 제외한 나머지 부분은 무엇이라고 할까?

정답은 '각칙(各則)'이다. 즉 일반적인 부분은 '총칙'이 되어 앞으로 빠져 나가고, 나머지 구체적이고 개별적인 부분들이 '각칙'이 된다.

채권법의 각칙

채권법의 제1장 총칙을 제외한 나머지 부분, 즉 제527조부터 제766조까지의 내용이 채권법의 '각칙'이 된다.

채권법 교과서 중에는 '채권법 각론'은 있지만 '채권법 각칙'은 없다. '각칙'과 '각론'의 차이는 무엇일까? '총칙'이나 '각칙'의 '칙(則)'은 '규칙' 또는 '규정'을 뜻한다. 한편 '론(論)'은 특정 주제에 관한 학문적 '논의'를 의미한다. 따라서 교과서나 교재들의 제목은 총칙이나 각칙이 아니라 총론이나 각론이다. 채권법 각칙에 대한 책은 채권법 각론이 되는 것이다.

그렇다면 민법 총칙에 대한 책도 민법 총론이 되어야 할 것이고 실제로 그런 제목을 가진 책들도 있지만, 관행적으로 민법 총칙이라는 표현이 더 많이 쓰이고 있다. 이 경우에는 총칙이라는 용어가 '규정'과 '책'이라는 두 가지 의미를 모두 담게 된다.

공부 순서의 재구성

한 가지 더 지적할 사항이 있다. 이 책은 일반적인 민법 총칙 교과서의 순서를 그대로 따르지 않는다. 왜 굳이 순서를 바꾸어 서술하는지를 설명하기 위해서는, 일반적으로 학부나 법학전문대학원(로스쿨)에서 민법의 세부 과목을 배우는 순서를 먼저 살펴보아야 한다. 학교마다 약간씩의 차이는 있지만 민법을 공부하려면 제일 먼저 민법 총칙을 배우고, 이어서 물권법과 채권법(양이 많아서 채권법 총론과 채권법 각론으로 나누어 배운다)을 학습한 후, 마지막으로 친족법과 상속법을 공부하는 것이 일반적이다. 요컨대 민법 공부의 시작은 민법 총칙인 경우가 대부분이다.

앞서 보았듯이 총칙이라는 것은 뒤에 나오는 내용 중에서 일반적이고 공통적인 부분을 앞으로 따로 모은 것이다. 그러다 보니 총칙의 내용을 제대로 이해하려면 뒤에 나오는 구체적 내용들, 즉 각론에 해당하는 내용들을 미리 알고 있어야 한다.

간단한 예를 하나 보자. 민법 제176조는 시효의 중단과 관련하여 "압류, 가압류 및 가처분은 권리자의 청구에 의하여 또는 법률의 규정에 따르지 아니함으로 인하여 취소된 때에는 시효중단의 효력이 없다."라고 규정하고 있다. 그런데 아직 압류·가압류·가처분이 무엇인지, 또한 그것들의 '취소'가 무엇을 의미하는지 전혀 모르는 사람이 '시효중단'을 제대로 이해할 수 있을까?

민법을 '처음' 공부하는 사람은 민법의 구체적인 내용이 담겨 있는 뒷 부분(즉 각론)을 아직 공부하지 않은 상태이다. 그런데 민법 공부를 민법 총칙부터 시작하게 되면 학습자 입장에서는 민법 총칙이 민법 중에서도 가장 '어려운' 부분으로 느껴지게 된다. 민법 공부의 첫 단추에 해당하는 민법 총칙이 이렇게 어렵다 보니, 학습자는 민법 공부 자체에 대한 흥미를 잃게 되고 아예 법 공부를 포기해버리기도 한다.

그렇다면 민법 총칙 공부를 어떻게 하면 잘할 수 있을까? 가장 좋은 방법은 먼저 뒷 부분(각론)을 배우고 나서 총칙을 배우는 것이다. 그러나 현실적으로 모든 학교에서 민법 총칙을 가장 먼저 가르치고 있다는 상황을 고려한다면, 차선책은 총칙을 배우면서도 끊임없이 뒷부분의 내용과 관련지어가며 총칙과 각론을 함께 공부하는 것이다.

민법의 여러 각론 부분들 중에서도 총칙과 가장 잘 어울리는 것은 무엇일까? 민법을 통틀어 가장 중요하며 분량도 많은 부분은 채권법이므로 총칙과 채권법을 함께 공부하면 좋을 것이다. 그런데 채권법 총론은 내용이 상당히 추상적이어서 초보자에게는 매우 어렵다. 반면 채권법 각론은 일상에서 흔히 접하는 계약들을 주된 대상으로 하므로 초보자 입장에서도 비교적 이해가 쉽다. 그러므로 민법 중 가장 추상적이고 어려운 부분인 총칙과, 가장 구체적이면서 비교적 이해가 쉬운 채권법 각론을 연결지어 함께 공부한다면 민법 총칙 공부의 어려움이 다소나마 줄어들 수 있다는 것이 저자의 생각이다. 이 책은 민법 총칙의 주요 주제들을 다루면서 그와 관련되어 있는 채권법 각론이나 민법의 다른 부분을 함께 소개하고자 한다.

예를 들어 총칙 중에서 특히 어려운 대목이 '의사표시'에 관한 부분인데, 이것은 구체적인 '계약'의 체결에 대하여 미리 알고 있어야 제대로 이해할 수 있다. 그래서 이 책에서는 매매와 같은 가장 기본적인 계약에 대하여 먼저 설명하고 계약이 무엇인지, 또한 계약은 어떻게 체결되는지를 다룬다. 그런 후에 계약으로부터 도출된 추상적 개념인 '의사표시'와 '법률행위'를 설명할 것이다.

서술의 분량과 난이도

서술 분량 면에서 이 책은 민법 총칙이 3/4, 채권법 각론을 중심으로 하는 기타의 내용이 1/4 정도를 차지하고 있다. 이 책은 다른 교과서들처럼 민법 총칙의 모든 내용을 완벽하게 소개하는 것을 목표로 하지 않는다. 반드시 알아야 하는 '최소한'만을 제시한다.

서술 난이도 측면에서 이 책의 수준은 일반적인 교양 법학 수업의 교재보다는 높지만 로스쿨에서 경험하는 본격적인 민법 강의의 교재보다는 낮다. 따라서 이 책은 민법 총칙이나 채권법 각론이 시험 과목으로 되어 있는 상당수의 자격 시험이나 공무원 시험 준비에 도움이 될 수 있다. 이 책으로 민법의 기본적인 개념과 원리를 익힌 다음, 본격적인 시험 준비를 위한 기출 문제집 등으로 보완하면 좋을 것이다. 이 책을 통하여 민법의 기본에 익숙해진다면 로스쿨에서 수업을 들을 때에도 훨씬 이해가 쉬울 것이다. 모쪼록 이 책이 민법 공부의 즐거움에 눈을 뜨게 만드는 계기가 되고, 여러분이 준비하고 있는 시험이나 다음 단계의 공부에 도움이 된다면 저자로서는 더 이상 바랄 것이 없겠다.

2장 민법의 중요성

호흡하는 공기와 같은 민법

법을 한 번도 공부하지 않은 사람이라도 헌법 제1조는 들어보았을 것이다.

> **헌 제1조** ① 대한민국은 민주공화국이다.
> ② 대한민국의 주권은 국민에게 있고, 모든 권력은 국민으로부터 나온다.

불가침의 기본적 인권과 행복추구권을 규정한 헌법 제10조는 인간의 존엄성과 가치에 대한 너무나도 당연하고 본질적인 내용을 담고 있다.

> **헌 제10조** 모든 국민은 인간으로서의 존엄과 가치를 가지며, 행복을 추구할 권리를 가진다. 국가는 개인이 가지는 불가침의 기본적 인권을 확인하고 이를 보장할 의무를 진다.

이처럼 헌법은 모든 법 중에서 가장 높은 위치를 차지하며, 인간의 기본권 및 국가 통치 구조의 핵심적인 내용을 규정하고 있다.

한편 헌법과 더불어 우리의 생활 속에서 큰 자리를 차지하고 있는 법이 형법이다. 형법은 어떤 행위가 범죄가 되는지, 그 범죄에 대해서는 어떤 형벌이 부과되는지를 규율한다. 가령 절도죄와 폭행죄에 관한 형법의 조문을 보자.

형 제329조(절도) 타인의 재물을 절취한 자는 6년 이하의 징역 또는 1천만원 이하의 벌금에 처한다.

형 제260조(폭행) ① 사람의 신체에 대하여 폭행을 가한 자는 2년 이하의 징역, 500만원 이하의 벌금, 구류 또는 과료에 처한다.

언론 매체를 통하여 보도되는 수많은 사건·사고들은 헌법이나 형법과 관련되어 있는 경우가 많다. 그래서 우리는 거의 자동적으로 헌법이나 형법이 가장 중요한 법이라고 생각한다. 반면 민법은 특별히 그것에 대해 공부하지 않았다면 우리의 일상생활에서 그다지 부각되지 않는다. 어떤 일이 실제로는 민법을 통하여 해결될지라도, 우리는 민법이 작동되었음을 거의 알아채지 못한다.

헌법이나 형법은 우리가 비교적 명확하게 '법'이라고 인식하고 있는 데 비하여, 민법은 그것이 어디 있는지, 과연 적용되고 있는지조차 알 수 없는 경우가 많다. 이 차이는 어디에서 왔을까?

우리가 맛집을 방문하여 아주 맛있는 메밀국수 한 그릇을 먹었다고 하자. 시원한 국물과 향긋한 면발이 감동을 준다. "이게 진짜지."라는 탄식이 절로 나온다. 헌법이나 형법은 어떤 면에서 이 메밀국수와 비슷하다고 할 수 있다. 우리가 맛있는 음식에 즉각적으로 반응하는 것처럼, 보통 때에는 법에 대해서 무관심하다가도 사회적으로 큰 반향을 일으키는 사건·사고를 접하면 헌법이나 형법의 막강한 힘을 체감하기 때문이다.

그런데 메밀의 향기에 감탄하는 순간에도 우리는 여전히 숨을 쉬고 있었다. 물론 우리는 이 사실을 인식조차 하지 않았다. 맛있는 메밀국수를 먹지 않아도 그럭저럭 살 수는 있겠으나, 신선한 공기를 들이마시지 않고는 생명을 유지할 수 없다. 우리는 살아 있는 동안 줄곧 숨을 쉬고 있기 때문에, 특별히 호흡기 질환을 앓게 되는 때가 아니고서는 호흡이 얼마나 중요한지를 거의 느끼지 못한다. 민법은 우리가 호흡하는 공기와 비슷하다. 인간이 살아 있는 동안 민법과 무관하게 생활하기란 극히 어렵다. 우리의 일상생활이 원활하게 이루어질 수 있도록 보이지 않는 뒤편에서 열심히 일하고 있는 법이 바로 민법이다.

사회에서 민법이 하는 역할은 크게 두 가지이다. 하나는 경제활동을 돕는 것이다. 메밀 가게에서 내가 국수 한 그릇을 사 먹는 것을 민법의 측면에서 살펴보면, 매매라고 하는 계약이 체결되고 이행된 것이다. 만약 국수를 먹고 나서 국숫값을 내지 않았다면 가게 주인은 나를 상대로 국숫값을 청구할 수 있어야 하는데, 이것은 매매계약이라는 법적 약속이 이미 성립했기 때문에 가능하다.

민법의 다른 중요한 역할은, 가족 관계를 중심으로 하여 인간관계의 기본 틀을 구성하는 것이다. 나는 메밀 가게에 혼자 간 것이 아니라 좋아하는 사람과 데이트를 하기 위해서 갔고, 우리는 국수 맛에 반한 나머지 서로를 더욱 좋아하게 되었다. 그 후 우리는 약혼을 하고, 결혼(법률용어로는 '혼인')을 하고 아이를 출산하게 되었다. 약혼, 혼인, 부부 사이, 부모 자식 사이와 관련된 법적 문제는 모두 민법의 영역이다. 혹시나 내가 이혼을 하게 되는 경우에도 그와 관련된 여러 복잡한 문제들은 모두 민법이 처리한다.

재산법 vs. 가족법

이러한 민법의 두 역할 중에서 전자의 영역을 '재산법'이라 하고, 후자의 영역을 '가족법(친족상속법)'이라고 한다. 이 책은 거의 대부분 재산법 문제만을 다룬다.

이렇게 우리는 대부분의 순간에 있어서 민법 없이는 살 수가 없다. 민법은 우리 일상생활의 거의 모든 부분을 다루는 법이다. 평범한 사람들의 평범한 일상 속에서 벌어지는 온갖 자질구레한 일들이 모두 민법의 영역이다. 너무 평범해서 우리 눈에 두드러져 보이지 않을지라도, 민법은 보이지 않는 뒤에서 우리를 도와 생활 속의 어려운 문제들을 해결해주는 역할을 한다. 우리는 매 순간 공기처럼 민법을 호흡하면서 살아간다.

민법은 모든 법의 어머니

민법으로부터 나머지 모든 법들이 갈라져 나왔고, 민법 공부가 다른 모든 법 분야를 제대로 이해하기 위한 기초가 됨을 알기 위해서는 법의 역사를 간략하게 살펴볼 필요가 있다.

오늘날 우리가 너무나 당연하게 우리 자신의 것이라고 믿고 있는 한국 법은 사실 많은 부분 서구법의 영향을 받아 만들어졌다. 그리고 다시 서구법의 역사를 살펴보면 그 뿌리가 된 것은 로마법이었다. 법의 천재였던 로마인들은 인류 역사에 있어서 전무후무하게 법을 고도로 발전시켰다. 서구인들은 이 로마법을 기초로 하여 중세 이후에 대학을 중심으로 법학을 발전시켰고, 대학이 이탈리아를 넘어서서 유럽 전체로 확산됨에 따라 로마법도 함께 전파되었다.

원래 로마인들이 특별하게 발전시킨 법의 영역은 민법이었다. 민법은 개인들 사이에서 발생한 분쟁, 특히 경제적인 다툼을 해결하는 법의 분야이다. 헌법이나 형법처럼 국가와 개인 사이의 어떤 문제를 다루는 것이 아니라, 대등한 개인 간에 발생한 사건을 다룬다. 따라서 민법 문제에 있어서는 법률가가 절대 권력(그것은 왕, 종교, 아니면 다른 어떤 우월적 존재일 수도 있다)의 눈치를 볼 필요 없이 자유롭고 합리적인 해결책을 모색할 수 있었다. 로마법이 발전시킨 민법의 내용은 비슷한 경제적 문제가 발생하는 곳이면 어디에서나 공통적으로 적용될 수 있었던 것이다.

그러므로 중세 이후에 대학에서 가르치던 법은 특정 지역이나 국가에만 적용되는 법이 아니라, 시대와 지역을 초월하는 보편성을 가진 로마법이었으며 그 핵심은 당연히 민법이었다. 그다음으로 민법에서 점차 독립하여 독자적인 영역을 확보하게 된 법 분야가 상법이었다. 민법과 상법을 합쳐서 사법(私法)이라고 부르는 데서도 알 수 있듯, 결국 서구법의 출발은 공법이 아니라 사법이었던 셈이다.

헌법이나 형법과 같이 오늘날에는 엄청난 중요성을 가지는 법들도 민법에 비하면 그 역사가 매우 짧다. 민법은 고대 로마 시대부터 발전했으므로 2천 년 이상의 역사를 가지고 있지만, 근대적 형법전의 출발점이라 할 수 있는 독일의 카롤리나 형법전(Constitutio Criminalis Carolina)은 1532년에, 세계 최초의 성문헌법인 미국 헌법은 1787년에야 만들어졌다. 행정법, 노동법 등과 같은 다른 법들의 역사는 더욱 짧아서 19·20세기에 와서야 시작되었다.

민법은 법적 사고 방식의 훈련장

그러나 민법이 이렇게 다른 법 분야들에 비하여 압도적으로 오래되었다는 사실만으로 민법이 다른 법보다 중요하다는 결론을 바로 도출할 수는 없다. 가령 오늘날 매우 각광받고 있는 분야인 지식재산권법이나 조세법, 경제법 등의 역사가 짧다고 해서 그런 법들이 덜 중요하다고 할 수는 없기 때문이다.

오히려 법의 역사에서 우리가 주목해야 하는 점은, 변화하는 사회의 모습이 새로운 법 분야의 출현을 필요로 했을 때 그 새로운 영역은 자신들의 학문적 기초를 어디로부터 마련했을까 하는 측면이다.

중세 이후 서구에서의 법 발전을 살펴보면 사법이 아닌 공법의 영역에 있어서도 그 출발점과 기초가 된 것은 로마법, 그리고 로마법을 중심으로 하여 발전한 민법학이었다. 서구의 법률가들은 로마법과 민법에서 발전시킨 여러 법적 제도와 학설, 법적 추론의 방식을 기초로 하여 나머지 법 분야를 점차적으로 발전시켜나갔다. 법의 분야는 달라도 '법적으로 생각하는 방법'은 민법에서 배워 왔다는 이야기이다. 이런 의미에서 민법은 다른 모든 법의 '어머니'라고 할 수 있다. 적어도 학문적인 의미에서는, 다른 모든 법이 민법으로부터 '탄생'했다고 볼 수 있기 때문이다.

근대법의 아버지라고 일컫는 후고 그로티우스(Hugo Grotius, 1583~1645)는 자신의 책 『갈리아인들에게 보내는 편지(*Epistolae ad Gallos*)』(CLVI, 1633)에서 다음과 같이 말한다.

> 고귀한 인간에게 있어서 법 공부만큼 값어치 있는 일은 없다. 첫째, 인간을 다른 인간과, 나라를 다른 나라와 연결하는 법의 공부, 또한 조국의 법의 공부가 그러하다. 이것의 적지 않은 부분은 로마법으로 이루어지는데, (…) 로마법의 타당성은 많은 부분에 있어서 명확하지만, 특히 계약과 불법행위에 관한 부분에서 그러하다. 그래서 로마법은 로마인들이 무기로 정복하지 않은 민족들에게서도 성행하며, 그것도 위력에 의한 것이 아니라 오로지 자신의 정의(正義) 덕택에 승리하는 것이다.

그로티우스는 법 공부가 고귀한 인간들을 위한 가치 있는 일임을 강조하면서, 법 공부의 상당한 부분이 로마법에 관한 것이라고 말하고 있다. 특히 그는 로마법 중에서도 계약법과 불법행위법이 탁월하다는 점을 강조하는데, 이 두 가지를 합한 채권법이야말로 민법 전체 중에서 가장 중요한 부분이라고 주장한다. 그는 로마 채권법이 가지는 합리성 덕택에 많은 민족이 그것을 받아들였다고 본다. 그로티우스가 이렇게 말한 지 거의 400년이 흘렀음에도 로마법과 민법이 가지는 핵심적 가치는 여전히 유지되고 있다.

결론적으로 법 공부의 핵심은 민법 공부이다. 민법을 잘하게 되면 다른 법의 공부는 그렇게 어렵지 않다. 민법에서 훈련된 법적 추론 능력이 다른 분야에서도 똑같이 활용될 수 있기 때문이다. 반대로 민법 공부를 소홀히 하여 흥미를 잃게 되고, 결국 민법 실력이 부실하게 된다면 변호사 시험이나 사법시험에 합격하기는 매우 어렵다. 혹시나 요행으로 합격하여 법조인 자격을 얻더라도 그 사람의 미래는 암담할 수밖에 없다. 특정한 법적 문제에 직면했을 때 그것을 혼자서 해결할 수 있는 법적 사고의 훈련이 덜

되어 있기 때문이다. 민법은 아주 시시콜콜하고 사소한 문제를 다루며 일상생활에서 흔히 벌어지는 대수롭지 않은 사건들만을 가지고 씨름하는 것처럼 보이지만, 거기에서 훈련된 법적 사고방식(흔히 '리걸 마인드(legal mind)'라고 부른다)이 수천억 원이 왔다 갔다 하는 큰 소송을 이길 수 있는 밑거름이 되는 것이다.

민법의 현실적 중요성

민법은 변호사 시험처럼 법률가를 선발하는 시험이나 다른 자격 시험에서 매우 중요한 과목이다. 변호사 시험의 경우를 보면 민사법, 공법, 형사법, 선택과목(7과목 중 하나를 선택한다) 영역으로 나누어 시험을 치르게 되는데, 그 총점이 각각 700, 400, 400, 160점이다. 비율로 따져본다면 1.75 : 1 : 1 : 0.4가 되므로, 민사법(민법, 상법, 민사소송법)은 공법과 형사법에 비하면 무려 75%, 선택과목과 비교한다면 338% 더 많은 배점을 차지하는 셈이다. 다른 자격 시험, 가령 행정사, 세무사, 변리사, 법무사, 공인중개사 시험 등에서도 민법은 제1차 시험의 과목에 포함되어 있다.

민법은 시험 준비를 위해서만 중요한 것이 아니다. 관록 있는 유명 법률가들의 조언을 들어보면 이구동성으로 민법 공부의 중요성을 강조한다. 일하는 분야와 상관없이 민법이야말로 법적 사고의 출발점이 됨을 실무에서 절실히 경험했기 때문이다.

굴지의 로펌에서 대표변호사로 일하는 노련한 법률가가 자기 사무실 서가의 가장 가까운 곳에 놓아두고 어려운 사건이 있을 때마다 참고하는 책은 무엇일까? 저자가 만난 한 대표변호사는 한국 민법학계의 대표 학자로 손꼽히는 고(故) 곽윤직 교수의 민법 교과서라고 이야기한 바 있다. 또한 우리나라를 대표하는 S 그룹의 법률 분야 최고책임자(사장)는 저자에게, "민법 노트를 작성하라."는 말을 학생들에게 꼭 전달해달라고 당부했다. 민법 노트는 따로 판매하는 책이 아니라, 자기 스스로 공책에 민법의 조문을 적고 그 아래에 중요하다고 생각되는 사항들을 메모한 것을 말한다. 처음에는 단순히 조문만을 베낀 것이 되어 별 내용이 없을 것이다. 하지만 민법 공부를 해 나가면서 점점 내용을 추가하다 보면 몇 년이 지났을 때에는 제법 두툼한 분량이 될 것이다. 그만큼 그 노트를 작성한 사람의 법적 역량도 성숙해져 있을 것이라는 전언이었다.

요컨대 법률가라면 구체적으로 어떤 분야에서 일하든 관계없이 민법 공부를 통해 법적 추론의 방법 및 민법의 기본 지식을 익히고 훈련해야 한다. 그러한 지식과 훈련이 실제로 발생하는 법적 문제를 해결하는 데 있어서 가장 기초가 된다는 것은 누구나 인정하는 바이기도 하다.

영화 <하버드 대학의 공부벌레들>

티머시 바텀즈(제임스 하트 역), 린지 와그너(수잔 필즈 역) 등이 주연한 영화 <하버드 대학의 공부벌레들(The Paper Chase)>(1973)은 주인공인 하트가 하버드 로스쿨에 입학하여 첫 시간 수업을 받는 장면에서 시작한다. 이 수업은 악명 높은 킹스필드 교수가 담당하는데, 그 과목이 다름 아닌 계약법(contract law: 우리의 채권법에 해당함)이다.

실제로 미국의 모든 로스쿨 학생들은 1학년 첫 학기에 반드시 계약법을 수강해야 한다. 이 과목이야말로 법 공부에 있어서 가장 기초가 되기 때문이다. 앞서 그로티우스도 이미 지적했지만, 계약법이야말로 민법의 핵심이다.

존 하우스먼이 연기한 킹스필드 교수는 압도적인 권위와 카리스마로 로스쿨에 막 입학한 애송이 하트를 압도한다. 하트는 이 계약법 수업에 적응하지 못하여 학교를 그만둘 위기에까지 처하지만, 점차 계약법 공부에 전념하면서 킹스필드 교수의 사랑을 받는 우수한 학생으로 성장하게 된다. 심지어 그는 교수의 외동딸 수잔과 사랑에 빠지는데, 저자는 이것이 그가 민법과 사랑에 빠지게 되는 유비(類比)처럼 생각되었다. 민법 공부를 제대로 못하면 법조인이 되는 것은 거의 포기해야 하지만, 반대로 민법 공부를 잘하면 훌륭한 법률가가 되는 탄탄대로에 오르는 셈인 것이다.

존 제이 오스본의 소설을 원작으로 하는 이 영화에는 킹스필드 교수에 관한 멋진 묘사가 나온다. 법을 공부하는 학생이라면 한 번쯤 음미해볼 만한 대목이다.

> 킹스필드 교수는 절대로 웃는 법이 없고 외골수이다. 그러나 그는 계약법을 살고 호흡하며 잠잔다. (Professor Kingsfield never smiles, has a one-track mind. But he lives, breathes, and sleeps contract law.)

2부

계약은 민법의 출발점

계약은 민법의 시작이자 끝이라 할 수 있을 정도로 가장 중요한 제도이다. 여기서는 대표적인 세 계약, 즉 교환, 증여, 매매를 먼저 살펴보고, 민법이 정하고 있는 나머지 12가지 전형계약을 배운다. 이어서 계약이 유효하게 성립하기 위해서는 어떤 요건이 충족되어야 하는지 검토한다. 내친 김에 계약으로부터 파생한 보다 일반적·추상적 개념인 의사표시와 법률행위에 대해서도 살펴보고, 끝으로 권리란 무엇인지, 권리 행사의 한계를 설정하는 신의성실의 원칙은 어떤 것인지 알아본다.

3장 교환, 증여, 매매

I 교환

1. 교환의 개념

예제 1

A는 딸기를, B는 수박을 재배한다. A는 딸기 20kg을 B에게 주고, B는 그 대가로 한 달 후에 수박을 수확할 때가 되면 (무게가 각각 10kg 이상 되는) 수박 2통을 A에게 주기로 서로 합의했다. 이 약속대로 A는 B에게 딸기를 주었으나, 한 달 후 수박 수확이 시작된 이후에도 B는 A에게 수박을 주지 않았다. A는 B에게 수박 2통을 청구할 수 있나?

우리의 민법 공부는 **계약**으로부터 시작된다. 가장 간단하고 기본적인 세 가지의 계약, 즉 **교환, 증여, 매매**를 배워보자. 계약의 보다 일반적인 의미는 뒤(제5장)에서 자세히 보기로 하고, 여기에서는 우선 교환이 어떤 계약인지를 살펴본다.

예제들의 서술 방식

이 책에서는 이해를 돕기 위하여 예제들이 자주 제시된다. 그 예제들은 특정한 법적 분쟁(이러한 분쟁의 가장 대표적인 예는 재판이다)을 간략하게 서술한다. 예제마다 최소 2명의 사람이 등장하는데, 상대방에게 무언가를 '요구'(법에서는 일반적으로 '청구'라고 한다)하는 사람(재판에서는 '원고')을 이하에서는 항상 A로 표시한다. 반대로 이러한 청구나 요구를 받는 사람(재판에서는

'피고')을 이하에서는 항상 B로 표시한다. 예제에 따라서는 인물들이 더 등장하기도 하는데, 그런 때에는 C, D, E와 같은 식으로 표시한다.

이 책에서 등장하는 대부분의 예제는 A가 B에게 무엇인가를 청구하는 내용이며, 우리는 그 청구가 타당한지, 즉 법적인 근거를 가지고 있는지를 검토하게 된다.

사례 문제에서 우선 명확하게 해야 하는 '4가지'(청구인, 피청구인, 청구의 내용, 청구의 법적 근거)를 앞의 예제 1에 적용해보면, 청구인은 A, 피청구인은 B, 청구 내용은 수박 2통이다. 청구의 근거는, 딸기 20kg을 받는 대신 B가 A에게 수박 2통을 주기로 한 약속(합의)이다. 만약 이 약속이 법적인 힘(효력)을 가진다면, A는 B에게 재판을 통하여 수박 2통을 청구할 수 있을 것이다.

2. 호의관계, 법률관계

예제 1에서는 A와 B의 합의 또는 약속이 계약이 되는 경우도 있을 수 있고(그렇다면 법적 효력이 생기게 되어 가령 A가 B에게 소송을 통하여 청구할 수도 있다), 그렇지 않은 경우도 있을 수 있다. 후자의 경우 A와 B가 그런 내용의 약속을 하기는 했지만, 그 약속이 법적인 힘을 가지지는 못하고 단지 도덕적 혹은 윤리적인 구속력만을 갖게 된다. 그런 경우 B가 수박 2통을 주지 않는다면 A는 B에게 도의적인 책임을 물을 수는 있겠지만, 소송을 통하여 수박 2통을 청구할 수는 없을 것이다.

예제 1의 해결

A와 B의 합의를 교환계약으로 볼 수 있는 경우 A는 B에게 수박 2통을 청구할 수 있다. 반면 A와 B의 합의에 법적 효력을 인정하기는 어려운 경우 A는 B에게 수박 2통을 청구할 수 없다. 이 경우 B는 수박 2통을 A에게 줄 '도덕적' 의무를 부담하더라도 '법적' 의무는 부담하지 않는다.

이처럼 사람들 사이의 약속 혹은 그 약속을 통하여 이루어지는 인간관계에 대하여 법적 책임이 아닌 도의적 책임만을 물을 수 있는 경우를 **호의관계**(好意關係)라고 부른다. 이것은 약속의 준수가 오로지 당사자의 호의에 맡겨져 있다는 의미이다. 즉 당사자가 원한다면 약속을 지켜도 되겠지만, 약속을 지키지 않아도 법적 책임을 물을 수는 없다는 뜻이다. 반대로 법적 책임을 물을 수 있는 인간관계는 **법률관계**(法律關係)라고 한다.

사람들 사이의 약속이 법적 효력을 가지는 경우, 우리는 그러한 약속을 일반적으로 계약이라고 부르고, 예제 1과 같은 경우에는 구체적으로 교환계약이라고 부른다. 우리 민법은 교환계약을 다음과 같이 정의한다. 이처럼 특정 개념이나 제도를 정의하는 조문을 **정의규정**(定義規定, definition clause)이라고 부른다.

> **제596조(교환의 의의)** 교환은 당사자 쌍방이 금전 이외의 재산권을 상호이전할 것을 약정함으로써 그 효력이 생긴다.

이 조문에서 특히 주목해야 할 부분은 '금전 이외의 재산권'이다. A는 딸기의, B는 수박의 재산권(구체적으로는 소유권)을 상대방에게 넘겨주기로 약속했다. 즉 A나 B가 재산권을 넘겨주기로 한 물건은 둘 다 금전이 아니어야 한다. 가령 A는 딸기의 소유권을 넘겨주고 B는 그 대가로 5만 원을 주기로 하는 약속을 두 사람이 했다면, 그것은 교환계약이 아니라 매매계약이 된다. 요컨대 교환계약이 되려면 양 당사자가 상대방에게 넘겨주는 물건이 어느 한 쪽이라도 금전이어서는 안 된다. 만약 어느 한 쪽이라도 금전이면 그것은 매매계약이다(매매에 관해서는 뒤의 III.에서 자세히 다룬다).

약정, 약속, 합의, 계약

앞의 조문에서는 두 사람 사이의 약속을 '약정'이라고 표현하고 있다. 일상생활에서는 '약속'이라고 부르는 것을 법에서는 '약정'이나 '합의'로 주로 표현하는데, 가장 일반적인 표현은 '계약'이다.

II 증여

예제 2

딸기를 재배하는 B는 한 달 후에 딸기를 수확할 때가 되면 딸기 20kg을 A에게 (아무런 대가를 받지 않고) 주기로 구두로(즉 문서를 작성하지 않고 말로만) 서로 합의했다. 한 달 후 딸기 수

확이 시작되었지만 B는 A에게 딸기를 전혀 주지 않았다. A는 B에게 딸기 20kg을 청구할 수 있나?

1. 유상·무상계약

앞에서 본 교환에 관한 예제 1은 딸기와 수박을 서로 대가로서 주고 받는 것에 관한 내용이었다면, 예제 2에서는 B가 A에게 대가를 받지 않고 딸기를 주기로 약속했다. 이처럼 한 사람이 다른 사람에게 무상으로(즉 대가를 받지 않고) 재산을 주기로 하고, 받는 사람도 그것을 받기로 하는 합의를 **증여계약**이라고 한다. 그러므로 대가를 주고 받는지 여부에 따라 계약을 분류하는 경우 증여계약은 **무상계약**(주기만 하고 대가를 받지 않음)에 속한다. 한편 교환계약은 **유상계약**(주기도 하고 대가를 받기도 함)에 속한다.

민법은 증여계약을 다음과 같이 정의한다.

第554조(증여의 의의) 증여는 당사자 일방이 무상으로 재산을 상대방에 수여하는 의사를 표시하고 상대방이 이를 승낙함으로써 그 효력이 생긴다.

경제적인 측면에서 보면 증여는 재산을 일방적으로, 또 대가를 받지 않고 다른 사람에게 주는 것이지만, 법적인 측면에서 보면 주의할 점이 있다. 다음 항에서 살펴보자.

2. 증여는 계약

우선, 증여는 '계약'이므로 재산을 주는 사람(증여자)의 의사만 중요한 것이 아니라 재산을 받는 사람(수증자[受贈者])의 의사도 마찬가지로 중요하다. 이 점이 조문에서는 "상대방이 이를 승낙함으로써"라고 표현되어 있다. 재산을 주려는 증여자의 의사와 재산을 받는 수증자의 의사가 일치하는 것을 **합의**라고 한다. 일반적으로 말하자면, 계약이 성립하기 위해서는 최소한 두 사람 이상의 합의가 있어야만 한다.

여기서 의문이 하나 생긴다. 재산을 주려는 사람의 의사만 가지고도 (상대방의 의사를 확인하지 않고) 재산이 상대방에게 넘어가는 것이 법적으로 과연 가능할까? 즉 증여계약에서는 증여자와 수증자 양쪽의 의사가 모두 고려되고 두 사람의 의사가 일치(즉 합의)하는 경우에만 계약이 법적인 효력을 가졌는데(조문에서는 "효력이 생긴다."로 표현됨), 주는 쪽의 '일방적 의사'만 가지고도 재산이 상대방에게 넘어가도록 하는 것이 법적으로 가능하겠는가?

정답은 '아니요'이면서 동시에 '예'이다. 원칙적으로는 안 되지만 예외적으로 허용되는 때도 있기 때문이다. 주는 쪽의 일방적 의사에 의해서 다른 사람에게 재산을 주는 것은 원칙적으로는 허용되지 않는다. 재산을 받는 것이 경제적으로 보면 이득이 되겠지만, 받는 사람의 개인적 자유(선택권)를 침해하는 것이 되기 때문이다. 따라서 받는 사람이 동의하는 경우에만 재산을 줄 수 있도록 하는 것이고, 이러한 민법의 취지가 반영되어 있는 것이 바로 증여계약이다.

원칙과 예외

법에서는, 특히 민법에서는 어떤 '원칙'이 있는 경우에 거의 확실하게 '예외' 또한 존재한다. 수많은 사람들 사이에서 발생하는 온갖 복잡다기한 문제들을 민법이 해결하다 보니 예외 없는 원칙이 없는 것이다. 예를 들어 민법 제56조(사원권의 양도, 상속금지)는 "사단법인의 사원의 지위는 양도 또는 상속할 수 없다."라고 규정하고 있다. 이 조문만 보면 사원권은 양도나 상속을 할 수 없는 권리라고 생각하게 된다. 그러나 제56조는 강행규정(당사자의 의사로도 변경할 수 없이 우선적으로 적용되는 규정, cf. 105)이 아니기 때문에, 사원권을 양도나 상속하는 것이 가능할 수도 있다. 다음의 판결을 보자.

대판 1992.4.14, 91다26850

"사단법인의 사원의 지위는 양도 또는 상속할 수 없다"고 한 민법 제56조의 규정은 강행규정은 아니라고 할 것이므로, 정관[定款: 법인의 운영에 관한 기본 규칙]에 의하여 이를 인정하고 있을 때에는 양도 · 상속이 허용된다.(* 밑줄과 [ ] 안의 보충 설명 부분은 저자가 추가한 것이며, 실제 판결문에는 밑줄과 보충 설명이 없음. 이하에서도 마찬가지)

법의 천재였던 로마 법률가들은 법률(특히 민법) 규정 또는 규칙이 가지는 숙명적인 한계를 다음과 같이 표현했다. 여기서 'D.'는 동로마제국 유스티니아누스 대제가 편찬한 로마법대전의 일부인 '디게스타(Digesta)'를 뜻하는 약자이다. 이것은 로마 법률가들의 저작을 발췌하여 정리한 책으로, 모두 50권으로 이루어져 있다. '50,17,202'는 (디게스타의) 제50권 제17장 제

202절을 가리킨다. 괄호 안의 부분은 원문의 출처를 밝혀주는데, 이 글이 로마 법률가 야볼레누스가 쓴 『서간집』 제11권에서 발췌되었음을 말해준다.

야볼레누스, D. 50,17,202 (서간집 제11권)
Omnis definitio in iure civili periculosa est: parum est enim, ut non subverti posset.
시민법의 모든 정의(定義)는 위험하다. 뒤집히지 않을 경우가 드물기 때문이다.

법을 공부한다는 것은 이러한 사물의 복잡다기한 성격을 두루 살펴볼 수 있는 능력을 기르는 것기도 하다. "A는 B이다."라는 원칙만 고집할 것이 아니라, "A는 B가 아닌 경우도 있다."라는 예외까지 함께 고려할 수 있는 것이 보다 성숙한 법률가의 자세이다. 따라서 법률가가 되기 위한 공부는 법조문이나 학설, 판례를 철저히 외우는 것만으로는 부족하다. 복잡한 인간 세상의 밝고 어두운 면까지 함께 들여다볼 수 있어야 한다. 법률가는 항상 자신의 시야가 제한적이고 편협함을 잊지 말아야 한다. 겸손한 마음으로 의뢰인의 마음과 사정을 돌보고, 세상에는 자신이 모르는, 너무나 많은 진실과 허위가 있음을 솔직하게 인정할 수 있어야 한다.

3. 유증, 단독행위

예외적으로, 주는 쪽의 일방적 의사에 의하여 타인에게 재산을 수여하는 것은 주는 사람이 사망하는 경우에 유언을 통해서만 가능하다. 즉 증여를 원하는 사람이 사망하는 경우에는 상대방의 동의를 얻어서 재산을 줄 수 없기 때문에, 유언에서 내 재산을 받을 사람을 내가 '일방적'으로 정하기만 하면 그 사람에게 그 재산이 부여되도록 할 수 있다. 가령 유언에 "서울특별시 종로구 창의문로11길 100-1에 있는 주택은 내 친구 김갑돌에게 준다."라고 쓰면 된다. 이러한 제도를 **유증**(遺贈)이라고 한다.

물론 유증의 경우에도 유증을 받는 사람(수증자)이 재산을 받기를 원하지 않는다면, 개인의 자유를 최우선의 가치로 삼는 민법은 당연하게도 재산 취득의 거절을 허용한다. 다음 조문에서 '승인'은 유증을 받겠다는 의사를, '포기'는 유증을 받지 않겠다는 의사를 의미한다.

제1074조(유증의 승인, 포기) ① 유증을 받을 자는 유언자의 사망후에 언제든지 유증을 승인 또는 포기할 수 있다.

어쨌든 보통의 경우에는 수증자가 유증을 승인하여 재산을 취득하게 될 것이다. 여기서의 '승인'은 증여계약이 성립하기 위해 필요했던 수증자의 승낙만큼 '적극적' 의미의 것은 아니고, 재산 취득을 거절하지 않겠다는 '소극적'인 의미를 가지는 것이다. 이것을 달리 표현하자면 다음과 같다. 증여계약이 성립하기 위해서는 증여자와 수증자의 두 의사가 일치해야 한다. 즉 계약이 성립하기 위해서는 적어도 두 개의 의사가 일치해야 한다. 반면 유증의 경우에는 재산을 수여하고자 하는 유증자의 의사 하나만 있으면 충분하다. 수증자 입장에서는 유증자의 사망 이후에 재산 취득을 '포기'할 수 있으나, 이것은 '유증' 그 자체와는 별개의 독립적인 행위이다.

유증과 같이 어떤 사람의 일방적인 의사에 의해서 법적 효력을 발생시키는 행위를 일반적으로는 **단독행위**라고 한다. 즉 단독행위는 하나의 의사만 있어도 성립할 수 있다. 반면 **계약**이 성립하기 위해서는 적어도 두 개의 의사가 있어야 하고, 이 두 의사가 서로 일치하여야(즉 합의를 이루어야) 한다.

4. 낙성계약

예제 2에서 B는 A에게 한 달 후 딸기 20kg을 증여하기로 합의했으나, 이 합의 내용은 문서로 작성되지는 않았고 그냥 구두로만 이루어졌다. 이러한 경우에도 이 증여계약의 법적 효력이 인정되는가?

증여계약이 비록 구두로만 이루어졌다고 해도 문서로 작성된 경우와 아무런 차이 없이, 그 계약에는 100%의 법적 효력이 인정된다. 이처럼 오로지 당사자의 합의만 존재한다면, 그것이 구두로 이루어졌거나 문서로 작성되었거나, 아니면 다른 어떤 방식으로 이루어졌든 관계없이 성립하는 계약을 **낙성계약**(諾成契約, consensual contract: 한자로는 당사자의 '승낙'으로 성립하는 계약이라는 의미가 되지만, 영어로는 '합의'에 의한 계약이라고 보다 정확히 표현됨)이라고 한다.

우리 민법이 인정한 일상생활에서 자주 사용되는 중요한 계약들 중 15가지는 아예 민법전에서 규정하고 있는데, 이 계약들은 가장 대표적이고 전형적(typical)인 계약이어서 **전형계약**이라고 한다. 이 중 현상광고(cf. 675. 현상광고를 계약이 아니라 단독행위로 보는 견해도 있음)를 제외하면 나머지는 모두 낙성계약이다. 이미 공부한 교환, 증여는 물론이고, 앞으로 배울 매매, 임대차, 고용, 도급 등도 모두 낙성계약이다. 그러므로 계약이면 거의가 낙성계약이라고 할 수 있을만큼, 오로지 합의만 있으면 되고 다른 무엇도 필요로 하지 않는다는 것은 계약의 본질적인 특성이라고 할 수 있다.

5. 불요식계약

증여계약에서는 계약이 성립하기 위해 일정한 방식(형식)이 요구되지 않는다. 그러한 계약을 **불요식계약**(不要式契約)이라고 한다. 보다 일반적으로는, 일정한 방식을 요구하지 않는 법률행위를 불요식행위라고 한다. 교환·증여·매매도 불요식계약이며, 민법의 거의 모든 계약은 불요식계약이다.

반대로 일정한 방식을 갖추어야만 성립하는 계약은 **요식계약**이라고 한다. 가령 남녀 사이의 혼인도 민법의 입장에서는 일종의 계약인데, 이러한 혼인계약에서 요구되는 합의는 반드시 혼인신고라는 절차 또는 형식을 거쳐야만 한다. 즉 혼인계약은 혼인신고라는 방식을 요구하는 요식계약이다.

증여는 불요식계약이므로 반드시 증여계약서가 작성될 필요도 없고, 증여 의사가 서면으로 표시될 필요도 없다. 그런데 증여 의사가 (반드시 계약서일 것까지는 없지만) 서면형태로 표시되었는지 여부는 증여의 해제 여부에 영향을 미친다. 해제는 당사자 중 어느 한쪽의 일방적 의사에 의하여 계약의 효력을 소멸시키는 것을 말한다(상세한 내용은 뒤의 9장에서 다룸).

제555조(서면에 의하지 아니한 증여와 해제) 증여의 의사가 서면으로 표시되지 아니한 경우에는 각 당사자는 이를 해제할 수 있다.

대판 2003.4.11, 2003다1755

서면에 의한 증여란 증여계약 당사자 사이에 있어서 증여자가 자기의 재산을 상대방에게 준다는 증여의사가 문서를 통하여 확실히 알 수 있는 정도로 서면에 나타난 증여를 말하는 것으로서, 비록 서면의 문언 자체는 증여계약서로 되어 있지 않더라도 그 서면의 작성에 이르게 된 경위를 아울러 고려할 때 그 서면이 바로 증여의사를 표시한 서면이라고 인정되면 이를 민법 제555조에서 말하는 서면에 해당한다고 보아야 한다.

예제 2의 해결

비록 A와 B가 구두로만 증여계약을 체결했다 하더라도, 문서로 체결한 증여에 비하여 효력이 약한 것은 아니다. 따라서 A는 B에게 딸기 20kg을 청구할 수 있다. 그런데 B가 A에게 아직 딸기를 주지 않은 상태라면(법적으로는 아직 '이행을 하지 않았다면'이라고 표현함), B는 이 증여를 해제할 수 있다(555). 즉 이 계약을 일방적으로 소멸시킬 수 있다. 그런 경우 B는 A에게 딸기를 줄 법적 의무가 없다. 만약 B가 A에게 이미 딸기를 주었다면, 비록 증여는 해제할 수 있다 하더라도 이미 준 딸기를 돌려달라고 청구할 수는 없다(558).

이 밖에도 민법은 증여를 해제할 수 있는 다른 경우들을 규정하고 있다(556, 557).

한편 부동산을 증여하여 소유권을 이전하는 경우에는 계약서에 시장·군수·구청장의 검인(형식적 요건을 갖추었는지 검토한 후, 기재에 이상이 없다는 것을 확인하는 도장)을 받아 등기신청을 할 때 제출하도록 의무화하고 있으며(부동산등기 특별조치법 3), 등기신청을 해태하면 과태료가 부과된다(동법 11). 물론 이 검인이 없어도 증여 자체가 성립하는 데에는 지장이 없다(즉 검인이 성립요건은 아님).

III 매매

예제 3

A는 B에게 딸기 20kg을 10만 원에 사기로 서로 합의했다. 그리고 합의 즉시 A는 10만 원을 B에게 지급했다. A는 B에게 딸기 20kg을 청구할 수 있나?

1. 유상계약

드디어 매매계약이다. 민법의 핵심이 계약이라면, 계약 중에서 가장 중요하고 일상생활에서도 가장 많이 쓰이는 계약이 매매이다. 그래서 앞으로 배우는 계약에 관한 거의 대부분의 내용은 매매를 기준으로 한다. 아울러 매매에 관한 내용은 다른 계약에 대해서도 '표준적'으로 적용된다(물론 예외적으로 적용되지 않는 경우도 있음). 그래서 민법은 이러한 매매계약의 '일반적' 성격을 다음과 같이 규정하고 있다.

> **제567조(유상계약에의 준용)** 본절의 규정은 매매 이외의 유상계약에 준용한다. 그러나 그 계약의 성질이 이를 허용하지 아니하는 때에는 그러하지 아니하다.

유상계약이 무엇인지는 이미 배운 바 있다. 유상계약은 증여와 같은 무상계약(대가를 받지 않고 주기만 함)과 달리, 서로 '주고 받는' 계약이다. 이런 유상계약의 '대표 선수'가 매매계약이므로, 매매계약에 관한 규정(앞의 조문에는 '본절의 규정', 즉 민법의 '매매에 관한 절의 규정'이라고 표현되어 있다)은 다른 유상계약들에도 똑같이 적용된다는 것이 제567조의 취지이다.

준용 vs. 유추 적용

'준용(準用)'이란 특정 규정을 '기준'으로 삼아서 다른 유사한 경우에도 '적용'하는 것을 말한다. 가령 앞의 제567조에 근거하여, 매매에 관한 규정들은 임대차계약에도 '준용'된다. 이렇게 하면 동일한 내용의 조문을 반복적으로 규정하는 것을 피할 수 있어서 편리하다.

'준용'과 비슷한 것으로 '유추(類推) 적용'이 있다. 이것 역시 하나의 규정을 유사한 다른 경우에도 적용하는 것을 말한다('유추'는 글자 그대로는 '유사함에 근거한 추론'을 의미함).

그런데 '준용'과 '유추 적용'에는 결정적인 차이가 있다. '준용'을 위해서는 그 근거가 되는 규정이 있어야 한다는 것이다. 제567조에서도 그랬지만, 다음의 예를 보자.

> **제597조(금전의 보충지급의 경우)** 당사자 일방이 전조의 재산권이전과 금전의 보충지급을 약정한 때에는 그 금전에 대하여는 매매대금에 관한 규정을 준용한다.

'금전의 보충지급'이라는 것은 교환계약에서의 다음과 같은 특수한 상황을 말한다. 가령 A가 딸기 20kg을 B에게 주고, B는 A에게 수박 2통을 주기로 합의했는데(교환계약), B의 수박 한 통을 벌레가 먹는 바람에 B가 A에게 수박 1통과 5만 원을 주기로 새롭게 합의했다고 하자. 이것은 새로운 교환계약이며, 벌레 먹은 수박 한 통 대신에 금전을 지급하기로 한 것('보충지급')이다. 제597조는 이와 같이 금전을 보충지급하는 경우 교환에 대한 규정이 아니라 매매에 대한 조문들을 '준용'하라고 규정하고 있는 것이다. 제567조나 제597조와 같이 준용의 근거가 되는 규정들을 '준용 규정'이라고 부른다.

2. 매매계약의 당사자와 목적

매매는 모든 계약 중에서 가장 중요하고 많이 쓰이기 때문에 계약의 '여왕'이라고 부를 수 있다. 이러한 매매를 민법은 다음과 같이 규정하고 있다.

제563조(매매의 의의) 매매는 당사자 일방이 재산권을 상대방에게 이전할 것을 약정하고 상대방이 그 대금을 지급할 것을 약정함으로써 그 효력이 생긴다.

물건을 파는 사람, 즉 '재산권을 상대방에게 이전할 것을 약정'하는 사람을 **매도인**(예제 3의 B)이라고 하고, 반대로 물건을 사는 사람, 즉 '대금을 지급할 것을 약정'하는 사람을 **매수인**(예제 3의 A)이라고 한다.

앞의 제563조에 따르면 매도인은 '재산권'을 넘겨주기로 약속('약정')하는 사람이고, 매수인은 '대금'을 넘겨주기로 약속하는 사람이다. 재산권이든 대금이든 그냥 넘겨주면 될 것 같은데 왜 굳이 민법은 '약정', 즉 (넘겨주기로) 약속하는 것이 매매계약이라고 규정하고 있을까?

이에 대한 대답은 아주 간단하지만, 민법의 매우 중요하고 기본적인 원칙을 담고 있으니 반드시 기억해야 한다. 즉 민법이 계약을 굳이 '약정하는 것'이라고 규정하는 까닭은 '약정(약속)을 하는 것'과 그 약속을 '실제로 지키는 것'을 구별하고 있기 때문이다. 즉 우리가 '계약'이라고 부르는 것은 '약속'을 하는 것으로 끝나며, 실제로 그 약속을 지키는지(즉 채무를 이행하는지) 여부는 별개의 문제(주로 '채무불이행' 제도에 의해 해결)로 취급한다는 뜻이다.

계약의 성립 vs. 계약의 이행

그동안은 설명하지 않고 슬쩍 넘어갔지만, 이미 배운 '교환'이나 '증여'에서는 물론이고 다른 모든 계약들에 있어서도 민법은 합의에 의해 계약이 이루어지는 단계('계약의 성립'이라고 부름)와 그 계약이 실제로 지켜지거나 지켜지지 않는 단계('계약의 이행 또는 불이행'이라고 부름)를 구별한다.

민법이 번거롭게도 이 두 단계를 구별하는 이유는 무엇일까? 예를 들어 동네 빵집에서 단팥빵 1개를 2천 원에 구입하는 경우를 생각해보자. 나는 단팥빵을 집어들고서 계산대로 간 후

현금 2천 원을 점원에게 준다. 이 과정을 민법의 눈으로 지켜보면 다음과 같은 일들이 벌어진다. 내가 단팥빵을 골라서 계산대로 가져가는 데까지가 매매계약이 체결되는 과정이고(즉 매매계약이 성립했음), 내가 2천 원을 점원에게 주는 것은 이 매매계약에 따른 매수인의 의무인 매매대금 2천 원의 지급을 내가 수행(민법에서는 '이행'이라고 한다)하는 것이며, 매도인인 점원의 의무인 '재산권을 상대방에게 이전하는 것'은 단팥빵이 내 손에 들어와 있기 때문에 이미 이루어진 것이다.

민법을 처음 배우는 사람의 입장에서는 이와 같이 민법이 매매의 과정을 세밀하게 나눠서 생각하는 게 낯설고 불편할 것이다. 고작 단팥빵 1개일 뿐인데 이렇게까지 해야 하나 하고 짜증이 날 수도 있다. 민법의 눈은 마치 현미경처럼 세밀하다. 우리 일상에서 흔히 일어나는 아주 작은 일조차도 그것을 섬세하게 분석하여 각각의 세부 요소에 들어맞는 적절한 법적 해결책을 제시한다.

예제 3에서 매수인 A는 10만 원을 이미 지급했고, 매도인 B는 딸기 20kg을 나중에 상대방에게 주기로 약정했다. 10만 원이 '매매대금(일상생활에서는 물건의 값, 가격 등으로 표현)'에 해당한다는 것은 전혀 어렵지 않지만 '딸기 20kg'과 같은 매매의 목적물을 제563조가 '재산권'으로 표현하고 있다는 것은 다소 설명이 필요한 부분이다.

B가 A에게로 딸기 20kg을 넘겨주는 것을 민법의 눈으로 보면 딸기의 소유권이 B로부터 A에게로 넘어가는 것이다. 소유권은 재산권 중에서 가장 중요하고 대표적인 권리이다. 예제 3의 상황을 보다 일반적으로 표현하면 매도인의 '재산권'이 매수인에게 넘어가는(민법에서는 주로 '이전'으로 표현함) 것이라 할 수 있다. 그런데 매매계약을 통해서는 반드시 소유권만 이전되는 것은 아니다. 재산권에 속하는 다른 권리들도 이전될 수 있는데, 가령 전세권이나 채권 등도 매매를 통하여 이전될 수 있다.

이처럼 매매를 통해 매도인으로부터 매수인에게로 이전하는 재산권을 매매의 **목적**(目的)이라고 한다. '목적'은 국어적으로는 '실현하고자 하는 목표'의 의미로 보통 쓰이지만, 법에서는 법적 행위의 '대상(object)'이나 '목표' 두 가지를 모두 의미할 수 있다. 따라서 '대상'의 의미를 보다 명확히 하고 싶을 때에는 '목적물'이라고 한다. 그러므로 예제 3에서 매매의 '목적'은 딸기 20kg의 '소유권'이라는 보다 포괄적인 개념이 되고, 매매의 '목적물'은 딸기 20kg이라는 물건 그 자체가 된다.

지금까지 매도인, 매수인, 매매의 목적, 매매대금이라는 네 요소에 대해서 살펴보았는데, 이 네 가지는 매매계약이 성립하기 위한 필수적 요소들이다. 즉 매도인과 매수인이 매매목적과 매매대금에 대하여 합의하여야 매매계약이 성립하게 된다(이런 의미를 음미하면서 제563조를 반복하여 읽어보면 좋을 것이다). 특히나 대금의 지급이 매매를 교환(596)과 구별하는 결정적 요소임은 앞의 교환 부분에서 이미 언급한 바 있다. 한 가지 주의할 점은, 매매목적물과 대금에 대한 구체적인 합의가 반드시 계약이 성립할 때에 이루어질 필요는 없고, 사후적으로 이것을 확정할 수 있는 방법·기준에 대한 합의만 이루어져도 충분하다는 것이다.

대판 2009.3.16, 2008다1842

매매는 당사자 일방이 재산권을 상대방에게 이전할 것을 약정하고 상대방이 대금을 지급할 것을 약정함으로써 효력이 발생하는 것이므로, 매매계약은 매도인이 재산권을 이전하는 것과 매수인이 대가로서 대금을 지급하는 것에 관하여 쌍방 당사자의 합의가 이루어짐으로써 성립하는 것이며, 그 경우 매매목적물과 대금은 반드시 계약체결 당시에 구체적으로 특정할 필요는 없고 이를 사후에라도 구체적으로 특정할 수 있는 방법과 기준이 정하여져 있으면 족하다.

3. 매매계약의 특징

매매 역시 낙성계약일까? 즉 이러한 합의만 있다고 한다면 다른 어떤 요건(eg. 매매목적물을 즉시 넘겨주어야 하는 것) 없이도 매매계약은 성립할까? 정답은 '예'이다. 매매계약이야말로 가장 대표적인 낙성계약이다.

또한, 매매계약은 반드시 문서로 작성되거나 다른 어떤 식으로든 형식을 꼭 갖추어야 할까? 그렇지 않다. 매매계약은 매매의 목적과 매매대금에 대한 합의만을 요구할뿐, 이러한 합의가 반드시 일정한 형식을 갖추어 이루어질 것을 요구하지는 않는다. 즉 매매계약은 불요식행위이다.

한편 매매에 의하여 부동산 소유권을 이전하는 경우에는 계약서에 관할관청의 검인을 받아야 한다(「부동산등기 특별조치법」 3). 그러나 부동산거래신고(부동산 실거래가격 등을 의무적으로 신고)를 하면 부동산등기 특별조치법의 검인을 받은 것으로 의제되기 때문에(「부동산거래신고법」 3 ⑥) 부동산 매매의 경우에는 검인 없이 부동산거래신고만 이루어진다.

끝으로, 매매계약에 있어서 매도인의 의무와 매수인의 의무는 서로 대가관계에 있다. 즉 두 의무는 밀접한 의존 관계이다. 이처럼 쌍방의 의무가 대가관계에 있는 계약을 쌍무계약이라고 하고, 그렇지 않은 계약을 편무계약(eg. 증여)이라고 한다.

쌍무계약의 특징

편무계약과 달리 쌍무계약에 대해서는 동시이행의 항변권(상대방의 채무 이행이 있을 때까지 나의 이행을 거절할 수 있는 항변권: 536) 그리고 위험부담의 법리(어느 한쪽의 채무가 쌍방의 책임 없는 사유로 소멸한 경우 그 소멸한 채무의 채무자는 상대방의 이행을 청구하지 못하는 법리: 537)가 적용된다는 점이 무척 중요하다.

예제 3의 해결

A와 B 사이의 합의로 유효하게 매매계약이 성립했고, 그 결과 B는 A에게 10만 원을 청구할 수 있으며, A는 B에게 딸기 20kg을 청구할 수 있다. 이때 A의 청구권과 B의 청구권은 서로 동시이행의 관계에 있다(서로 상대방에게 '동시이행의 항변권'을 가짐). 즉 A와 B는 상대방이 채무를 이행할 때까지 자신의 채무 이행을 거절할 수 있다. 그런데 예제에서 A는 계약의 성립과 동시에 B에게 10만 원을 이미 지급했다. 이로써 B는 동시이행의 항변권을 더는 행사할 수 없다. 따라서 A는 B에게 딸기 20kg을 청구할 수 있고, B는 이를 거절할 수 없다.

4장 전형계약

앞 장에서는 가장 기본적인 계약으로서 교환, 증여, 매매에 관하여 살펴보았다. 이들은 공통적으로 재산권(대표적으로 소유권)을 상대방에게 넘겨주는 계약이다. 당사자들은 교환에 의해 서로 재산권을 이전하고, 증여에 의해 일방적으로 재산권을 이전하며, 매매에 의해 재산권을 이전하면서 그 대가로 매매대금을 지급받는다.

그런데 민법은 이 세 가지 말고도 가장 널리 쓰이는 기본적인 계약('전형계약')으로서 12가지를 더 규정하고 있다(현상광고를 계약이 아니라 단독행위로 보는 견해에 따르면 11가지). 이 장에서는 먼저 이 전형계약들에 대해 간략하게 살펴본 후, 보다 일반적인 계약의 종류에 대해 알아보기로 한다.

I 재산권 이전: 증여, 매매, 교환, 화해, 종신정기금

증여, 매매, 교환에 대해서는 이미 살펴보았으므로 여기에서는 화해와 종신정기금 계약에 대해서만 본다.

1. 화해

화해는 당사자가 서로 양보하여 분쟁을 끝내기로 하는 계약이다. 가령 A가 B에게 1,000만 원을 갚으라고 청구했는데 B가 경제적 형편이 어렵다면서 500만 원만 갚겠다고 하는 경우, 두 사람이 서로 합의하여 700만 원을 B가 A에게 지급하기로 했다면 이것은 화해계약에 해당한다.

> **제731조**(화해의 의의) 화해는 당사자가 상호양보하여 당사자간의 분쟁을 종지할 것을 약정함으로써 그 효력이 생긴다.

민법의 화해계약은 법원과 무관하게 당사자들 사이에서 이루어지는 것이고, 법원이 개입하여 이루어지는 화해는 **재판상 화해**라고 부른다. 재판상 화해에는 소송을 제기하기 전에 법원에 화해를 신청하여 이루어지는 **제소전 화해**와 소송을 진행하던 도중에 이루어지는 **소송상 화해**가 있다.

2. 종신정기금

종신정기금은 한쪽 당사자(정기금 채무자)가 자기 또는 상대방 또는 제3자가 사망할 때까지 정기적으로 금전이나 다른 물건을 상대방(정기금 채권자) 또는 제3자에게 지급하기로 하는 계약이다. 가령 아버지가 딸에게 자기 소유의 집을 증여하면서, 딸이 아버지가 사망할 때까지 아버지에게 매달 100만 원을 지급할 것을 딸과 약정하는 것은 종신정기금계약에 해당한다. 이 예는 유상의 종신정기금이지만 무상의 종신정기금도 물론 가능하다.

> **제725조**(종신정기금계약의 의의) 종신정기금계약은 당사자 일방이 자기, 상대방 또는 제삼자의 종신까지 정기로 금전 기타의 물건을 상대방 또는 제삼자에게 지급할 것을 약정함으로써 그 효력이 생긴다.

오늘날 민법의 종신정기금계약은 거의 사용되지 않는다. 대신 그와 비슷한 역할을 하는 것은 연금이나 보험이다. 연금이나 보험에 대해서는 민법의 종신정기금에 관한 규정이 적용되는 것이 아니라, 관련된 특별법이나 보통거래약관(집단적 거래를 간편하게 하기 위해 만들어진 전형적인 계약 약관)이 우선적으로 적용된다.

II 재산권 이용: 소비대차, 사용대차, 임대차

이 세 계약의 이름은 모두 '대차(貸借)'로 끝난다. '대차'는 '빌려주고 빌린다'는 뜻이다. 즉 이 세 가지는 돈이나 컴퓨터, 집과 같은 물건을 다른 사람에게 '빌려주는' 계약들이다. 상대방의 입장에서 보면 물건을 '빌리는' 것이 되므로 '빌려주고 빌리는' 대차계약이라고 하는 것이다. 이때 빌려주는 사람을 **대주**(貸主)라고 하고, 빌리는 사람을 **차주**(借主)라고 한다.

'대차' 앞에 붙어 있는 말들은 각기 달라서 '소비', '사용', '임'으로, 이것은 비슷하지만 조금씩 다른 각각의 특징을 말해준다. 이제 이 대차계약들을 하나씩 살펴보자.

1. 소비대차

'소비'는 빌린 물건을 일단 '소비'하고(즉 사용하여 없애버리고), 나중에 돌려줄 때에는 '동일한 가치'의 물건으로 돌려준다는 뜻이다. 가령 돈 10만 원을 빌렸다면 일단 그 돈을 '사용'하고, 나중에 '같은 액수'인 10만 원을 돌려주게 된다.

소비대차의 가장 흔한 예는 돈(금전)을 빌려주는 것이고, 이것을 **금전 소비대차**라고 부른다.

> **제598조(소비대차의 의의)** 소비대차는 당사자 일방이 금전 기타 대체물의 소유권을 상대방에게 이전할 것을 약정하고 상대방은 그와 같은 종류, 품질 및 수량으로 반환할 것을 약정함으로써 그 효력이 생긴다.

소비대차의 가장 중요한 특징은, 빌린 물건(eg. 10만 원)을 그냥 돌려주는 것이 아니라 '소비'한 후에 다른 물건(액수만 같은, 다른 10만 원)으로 돌려준다는 점이다. 제598조에서는 '같은 종류, 품질 및 수량으로 반환'이라고 하고 있다. 이처럼 애초에 빌려준 물건을 동종·동질·동량의 다른 물건이 대신할 수 있어야 하므로, 그러한 물건을 **대체물**이라고 제598조는 표현하고 있다.

소비대차 vs. 사용대차, 임대차

소비대차에서는 원래의 빌린 물건이 아니라 다른 물건으로 반환하지만, 사용대차와 임대차에 있어서는 원래 빌린 그 물건을 그대로 반환한다. 가령 태블릿을 빌려서 사용한 후 반환했다면 그것은 소비대차가 아니라 사용대차 또는 임대차이다. 한편 사용에 대한 대가를 지급하고(즉 유상) 빌렸으면 임대차이고, 사용료를 내지 않았으면(즉 무상) 사용대차이다.

소비대차계약은 언제 성립할까? 소비대주가 '대체물의 소유권을 상대방에게 이전할 것을 약정'하고, 상대방은 '그와 같은 종류, 품질 및 수량으로 반환할 것을 약정'하면 '효력이 생긴다', 즉 계약이 성립한다고 제598조는 규정하고 있다. 핵심은, 빌려줄 물건을 실제로 상대방에게 줄 때 계약이 성립하는 것이 아니라 서로 빌려주고 또 반환하기로 약정만 하면 계약이 성립한다는 점이다. 즉 소비대차는 낙성계약이다. 합의만으로 성립하는 계약을 낙성계약이라 함은 앞(3장 II. 4)에서 이미 배운 바 있다.

대판 1991.4.9, 90다14652

민법상 소비대차는 당사자 일방이 금전 기타 대체물의 소유권을 상대방에게 이전할 것을 약정하고 상대방은 그와 같은 종류, 품질 및 수량으로 반환할 것을 약정함으로써 그 효력이 생기는 이른바 낙성계약이므로, 차주가 현실로 금전 등을 수수하거나 현실의 수수가 있은 것과 같은 경제적 이익을 취득하여야만 소비대차가 성립하는 것은 아니다.

낙성계약 vs. 요물계약

지금까지 우리가 공부한 교환, 증여, 매매, 소비대차계약을 포함하여 민법의 거의 대부분의 계약은 낙성계약, 즉 당사자의 합의만으로 성립하는 계약이다.

낙성계약과 달리 요물계약(要物契約)이 성립하기 위해서는, 당사자의 합의에 더하여 물건의 인도와 같은 추가적 급부가 있어야 한다. 이것은 다소 추상적인 설명이어서 이해가 쉽지 않기 때문에 소비대차계약의 예를 통하여 요물계약과 낙성계약의 차이를 살펴보자.

현행 민법은 소비대차를 낙성계약으로 이해하지만 (다른 많은 계약과 더불어) 소비대차계약을 최초로 '발명'한 로마인들은 소비대차를 요물계약으로 파악했다. 즉 소비대차가 성립하려면 당사자들이 합의하는 것만으로는 부족하고, 실제로 소비대주가 소비차주에게 소비대차의 목적물(주로 금전)의 소유권을 이전해야 했다. 요컨대 로마법의 소비대차는 당사자의 합의 외에 목적물의 급부까지 있어야 성립하는 요물계약이었다.

요물계약과 낙성계약의 어원

요물계약에서의 '요물(要物)'이란 글자 그대로는 '물건을 필요로 한다'는 뜻이다. 이것은 합의만으로 부족하고 추가적으로 물건의 소유권 이전이 필요하다는 의미이다. 영어로는 요물계약을 'real contract'라고 하는데, 여기서의 'real'은 '진짜의' 또는 '실제의'라는 의미가 아니고 물건을 뜻하는 라틴어 명사 'res'의 형용사 형태인 'realis'에서 파생한 '재산의'(영어에서는 주로 부동산을 의미함) 또는 '물건의'라는 뜻이다.

낙성계약은 영어로 'consensual contract'인데, 형용사 'consensual'은 명사 'consensus'에서 파생한 말이다. 합의를 의미하는 'consensus'는 '함께'라는 의미의 전치사 'cum'이 변형된 접두사 'con'에, '기분'이나 '생각'을 의미하는 명사 'sensus'(동사로는 'sentire', 즉 느끼다, 생각하다)가 합쳐진 말이다. 이것의 라틴어 동사 형태는 'consentire'(생각을 같이하다, 일치하다)로, 여기에서 영어의 동사 'consent'가 나왔다.

소비대차에서 물건을 빌려준 대가는 어떻게 될까? 가령 10만 원을 빌렸다가 돌려줄 때 이자를 반드시 지불해야 할까?

민법은 소비대차의 경우 대가를 지급하지 않는 것을 원칙으로 한다. 따라서 금전 소비대차의 경우에도 무이자가 원칙이다(무상 소비대차). 물론 당사자가 원한다면 소비대차에 있어서도 대가나 이자를 받을 수 있다(유상 소비대차).

대판 1992.10.9, 92다13790

대여금에 이자나 변제기의 약정이 없다고 하여 소비대차계약이 성립되지 않는 것이라고 할 수 없다.

민법과 달리 상법에서는, 특히 상인들 사이의 금전 소비대차는 이자부(이자가 붙음)가 원칙이다. 이 점에서도 민법의 '특별법'으로서의 상법의 성격이 잘 나타난다.

상 제55조(법정이자청구권) ① 상인이 그 영업에 관하여 금전을 대여한 경우에는 법정이자를 청구할 수 있다.

2. 사용대차

사용대차는 어떤 물건을 '사용'할 수 있도록 '무상'으로 빌려주는 계약이다. 즉 빌려주는 사람(사용대주)은 어떤 물건을 무상으로 사용(용법에 맞게 이용함) · 수익(과실을 수취함, 즉 유형 · 무형의 이익을 얻음)할 수 있도록 넘겨주기로 하고, 빌리는 사람(사용차주)은 그 물건을 사용 · 수익한 후 반환하기로 하는 계약이다.

제609조(사용대차의 의의) 사용대차는 당사자 일방이 상대방에게 무상으로 사용, 수익하게 하기 위하여 목적물을 인도할 것을 약정하고 상대방은 이를 사용, 수익한 후 그 물건을 반환할 것을 약정함으로써 그 효력이 생긴다.

사용대차는 실제로 물건을 넘겨주어야 성립하는 것이 아니라, 당사자들의 합의만으로 성립한다. 즉 낙성계약이다. 사용대차는 무상이므로 유상인 임대차와 다르고, 빌린 물건(차용물) 그 자체를 돌려주는 점에서 소비대차와 다르며 임대차와 같다.

사용대차 vs. 임대차
내가 친구에게 태블릿을 빌려주고 한 달 후에 돌려받기로 하면서, 친구 사이이니까 당연히 사용료는 받지 않기로 했다면 이것은 사용대차이다. 한편 내가 업체로부터 한 달 동안 태블릿을 빌리면서 사용료로 5만 원을 지급하기로 했다면 이것은 임대차이다.

3. 임대차

'임(賃)'은 원래는 '품삯'을 뜻했는데, 여기에서는 빌려주는 데에 대한 대가, 즉 '차임(借賃)'을 의미한다. 즉 **임대차**는 차임을 받고 물건을 빌려주는 계약이다. 보다 구체적으로, 임대차는 빌려주는 사람(임대인)은 어떤 물건(eg. 태블릿, 자동차, 집 등: '임차물'이라고 함)을 사용 · 수익할 수 있도록 제공하기로 하고, 빌리는 사람(임차인)은 사용 · 수익에 대한 대가로서 차임(월세, 임대료 등 이름은 다양하지만)을 지급하기로 하는 계약이다.

제618조(임대차의 의의) 임대차는 당사자 일방이 상대방에게 목적물을 사용, 수익하게 할 것

을 약정하고 상대방이 이에 대하여 차임을 지급할 것을 약정함으로써 그 효력이 생긴다.

사용대차는 무상이므로 가족이나 친구 사이처럼 밀접한 관계에서만 이루어진다. 반면 임대차는 유상이므로 훨씬 더 광범위하게 이용된다. 임대차는 임차물 자체를 반환하는 점에 있어서는 사용대차와 같고 소비대차와는 다르며, 차임을 지급하는 면(즉 유상)에서 사용대차와 다르다(사용대차는 항상 무상임).

임대차의 예

대학에 진학하게 된 A는 학교 앞에 있는 원룸을 하나 빌려서 자취를 하기로 했다. A는 원룸의 소유주 B와 임대 기간은 2년으로 하고 보증금은 1,000만 원, 월세는 50만 원으로 하기로 계약했다.

이 예에서는 월세가 바로 차임이며, 이 계약은 임대차이다. 주의할 것은, 임대인은 임차인이 임차물을 사용·수익할 수 있도록 제공해주기만 하면 되기 때문에 반드시 임차물의 소유자이거나 처분권자일 필요는 없다는 점이다. 가령 임대인은 소유자로부터 임차물을 임차한 후 다시 이것을 임차인에게 임대할 수 있는데, 이러한 경우를 **전대(轉貸)**라고 한다(cf. 629).

대판 1991.3.27, 88다카30702

임대차는 당사자의 일방이 상대방에게 목적물을 사용수익케 할 것을 약정하면 되는 것으로서 나아가 임대인이 그 목적물에 대한 소유권이나 기타 그것을 처분할 권한을 반드시 가져야 하는 것은 아니며, 임대차계약이 일단 유효하게 성립하고 임대인이 목적물을 인도하여 임차인이 이를 사용수익하고 있었다면 그 후에 임대인의 목적물에 대한 사용수익권의 상실 등으로 그 계약의 목적을 달성할 수 없는 사정이 발생한다 하더라도 특별한 사정이 없는 한 그 계약이 소급하여 무효로 되는 것은 아니고 위와 같은 사정으로 임대차계약이 종료되면 임차인은 임대인이 목적물에 대한 소유권 기타 사용수익권이 있는지 여부와 관계없이 점유하고 있는 임차물을 임대인에게 반환하여야 할 계약상 의무가 있는 것이다.

III 노무의 공급: 고용, 도급, 위임

다음 제시된 세 계약은 상대방에게 노무(勞務, work) 또는 용역(用役, service)을 제공한다는 공통점이 있다.

1. 고용

고용은 한쪽 당사자(노무자)가 상대방(사용자)에게 노무를 제공하기로 하고, 상대방은 그 대가로 보수를 지급하기로 하는 계약이다.

> **제655조(고용의 의의)** 고용은 당사자 일방이 상대방에 대하여 노무를 제공할 것을 약정하고 상대방이 이에 대하여 보수를 지급할 것을 약정함으로써 그 효력이 생긴다.

한편 근로기준법과 같은 노동법에서는 노무이용계약을 **근로계약**이라고 하는데, 이것은 민법의 고용계약의 특수한 형태이다.

> **근로기준법 제2조(정의)** ① 이 법에서 사용하는 용어의 뜻은 다음과 같다. (…)
> 4. "근로계약"이란 근로자가 사용자에게 근로를 제공하고 사용자는 이에 대하여 임금을 지급하는 것을 목적으로 체결된 계약을 말한다.

노동법은 특별법이므로 일반법인 민법보다 우선하여 노무관계에 적용된다. 따라서 민법의 고용에 관한 규정은 노동법에 규정이 없는 경우에만 보충적으로 적용된다.

2. 도급

도급은 한쪽 당사자(수급인)가 어떤 일을 완성(eg. 결혼 사진 촬영)하기로 하고, 상대방(도급인)은 그 대가로 보수(eg. 촬영비)를 지급하기로 하는 계약이다.

제664조(도급의 의의) 도급은 당사자 일방이 어느 일을 완성할 것을 약정하고 상대방이 그 일의 결과에 대하여 보수를 지급할 것을 약정함으로써 그 효력이 생긴다.

고용이나 도급이나 모두 다른 사람에게 노무를 제공하는 계약인데, 도급은 노무의 제공 측면보다는 그것을 통한 일의 완성이 중요한 계약이다. 가령 편의점에서 시간제 점원으로 일을 한다면 '고용'에 해당하고, 그 편의점의 인테리어 공사를 맡아서 새롭게 단장하기로 하는 것은 일의 완성이 문제가 되기 때문에 '도급'에 해당한다.

한편 자기 소유 재료를 사용하여 물건을 주문 제작하는 이른바 '제작물공급계약'의 경우, 물건이 대체물인 경우에는 매매에 관한 규정을 적용하고, 부대체물인 경우에는 도급으로 본다(判).

대판 2006.10.13, 2004다21862

당사자의 일방이 상대방의 주문에 따라 자기 소유의 재료를 사용하여 만든 물건을 공급하기로 하고 상대방이 대가를 지급하기로 약정하는 이른바 제작물공급계약은 그 제작의 측면에서는 도급의 성질이 있고 공급의 측면에서는 매매의 성질이 있어 대체로 매매와 도급의 성질을 함께 가지고 있으므로, 그 적용 법률은 계약에 의하여 제작 공급하여야 할 물건이 대체물인 경우에는 매매에 관한 규정이 적용되지만, 물건이 특정의 주문자의 수요를 만족시키기 위한 부대체물인 경우에는 당해 물건의 공급과 함께 그 제작이 계약의 주목적이 되어 도급의 성질을 띠게 된다.

3. 위임

위임은 한쪽 당사자(위임인)가 상대방(수임인)에게 사무의 처리를 위탁(즉 맡겨서 처리해 달라고 부탁함)하는 계약이다.

제680조(위임의 의의) 위임은 당사자 일방이 상대방에 대하여 사무의 처리를 위탁하고 상대방이 이를 승낙함으로써 그 효력이 생긴다.

위임도 고용·도급과 마찬가지로 노무를 제공하는 계약이다. 차이점은 위임의 경우

위임인과 수임인 사이에 긴밀한 신뢰 관계가 있고, 수임인이 사무를 자주적으로 처리한다는 점이다. 그래서 위임은 특정 분야의 전문가에게 복잡하고 전문적인 일을 위탁하기 위해서 주로 이루어진다. 가령 변호사에게 법률사무의 처리를 의뢰하는 것은 위임에 해당한다.

 기타: 임치, 조합, 현상광고, 여행계약

1. 임치

임치는 한쪽 당사자(임치인[任置人])가 상대방(수치인[受置人])에게 물건(eg. 옷, 가방, 금전 등)의 보관을 맡기는 계약이다. 임치도 넓은 의미에서 보면 노무를 제공하는 계약이지만, 타인의 물건을 보관하는 특수한 노무만을 제공하는 것이 특징이다.

> **제693조(임치의 의의)** 임치는 당사자 일방이 상대방에 대하여 금전이나 유가증권 기타 물건의 보관을 위탁하고 상대방이 이를 승낙함으로써 효력이 생긴다.

임치의 특수한 형태 중 하나로 **소비임치**(消費任置)가 있다. 이것은 임치와 소비대차를 결합한 것이라 할 수 있는데, 임치한 목적물(당연히 대체물이어야 함)을 수치인이 소비할 수 있으며, 동종·동질·동량의 물건으로 반환하는 계약이다.

> **제702조(소비임치)** 수치인이 계약에 의하여 임치물을 소비할 수 있는 경우에는 소비대차에 관한 규정을 준용한다. 그러나 반환시기의 약정이 없는 때에는 임치인은 언제든지 그 반환을 청구할 수 있다.

임치물의 소비와 반환 측면에서 소비임치는 소비대차와 유사하므로, 민법은 소비대차에 관한 규정을 준용하도록 한다(702 본). 다만 소비대차와는 다르게 반환시기에 관한 특별 규정을 두고 있는데, 특약이 있으면 특약을 따르고, 특약이 없으면 임치인은 언제든지 목적물의 반환을 청구할 수 있다(702 단).

특약

특약은 '특별한 약정'의 줄임말이다. 매매계약을 예로 들어 설명하자면, 부동산 중개 비용은 매도인과 매수인이 절반씩 부담하는 것이 일반적이다(566). 그래서 매매계약의 내용에 이에 관한 내용을 따로 집어넣지 않더라도 당사자들은 똑같이 비용을 부담하게 된다. 그런데 어떤 특별한 경우에 있어서 매도인이 부동산 중개 비용을 전액 부담하기로 매수인과 합의했고, 이 내용을 매매계약서에 집어넣어 작성했다고 하자. 이와 같이 당사자들이 구체적인 특정 문제에 대하여 따로 합의를 한 경우 그 부분을 '특약'이라고 한다. 특약은 당사자의 의사를 명확히 보여주는 것이기 때문에 민법의 규정이나 사실인 관습보다도 더 우선하여 적용된다.

2. 조합

민법에서의 **조합**(흔히 '민법상 조합' 또는 '민법의 조합'이라 함)은 2인 이상의 조합원 각자가 모두 출자(出資: 사업에 필요한 자본을 내어놓음. 가령 노무, 기술, 금전 등)하여 공동사업을 경영하기로 하는 '계약'이다. 따라서 민법상의 조합에 대해서는 '조합계약'이라는 표현을 쓰는 것이 그 실질을 더 명확하게 나타낸다. 그냥 '조합'이라고만 하면 이러한 조합계약을 의미할 수도 있고, 조합계약에 의하여 이루어진 단체를 의미할 수도 있으니 주의해야 한다.

제703조(조합의 의의) ① 조합은 2인 이상이 상호출자하여 공동사업을 경영할 것을 약정함으로써 그 효력이 생긴다.
② 전항의 출자는 금전 기타 재산 또는 노무로 할 수 있다.

일상생활에서 흔히 '조합'이라고 부르는 것들(eg. 농업협동조합, 노동조합, 생활협동조합 등)은 이름은 '조합'이더라도, 대부분 민법의 조합과는 전혀 다른 단체이다. 가령 협동조합에 대해서는 특별법이 있어서 다음과 같이 정의하고 있는데, 민법상의 조합과는 아무런 관계가 없다.

｢협동조합 기본법｣ 제2조 이 법에서 사용하는 용어의 뜻은 다음과 같다.
1. "협동조합"이란 재화 또는 용역의 구매 · 생산 · 판매 · 제공 등을 협동으로 영위함으로써

조합원의 권익을 향상하고 지역사회에 공헌하고자 하는 사업조직을 말한다.

3. 현상광고

민법은 **현상광고**를 전형계약 중의 하나로 규정하고 있다. 이처럼 현상광고를 **계약**으로 보게 되면, 현상광고는 한쪽 당사자(광고자)가 일정한 행위(지정행위)를 한 자(지정행위 완료자)에게 일정한 보수를 지급하기로 하는 계약이다.

> **제675조(현상광고의 의의)** 현상광고는 광고자가 어느 행위를 한 자에게 일정한 보수를 지급할 의사를 표시하고 이에 응한 자가 그 광고에 정한 행위를 완료함으로써 그 효력이 생긴다.

한편 현상광고를 **단독행위**로 보는 견해에 따르면, 현상광고는 지정행위를 완료한 자에게 보수를 지급하겠다는, 불특정 다수인에 대한 광고자의 일방적 의사표시이다.

현상광고의 특수한 형태의 하나로 **우수현상광고**가 있다. 이것은 지정행위 완료 결과의 우열을 판단하여 그중 우수한 자에게만 보수를 지급하기로 하는 현상광고이다. 가령 새로운 제품의 이름을 공모하여 그중 당선작으로 뽑힌 이름을 응모한 자에게 상금을 부여하는 것은 우수현상광고에 해당한다.

> **제678조(우수현상광고)** ① 광고에 정한 행위를 완료한 자가 수인인 경우에 그 우수한 자에 한하여 보수를 지급할 것을 정하는 때에는 그 광고에 응모기간을 정한 때에 한하여 그 효력이 생긴다.

4. 여행계약

여행계약은 한쪽 당사자(여행주최자)가 상대방(여행자)에게 여행에 필요한 여러 가지 일(eg. 운송, 숙박, 관광 등)을 한꺼번에 제공하기로 하는 계약이다. 흔히 말하는 패키지 여행이 여기서 말하는 여행계약에 해당한다.

> **제674조의2(여행계약의 의의)** 여행계약은 당사자 한쪽이 상대방에게 운송, 숙박, 관광 또는 그

밖의 여행 관련 용역을 결합하여 제공하기로 약정하고 상대방이 그 대금을 지급하기로 약정함으로써 효력이 생긴다.

여행계약이 되기 위해서는 적어도 두 가지 이상의 급부(eg. 식사 및 관광가이드)를 결합하여 제공하여야 한다.

제674조 vs. 제674조의2

여행계약은 2015년의 민법 개정에서 새롭게 추가되었다. 민법전에서는 여행계약 바로 앞에 도급계약에 관한 조문들이 있는데 제674조에서 끝난다. 이어서 제675조부터는 현상광고에 관한 규정들이 시작된다. 따라서 여행계약에 관한 규정들을 이 사이에 집어넣을 때 제675조로 했다면, 그 이하에 있는 규정들의 번호가 모두 뒤로 밀리게 되었을 것이다. 이와 같은 경우에는 기존의 조문에 '…의2', '…의 3'과 같은 식의 번호를 추가함으로써 뒤의 조문들의 번호가 밀리지 않도록 한다.

 계약의 종류

계약은 여러 가지 기준에 따라 다양하게 분류할 수 있다. 중요한 것들만 살펴보자.

1. 전형계약과 비전형계약

전형계약은 **유명계약**(有名契約)이라고도 하는데, 앞에서 살펴본 15가지의 민법이 정하고 있는 계약들처럼 일반적으로 많이 이용되는 정형화된 계약을 말한다. 이와는 달리 **비전형계약**은 **무명계약**(無名契約)이라도 하는데, 당사자들에 의해서 정형화된 전형계약과는 다른 내용으로 이루어진 계약을 말한다. 가령 '리스(lease)계약'은 비전형계약이다. 이와 관련된 다음 판결을 보자.

대판 1997.10.24, 97다27107

시설대여(리스)는 시설대여회사가 대여 시설 이용자가 선정한 특정 물건을 새로이 취득하거나 대여받아 그 물건에 대한 직접적인 유지 · 관리 책임을 지지 아니하면서 대여 시설 이용자에게 일정 기간 사용하게 하고 그 기간 종료 후의 물건의 처분에 관하여는 당사자 간의 약정으로 정하는 계약으로서, 형식에서는 임대차계약과 유사하나 그 실질은 대여 시설을 취득하는 데 소요되는 자금에 관한 금융의 편의를 제공하는 것을 본질적인 내용으로 하는 물적 금융이고 임대차계약과는 여러 가지 다른 특질이 있기 때문에 이에 대하여는 민법의 임대차에 관한 규정이 바로 적용되지 아니한다.

계약 자유의 원칙

계약 자유의 원칙은 개인들이 계약에 의해서 철저히 자유롭게 법률관계를 형성할 수 있어야 한다는 원칙이며, 민법의 기본 원칙인 사적 자치 원칙의 중요한 구성 부분이다. 이 원칙은 구체적으로는 체결의 자유, 상대방 선택의 자유, 내용 결정의 자유, 방식의 자유를 의미한다.

이 원칙을 전형계약과 비전형계약에 적용해 생각해보면, 전형계약이 일상생활에서 많이 이용되기는 하지만 개인들은 얼마든지 새로운 비전형계약을 만들어내고 체결할 수 있다는 의미가 된다.

혼합계약은 전형계약의 요소 또는 기타의 요소들이 포함되어 이루어진 비전형계약이다. 가령 소비임치는 임치계약과 소비대차계약의 요소가 합쳐져 이루어진 혼합계약이다.

2. 쌍무계약과 편무계약

쌍무계약(雙務契約)은 계약의 양쪽 당사자가 서로 대가적인 의미에서 '밀접하게 연결되어' 있는 채무를 부담하는 계약이다. 가령 매매계약에서 매도인의 매매목적물 재산권 이전의무와 매수인의 대금지급의무는 서로 긴밀하게 연결되어 있다. 우리가 이미 본 대부분의 전형계약들이 쌍무계약이다. 즉 교환, 임대차, 고용, 도급, 여행계약, 조합, 화해는 쌍무계약이다. 소비대차, 위임, 임치가 유상인 경우 역시 쌍무계약이다.

이처럼 쌍무계약에서는 양쪽 당사자의 채무가 서로 긴밀하게 연결되어 있고 의존적이다. 이러한 쌍무계약의 성질을 **견련성**(牽連性: 긴밀하게 연결되어 있는 성질)이라고 부른다. 이 견련성은 채무의 성립, 이행, 존속에서 나타나는데, 특히 이행에서의 견련성이 명문화된 것이 '동시이행의 항변권'이다. 예컨대 매수인이 대금을 완납할 때까지 매도인은 동시이행의 항변권을 행사하여 매매목적물의 재산권 이전을 거절할 수 있다.

> **제536조(동시이행의 항변권)** ① 쌍무계약의 당사자 일방은 상대방이 그 채무이행을 제공할 때까지 자기의 채무이행을 거절할 수 있다. 그러나 상대방의 채무가 변제기에 있지 아니하는 때에는 그러하지 아니하다.

편무계약(片務契約)은 한쪽 당사자만 채무를 부담하거나, 양쪽 당사자가 채무를 부담하더라도 서로 긴밀히 연결되어 있지 않은 계약이다. 전자의 예로는 증여, 현상광고가 있고, 후자의 예로는 사용대차가 있다. 사용대차에서 대주는 목적물의 사용을 허락할 채무가 있고 차주는 나중에 목적물을 반환할 채무가 있으나, 이 두 채무가 서로 대가적인 의미에서 긴밀하게 연결되어 있지 않으므로 편무계약인 것이다. 또한 무상인 소비대차, 위임, 임치도 편무계약이다.

3. 유상계약과 무상계약

유상계약(有償契約)은 양쪽 당사자가 서로 대가적 의미를 가지는 재산의 **출연**(出捐: 자신의 재산을 감소시킴으로써 타인의 재산을 증가시키는 행위)을 하는 계약이다. 유상계약의 예로는 매매, 교환, 임대차, 고용, 도급, 여행계약, 조합, 화해, 현상광고가 있다. 반면 **무상계약**(無償契約)은 한쪽 당사자만 출연행위를 하거나, 양쪽 당사자가 출연행위를 하지만 서로 대가적인 의미는 없는 계약이다. 전자의 예는 증여이고, 후자의 예는 사용대차, 무상 소비대차이다. 대가 지급을 하는지 여부에 따라 유상 또는 무상으로 되는 계약으로는 소비대차, 위임, 임치, 종신정기금이 있다.

쌍무계약은 항상 유상계약이고, 편무계약은 대부분 무상계약이지만 간혹 유상계약도 있다. 가령 현상광고를 계약으로 본다면 편무이면서 유상인 계약에 해당한다. 전반적인 유사성에도 불구하고 쌍무·편무의 구별은 유상·무상의 구별과 개념적으로 차이가 있다. 쌍무·편무의 구별에서는 양쪽 당사자의 '채무'가 서로 의존적인지(견련성)를 주목한다. 한편 유상·무상의 구별에서는 채무가 아니라 '재산의 출연'에 초점을 맞춘다.

4. 낙성계약과 요물계약

낙성계약(諾成契約)은 당사자의 합의만으로 성립하는 계약으로, 민법의 전형계약은 거의 다 낙성계약이다. 한편 **요물계약**(要物契約)은 당사자의 합의 외에 물건의 인도 또는 다른 급부가 있어야만 성립하는 계약이다. 요물계약으로는 계약금계약(565), 대물변제(466) 등이 있다.

5. 일시적 계약과 계속적 계약

일시적 계약은 채무자의 채무 이행(급부)이 일시적 · 일회적으로 이루어지는 계약이다. 가령 매도인의 재산권 이전의무, 매수인의 대금 지급의무는 한번 이루어지면 충분하므로, 매매계약은 일시적 계약이다. 상당수의 전형계약이 일시적 계약에 해당한다. **계속적 계약**은 급부가 일정한 기간 동안 지속되어야 하는 계약이다. 가령 어떤 건물을 2년 동안 사용하기로 임대차계약을 한 경우, 임대인은 임차인이 그 기간에 지속적으로 건물을 사용할 수 있도록 할 의무를 부담한다. 계속적 계약의 예로는 임대차계약 외에도 소비대차, 사용대차, 고용, 위임, 임치, 조합, 종신정기금이 있다.

6. 예약과 본계약

지금까지 살펴본 계약들에 있어서는, 당사자들이 계약 체결을 원하는 경우 그 즉시 행하는 것을 당연시했다. 그러나 당장은 당사자들이 계약을 체결하기 어려운 경우도 있다. 이때는 나중에 계약을 체결할 것을 별도로 약정할 수 있는데, 이것을 **예약**(豫約: 564)이라고 한다. 그리고 나중에 체결하는 계약은 '진짜' 계약이라는 의미에서 **본계약**(本契約)이라고 한다. 예를 들어 기존의 아이폰을 구매하려고 한다면 애플 스토어에 가서 즉시 구입할 수 있을 것이다(즉시 체결된 매매계약). 그러나 한 달 후부터 새 아이폰이 발매된다고 하면, 나는 당장 매매계약을 체결할 수는 없지만 한 달 후에 체결할 매매계약(본계약)을 확실하게 하기 위하여 지금 '예약'이라는 별도의 계약을 할 수 있다.

5장 계약의 성립

 청약

낙성계약이 당사자의 '합의'만으로 성립한다는 것은 구체적으로 무슨 의미일까? 합의가 이루어져 계약이 성립하기 위해서는 내용적으로 서로 일치하는, 최소한 두 사람의 대립적·교환적인 의사표시가 필요하다. 이때 시간적으로 먼저인 의사표시를 **청약**(請約, 영 offer), 나중의 것을 **승낙**(承諾, 영 acceptance)이라고 한다. 또한 청약과 승낙의 일치를 **합의**(合意, 영 consent, 라 consensus)라고 한다.

1. 청약의 개념

청약은 '계약의 성립이 오직 상대방의 승낙에 달려 있다고 하는 확정적 내용을 가진, 상대방 있는 의사표시'이다. 그에 응하는 승낙만 있으면 곧 계약이 성립하는 확정적 의사라는 면에서 청약은 '계약체결의 준비행위'와 구별된다.

다음의 판결에 따르면 하도급계약에서 견적서·이행각서 등의 서류를 제출하는 행위는 청약이 아니라 '계약체결의 준비·교섭행위', 즉 청약의 유인에 해당한다. **청약의 유인**(영 invitation to offer, 라 invitatio ad offerendum)이란 상대방이 청약을 하도록 유도하는 행위를 말한다.

대판 2001.6.15, 99다40418

문제가 된 건설하도급공사는 공사금액이 수백 억에 달하는 데다가 공사기간도 14개월이나 되는 장기간에 걸친 대규모의 공사이므로 특별한 사정이 없는 한 공사금액 외에 구체적인 공사시행 방법과 준비, 공사비 지급방법 등과 관련된 제반 조건 등 그 부분에 대한 합의가 없다면 계약을 체결하지 않았으리라고 보이는 중요한 사항에 관한 합의까지 이루어져야 비로소 그 합의에 구속되겠다는 의사의 합치가 있었다고 보는 것이 당사자의 실제의 의사와 부합하는 해석이라 할 것이고, 한편 하도급계약을 체결하려는 교섭당사자가 견적서를 제출하는 행위는 통상 주문자의 발주를 권유하는 영업행위의 수단으로서 계약체결의 준비 · 교섭행위, 즉 청약의 유인에 해당한다고 할 것이고, 이 사건에서 피고 회사가 견적서와 함께 제출한 이행각서는 그 문면에 의하더라도 하도급계약이 성립될 경우 최초 견적서 기재 금액 범위 내에서 공사를 수행하겠다는 취지에 불과한 것이고, 하도급보증서 또한 앞으로 하도급계약이 성립되면 그 이행을 담보하려는 목적으로 청약 유인의 차원에서 교부된 것에 불과하므로, 피고 회사가 견적서, 이행각서 등의 서류를 제출하였다는 사정만으로 원고들과 피고 회사 사이에 하도급계약이 성립되었다고 볼 수 없다.

도급계약 vs. 하도급계약

도급계약은 다음과 같이 정의된다.

제664조(도급의 의의) 도급(都給)은 당사자 일방[수급인]이 어느 일을 완성할 것을 약정하고 상대방[도급인]이 그 일의 결과에 대하여 보수를 지급할 것을 약정함으로써 그 효력이 생긴다.

하(下)도급계약은 '하청(일본식 한자어이므로 피하는 것이 좋음)'이라고도 하는데, 도급받은 일의 전부 또는 일부를 다시 도급하기 위하여 수급인이 제3자(즉 하수급인)와 체결하는 계약이다.

2. 청약의 성립요건

청약이 유효하게 성립하기 위해서는, ① 법적 구속력 있는 의사표시(청약의 유인이 아니어야 함), ② 도달, ③ 철회 없음, ④ (내용, 계약 상대방이) 충분히 확정될 것이 요구된다.

우선 ④에 대해서 보자면, 청약은 그에 응하는 승낙만 있으면 곧 계약이 성립하는 구체적·확정적 의사표시여야 하므로, 청약에는 계약의 내용을 결정할 수 있을 정도의 사항이 포함되어야 한다.

대판 2003.4.11, 2001다53059

계약이 성립하기 위한 법률요건인 청약은 그에 응하는 승낙만 있으면 곧 계약이 성립하는 구체적·확정적 의사표시여야 하므로, 청약은 계약의 내용을 결정할 수 있을 정도의 사항을 포함시키는 것이 필요하다.

이제 다음 예제를 통하여 매매계약이 성립했는지 여부를 판단해보자.

예제 1

(1) 서점 주인 A는 자신의 고객인 B에게 메일을 보내 "출간되자마자 『시민생활과 법(제4판)』을 구입할 것"을 청약했다. B는 이 청약을 승낙한다는 답장 메일을 보냈다. 매매계약은 성립했나?

(2) 한편 A가 B에게 "헌책 시민생활과 법을 구입할 것"을 청약하고 B가 이것을 승낙한 경우는 어떠한가?

매매계약이 성립하기 위해서는 필수적으로 매매의 목적(즉 내용: 파는 물건) 그리고 대금에 대한 합의(563)가 있어야 하고, 합의의 내용이 구체적·확정적이어야 한다.

예제 1의 해결

예제 1-(1)의 경우, A의 청약에는 가격이 누락되어 있으나 A의 의사는 통상의 판매가격을 의미하는 것으로 해석할 수 있다(이른바 '보충해석'). 따라서 매매목적물과 대금이 특정(『시민생활과 법(제4판)』 한 권을 통상 가격으로 구매)되었으므로 매매계약은 성립했다.

그런데 예제 1-(2)의 경우에는 매매목적물이 몇 판인지, 가격이 얼마인지가 전혀 확정되어 있지 않고, 해석을 통해서도 보충할 수 없다. 유효한 청약이 존재하지 않으므로 매매계약은 성립하지 않았다.

예제 2

A는 진열창에 하나뿐인 수제품 드레스를 150만 원의 가격으로 전시했다. 어제 이 옷을 보았던 B는 A에게 전화하여 자신이 그 옷을 사겠다고 했다. A는 옷을 B에게 배달해주겠다고 답했다. 잠시 후에 C가 옷을 보고 가게로 들어와 자기가 이 옷을 사겠다고 A에게 말했다. A는 옷이 이미 팔려버렸다고 말했다. C는 'A가 진열창에서 행한 청약을 자신이 승낙했다'는 이유로 이 옷을 청구한다. 타당한가?

C의 청구가 타당하기 위해서는 A와 C 사이에 매매계약이 성립했어야 한다. 그런데 상품을 진열창에 전시한 행위는 청약이 아니라 청약의 유인에 불과하다. 따라서 청약은 A가 한 것이 아니라 C가 한 것이며, 이 청약을 A가 거절한 것으로 보아야 한다.

> 대판 2007.6.1, 2005다5812 · 5829 · 5836
> 청약은 이에 대응하는 상대방의 승낙과 결합하여 일정한 내용의 계약을 성립시킬 것을 목적으로 하는 확정적인 의사표시인 반면, 청약의 유인은 이와 달리 합의를 구성하는 의사표시가 되지 못하므로 피유인자가 그에 대응하여 의사표시를 하더라도 계약은 성립하지 않고 다시 유인한 자가 승낙의 의사표시를 함으로써 비로소 계약이 성립하는 것으로서 서로 구분되는 것이다. 그리고 위와 같은 구분 기준에 따르자면, 상가나 아파트의 분양광고의 내용은 청약의 유인으로서의 성질을 갖는 데 불과한 것이 일반적이라 할 수 있다. (…)

한편 A와 B 사이의 법률관계를 살펴보면, B의 전화가 청약에 해당하고 이에 대한 A의 승낙이 있었으므로 둘 사이에는 매매계약이 성립했다.

진열창에 전시하는 행위는 청약의 유인이라고 앞에서 언급했지만, 만약 이것을 청약으로 보게 되면 결과는 어떻게 달라질까? 그 경우에는 A와 B 사이, 그리고 A와 C 사이에서 각각, 즉 2개의 매매계약이 성립하게 된다. 이렇게 하나의 매매목적물에 대하여 두 개의 매매계약이 성립한 경우를 일반적으로는 이중 매매라고 한다.

물론 하나뿐인 드레스였으므로 A는 B와 C 중에서 어느 한 쪽에게만 이행을 할 수 있고, 다른 한 쪽에 대해서는 이행을 할 수 없으므로 채무불이행의 문제로 넘어가게 될 것이다. 그렇게 되면 A는 손해배상 책임을 지게 될 것이고, 상대방은 계약을 해제할 수도 있을 것이다. 그렇다고는 해도 2개의 매매계약은 (원칙적으로) 둘 다 유효하다.

만약 가격을 잘못 게시(eg. 150만 원이 아니라 120만 원으로 잘못 게시)했다면 어떨까? 비록 가격이 잘못 게시되었어도 어차피 그것은 청약의 유인에 불과하다. 따라서 사겠다는 손님의 의사표시가 청약에 해당하고, 가게 주인은 이것을 거절할 수 있으며, 그런 경우 계약은 성립하지 않는다.

3. 청약의 효과

상대방 보호를 위하여, 청약자는 미리 구속력을 배제한 경우가 아니라면 자신의 청약에 구속된다.

> **第527조(계약의 청약의 구속력)** 계약의 청약은 이를 철회하지 못한다.

즉 일단 청약을 하게 되면 그 이후에는 원칙적으로 철회를 할 수 없다(**청약의 구속력**). 물론 일방적 철회를 할 수 없는 것이지, 상대방이 동의하면 항상 철회가 가능하다.

청약이 있을 때 그 상대방은 승낙 또는 거절을 할 수 있는 유리한 법적 지위에 놓이게 된다. 청약의 발신만으로 청약의 효력이 발생하는 것은 아니고, 그 의사표시가 상대방에게 도달해야 비로소 구속력이 발생한다. 이것은 도달해야만 의사표시가 유효하다는 민법의 일반 원칙(111 ①: **도달주의**)을 따른 것이다. 따라서 청약의 의사표시가 상대방에게 도달하기 전에는 이를 철회할 수 있다.

> **제111조(의사표시의 효력발생시기)** ① 상대방이 있는 의사표시는 상대방에게 도달한 때에 그 효력이 생긴다.

소비자 보호를 위한 몇몇 특별법은 청약 철회 기간에 대한 예외를 인정하고 있다. 즉 할부거래의 경우는 계약서 교부 및 재화 공급 시 등으로부터 7일(할부거래에 관한 법률 8), 방문판매의 경우는 계약서 교부 및 재화 공급 시 등으로부터 14일(방문판매 등에 관한 법률 8), 다단계 판매의 경우는 방문판매에 관한 규정을 준용하여 14일(동법 17, 8), 통신판매의 경우는 계약서 교부 및 재화 공급 시 등으로부터 7일(전자상거래 등에서의 소비자 보호에 관한 법 17) 이내에 철회를 할 수 있다.

4. 청약의 소멸

청약이 있은 후 승낙만 있으면 계약이 성립할 수 있는 상태를 '승낙적격(適格)' 또는 '승낙능력(能力)'이라고 부른다. 하지만 청약의 상대방 보호를 위하여 청약의 구속력이 인정된다고 해서 청약자가 '영원히' 청약에 구속되는 것은 아니다. 즉 승낙적격이 언제까지나 유지되는 것은 아니다. 민법은 청약의 소멸에 관한 규정(528~530)을 마련하고 있다.

예제 3

A는 최신형 TV를 150만 원에 사라는 카카오톡 메시지를 B에게 보냈다. B는 이것을 140만 원에 준다면 사겠다고 답 메시지를 보냈다. 매매계약이 성립했는가?

청약의 소멸 근거로는, ① 청약의 거절, ② 승낙기간의 도과(徒過: 헛되이 지나감)가 있다. 청약자가 사망하거나 제한능력자로 되는 경우에는 청약이 소멸하지 않는다.

청약의 거절은 상대방 있는 의사표시이다. 만약 청약에 '확장, 제한, 기타 변경'을 가하여 승낙했다면 이것은 **거절** 또는 **새로운 청약**에 해당한다. 따라서 애초에 청약을 했던 자는 다시 승낙하거나 거절할 수 있다.

제534조(변경을 가한 승낙) 승낙자가 청약에 대하여 조건을 붙이거나 변경을 가하여 승낙한 때에는 그 청약의 거절과 동시에 새로 청약한 것으로 본다.

예제 3의 해결

예제 3에서 B가 거절(변경을 가한 승낙)한 후 A가 아직 이 청약을 승낙하지 않았으므로, 계약은 성립하지 않았다.

예제 4

A는 B에게 9월 19일에 이메일을 보내 최고급 다기 세트를 50만 원에 사라고 하면서, 이 청약은 9월 25일 자정까지만 유효하다고 썼다. B는 9월 20일 오전에 이 메일을 확인한 후 "그

청약을 승낙한다."는 답장 메일을 즉시 발송했다. 그런데 이 메일은 메일 서버(SMTP server)의 장애로 인하여 9월 27일에야 A에게 도달했고, A는 이 메일을 즉시 확인했지만 아무런 조치를 취하지 않았다. 매매계약이 성립했는가? 성립했다면 그것은 언제인가?

청약의 또 다른 소멸 근거는 **승낙기간의 도과**(徒過)이다. 즉 승낙이 기간 내에 행해지지 않으면 청약은 소멸한다. 청약자가 승낙기간을 정한 경우(528) 승낙은 그 기간 내에 발송되는 것이 아니라 도달해야 한다.

> **제528조**(승낙기간을 정한 계약의 청약) ① 승낙의 기간을 정한 계약의 청약은 청약자가 그 기간 내에 승낙의 통지를 받지 못한 때에는 그 효력을 잃는다.
> ② 승낙의 통지가 전항의 기간후에 도달한 경우에 보통 그 기간내에 도달할 수 있는 발송인 때에는 청약자는 지체없이 상대방에게 그 연착의 통지를 하여야 한다. 그러나 그 도달전에 지연의 통지를 발송한 때에는 그러하지 아니하다.
> ③ 청약자가 전항의 통지를 하지 아니한 때에는 승낙의 통지는 연착되지 아니한 것으로 본다.

승낙의 통지가 연착한 경우(528 ②, ③), 청약자가 지체 없이 연착의 통지를 하면 청약은 소멸한다. 하지만 통지를 하지 않는다면 승낙의 통지는 불연착으로 의제되므로 계약이 성립하게 된다.

예제 4의 해결

예제 4에서 B의 승낙은 승낙기간이 도과한 후(9월 27일)에야 A에게 도달했다. 그런데 B는 이 메일을 승낙기간이 도과하기 이전(9월 20일)에 이미 보냈으므로 통상적인 경우였다면 승낙기간 이내에 도달할 수 있었을 것이다. 따라서 A는 지체 없이 B에게 연착의 통지(528 ② 본)를 했어야 한다. 물론 미리 지연의 통지를 했다면 연착의 통지를 하지 않아도 된다(528 ② 단). 그러나 A는 지연의 통지는 물론이고 연착의 통지도 하지 않았다. 따라서 B의 승낙의 통지는 연착되지 않은 것으로 의제되고(528 ③), 계약은 유효하게 성립했다.

예제 5

A는 B에게 9월 19일 우편으로 발송하여 9월 21일 배달된 편지에서 꽃병 하나를 9만 원에 사라고 청약했다. B는 9월 22일 저녁에 "그 청약을 승낙한다."는 편지를 써서 9월 23일 아침에 발송했다. 이 편지는 9월 25일에 A에게 배달되었다. 매매계약이 성립했는가? 성립했다면 그것은 언제인가?

청약자가 승낙기간을 정하지 않은 경우(529), 승낙은 '상당한 기간', 즉 '청약이 상대방에게 도달하여 상대방이 그 내용을 받아들일지 여부를 결정한 후 회신을 함에 필요한 기간(判)' 이내에 도달해야 한다.

제529조(승낙기간을 정하지 아니한 계약의 청약) 승낙의 기간을 정하지 아니한 계약의 청약은 청약자가 상당한 기간내에 승낙의 통지를 받지 못한 때에는 그 효력을 잃는다.

대판 1999.1.29, 98다48903

(…) 청약은 원칙적으로 철회하지 못하는 것이나, 청약 시 승낙기간을 정한 경우에는 그 승낙기간, 그렇지 아니한 경우에는 상당한 기간이 도과하면 그 청약은 실효되고, 이때의 상당한 기간은 청약이 상대방에게 도달하여 상대방이 그 내용을 받아들일지 여부를 결정하여 회신을 함에 필요한 기간을 가리키는 것으로, 이는 구체적인 경우에 청약과 승낙의 방법, 계약 내용의 중요도, 거래상의 관행 등의 여러 사정을 고려하여 객관적으로 정하여지는 것이다.

예제 5의 해결

A가 승낙기간을 정하지 않았는데 A의 청약이 B에게 도달한 후(9월 21일) B가 보낸 승낙의 통지가 4일이 경과한 후에 A에게 도달(9월 25일)했으므로, 이 정도의 기간은 상당한 기간으로 볼 수 있을 것이다. 따라서 계약은 유효하게 성립했다.

다음의 판결에서는 승낙기간이 지나고 58분 후에 청약의 통지가 도달했는데, 원심과 달리 대법원은 청약의 효력이 상실되었다고 보았다.

대판 1994.8.12, 92다23537

유효기간을 1990.8.8. 18:00까지로 하는 청약의 취지가 담긴 상품거래제의문을 교부받은 일방 당사자가 같은 날 18:00를 58분 경과한 18:58에 그 거래제의문에 의한 청약을 아무런 수정 없이 승낙한다는 취지에서 거래제의문의 중요 부분을 그대로 기재한 상품매매기본계약서를 타방 당사자에게 교부한 경우, 그 유효기간으로 기재된 18:00는 청약의 효력이 유지되는 최종시점이며 그 시각이 경과하면 거래제의문에 의한 청약은 그 효력이 상실된다고 봄이 신의칙에 합당하다 하여, 청약의 효력이 유효기간 경과 후 58분의 시점까지도 여전히 유지되었다고 본 원심판결을 파기한 사례.

청약을 한 후 청약자가 **사망**하거나 **행위능력**을 **상실**해도 청약의 효력은 원칙적으로 유지된다.

제111조(의사표시의 효력발생시기) ② 의사표시자가 그 통지를 발송한 후 사망하거나 제한능력자가 되어도 의사표시의 효력에 영향을 미치지 아니한다.

청약자의 상대방이 제한능력자인 경우, 청약자는 청약의 도달을 주장할 수 없으나 상대방은 주장할 수 있다(112 본). 그러나 상대방의 법정대리인이 청약의 도달 사실을 알게 되면 청약자는 청약이 도달했음을 주장할 수 있다(112 단).

제112조(제한능력자에 대한 의사표시의 효력) 의사표시의 상대방이 의사표시를 받은 때에 제한능력자인 경우에는 의사표시자는 그 의사표시로써 대항할 수 없다. 다만, 그 상대방의 법정대리인이 의사표시가 도달한 사실을 안 후에는 그러하지 아니하다.

앞에서 본 사유로 인해 청약이 소멸하게 되면, 청약은 법적으로 더 이상 존재하지 않는 것으로 된다. 따라서 승낙만으로는 계약이 성립할 수 없다. 다만 그 승낙을 새로운 청약으로 인정할 수는 있다.

제530조(연착된 승낙의 효력) 전2조의 경우에 연착된 승낙은 청약자가 이를 새 청약으로 볼 수 있다.

II 승낙

승낙은 청약한 내용대로 계약을 체결하기로 청약의 상대방이 청약자에게 동의하는 것을 말한다. 승낙은 원칙적으로 상대방 있는 의사표시이며, 청약자에게 도달함으로써 효력이 발생한다. 따라서 도달 전이라면 철회할 수 있다.

승낙이 유효하게 성립하기 위해서는, ① 도달(예외: 발신), ② 철회 없음, ③ 청약에 대하여 행해져야 할 것, ④ (청약과) 내용의 일치, ⑤ 적시(適時)에(eg. 승낙기간 내에) 통지가 이루어질 것이 요구된다.

청약자는 승낙기간을 설정하거나, 승낙의 요건을 어렵게(eg. 청약자에게 직접, 공증) 또는 쉽게(eg. 도달 불필요) 할 수 있다. 승낙은 특정한 청약에 관하여 주어져야 하며, 청약과 승낙의 내용이 일치해야만 합의가 성립하여 계약이 이루어진다.

두 사람이 동일한 내용의 청약을 동시에 하는 경우를 **교차청약**이라 하는데, 민법은 이러한 경우에도 계약 성립을 인정하며, 계약 성립 시점은 둘 중 나중에 도달한 청약이 도달한 때가 기준이 된다.

> **제533조(교차청약)** 당사자간에 동일한 내용의 청약이 상호교차된 경우에는 양청약이 상대방에게 도달한 때에 계약이 성립한다.

승낙의 도달이 불필요한 때도 있다. 즉 거래관행상 이를 기대하기 어려운 경우이거나 청약자가 포기한 경우(cf. 532: **의사실현에 의한 계약 성립**)에 그러하다.

한편 **격지자 간의 계약**에 있어서는 승낙 통지의 발송만으로(즉 도달 이전에) 바로 계약이 성립한다.

> **제531조(격지자간의 계약성립시기)** 격지자간의 계약은 승낙의 통지를 발송한 때에 성립한다.

엄밀히 말하자면 의사표시가 도달하지 않는 것을 해제조건(특정한 일이 일어나면 계약의 효력이 소멸하게 되는 조건)으로 하여 발신하는 것만으로 이미 효력이 발생한다(多). 따라서 제531조는 제111조 제1항의 도달주의 원칙에 대한 중요한 예외가 된다. 반대로 대화자 간의 경우에는 제111조가 적용되므로 도달이 필요하다.

격지자(隔地者) vs. 대화자(對話者)

격지자란 의사표시의 도달에 상당한 시간이 필요한 사람을 말한다. 가령 우편을 통하여 외국에 있는 사람에게 청약을 한 경우가 이에 해당한다. 반면 대화자란 의사표시의 도달에 시간이 거의 걸리지 않는 사람을 말한다. 가령 대면으로 대화를 하거나 전화 통화를 하는 경우가 이에 해당한다. 주의할 것은, 격지자와 대화자의 구분은 두 사람 사이의 물리적인 거리와는 무관하게 의사표시의 도달에 걸리는 시간에 의해 이루어진다는 점이다. 가령 한국에 있는 사람이 칠레에 있는 사람과 전화 통화로 계약을 한다면 이것은 대화자 사이의 계약이다. 반면 서울 정동에 사는 사람이 서울 소격동에 사는 사람과 일반 우편을 통하여 계약을 한다면 이는 격지자 사이의 계약에 해당한다.

예제 4 및 5의 해결

계약의 성립 시점은 격지자 사이의 계약에서는 승낙의 통지를 발송한 때이다. 따라서 예제 4의 경우 B가 답장 메일을 발송한 9월 20일 오전에 계약이 성립했다. 한편 예제 5의 경우에는 B가 편지를 발송한 9월 23일 아침에 계약이 성립했다.

승낙과 관련하여 끝으로, 일정한 경우 승낙의 통지가 없음에도 계약이 성립하게 되는 이른바 **의사실현에 의한 계약 성립**에 대해서 살펴보자.

> **제532조(의사실현에 의한 계약성립)** 청약자의 의사표시나 관습에 의하여 승낙의 통지가 필요하지 아니한 경우에는 계약은 승낙의 의사표시로 인정되는 사실이 있는 때에 성립한다.

우선 거래관행상 기대하기 어려운 경우(eg. 의료계약, 여행 중의 숙박행위)가 있다. 또한 계약으로 취득할 권리를 미리 행사하거나(eg. 청약과 함께 송부된 물품 사용·소비), 계약상의 채무를 이행하거나(eg. 주문받은 상품을 송부), 혹은 이행을 위한 준비행위(eg. 주문을 장부에 기입, 여객으로부터 청약을 받고 객실을 준비)를 하면 승낙이 있는 것으로 인정된다. 이것은 청약자가 승낙에 의하여 계약이 성립한다는 것을 미리 포기한 경우(eg. 청약과 함께 상품을 송부)에도 마찬가지이다.

III 합의

합의는 청약과 승낙이라고 하는, 계약체결자의 두 의사표시가 서로 일치함을 말한다.

'합의'의 어원

합의를 뜻하는 영어 'consent', 라틴어 'consensus'는 '함께'라는 뜻의 접두사 'con'(라틴어 전치사 'cum'의 변형)에, 라틴어 동사 'sentire'(느끼다, 생각하다) 또는 거기에서 파생한 명사 'sensus'(생각)가 합쳐진 것이다. '같은 생각'이라는 뜻이므로 동의, 합의, 일치를 의미하게 되었다.

반대말인 '불합의'에 해당하는 라틴어 'dissensus'와 영어 'dissent'는 접두사 'dis'(분리, 제거, 반대)에 'sensus' 또는 'sentire'가 합쳐진 것이다.

민법에 합의를 직접 규율하는 조문은 없다. 그렇지만 합의로 계약이 성립한다는 점에는 이론(異論)이 없다. 합의를 통하여 계약이 성립하게 되면 쌍방 당사자는 상대방에게 계약상의 청구권을 행사할 수 있다. 가령 매매계약의 매수인은 매도인에게 매매목적물의 소유권을 자신에게 이전할 것을 청구할 수 있고, 매도인은 매매대금의 소유권 이전을 청구할 수 있다(568 ①).

겉으로 표시된 쌍방의 의사가 일치하지 않았으나 실제 의사는 합치한 경우, 계약은 유효하게 성립하며 쌍방은 **착오**를 이유로 계약을 취소하지 못한다. 이것이 이른바 **자연적 해석**의 경우인데, 다음 예제를 통하여 살펴보기로 한다.

예제 6

A는 자기 그림을 98만 원에 B에게 매각하려고 B에게 89만 원에 팔겠다는 편지를 썼다. 그렇지만 B는 A가 98만 원에 팔려고 한다는 것을 알고 있으며 이에 대해 이의가 없었다. B는 A에게 그 그림을 9만 8천 원에 사겠다는 편지를 써서 보냈고, A는 B가 그림 가격을 잘못 쓴 실수를 알아차렸다.

(1) A와 B 사이에 매매계약은 성립했는가?

(2) 만약 매매계약이 성립했다면, 대금은 얼마로 합의된 것인가?

쌍방의 표시가 객관적으로 일치하면 외견상 의사가 불합치했음에도 합의가 성립한다. 이것은 당사자의 진정한 내면적 의사를 존중하는 해석인데, 그러한 내면의 의사를 **자연적 의사**라고 하며 이 자연적 의사에 입각한 해석 방법이기 때문에 **자연적 해석**이라고 부른다. 이처럼 표시에 불일치가 있어도 합의가 성립한다는 것을, 로마에서부터 유래하는 법언(法諺: 법률 속담)으로는 "오(誤)표시는 해(害)가 되지 않는다(falsa demonstratio non nocet)"라고 한다(줄여서는 **오표시 무해의 법리**라고 함).

예제 6의 해결

예제 6-(1)에서 서로 내면의 의사가 일치하면 그와 다른 표시는 해가 되지 않는다. 표시된 의사가 아니라 내면의 의사(즉 자연적 의사)를 기준으로 하여 98만 원에 계약이 성립하기 때문이다.

예제 6-(2)에서는 외견상으로는 의사표시가 일치하고 있으나 당사자들의 내면의 의사는 서로 불일치하고 있다. 이러한 경우에는 '상대방의 입장에서 이해한 의사(규범적 의사)'를 중시하는 해석을 하는 것이 민법의 입장이며, 이것을 '**규범적 해석**'이라고 부른다. 따라서 A는 내면의 의사와 다르게 잘못 표시된 의사의 효과를 감수해야 하므로, 결국 89만 원에 계약이 성립하게 된다.

이러한 규범적 해석은 의사표시를 한 사람보다는 상대방의 이해관계를 중시하는 해석이므로, 표의자를 보호할 수 있는 방법도 필요하게 된다. 이를 위하여 민법 제109조는, A가 일단 성립한 이 계약을 **착오**를 이유로 취소할 수 있는 가능성을 열어두고 있다(자세한 내용은 17장에서 다룸).

6장 의사표시와 법률행위

앞 장에서 우리는 청약과 승낙이라고 하는 두 개의 의사표시가 내용적으로 일치하게 되면 계약이 성립함을 배웠다. 이번 장에서는 '의사표시'라는 개념에 대하여 보다 자세히 살펴보자. 나아가 '의사표시'를 핵심적 요소로 하여 성립하는 '법률행위'에 대해서도 알아보자.

I 의사표시

'철수는 거부 **의사**를 명확하게 **표시**했다'와 같이, 우리는 일상생활에서도 **의사표시**라는 말을 빈번히 사용한다. 하지만 법률용어로서의 의사표시는 국어적 의미와 다소 차이가 있는, 전문용어로서의 특수한 의미를 가지고 있다.

의사표시라는 법률용어를 처음 만든 것은 19세기 독일의 법학자들이었다. 이들은 '의사(Wille)'라는 말과 '표시(Erklärung)'라는 말을 합쳐서 이 '의사표시(Willenserklärung: 두 단어 사이에 추가된 's'는 '~의' 라는 뜻임. 즉 '의사의 표시'라는 의미)'라는 용어를 만들었다. 그럼 이 '의사'와 '표시'가 구체적으로 무엇을 의미하는지 이제 살펴보기로 하자.

1. 의사

앞서 보았듯이 일단 의사를 '자유로운 의사결정'이라고 한다면, (법적) 의사는 구체적으로 무엇에 대한 의사결정인지를 생각해보자.

예제 1

A는 배가 고파서 요기를 하기 위하여 B의 빵집으로 갔다. A는 진열대에서 야채 샌드위치 한 개를 집어서 빵집 사장 B에게 건네며 "이거로 주세요."라고 말했다.

예제 1에서 A는 허기를 채우기 위하여 B의 빵집에 들어가 야채 샌드위치 한 개를 사기로 (일반적인 의미에서의) '자유로운 의사결정'을 했다. 그렇다면 (법적인 의미에서) A의 의사는 구체적으로 무엇일까?

19세기의 의사 이론

19세기 법학자들은 (오늘날에는 더 이상 타당하지 않은) 당시의 심리학 이론에 입각하여 의사(意思)의 종류를 다음과 같이 구별했다. 이 이론에 따라 예제 1에서 샌드위치 한 개를 구입하기 위해 A가 하는 행위를 단계별로 살펴보자.

우선, (1) (의사에 속하지는 않지만) **동기(動機)**는 '배가 고파서 샌드위치를 먹고 싶다'는 내적인 목적을 말한다. (2) **행위의사(行爲意思)**는 행위하고 있다는 의식(意識)으로서 예제 1의 경우에는 샌드위치를 집어들고 말을 하려고 한다는, 즉 자신이 막연히 어떤 행위를 한다는 의식이다. (3) **표시의사(表示意思)**는 법적으로 의미 있는 특정한 표시행위를 하려는 일반적 · 추상적 의사로서 예제 1의 경우에는 샌드위치를 구입하기 위해 "이거로 주세요."라는 말을 하려는 의사이다. (4) **효과의사(效果意思)**는 가장 중요한 의사인데, 특정한 법적 효과를 가져오는 표시행위(表示行爲)를 하려는 구체적 의사이다. 예제 1의 경우 '이 샌드위치를 구입하려는' 의사이다.

오늘날에는 19세기의 학자들처럼 행위의사, 표시의사, 효과의사와 같이 의사를 심리학적 단계에 따라 구별하지 않는다. 행위의사와 표시의사는 잊어버려도 좋다. 이제는 (법적인 의미에서의) 의사는 항상 효과의사일 뿐이며, 이는 특정한 법률효과(예제 1에서는 샌드위치의 구입)를 목표로 하는 구체적 의사이다.

2. 표시행위

다음으로 **표시행위**(表示行爲)에 관해서 보자. 이것은 효과의사를 외부에서 인식하도록 표명하는 행위이다. 예제 1의 경우 "이거로 주세요."라고 말하는 행위가 표시행위이다.

예제 2

A는 배가 고파서 요기를 하기 위하여 B의 빵집으로 갔다. A는 진열대에서 야채 샌드위치 한 개를 집은 후 아무 말도 하지 않은 채 빵집 사장 B에게 주었다.

예제 1에서 A는 "이거로 주세요."라고 직접적으로 말을 함으로써 표시행위를 했다. 이처럼 의사를 직접적으로 표시하는 경우를 **명시적** 표시행위라고 한다.

한편 예제 2에서 A는 샌드위치를 B에게 건네줌으로써 그것을 구입하겠다는 의사를 간접적으로 표시했다. 이와 같이 행위가 직접적으로는 다른 목적을 추구(샌드위치를 넘겨줌)하면서 간접적으로는 효과의사를 표현(샌드위치를 구매)하는 경우를 **묵시적**(추단적, 간접적) 표시행위라고 한다.

또한 일정한 사실을 의사표시로 의제하는 경우(eg. 법정추인: 145)도 있는데, 이것은 **의제적** 표시행위라고 한다. 끝으로 **침묵**도 예외적으로는 의사표시로서 인정될 때가 있다.

의사주의와 표시주의의 대립

의사표시는 의사와 표시라는 두 개의 요소로 이루어진 만큼, 둘 중 어느 쪽에 중점을 둘 것이냐에 따라 여러 가지 이론이 있다.

이 용어를 처음 만든 학자들은 비록 뒤에 '표시'라는 말이 덧붙어 있기는 하지만, 어디까지나 핵심적인 요소는 '의사'라고 생각했다. 이들은 '법', '권리', '계약'과 같은 민법의 가장 기초가 되는 개념들의 근저에 '자유롭게 의사결정을 할 수 있는 계몽주의적 인간'이 있다고 생각했다. 이러한 근대적 인간의 핵심적인 특질은 '자유로운 선택에 따른 책임'이었고, 이 생각이 '의사'라는 용어로 표현되었다. 이러한 '**의사주의**(Willenstheorie)'의 대표자로는 사비니(Friedrich Carl von Savigny, 1779~1861) , 빈트샤이트(Bernhard Windscheid, 1817~1892), 치텔만(Ernst Zitelmann, 1852~1923) 등이 있다.

그런데 가령 가격을 잘못 써서 보낸 편지를 상대방이 액면 그대로 받아들였을 경우, 의사설에 따른다면 가격을 잘못 썼어도 쓴 사람의 진정한 의사를 중시하므로 잘못 쓴 가격이 아니라 마음속으로 생각했던 올바른 가격에 의해 계약이 체결되어야 할 것이다. 그런데 이렇게 되면 의사표시를 한 사람은 보호받을 수 있겠지만 그 의사표시를 글자 그대로 믿은 상대방의 신뢰는 보호받지 못하며, 이것은 부당한 결과이다. 편지를 잘못 쓴 사람보다는 그 편지의 내용을 그대로 믿은 상대방을 보호하는 것이 더 타당할 것이기 때문이다.

이처럼 의사표시를 한 사람의 진정한 '의사'보다는, 비록 표시가 잘못되었더라도 그것을 신뢰한 상대방을 더 보호하려는 입장이 바로 '**표시주의**(Erklärungstheorie)'이다. 즉 표시설은 상대방보다도 표의자를 더 우선시하는 의사설이 가지는 문제점을 해결하려는 데에서 출발했다. 이 학설의 대표자로는 코올러(Josef Kohler, 1849~1919), 레온하르트(Rudolf Leonhard, 1851~1921), 배어(Otto Bähr, 1817~1895) 등이 있다.

이 두 학설 사이의 대립은 독일 민법전이 제정될 때까지도 해결되지 않다가, 나중에는 **절충설**이 통설이 되었다. 이에 따르면 상대방의 보호가 문제되지 않는 상황이라면 표의자의 진정한 의사가 중시된다('자연적 해석'). 그러나 표의자의 보호와 상대방의 보호가 서로 충돌하는 상황일 때에는 상대방의 보호가 더 우선한다('규범적 해석'). 이 절충설은 우리 학계의 다수설의 입장이기도 하며, 실질적으로는 표시주의에 가깝다.

II 법률행위의 의미

1. 계약, 단독행위, 합동행위

예제 1과 2에서 A의 의사표시는 (명시적으로 표시되었든 묵시적으로 표시되었든 관계없이) 청약에 해당한다. 여기에 대하여 B가 승낙을 하게 되면 매매계약이 성립한다. 이 과정을 보다 추상적으로 표현하면, A의 의사표시와 B의 의사표시의 내용이 서로 일치(합의)할 때 매매계약이 성립한다고 할 수 있다. 요컨대 적어도 두 개 이상의 **대립적·교환적 의사표시**에 의하여 **계약**이 성립하게 된다.

예제 3

불치병으로 시한부 선고를 받은 A는 자신의 은행예금 120억 원 전액을 B 대학에 기부한다는 내용의 유언을 작성했다.

앞(3장 II. 3)에서 배웠듯이, 예제 3에서와 같이 유언을 통하여 자기 재산을 타인에게 주는 것을 유증이라고 한다. 그런데 이 유증은 오로지 A 한 사람의, 하나의 의사표시로 이루어진다. 계약은 최소한 두 개의 의사표시가 있어야 성립할 수 있는데 비하여 유증은 **하나의 의사표시**만으로 성립한다는 것이다. 유증과 같은 경우를 보다 일반적으로는 **단독행위** 또는 일방행위라고 부른다.

예제 4

A와 B는 다문화 가정 자녀들의 방과 후 학습을 지원하는 비영리 사단법인 '어울림'을 설립하기로 하고, 정관(법인의 운영에 관한 기본적인 규칙)을 작성한 후 기명날인(이름을 쓰고 도장을 찍음)을 하고, 창립총회를 열어서 정관을 확정한 후 이사 등을 선임했다.

예제 4에서 A와 B는 비영리 사단법인을 설립하기로 하고, 설립에 필요한 여러 가지 일(이런 일들을 '설립행위'라고 하는데, 정관 작성이 핵심임)을 함께 했다. A와 B의 사단법인 설립행위에는 A와 B의 의사표시, 즉 적어도 두 개의 의사표시가 포함되어 있다. 그런데 이 설립행위는 앞에서 본 계약과는 다소 차이가 있다. 예제 2에서 A와 B가 매매계약을 할 때에 두 사람의 의사표시는 청약과 승낙이라는 형태로 서로 대응하고 있다. 즉 대립적·교환적인 두 개의 의사표시에 의해 계약은 이루어진다.

그런데 예제 4의 설립행위에 있어서 A와 B의 의사표시는 상대방에 대해서 하는 대립적인 것이 아니고, 비영리 사단법인을 만든다고 하는 공통된 목적을 추구하는 것이다. 즉 이 둘의 의사표시는 평행적·구심적인 관계에 있다. 이처럼 **두 개 이상의 평행적·구심적 의사표시**에 의하여 이루어지는 행위를 **합동행위**(合同行爲)라고 부른다.

요약하자면 단독행위는 하나의 의사표시로 성립한다. 한편 두 개 이상의 의사표시로 성립하는 경우는 계약과 합동행위가 있는데, 전자는 그 의사표시들이 서로 대립적·교환적이고, 후자는 그 의사표시들이 평행적·구심적이다.

이렇게 보면 단독행위, 계약, 합동행위는 모두 한 개 이상의 의사표시에 의해 성립하며, 특정한 법률효과(앞의 예에서는 유증, 매매, 사단 설립)를 목표로 한다는 공통점을 가진다.

2. 법률행위, 법률요건, 법률효과

이 공통점에 기초하여 우리는 단독행위, 계약, 합동행위를 포괄하는 상위의 개념을 생각할 수 있는데, 그것을 **법률행위**(法律行爲, 독 Rechtsgeschäft)라고 부른다. 즉 법률행위는 적어도 한 개의 **의사표시**를 포함하고 있으며, 구체적인 특정 **법률효과**를 목표로 한다. 경우에 따라서는 법률행위에 의사표시 이외의 요소(일반적으로는 '법률사실'이라고 함)도 추가되지만, 의사표시가 없는 행위는 법률행위가 아니다.

이제 의사표시부터 시작하여 법률행위까지 이르는 논의를 보다 추상화하여 생각해 보기로 한다.

A가 유증을 함 → B 대학이 유증을 받는다.

A와 B가 계약을 함 → A는 샌드위치를 받고, B는 샌드위치 값 5천 원을 받는다.

A와 B가 사단법인 설립행위를 함 → (A와 B가 계획하던) 사단법인이 설립된다.

이처럼 법률행위는 특정한 법률효과를 목표로 의사표시를 핵심 요소로 하여 이루어지므로, 앞의 세 가지 경우를 보다 단순하게 표현하면 다음과 같다.

특정한 법률행위를 함 → 특정한 법률효과가 발생함

기호를 써서 보다 간단하게 표현하면 다음과 같다.

$p \rightarrow q$

논리학에서는 두 조건 p, q에 대하여 'p이면 q이다'와 같이 이루어지는 명제를 이와 같이 표현한다. 민법의 세계에서 벌어지는 수많은 일들 역시 가장 단순하고 추상적인 차원에서 표현하면 $p \rightarrow q$ 라는 명제가 된다.

논리학에서는 조건 p를 가정, 조건 q를 결론이라고 부른다. 민법은 p를 **법률요건**(法律要件), q를 **법률효과**라고 부르고, $p \rightarrow q$라는 명제 자체는 **법률관계**라고 부른다. 즉 법률관계는 법률요건(전제·원인)과 법률효과(결과)의 결합으로 파악될 수 있다.

(법률요건 → 법률효과) ⇔ 법률관계

법률요건은 **구성요건**(構成要件)이라고도 하는데, 법률관계 변동의 원인(법률효과를 발생시키기에 적합한 법적 상태)을 말한다. 이때 법률요건을 구성하는 개별적 요소, 즉 개개의 사실을 **법률사실**(法律事實)이라 한다.

법률요건 = (법률사실 1 + 법률사실 2 + 법률사실 3 + … + 법률사실 n)

법률사실은 다시 **용태**(容態: 사람의 정신작용이 작용한 것. 원어인 독일어 'Verhalten'은 '행동', '태도'를 뜻함)와 **사건**(정신작용이 작용하지 않은 것)으로 구별된다.

법률요건 = 용태 + 사건

용태 중에서 가장 중요한 것은 **의사표시**이다. 앞의 5장에서 배운 청약, 승낙, 동의 등이 이에 해당한다. 달리 말하자면 **법률요건** 혹은 **법률사실** 중에서 가장 중요한 것이 바로 **의사표시** 혹은 (의사표시로 이루어지는) **법률행위**이다.

그 밖에도 용태에는 **의사의 통지**(eg. 최고[催告: 이행을 재촉하는 것], 거절 등), **관념의 통지**(eg. 사원총회 소집의 통지 등), **감정의 표시**(eg. 용서 등), **사실행위**(eg. 주소의 설정, 점유의 취득과 상실 등)가 포함된다. 이것들을 통틀어서 **준법률행위**(準法律行爲)라고 부른다. 이것은 법률행위와 유사하지만 법률행위는 아닌 경우, 즉 의사표시보다는 의사의 작용이 약한 경우를 말한다.

용태 = 의사표시 + (의사의 통지 + 관념의 통지 + 감정의 표시 + 사실행위)
= 의사표시 + 준법률행위

사건 vs. 사실행위

사건은 용태와 대비되는 개념으로서 인간의 정신작용이 포함되어 있지 않은 경우를 말한다. 사건에는 사람의 출생 · 사망, 물건의 자연적 멸실 등이 해당한다. 한편 사실행위는 용태의 한 종류이다. 즉 사실행위에는 인간의 정신작용이 포함되어 있다는 뜻이다. 그런데 주소의 설정이나 점유의 취득 · 상실에 도대체 어떤 정신작용이 들어있다는 것일까?

민법의 ‘주소’는 “생활의 근거되는 곳”(18 ①)이다. 그런데 특정 장소를 이렇게 생활의 근거가 되는 곳으로 한다는 것은, 의사표시 수준의 ‘강한’ 의사(정주[定住]의 의사: 어느 곳을 주소로 하려는 의사)까지는 아니더라도 특정한 ‘선택이나 판단’이라는 ‘약한’ 정신적 요소는 포함되어 있는 것이라고 볼 수 있다.

민법의 ‘점유(占有)’는 “물건을 사실상 지배하는 것”(192 ①)이다. 가령 도둑이 어떤 사람의 휴대전화를 훔쳐서 가지고 있는 경우, 그는 그 물건의 소유자는 아니지만 ‘점유’는 하고 있다. 이렇게 사실적 지배를 한다는 것은 물리적 지배라고 하는 외형적 상태만으로는 부족하고, 그렇게 지배를 하려고 하는 특정한 의사가 꼭 필요하다. 내가 의식이 없는 상태로 어떤 물건을 손에 쥐고 있다면 나는 그 물건을 점유하고 있다고 볼 수 없다. 그런데 이러한 점유의 의사, 즉 물건을 사실상 지배하려고 하는 의사(지배를 중단하려는 의사, 즉 점유 상실의 의사의 경우도 마찬가지)는 의사표시의 의사만큼 강한 것은 아니라는 것이 통설의 입장이다. 통설은 이 의사를 ‘점유설정의사’라고 부르고, 의사표시의 의사(말하자면 ‘법적인 의사’)가 아닌 ‘자연적 의사’로 분류한다. 따라서 점유설정의사에는 행위능력이 요구되지 않고 의사능력만 있으면 된다. 보다 상세한 내용은 물권법의 점유 부분에서 배우게 된다.

3. 법률행위의 중요성

법률관계는 법에 의하여 규율되는 생활관계로서 **호의관계**(好意關係)와는 구별된다는 점은 앞(3장 I. 2)에서 언급한 바 있다. 호의관계는 법에 의한 강제가 불가능하고 손해배상 청구 역시 불가능하지만 법률관계는 그렇지 않다. 호의관계에서는 도덕적 · 윤리적인 의무만이 발생한다면 법률관계에서는 강제력을 가지는 법적 권리와 의무가 발생한다.

이처럼 법률관계는 호의관계와는 달리 법적으로 강제될 수 있는 권리와 의무를 발생시킨다. 즉 법률관계의 핵심은 **권리·의무 관계**이다. 우리가 의사표시를 핵심 요소로 하여 **법률행위를 하는 목적**은 구체적인 특정 **법률효과**, 즉 **권리와 의무를 발생**시키는 것이다.

그런데 법률효과(권리, 의무)를 발생시키는 법률요건이 법률행위만 있는 것은 아니다. 의사표시로 이루어지는 법률행위나 준법률행위는 모두 법이 허용하는 경우이므로 **적법행위**라고 부른다. 이와 달리 채무불이행이나 불법행위의 경우에도 권리 · 의무는 발생하지만 법이 허용하지 않는 경우이므로 **위법행위**라고 한다(앞에서 용태를 설명할 때에는 위법행위를 고려하지 않았지만 원래 용태에는 위법행위도 포함된다).

용태 = (법률행위 + 준법률행위) + 위법행위 = 적법행위 + 위법행위

이렇게 법률요건에 해당하는 법률사실들은 매우 여러 가지가 있다. 그런데 그중에서도 법률행위는 어떤 특별한 의미를 가질까?

법률행위는 **당사자가 원하는 바**(eg. 유증, 매매)**대로의 법률효과**가 발생하는 법률요건이다. **나머지 법률요건**(준법률행위, 불법행위, 부당이득, 사무관리 등: 구체적 내용은 앞으로 배워나갈 것이다)에는 **법질서가 인정하는 효과**만이 부여될 뿐이다. 가령 A가 B에게 불법행위를 하면, A는 B에게 손해배상을 할 의무가 있다(751). 그런데 이 손해배상 의무라고 하는 법적 효력은 A가 불법행위를 할 때 원했던 법률효과가 아니고, A의 의사와는 무관하게 법이 정하고 있는 법률효과일 뿐이다.

즉 우리가 원하는 특정한 법률효과를 달성하기 위한 법적 수단이 되는 것이 법률행위이다. 따라서 **법률행위**는 **가장 중요**하며 가장 많이 쓰이는 법률요건이다.

III 법률행위의 종류

법률행위는 다양하게 분류할 수 있다. 우선 의사표시의 개수에 따라 단독행위, 계약, 합동행위로 나뉜다. 일정한 방식을 요구하는지 여부에 따라서 요식행위, 불요식행위로 나뉘고, 권리 변동을 직접 초래하는지 여부에 따라서 채권행위, 물권행위, 준물권행위로 나뉜다. 또한 재산상태의 변동 여부에 따라 출연행위와 비출연행위로 나뉘고, 대가의 여부에 따라 유상행위와 무상행위로 나뉜다. 원인행위와의 관계에 따라서는 유인행위와 무인행위로 나뉘고, 재산의 관리를 타인에게 의뢰했는지의 여부에 따라서는 신탁행위와 비신탁행위로 나뉜다. 끝으로 행위의 효력이 생전에 발생하는지의 여부에 따라서 생전행위와 사후행위로 나뉜다.

1. 단독행위, 계약, 합동행위

(1) 단독행위

단독행위(單獨行爲)는 하나의 의사표시에 의해 성립하는 법률행위이다. 여기에는 상대방 있는 단독행위가 있고 상대방 없는 단독행위가 있다. **상대방 있는 단독행위**에는 특정인(eg. 동의, 채무면제 등: 의사표시가 상대방에 도달해야 효과 발생, 111 ①)을 상대로 하는 것과 불특정인(eg. 현상광고: 단독행위설을 따를 때)을 상대로 하는 것이 있고, **상대방 없는 단독행위**에는 유언, 재단법인 설립행위, 권리의 포기, 상속의 포기 등이 있다.

사적 자치와의 관계에서 보자면, 특정한 단독행위가 타인의 권리와 의무에 영향을 주는 경우(이익만을 주어도)에는 법률의 허용이 필요하다.

(2) 계약

계약은 협의로는 **채권계약**을 의미하며 이것이 민법의 용어이다. 광의로는 물권계약(物權契約), 준물권계약(準物權契約), 친족법상의 계약(합의) 등도 포괄하여 '**합의**(의사의 합치)**로 성립하는 법률행위**'를 의미한다.

계약이 성립하기 위해서는 내용적으로 일치하는, 최소한 두 사람으로부터의 대립적·교환적 의사표시가 필요하다. 이때 시간적으로 먼저인 의사표시를 청약, 나중의 것을 승낙이라고 하며, 이 둘의 일치를 합의라고 한다는 점은 이미 앞 장에서 보았다.

(3) 합동행위

합동행위(合同行爲)는 평행적·구심적으로 방향을 같이하는 둘 이상의 의사표시의 일치로 성립하는 법률행위이다. **사단법인의 설립행위**가 그 예이다. 그러나 여러 명의 **재단법인 설립행위**는 **단독행위의 경합**(즉 여러 개의 단독행위가 동시에 이루어짐)으로 본다.

사단법인 vs. 재단법인

사단법인은 일정한 비영리 목적을 위해 사람들이 결합한 단체로서 민법이 정하는 일정한 요건(정관 작성, 주무관청의 허가, 설립 등기 등)을 갖춘 경우이다. 한편 재단법인은 일정한 비영리 목적을 위하여 재산을 출연(내어 놓음)함으로써 이루어진 단체로, 역시 민법이 정한 요건을 갖춘 경우이다. 이 두 법인의 차이점을 보다 자세히 알아야만 설립행위를 합동행위와 단독행위로 다르게 보는 이유를 이해할 수 있는데, 이에 관해서는 뒤(28장 법인 서설 및 설립)에서 다루기로 한다.

2. 요식행위, 불요식행위

요식행위(要式行爲)와 **불요식행위**(不要式行爲)의 구분은 법률행위에 일정한 방식(方式)을 요구하는지의 여부에 따른 것이다. 민법상의 법률행위는 **원칙적으로 불요식행위**이다. 즉 아무런 특별한 방식도 요구하지 않는다. 반대로 요식행위가 되려면 법률의 규정이 있거나 당사자의 합의가 있어야 한다. 요식행위를 인정하는 것은 신중한 행위를 요구함으로써 법률관계를 명확하게 하기 위해서이다. **유언**, 법인 설립행위, 인지, 입양, 혼인 등이 그 예이다. 또한 거래의 안전을 위하여 **어음·수표** 등 유가증권을 발행하는 것에 관한 행위도 요식행위로 하고 있다.

요식행위여야 할 법률행위가 제대로 된 방식을 갖추지 못하면 법률행위 자체가 성립하지 않는 경우(eg. 혼인)도 있고, 성립은 했으나 무효로 되는 경우(eg. 유언)도 있다.

3. 채권행위, 물권행위, 준물권행위

채권행위(債權行爲)는 **의무부담행위**(義務負擔行爲)라고도 하며 채권을 발생시키는 행위이다. 증여나 매매 등이 이에 해당한다. 채권행위는 어디까지나 채무자에게 특정한 행위를 할 의무만을 발생시킬 뿐 채무자가 그것을 실제로 이행하느냐는 별개의 문제이다.

반대로 **처분행위**(處分行爲)는 권리를 직접 변동시킴으로써 이행의 문제를 남기지 않는 행위이다(물론 처분권 없는 자가 한 처분행위는 무효). 처분행위에는 **물권행위**와 **준물권행위**가 있다. **물권행위**는 물권변동을 목적으로 하는 법률행위이다. 처분행위이므로 직접 권리를 변동시키고 이행의 문제를 남기지 않아야 하겠으나, 우리 민법은 공시방법이라는 추가적 요건까지 만족시켜야 물권이 변동되는 것으로 하고 있다(186, 188). 물권행위의 예로는 소유권 이전의 합의, 저당권 설정의 합의 등이 있다. **준물권행위**(準物權行爲)는 물권 이외의 권리의 변동을 목적으로 하는 법률행위로서 이행의 문제가 없다. 채권양도, 채무면제 등이 그 예이다.

4. 출연행위, 신탁행위

출연행위(出捐行爲)는 자기의 재산을 감소시키고 타인의 재산을 증가시키는 법률행위이고, **비출연행위**는 그렇지 않은 법률행위이다. 가령 **재단법인을 설립**하기 위하여 자기 재산을 내어 놓는 경우는 출연행위이다. 그러나 소유권 포기, 대리권 수여 등은 출연행위가 아니다. **유상행위**(有償行爲)와 **무상행위**(無償行爲)는 상대방의 대가적 출연(出捐) 여부에 따라 구분된다. 유상행위로는 매매, 임대차 등이 있고, 무상행위로는 증여, 사용대차 등이 있다. **유인행위**(有因行爲)와 **무인행위**(無因行爲)는 원인이 되는 법률관계가 출연행위에 영향을 주는지의 여부에 따라 구분된다.

신탁행위(信託行爲)와 **비신탁행위**(非信託行爲)의 구별은 신탁법과 민법에서 다소 다르다. 신탁법상의 신탁에서는 재산을 타인에게 관리·처분하도록 맡긴다는 측면이 중요하다. 한편 민법상의 신탁에서는 목적달성 이상의 권리를 이전하면서도 그 권리를 목적달성의 범위 내에서만 행사하도록 한다는 측면이 중요하다. 민법상의 신탁행위의 예로는 동산의 양도담보, 추심을 위한 채권양도 등이 있다.

7장 권리의 의의와 종류

앞 장에서는 우리가 원하는 법률효과를 얻는 법적 수단이 법률행위이며, 법률효과는 법적인 권리와 의무의 발생을 의미함을 배웠다. 이제 권리와 의무에 대해서, 그리고 권리의 종류에 대해서 자세히 살펴보자.

I 권리와 의무

1. 권리의 개념

일반적으로 **권리**(權利)는 '인간의 이익의 만족을 위하여 법이 어떤 개인에게 부여한 **의사**(意思)**의 힘**(Willensmacht)'이라고 정의된다. 이러한 정의의 의미를 구체적으로 살펴보면 다음과 같다.

① '법으로부터 부여된 것'이 권리이므로, 도덕이나 관습에 의해 부여된 것은 권리가 아니다.
② 권리는 '사람'(인[人] = 자연인 + 법인)에게 부여된다.
③ 권리는 '의사의 힘'이다. 즉 자신의 의사에 따라 무엇이든 할 수 있는 결정권이며, 개인의 자유를 보호하려는 자유주의의 표현이다.
④ 권리의 목적은 '인간의 이익의 만족'이다.

2. 권리의 본질에 관한 학설

권리의 본질에 관해서는 여러 가지 학설이 있다.

(1) 의사설

우선 가장 고전적인 입장은 **의사설**(意思說, Willenstheorie)이다. 이것은 근대 민법학의 토대를 마련한 철학자 칸트(Immanuel Kant, 1724~1804), 독일의 법학자들인 사비니(Friedrich Carl von Savigny, 1779~1861), 푸흐타(Georg Friedrich Puchta, 1798~1846), 빈트샤이트(Bernhard Windscheid, 1817~1892) 등이 주장한 것으로, 권리는 **법에 의해 주어진 의사의 힘**이라는 입장이다. 이들은 자유 개념의 다른 표현인 의사 개념을 중심으로 하여 민법의 전체 체계를 구성했다. 근대 시민사회의 핵심 이념이었던 이 의사 또는 자유가 얼마나 법에 있어서 핵심적인 요소인지는 칸트의 법에 관한 정의에서도 잘 나타난다.

> **임마누엘 칸트, 『도덕형이상학(*Die Metaphysik der Sitten*)』(1797), I, § B**
> 법이란 한 사람의 자의(恣意)가 자유의 보편적 법칙에 따라 다른 사람의 자의와 조화를 이룰 수 있는 조건의 총체이다. (Das Recht ist der Inbegriff der Bedingungen, unter denen die Willkür des einen mit der Willkür des anderen nach einem allgemeinen Gesetz der Freiheit in Einklang gebracht werden kann.)

19세기의 이상주의 혹은 자유주의는 개인의 해방을 목표로 했으며, 사법(私法)의 목표 역시 자율적 인격으로서의 인간의 자유를 보장하는 것이었다. 사법체계의 정점에는 권리 주체로서의 개인이 있고, 그의 자유영역이 바로 권리였다. 따라서 권리는 사법의 중심 개념이고, 다양한 법생활로부터의 최종적 추상화였다. 이때 법질서는 권리의 실현을 위한 기초의 의미만을 가질 뿐이었다.

(2) 이익설

19세기 말에 의사설에 반기를 들고 권리 개념에 획기적인 변화를 가져온 것이 **이익설**(利益說, Interessentheorie)이다. 이것은 독일의 법학자 예링(Rudolf von Jhering, 1818~1892)이 주장한 입장으로, 권리를 **법적으로 보호되는 이익**으로 파악한다.

예링이 보기에 의사설은 의사의 힘을 부여하는 목적을 무시했다. 자유주의적이고 개념법학적 성격이 강한 의사설과는 달리, 이익설은 법이 사회 속에서 실제로 어떻게 작용하는지에 관심을 기울였다. 즉 보다 중요한 것은 인간의 이익의 충족이었다. 이익설은 권리를 법적으로 보호된 이익이라고 정의함으로써 권리의 내용을 목적을 통하여 제한했다.

(3) 절충설(결합설, vermittelnde Kombinationstheorie)

20세기 들어서 몇몇 새로운 학설이 등장했다. 우선, 권리 개념을 제거하려는 나치의 시도는 실패했다. 이후 독일의 통설이 된 것은 이른바 **권리법력설**(權利法力說, Rechtsmachttheorie)이다. 이 견해는 에넥체루스-니퍼다이(Enneccerus-Nipperdey), 레만-휘프너(Lehmann-Hübner), 슈밥(Schwab) 등이 주장한 것으로, 권리를 **법질서가 이익 보호의 목적으로 부여한 의사 내지 법의 힘**(Willens- bzw. Rechtsmacht)으로 파악한다. 결국 이 입장은 의사설과 이익설을 종합한 후 거기에 법질서에 의한 승인이라는 새로운 측면을 추가한 것이라 볼 수 있다.

아울러 20세기에는 19세기와는 달리 권리 개념의 지위가 변화한 것을 볼 수 있다. 실제의 생활관계를 고려하지 않는 추상적 개념의 한계 때문이기도 하고, 사회적 약자 보호의 필요성이 증가하면서 개인의 자유를 제한하는 법질서의 역할이 강조되었기 때문이기도 했다. 결국 권리 개념의 자리를 대체한 것은 법률관계 개념이었다.

3. 권리의 유사 개념

권리와 구별할 필요가 있는 유사한 개념들을 살펴보자. 우선 **권한**(權限)은 법률상의 지위 또는 자격이다. 대리인의 대리권, 법인의 이사의 대표권, 사단법인 사원의 결의권 등이 그 예이다. **권능**(權能)은 권리의 구체적 측면을 말한다. 가령 소유권이 권리라면 사용권, 수익권, 처분권은 개별적인 권능이다.

또한 **반사적 이익**(反射的 利益)은 권리반사(權利反射) 또는 **반사적 효과**(反射的 效果)라고도 하는데, 권리가 없는데도 불구하고 간접적으로 어떤 이익을 누리게 되는 것을 말한다. 다음의 판결에서 대법원은, 피고의 과징금부과 취소 재결을 취소해달라는 원고의 주장을 각하한 원심 판결에 대하여, 원고는 처분의 상대방 아닌 제3자에 불과하므로 그 취소를 구할 법률상 이익이 없으며 반사적 이익을 가질 뿐이라고 하여 원고의 청구를 기각했다.

대판 1992.12.8, 91누13700

처분 등의 직접 상대방이 아닌 제3자라도 당해 처분 등의 취소를 구할 법률상의 이익이 있는 경우에는 취소소송의 원고적격이 인정된다고 할 것(행정소송법 제12조 참조)이나, 여기서 법률상의 이익이라 함은 당해 처분 등의 근거가 되는 법규에 의하여 보호되는 직접적이고 구체적인 이익을 말하므로, 단지 간접적이거나 사실적, 경제적인 이해관계를 가지는 데 불과한 경우에는 행정소송을 제기할 법률상의 이익이 없다.

과징금부과처분의 근거가 된 자동차운수사업법 제4조 제2항, 같은법 시행규칙(1991.9.27. 교통부령 제960호로 개정되기 전의 것) 제7조 제4항이 자동차운송사업면허를 함에 있어서 사업구역을 정하도록 하고, 그 운송사업자로 하여금 면허받은 사업구역 외에 상주하여 영업할 수 없다고 규정한 것은 각 지역 국민의 편익을 위한 것이고, 사업구역 위반으로 인한 과징금부과처분에 의하여 다른 사업구역의 동종업자의 영업이 보호되는 결과가 되더라도 그것은 면허의 조건으로 부가되는 사업구역제도의 반사적 이익에 불과하다.

이 대법원 판결의 원심은 원고의 청구를 원고적격이 없어서 소송요건이 갖추어지지 않았다는 이유로 '각하'했고, 대법원은 원심의 판단에 이유모순이나 법리오해의 위법이 없다는 본안에 관한 판단을 한 후 원고의 상소를 '기각'했다(원고는 요건을 갖추어 상소했으므로 상소의 '각하'가 아님).

각하 vs. 기각

각하(却下)는 본안에 대해 판단하지 않고 소송요건이나 상소요건을 구비하지 않았다는 이유로 소 또는 상소를 부적법하다고 하여 소송을 종료시키는 종국판결(소송판결, 형식적 재판)이다. 기각(棄却)은 청구(eg. 원고의 소에 의한 청구, 상소인의 상소에 의한 불복신청 등)가 이유 없다고 하여 배척하는 종국판결로서, 본안판결의 하나이다(청구가 이유 있는 경우에는 인용판결). 한편 형사소송에서는 피고사건에 대한 형식적 소송조건이 결여된 경우에 각하라는 용어를 쓰지 않고 공소기각판결 또는 공소기각결정을 한다.

4. 의무

의무는 법에 의해 부과되는 구속을 말한다. 구체적으로는, 특정 행위를 적극적으로 해야 하는 경우(작위의무)가 있고 반대로 특정 행위를 하지 말아야 하는 경우(부작위의무)가 있다.

일반적으로 **의무와 권리**는 동전의 앞뒷면이다. 즉 어떤 사람이 권리를 행사할 때, 그 때문에 특정한 행동을 하거나 하지 말아야 하는 상대방의 입장이 의무이다. 가령 매수인이 샌드위치의 소유권 이전을 청구하면(소유권이전청구권이라는 권리) 상대방인 매도인은 그 샌드위치의 소유권을 이전해주어야 한다(소유권이전의무).

그런데 권리와 의무가 반드시 서로 대응하는 것은 아니다. 권리만 있고 의무는 없는 경우로는 취소권 · 해제권과 같은 형성권이 있다(cf. 다음의 II. 2 (3)). 또한 의무만 있고 권리는 없는 경우로 청산인의 청산종결의 등기의무(94), 책임무능력자에 대한 친권자 등의 감독의무(755) 등이 있다.

II 권리의 분류

우선 권리(사권[私權])는 내용(사회적 생활이익)면에서 재산권(물권, 채권, 지적재산권), 인격권, 가족권(신분권/친족권), 사원권으로 구분된다. 또한 작용(효력)면에서는 지배권, 청구권, 형성권, 항변권으로 나뉜다. 그 밖에도 절대권과 상대권으로, 또는 일신전속권(一身專屬權)과 비전속권(非專屬權)으로, 주(主)된 권리와 종(從)된 권리로, 기성(旣成)의 권리와 기대권(期待權)으로 구분할 수 있다. 이제 각각의 권리에 대하여 구체적으로 살펴보자.

1. 내용에 따른 분류

재산권(財産權)에는 물권, 채권, 지식재산권, 상속권이 속한다. **물권**(物權)은 물건 기타의 객체를 직접 지배하는 권리이고, **채권**(債權)은 채무자에게 일정한 행위를 요구할 수 있는 권리이다. **지식재산권**(知識財産權)은 종전에는 지적재산권(知的財産權)이라고 불렀으며, 지적 창작물에 부여되는 권리이다. **상속권**은 상속인이 가지는 권리로서 가족권(多)

혹은 재산권에 속한다. 다음으로 **인격권**(人格權)은 생명, 신체, 명예 등에 대하여 인정되는 권리(751 ①)이다. 그중 **명예권**에 대해서는 다음의 결정을 참조하자.

대결 2005.1.17, 2003마1477

명예는 생명, 신체와 함께 매우 중대한 보호법익이고 인격권으로서의 명예권은 물권의 경우와 마찬가지로 배타성을 가지는 권리라고 할 것이므로 사람의 품성, 덕행, 명성, 신용 등의 인격적 가치에 관하여 사회로부터 받는 객관적인 평가인 명예를 위법하게 침해당한 자는 손해배상 또는 명예회복을 위한 처분을 구할 수 있는 이외에 인격권으로서 명예권에 기초하여 가해자에 대하여 현재 이루어지고 있는 침해행위를 배제하거나 장래에 생길 침해를 예방하기 위하여 침해행위의 금지를 구할 수도 있다.

가족권(家族權)은 신분권(身分權) 또는 친족권(親族權)이라고도 하며, 가족 또는 친족 관계의 구성원으로서 가지는 권리이다. 가령 친권이나 부양청구권 등이 이에 해당한다. 마지막으로 **사원권**(社員權)은 단체의 구성원이 단체에 대하여 가지는 권리를 말한다.

2. 작용(효력)에 따른 분류

(1) 지배권

지배권(支配權, Herrschaftsrecht)은 객체에 대한 직접적 지배를 내용으로 하는 권리이다. **물권**, 지식재산권, 친권, 후견권, 인격권(多)이 이에 해당한다. **채권**은 통설에 따르면 청구권에 속하며, 사원권에 대해서는 견해 대립이 있다.

(2) 청구권

청구권(請求權, Anspruch)은 타인에게 일정한 행위를 요구할 수 있는 권리로서 그 대표적인 예는 **채권**이다. 그러나 채권이 청구권과 동일한 개념은 아니라는 것에 주의하여야 한다.

채권 vs. 청구권

이 두 가지는 각각 다른 차원의 분류에 속한다. 즉 전자는 권리를 내용 면에서, 후자는 작용

면에서 파악한 것이다. 또한 채권이 아닌 물권, 상속권, 가족권, 지식재산권에서도 청구권은 발생한다(물권적 청구권, 상속회복청구권, 부양청구권 등). 또한 채권에는 청구권 이외에도 여러 권능이 포함되어 있다. 급부의 수령 · 보유력, 채권자대위권, 채권자취소권, 항변권, 해제권 등이다. 이행기가 되지 않은 채권의 경우 아직 청구권은 없다.

한편 이름은 청구권이지만 실질은 형성권인 권리들이 있다. 지료증감청구권(286), 지상물매수청구권(283 ②) 등이 그 예이다.

(3) 형성권

형성권(形成權, 독 Gestaltungsrecht)에서의 '형성'이란 법률관계를 임의로 '만든다' 혹은 '형성한다'는 뜻이다. 즉 형성권은 **일방적 의사표시**로 **법률관계를 변동**시키는 권리이다. 여기에는 우선 당사자의 의사표시에 의한 것이 있다. 법률행위의 동의권(5, 10), **취소권**(140 이하), 추인권(143 이하), 상계권(492), 계약의 **해제권** · 해지권(543) 등이다.

한편 형성권 중에서는 **법원의 판결**을 필요로 하는 경우도 있다. 타인에게 큰 영향을 끼치는 강력한 권리이기 때문에 법원의 판단을 통하여 보다 신중하게 행사되도록 한 것이다. **채권자취소권**(406), 재판상 이혼권(840), 친생부인권(846) 등이 그 예이다.

(4) 항변권

항변권(抗辯權, 독 Einwendung)은 상대방의 청구권 행사를 저지할 수 있는 권리이다. 여기에는 상대방의 청구를 일시적으로 저지하는 **연기적**(延期的) **항변권**과 영구적으로 저지하는 **영구적 항변권**이 있다. 전자의 예로는 동시이행의 항변권(536), 보증인의 최고·검색(催告·檢索)의 항변(437)이 있고, 후자의 예로는 상속인의 한정승인의 항변(1028)이 있다.

항변권과 혼동하지 말아야 할 유사 개념들이 있다. **이의**(異議)는 상대방의 권리를 (권리 불성립, 소멸 등을 이유로) 부인하는 것이며(451 ①, 639 ①, 706 ③ 등), **소송상의 항변**은 상대방의 신청이나 주장을 배척하기 위해 다른 사항을 주장하는 방어방법이다.

3. 기타의 분류

권리주장의 범위에 따라서는 누구에게나 주장할 수 있는 **절대권**(絶對權, 대세권[對世權])과 특정한 사람에게만 주장할 수 있는 **상대권**(相對權, 대인권[對人權])으로 나뉜다. 전자의 예는 지배권(**물권**, 친권 등)이고, 후자의 예는 청구권 또는 **채권**이다. 또한 권리의 이전(양도 · 상속) 가능성에 따라서는 이전이 되지 않는 **일신전속권**(一身專屬權)과 **비전속권**(非專屬權)으로 나뉜다.

주(主)**된 권리**와 **종**(從)**된 권리**는, 원본채권과 이자채권, 피담보채권과 질권 · 저당권 등의 예에서 볼 수 있듯이 주된 권리가 존재하는 것을 전제로 하여 종된 권리가 존재하게 된다. 끝으로 권리의 성립 여부에 따라서는 이미 성립한 **기성**(旣成)**의 권리**와 아직 성립하지 않은 **기대권**(期待權, eg. 조건부 · 기한부 권리, 물권적 기대권)으로 나누어볼 수 있다.

III 권리의 경합

권리의 경합(競合: 글자 그대로는 '경쟁'이라는 의미로서 권리들이 서로 '경쟁'한다는 뜻)이란 동일한 당사자 사이에서 하나의 사실로 둘 이상의 권리가 발생하는 경우를 말한다. 가령 임대인이 임차목적물의 반환을 청구함에 있어서 임대차계약에 기한 반환청구권(cf. 618)을 행사할 수도 있고 소유권에 기한 반환청구권(213)을 행사할 수도 있는 상황이 그러하다.

이처럼 동일한 목적을 달성하기 위한 복수의 채권이 존재하는 경우 소멸시효의 중단(소멸시효가 완성되지 않도록 하기 위하여 이미 진행한 시효기간의 효력이 상실되고 새로운 시효기간이 시작되도록 하는 것)은 개별적으로 판단하여야 한다.

대판 2001.3.23, 2001다6145

채권자가 동일한 목적을 달성하기 위하여 복수의 채권을 갖고 있는 경우, 채권자로서는 그 선택에 따라 권리를 행사할 수 있되, 그중 어느 하나의 청구를 한 것만으로는 다른 채권 그 자체를 행사한 것으로 볼 수는 없으므로, 특별한 사정이 없는 한 그 다른 채권에 대한 소멸시효 중단의 효력은 없는 것이고, 채권자가 채무자를 상대로 공동불법행위자에 대한 구상금 청구의 소를 제기하였다고 하여 이로써 채권자의 사무관리로 인한 비용상환청구권의 소멸시효가 중단될 수는 없다.

채무불이행에 의한 손해배상청구권과 불법행위에 의한 손해배상청구권의 경우에 경합이 일반적으로 인정된다(多判). 물론 두 권리가 모두 인정된다고 해서 채권자가 두 번 청구하여 두 배의 만족을 얻을 수 있다는 것은 아니다. 어느 한 권리를 행사하여 채권의 만족을 얻게 되면 채권은 소멸하게 되므로 나머지 권리도 자동적으로 소멸하기 때문이다.

한편 **법규경합**(法規競合, 법조경합[法條競合])은 동일한 사실에 둘 이상의 법규가 적용될 수 있는 상황인데, 이때 한 법규가 다른 것을 배제(eg. 756과 국가배상법 2, 민 535와 574)하는 것이면 둘 중 하나의 법규만 적용되게 된다. 보통 일반법과 특별법이 겹치는 부분에서 이러한 법규경합이 발생한다.

IV 권리의 충돌과 순위

서로 다른 사람들 사이에서 동일한 객체에 관하여 양립할 수 없는 여러 권리가 성립한 경우 권리의 순위 문제가 발생한다. 이때 물권에 있어서는 소유권보다 제한물권이 우선하는 것이 원칙이고, 제한물권 중에서는 이종(異種, eg. 전세권과 저당권) 간에는 법률규정에 의해, 동종(同種, eg. 저당권과 저당권) 간에는 성립 순서에 따라 순위가 결정된다. 채권의 경우 **채권자 평등의 원칙**(채권자가 동등하게 다루어져서 결국 채권액에 비례하여 변제[辨濟]됨, 즉 이행을 받음)이 지켜지는 것은 파산(破産)에 있어서이고, 보통의 경우에는 **선행주의**(先行主義: 먼저 청구하는 자가 우선함)가 지배하게 된다.

물권과 채권 사이에서는 대체로 물권이 우선하지만 상당수의 예외가 있다. 가령 주택임대차보호법의 보호를 받는 임차인에게는 보증금 중 일정액을 다른 담보물권자보다 우선하여 변제받을 수 있는 권리(우선변제권)가 인정된다(주택임대차보호법 8 ①).

8장 신의성실의 원칙

I 신의칙의 개념과 법적 성격

1. 신의칙의 개념

신의성실(信義誠實)의 원칙(줄여서 신의칙)은 법적 거래에 있어서 상대방의 신뢰를 헛되이 하지 않도록 성의를 가지고 행동해야 함을 말한다. 이것은 도덕적·윤리적 평가 기준이 법적 개념으로 된 것이다.

> **제2조(신의성실)** ① 권리의 행사와 의무의 이행은 신의에 좇아 성실히 하여야 한다.
> ② 권리는 남용하지 못한다.

신의성실의 원칙이 권리의 사회성·공공성을 강조한다는 견해는 근대 민법의 고전적 3대 원리(사적 자치, 사적 소유권 보장, 과실 책임 원칙으로, 상세히는 33장에서 다룸)보다 공공복리 원칙을 더 우위에 둔다. 이 입장에 따르면 신의칙은 예외가 아닌 원칙이 되며, 제2조는 당연한 내용을 규정한 것이 된다.

한편 고전적 3대 원리를 더 중요시하는 입장에서 보면, 신의칙은 3대 원리를 제약하기 위한 특별한 규정으로서 원칙이 아닌 예외가 된다. 어느 쪽의 입장을 따르든 신의칙 자체의 내용에 대한 이해는 크게 다르지 않다. 결국 고전적 3대 원리 중에서도 핵심인 사적 자치와 신의칙 가운데 어느 쪽이 더 중요한지의 문제이다.

2. 신의칙의 법적 성격

앞서 제시한 제2조는 대표적인 일반조항(백지조항)이다. 요건도 효과도 규정하고 있지 않으며, 고의·과실 등도 요건이 아니다. 신의칙은 행위규범이면서 동시에 재판규범으로 민법의 모든 분야에 적용되며, 민법 외에 상법, 공법에도 적용된다. 이것이 강행규정인지 여부에 대해서는 항상 그렇다는 입장이 있고 대체로 그렇다는 입장(의사 보충 시는 임의규정)도 있다.

대판 1998.8.21, 97다37821

신의성실의 원칙에 반하는 것은 강행규정에 위배되는 것으로서 당사자의 주장이 없더라도 법원이 직권으로 판단할 수 있으므로 원심법원이 직권으로 신의칙에 의하여 신용보증책임을 감액한 데에 변론주의를 위배한 위법은 없다.

II 신의칙의 역사적 연원

1. 로마법

로마법학에는 크게 두 개의 학파가 존재했다. 하나는 **사비누스**(Sabinus) **학파**이고, 다른 하나는 **프로쿨루스**(Proculus) **학파**이다. 로마법학계의 권위자인 베렌츠(Okko Behrends) 교수의 견해에 따르면, **사비누스 학파**는 사회 속의 동료 인간에 대하여 부담하는 책임으로부터 법을 도출했다. 신의성실의 원칙(라 bona fides: 직역하면 '좋은 신의'라는 뜻)을 창안한 것이 바로 이 사비누스 학파로, 여기서 신의칙은 개방적이고 해석 가능한 스토아(Stoa) 철학에 입각한 신뢰 원리였다. 이 학파는 법의 이념적 원리의 지도 아래 사태를 평가적으로 판단하는 **원리법학** 또는 **평가법학**의 경향을 가졌는데, 특히 사태를 총체적으로 바라보면서 사태의 관계적 측면을 중요시했다. 반면 **프로쿨루스 학파**는 지금으로 말하자면 **법실증주의**에 가까운 입장을 취했다. 도덕 원리가 아닌 일반언어적 텍스트가 법해석의 기준이었고, 법률의 흠결은 입법으로 보완(후법 우선)해야 한다는 태도를 취했다.

이 두 학파 중에서 프로쿨루스 학파가 보다 주류의 지위를 차지했지만, 도덕 원리가 법에 개입하는 것을 일정한 범위에서 허용한 사비누스 학파의 입장도 많은 문제에 있어 관철되었다. 이렇게 사비누스 학파의 창안물이었던 신의성실의 원칙은 로마법학의 기본 원리로서 중대한 역할을 했고, 결국 그것이 현대까지 유지되어왔다.

2. 근대법전

19세기의 민법전들은 신의칙이 민법 전체를 관통하는 기본 원리라고 규정하지는 않았다. 프랑스 민법은 계약의 이행(1134 ③)에 관해서만, 독일 민법은 계약의 해석과 채무의 이행(257, 242)과 관련해서만 이 원칙을 규정했다. 물론 독일의 학설은 신의칙의 적용을 채권법 전체에 확장시켰다.

신의칙을 민법 전체의 기본 원리로 입법화한 최초의 법전은 스위스 민법전이다.

스위스 민법전 제2조 ① 모든 사람은 권리의 행사와 의무의 이행에 있어서 신의성실(Treu und Glaube)에 따라 행동하여야 한다.

일본 민법(1 ②)과 한국 민법은 스위스 민법의 이 규정을 받아들였다. 우리 대법원 역시 수많은 판결에서 신의칙을 일반 조항으로 폭넓게 적용하고 있다.

대판 2004.7.22, 2002두11233

신의성실의 원칙은 법률관계의 당사자는 상대방의 이익을 배려하여 형평에 어긋나거나 신뢰를 저버리는 내용 또는 방법으로 권리를 행사하거나 의무를 이행하여서는 아니된다는 추상적 규범을 말하는 것으로서, 신의성실의 원칙에 위배된다는 이유로 그 권리의 행사를 부정하기 위하여는 상대방에게 신의를 주었다거나 객관적으로 보아 상대방이 그러한 신의를 가짐이 정당한 상태에 이르러야 하고, 이와 같은 상대방의 신의에 반하여 권리를 행사하는 것이 정의 관념에 비추어 용인될 수 없는 정도의 상태에 이르러야 하며, 일반 행정법률관계에서 관청의 행위에 대하여 신의칙이 적용되기 위해서는 합법성의 원칙을 희생하여서라도 처분의 상대방의 신뢰를 보호함이 정의의 관념에 부합하는 것으로 인정되는 특별한 사정이 있을 경우에 한하여 예외적으로 적용된다.

III 신의칙의 기능

신의칙은 다양하게 적용되는데, 그 기능을 몇 가지로 나누어본다면 다음과 같다. **해석 기능**은 법과 법률행위의 합리적 의미를 밝히는 것이다(eg. 기타의 행위의무). **보충 기능**은 규율되지 않은 입법의 틈을 보충하는 것이다(eg. 사정변경의 원칙에 의한 해제·해지). **수정 기능**은 확정된 내용을 수정하는 것이다(eg. 사소한 채무불이행을 이유로 해제할 수 없음, cf. 544). **금지 기능**은 구체적 행위의 효과를 금지하는 것이다(eg. 권리남용).

대판 1998.6.12, 98다8776

계속적 보증계약에서 보증인은 변제기에 있는 주채무 전액에 대하여 책임을 지는 것이 원칙이고, 다만 보증 당시 주채무의 액수를 보증인이 예상하였거나 예상할 수 있었을 경우에는 그 예상 범위로 보증책임을 제한할 수 있으나, 그 예상 범위를 상회하는 주채무 과다 발생의 원인이 채권자가 주채무자의 자산 상태가 현저히 악화된 사실을 잘 알거나 중대한 과실로 알지 못한 탓으로 이를 알지 못하는 보증인에게 아무런 통보나 의사 타진도 없이 고의로 거래규모를 확대함에 연유하는 등 신의칙에 반하는 사정이 있는 경우에 한하여 보증인의 책임을 합리적인 범위 내로 제한할 수 있다.

IV 신의칙의 요건사실

요건사실이란 법률요건에 해당하는 구체적 사실을 말한다. 이것은 민사소송에서 당사자의 공격방어방법 또는 주장·증명의 핵심이다. 요건사실은 법률사실 또는 주요사실이라고도 한다.

공격방법, 방어방법, 공격방어방법

공격방법이란 원고가 자신의 청구를 뒷받침하기 위하여 제출하는 모든 재판자료(주장, 증명, 증거항변 등)이며, 방어방법이란 피고가 원고의 청구를 배척하기 위해 제출하는 모든 재판자료이다. 그리고 공격방법과 방어방법을 통칭해 공격방어방법이라 한다.

신의칙은 주로 **항변**으로서 주장된다. 즉 주로 상대방의 권리주장을 저지하기 위해서 주장된다. 신의칙의 요건사실은 권리의 행사와 의무의 이행이 신의에 좇아 성실히 행해지지 않았다는 구체적 사실이다. 일반조항의 경우에는 개개의 구체적 기초사실이 요건사실이 되기 때문이다.

예제 1

아파트 분양자 B는 아파트 단지 인근에 쓰레기 매립장이 건설 예정인 사실을 분양계약자 A에게 고지하지 않았다. A는 분양계약을 체결한 이후에야 매립장 건설에 대하여 알게 되었다. A는 B를 상대로, 쓰레기 매립장 건설로 인하여 하락한 이 아파트의 가액 상당의 손해배상을 청구했다. A의 청구는 타당한가?

예제 1의 해결

B는 A에게 쓰레기 매립장이 건설 예정이라는 사실을 고지할 신의칙 상의 의무가 있다. 그럼에도 이 고지의무를 위반하여 A에게 고지하지 않은 것은 부작위에 의한 기망행위(欺罔行爲: 속이는 행위)에 해당한다. B의 고의와 위법성, B의 기망행위와 A의 의사표시 사이의 인과관계도 모두 인정되므로 A의 의사표시는 B의 사기에 의한 것임이 인정된다. 따라서 A는 분양계약을 취소할 수 있다(110 ①).

이와는 별개로 A는 B의 기망행위를 이유로 하여 불법행위에 기한 손해배상을 청구할 수도 있다(750). 이 경우 손해액은 쓰레기 매립장 건설로 인해 아파트의 가치가 하락한 상당액이다.

A는 분양계약의 취소를 청구하면서 동시에 손해배상을 청구할 수도 있고, 분양계약은 유효한 것으로 인정하면서 손해배상만 청구할 수도 있다. 즉 두 청구권은 경합하며, A는 이를 자유롭게 선택하여 행사할 수 있다.

대판 2006.10.12, 2004다48515

부동산 거래에 있어 거래 상대방이 일정한 사정에 관한 고지를 받았더라면 그 거래를 하지 않았을 것임이 경험칙상 명백한 경우에는 신의성실의 원칙상 사전에 상대방에게 그와 같은 사정을 고지할 의무가 있으며, 그와 같은 고지의무의 대상이 되는 것은 직접적인 법령의 규정뿐 아니라 널리 계약상, 관습상 또는 조리상의 일반원칙에 의하여도 인정될 수 있다.

Ⅴ 신의칙의 파생 원칙

신의칙에는 여러 파생 원칙이 있다. 우선 **권리남용 금지**(權利濫用 禁止)**의 원칙**은 무척 중요하므로 다음 절에서 따로 다루기로 한다. 다음으로 **사정변경**(事情變更)**의 원칙**은 법률행위의 기초가 된 사정의 중대한 변경이 있는 경우 법률행위의 수정을 인정하는 원칙이다. 우리 민법에 조문으로서 인정되지는 않았지만 학설과 판례는 이 원칙을 인정하고 있다.

대판 2007.3.29, 2004다31302

이른바 사정변경으로 인한 계약 해제는, 계약성립 당시 당사자가 예견할 수 없었던 현저한 사정의 변경이 발생하였고 그러한 사정의 변경이 해제권을 취득하는 당사자에게 책임 없는 사유로 생긴 것으로서, 계약내용대로의 구속력을 인정한다면 신의칙에 현저히 반하는 결과가 생기는 경우에 계약준수 원칙의 예외로서 인정되는 것이고, 여기에서 말하는 사정이라 함은 계약의 기초가 되었던 객관적인 사정으로서, 일방당사자의 주관적 또는 개인적인 사정을 의미하는 것은 아니다. 또한, 계약의 성립에 기초가 되지 아니한 사정이 그 후 변경되어 일방당사자가 계약 당시 의도한 계약목적을 달성할 수 없게 됨으로써 손해를 입게 되었다 하더라도 특별한 사정이 없는 한 그 계약내용의 효력을 그대로 유지하는 것이 신의칙에 반한다고 볼 수도 없다. 지방자치단체로부터 매수한 토지가 공공공지에 편입되어 매수인이 의도한 음식점 등의 건축이 불가능하게 되었더라도 이는 매매계약을 해제할 만한 사정변경에 해당하지 않고, 매수인이 의도한 주관적인 매수목적을 달성할 수 없게 되어 손해를 입었다 하더라도 매매계약을 그대로 유지하는 것이 신의칙에 반한다고 볼 수도 없다고 한 사례.

대판(전) **2013.9.26, 2012다13637**

사정변경을 이유로 한 계약 해제는 계약 성립 당시 당사자가 예견할 수 없었던 현저한 사정의 변경이 발생하였고 그러한 사정의 변경이 해제권을 취득하는 당사자에게 책임 없는 사유로 생긴 것으로서, 계약 내용대로의 구속력을 인정한다면 신의칙에 현저히 반하는 결과가 생기는 경우에 계약준수 원칙의 예외로서 인정된다. 그리고 여기서의 변경된 사정이라 함은 계약의 기초가 되었던 객관적인 사정으로서, 일방 당사자의 주관적 또는 개인적인 사정을 의미하는 것은 아니다. 따라서 계약의 성립에 기초가 되지 아니한 사정이 그 후 변경되어 일방 당사자가 계약 당시 의도한 계약목적을 달성할 수 없게 됨으로써 손해를 입게 되었다 하더라도 특별한 사정이 없는 한 그 계약 내용의 효력을 그대로 유지하는 것이 신의칙에 반한다고 볼 수 없다. 이러한 법리는 계속적 계약관계에서 사정변경을 이유로 계약의 해지를 주장하는 경우에도 마찬가지로 적용된다.

모순행위 금지(矛盾行爲 禁止)**의 원칙**(영미법의 금반언의 법리)은 앞서서 행한 행위와 모순되는 행위를 나중에 하는 것을 금지하는 원칙이다.

대판 2000.4.25, 99다34475

사용자로부터 해고된 근로자가 퇴직금 등을 수령하면서 아무런 이의의 유보나 조건을 제기하지 않았다면 해고의 효력을 인정하지 아니하고 이를 다투고 있었다고 볼 수 있는 객관적인 사정이 있다거나 그 외에 상당한 이유가 있는 상황하에서 이를 수령하는 등의 특별한 사정이 없는 한 그 해고의 효력을 인정하였다고 할 것이고, 따라서 그로부터 오랜 기간이 지난 후에 그 해고의 효력을 다투는 소를 제기하는 것은 신의칙이나 금반언의 원칙에 위배되어 허용될 수 없다.

대판 2010.6.24, 2010다2107

제1심에서는 이사회의 소집절차가 적법함을 전제로 한 주장을 하였다가 원심에 이르러서는 그 소집절차의 하자를 주장한 것이 금반언의 원칙이나 신의성실의 원칙에 반한다고 할 수 없다고 한 사례.

실효(失效)**의 원칙**은, 권리를 오랫동안 행사하지 않아서 권리를 행사하지 않을 것이라는 신뢰가 형성된 경우, 나중에 권리 행사를 할 수 없다는 원칙이다. 판례는 권리를 장기간 행사하지 않은 경우, 권리 행사의 기회에 행사하지 않은 경우, 그리고 이 두 가지 요건을 모두 갖춘 경우 등에 있어서 실효의 원칙을 인정하고 있다.

대판 1988.4.27, 87누915

실권 또는 실효의 법리는 법의 일반원리인 신의성실의 원칙에 바탕을 둔 파생원칙인 것이므로 공법관계 가운데 관리관계는 물론이고 권력관계에도 적용되어야 함을 배제할 수는 없다 하겠으나 그것은 본래 권리행사의 기회가 있음에도 불구하고 권리자가 장기간에 걸쳐 그의 권리를 행사하지 아니하였기 때문에 의무자인 상대방은 이미 그의 권리를 행사하지 아니할 것으로 믿을 만한 정당한 사유가 있게 되거나 행사하지 아니할 것으로 추인케 할 경우에 새삼스럽게 그 권리를 행사하는 것이 신의성실의 원칙에 반하는 결과가 될 때 그 권리행사를 허용하지 않는 것을 의미한다.

대판 1994.11.25, 94다12234

(1) 일반적으로 권리의 행사는 신의에 좇아 성실히 하여야 하고 권리는 남용하지 못하는 것이므로, 해제권을 갖는 자가 상당한 기간이 경과하도록 이를 행사하지 아니하여 상대방으로서도 이제는 그 권리가 행사되지 아니할 것이라고 신뢰할 만한 정당한 사유를 갖기에 이르러 그 후 새삼스럽게 이를 행사하는 것이 법질서 전체를 지배하는 신의성실의 원칙에 위반하는 것으로 인정되는 결과가 될 때에는 이른바 실효의 원칙에 따라 그 해제권의 행사가 허용되지 않는다고 보아야 할 것이다.

(2) 해제의 의사표시가 있은 무렵을 기준으로 볼 때 무려 1년 4개월 가량 전에 발생한 해제권을 장기간 행사하지 아니하고 오히려 매매계약이 여전히 유효함을 전제로 잔존채무의 이행을 최고함에 따라 상대방으로서는 그 해제권이 더 이상 행사되지 아니할 것으로 신뢰하였고 또 매매계약상의 매매대금 자체는 거의 전부가 지급된 점 등에 비추어 보면 그와 같이 신뢰한 데에는 정당한 사유도 있었다고 봄이 상당하다면, 그 후 새삼스럽게 그 해제권을 행사한다는 것은 신의성실의 원칙에 반하여 허용되지 아니한다 할 것이므로, 이제 와서 매매계약을 해제하기 위하여는 다시 이행제공을 하면서 최고를 할 필요가 있다고 한 사례.

대판 1995.8.25, 94다27069

(1) 송전선이 토지 위를 통과하고 있다는 점을 알고서 토지를 취득하였다고 하여 그 취득자가 그 소유 토지에 대한 소유권의 행사가 제한된 상태를 용인하였다고 할 수 없으므로, 그 취득자의 송전선 철거 청구 등 권리행사가 신의성실의 원칙에 반하지 않는다고 본 사례.

(2) 실효의 원칙이라 함은 권리자가 장기간에 걸쳐 그 권리를 행사하지 아니함에 따라 그 의무자인 상대방이 더 이상 권리자가 그 권리를 행사하지 아니할 것으로 신뢰할 만한 정당한 기대를 가지게 되는 경우에 새삼스럽게 권리자가 그 권리를 행사하는 것은 법질서 전체를 지배하는 신의성실의 원칙에 위반되어 허용되지 않는다는 것을 의미하는 것이므로, 종전 토지 소유자가 자신의 권리를 행사하지 않았다는 사정은 그 토지의 소유권을 적법하게 취득한 새로운 권리자에게 실효의 원칙을 적용함에 있어서 고려하여야 할 것은 아니다.

대판 2005.10.28, 2005다45827

(1) 일반적으로 권리의 행사는 신의에 좇아 성실히 하여야 하고 권리는 남용하지 못하는 것이므로 권리자가 실제로 권리를 행사할 수 있는 기회가 있었음에도 불구하고 상당한 기간이 경과하도록 권리를 행사하지 아니하여 의무자인 상대방으로서도 이제는 권리자가 권리를 행사하지 아니할 것으로 신뢰할 만한 정당한 기대를 가지게 된 다음에 새삼스럽게 그 권리를 행사하는 것이 법질서 전체를 지배하는 신의성실의 원칙에 위반하는 것으로 인정되는 결과가 될 때에는 이른바 실효의 원칙에 따라 그 권리의 행사가 허용되지 않는다고 보아야 할 것이고, 또한 실효의 원칙이 적용되기 위하여 필요한 요건으로서의 실효기간(권리를 행사하지 아니한 기간)의 길이와 의무자인 상대방이 권리가 행사되지 아니하리라고 신뢰할 만한 정당한 사유가 있었는지의 여부는 일률적으로 판단할 수 있는 것이 아니라 구체적인 경우마다 권리를 행사하지 아니한 기간의 장단과 함께 권리자측과 상대방측 쌍방의 사정 및 객관적으로 존재한 사정 등을 모두 고려하여 사회통념에 따라 합리적으로 판단하여야 할 것이다.

(2) 근로자가 사직원의 작성 · 제출이 자신이 아닌 그의 형에 의하여 이루어졌음을 이유로 의원면직의 무효확인을 구하는 사안에서, 근로자의 형이 사직원을 제출하게 된 경위 및 근로자가 아무런 이의 없이 퇴직금을 수령한 점 등 제반 사정에 비추어 볼 때, 의원면직일로부터 5년여가 경과한 후에 위와 같은 소를 제기하는 것은 신의칙 내지 금반언의 원칙에 반하는 것으로서 부적법하다고 한 원심의 판단을 수긍한 사례.

 신의칙 적용의 태도

법원이 신의칙을 남용하게 되면 일반조항에로 도피하는 것이 되고, 반대로 신의칙을 너무 소극적으로 적용하면 당사자의 보호를 포기하는 결과가 된다. 법해석의 입장에 관한 논의에서 법적 안정성을 취할 것이냐 아니면 구체적 정의를 추구할 것이냐 사이의 논쟁이 연장된 것이라 볼 수 있다.

삼권분립을 무시하고 법원이 지나친 사법적극주의를 취하는 것도 문제가 있겠지만, 최근까지의 우리 법원의 모습을 보면 '법관은 판결로만 말한다'라는 표어 속에서 지나치게 법적 안정성 쪽을 추구하는 경우도 있었다. 적어도 일반 국민에게는 그러한 의심을 많이 주었던 것이 사실이다.

대판 2016.12.1, 2016다240543

(1) 유효하게 성립한 계약상의 책임을 공평의 이념 또는 신의칙과 같은 일반원칙에 의하여 제한하는 것은 사적 자치의 원칙이나 법적 안정성에 대한 중대한 위협이 될 수 있으므로, 채권자가 유효하게 성립한 계약에 따른 급부의 이행을 청구하는 때에 법원이 급부의 일부를 감축하는 것은 원칙적으로 허용되지 않는다.

(2) 갑 공사가 을 주식회사와 체결한 전기공급계약에 따라 전기를 공급한 후 착오로 청구하지 않았던 전기요금의 지급을 구하자 을 회사가 채무부존재 확인을 구한 사안에서, 갑 공사가 을 회사에 유효하게 성립한 전기공급계약에 따른 전기요금을 청구하는 것이 신의성실의 원칙이나 형평의 원칙에 반하여 허용될 수 없어 전기요금을 감액할 수 있다고 보기 어려운데도, 을 회사가 갑 공사에 지급할 추가 전기요금채무를 1/2로 감액한 원심판단에 법리오해의 잘못이 있다고 한 사례.

법원도 경우에 따라서는 보다 과감한 판결을 내릴 수 있어야 한다. 그러려면 일반 국민이나 정치인도 판결이 자기의 이해관계에 맞지 않는다고 하여 근거 없이 비판하는 일을 그만두어야 할 것이다.

VII 권리남용 금지의 원칙

1. 권리남용 금지 원칙과 신의칙의 관계

권리행사가 신의성실에 반하면 권리남용이 된다고 한다(多判). 이와는 달리, 두 원칙은 각각 적용국면을 달리한다는 견해도 있다. 어쨌든 권리남용 금지는 신의칙의 파생원칙이며, 3대 원리의 제한 원리라고 보아야 한다.

권리남용 금지는 백지규정으로서, 조문에는 요건·효과가 정해져 있지 않아 그 해석은 학설과 판례에 위임되어 있다. 권리남용 금지는 재판규범이자 행위규범이며 강행규정이다. 이 원칙은 특히 물권법에서 중요하게 적용된다.

대판 1989.9.29, 88다카17181

신의성실의 원칙에 반하는 것 또는 권리남용은 강행규정에 위배되는 것이므로 당사자의 주장이 없더라도 법원은 직권으로 판단할 수 있다.

2. 권리남용 금지 원칙의 연혁

신의칙과 마찬가지로 권리남용 금지의 원칙 역시 로마법으로부터 유래하며, 사비누스 학파 쪽의 창안물이다. 로마법에서 이것은 상대방의 권리주장이 신의성실에 어긋날 경우 그 이행을 거절할 수 있는 **악의의 항변**(惡意의 抗辯, 라 exceptio doli)이라는 형태로 인정되었다.

근대에 와서 이 원칙은 프랑스 판례법에서 **권리의 남용**(불 abus de droit)이라는 제도로 발전했다. 하지만 자유주의가 보다 강하게 지배했던 독일 민법전에서는 **사해행위**(詐害行爲, 독 Schikane) **금지**라는 소극적 형태로만 규정되었고(독일 민법 제226조), 이후 독일의 판례법은 이 권리남용의 범위를 확장시켰다.

이 원칙을 본격적으로 명문화한 것은 스위스 민법이며, 이것을 일본 민법(1 ③)과 한국 민법이 받아들인 것이다.

스위스 민법전 제2조 ② 권리의 명백한 남용은 법의 보호를 받지 못한다.

3. 권리남용의 요건

조문은 요건과 효과를 정하고 있지 않아서, 이 부분은 학설과 판례에 맡겨져 있다.

(1) **권리 행사**가 있어야 하는데 여기에서 '권리'는 넓게 파악된다. 법적 지위 주장, 계약의 효력 주장도 포함된다. 즉 법적 효과를 주장하는 모든 행위가 여기에 포함된다. 권리의 불행사가 권리남용이 되기는 원칙적으로 어렵다. 친권의 경우를 제외하면 불행사 자체는 남용이 아니다.

(2) 권리의 행사가 **신의칙에 위배**되어야 한다(**객관적 요건**). 이때 **주관적 요건**(권리자의 주관적 가해 의사)은 요구되지 않음을 주의해야 한다(학설 일치). 그런데 판례는 토지소유권 행사의 경우 가해의 의사를 요구하고 있다. 물론 일부 판결에서는 주관적 요건을 완화하려는 시도도 보인다. 주관적 요건은 부인하는 것이 타당하다. 다음 판결 중 앞의 두 개에서는 주관적 요건이 요구되고 있고, 뒤의 두 개에서는 주관적 요건이 객관적인 요

건(사정)에 의하여 추인되고 있다(즉 따로 증명되지 않았어도 인정됨).

대판 1980.5.27, 80다484

원고소유 대지 위에 건립된 건물부분을 철거한다면 건물 전체가 붕괴될 위험이 있어 원고에게는 이득이 없으면서 오직 피고에게 손해만을 주기 위하여 소송에 이른 사정이 인정되는 경우에만 권리남용이 된다.

대판 1994.11.22, 94다5458

토지소유자가 그 토지의 소유권을 행사하는 것이 권리남용에 해당한다고 할 수 있으려면, 주관적으로 그 권리행사의 목적이 오직 상대방에게 고통을 주고 손해를 입히려는 데 있을 뿐 행사하는 사람에게 아무런 이익이 없을 경우이어야 하고, 객관적으로는 그 권리행사가 사회질서에 위반된다고 볼 수 있어야 하는 것이며, 이와 같은 경우에 해당하지 않는 한 비록 그 권리의 행사에 의하여 권리행사자가 얻는 이익보다 상대방이 잃을 손해가 현저히 크다 하여도 그러한 사정만으로는 권리남용이라고 할 수 없다.

대판 1993.5.14, 93다4366

권리의 행사가 주관적으로 오직 상대방에게 고통을 주고 손해를 입히려는 데 있을 뿐 이를 행사하는 사람에게는 아무런 이익이 없고 객관적으로 사회질서에 위반된다고 볼 수 있으면 그 권리의 행사는 권리남용으로서 허용되지 아니한다고 할 것이고, 권리의 행사가 상대방에게 고통이나 손해를 주기 위한 것이라는 주관적 요건은 권리자의 정당한 이익을 결여한 권리행사로 보여지는 객관적인 사정에 의하여 추인할 수 있다.

대판 2003.11.27, 2003다40422

(1) 권리의 행사가 주관적으로 오직 상대방에게 고통을 주고 손해를 입히려는 데 있을 뿐 이를 행사하는 사람에게는 아무런 이익이 없고, 객관적으로 사회질서에 위반된다고 볼 수 있으면, 그 권리의 행사는 권리남용으로서 허용되지 아니하고, 그 권리의 행사가 상대방에게 고통이나 손해를 주기 위한 것이라는 주관적 요건은 권리자의 정당한 이익을 결여한 권리행사로 보여지는 객관적인 사정에 의하여 추인할 수 있으며, 어느 권리행사가 권리남용이 되는가의 여부는 개별적이고 구체적인 사안에 따라 판단되어야 한다.

(2) 송전선로철거소송에 이르게 된 과정, 계쟁 토지가 51㎡에 불과한 점, 위 송전선을 철거하여 이설하기 위하여는 막대한 비용과 손실이 예상되는 반면 송전선이 철거되지 않더라도 토

지를 이용함에 별다른 지장이 없는 점 등에 비추어 농로 위로 지나가는 송전선의 철거를 구하는 청구가 권리남용에 해당한다고 한 사례.

4. 권리남용의 요건사실

신의칙과 마찬가지로 권리남용 역시 항변으로서 주장되는 것이 보통이다. 앞에서 본 주관적 요건과 객관적 요건이 권리남용의 요건사실에 해당한다.

5. 권리남용의 효과

청구권의 경우 법질서는 그 청구권의 실현에 협조하지 않는다. 형성권의 경우 효과가 발생하지 않으며, 손해 발생의 경우에는 손해배상책임을 묻게 될 것이다. 또한 계약의 효력을 주장하는 경우에도 그 계약의 효력은 없게 된다.

그러나 남용된 권리의 박탈은 법률규정이 있는 경우에 한하여 고려되며, 가령 친권상실(924 ①)의 경우에도 그 적용에는 신중해야 한다. 일반적으로 권리남용 금지의 원칙은 신의칙보다 신중하게 적용되어야 한다.

대판 1997.1.24, 96다43928

친권자의 법정대리권의 남용[법정대리인인 친권자가 자(子)의 유일한 재산을 그 사실을 아는 제3자에게 증여]으로 인한 법률행위의 효과가 미성년인 자(子)에게 미치지 아니한다[920]고 하여 그 친권자의 친권이 상실[924]되어야 하는 것은 아니며, 친권자가 자의 법정대리인으로서 소송대리인을 선임하여 그 증여에 기하여 이루어진 소유권이전등기의 말소를 구하는 소를 제기하였다고 하여 이를 금반언의 원칙에 어긋난 것으로 볼 수도 없다.

3부

계약의 효력 상실

계약이 체결되면 정상적으로 효력을 발휘하는 것이 일반적이지만, 그렇지 않고 계약이 효력을 상실하는 경우들이 있다. 당사자가 원해서 계약의 효력을 소멸시키기도 하고(해제), 아예 처음부터 효력이 발생하지 않기도 하고(무효), 일단 효력이 발생했지만 나중에 소급적으로 효력을 소멸시키기도 한다(취소). 이러한 해제, 무효, 취소가 무엇인지, 언제 그런 일이 발생하는지를 공부한다. 또한, 일단 계약을 이행한 후에 계약의 효력을 상실하게 되면 계약 당사자들은 이미 받은 것을 돌려주어야 하는 문제가 발생한다. 이것을 해결하는 제도로서 부당이득 반환청구와 소유물 반환청구에 관해서도 살펴본다.

9장 계약의 해제

 계약의 효력 발생과 소멸

앞의 5장에서 계약의 성립에 대해 살펴본 바 있다. 가령 청약과 승낙에 의해서 매매목적물과 대금에 대한 합의가 성립하게 되면 매매계약은 이제 법적인 효력을 가지게 된다. 즉 매도인은 매매목적물의 소유권을 이전할 의무를, 매수인은 대금 지급의무를 부담하게 된다.

> **第568조(매매의 효력)** ① 매도인은 매수인에 대하여 매매의 목적이 된 권리를 이전하여야 하며 매수인은 매도인에게 그 대금을 지급하여야 한다.

이렇게 유효하게 성립한 계약은 법적으로 구속력이 있는 채무를 발생시킨 후, 보통은 양 당사자가 채무를 이행함으로써 원래의 목적을 순조롭게 달성하고 **소멸**하게 된다. 채무의 이행(즉 변제)을 포함하여 채권이 소멸하게 되는 여러 사유에 대하여 민법은 제460조 이하에서 규정하고 있다.

모든 계약이 이와 같이 **채권의 만족**(즉 이행을 통하여 의도했던 목적을 달성함)이라는 최종 목적지에 순조롭게 도달하게 되는 것은 아니다. 우선, 채무자의 고의 또는 과실 때문에 채무가 이행되지 않는 일(이른바 **채무불이행**의 문제)이 빈번히 일어난다. 이러한 채무불이행의 경우에 채권자는 계약을 해제하거나 손해배상을 청구할 수 있다. 계약을 해제하게 되면 그 계약은 소급적으로 무효로 된다.

유효하게 성립한 것처럼 보였던 계약이 사실은 효력이 없거나(무효), 아니면 민법이 규정하고 있는 일정한 사유에 해당하기 때문에 당사자가 계약을 취소할 수도 있다. 계약을 취소하게 되면 그 계약은 소급적으로 무효로 된다. 계약의 무효 사유로는 강행법규 위반, 사회질서 위반(103), 불공정한 법률행위(104), 진의 아닌 의사표시(107), 허위표시(108) 등이 있으며, 계약의 취소 사유로는 제한능력(4 이하), 착오에 의한 의사표시(109), 사기·강박에 의한 의사표시(110) 등이 있다.

해제는 계약의 경우에만 해당하고, 무효와 취소는 계약을 포함하여 모든 법률행위에 적용된다. 민법은 해제·해지에 대해서는 채권편에서(543 이하), 무효와 취소에 대해서는 총칙편에서 규정하고 있다. 이번 장에서는 먼저 해제·해지를 살펴보고, 무효와 취소 사유는 이어지는 장들에서 공부할 것이다.

II 해제의 개념

1. 해제의 의의

해제는 계약의 효력을 당사자 일방의 의사표시에 의해 소멸시키는 것이다. 대표적인 예는 이행지체(채무를 이행할 수 있는데도 제때에 이행하지 않음)의 경우에 하는 법정해제이다. 해제를 할 수 있는 권리를 **해제권**이라 하며, 이것은 형성권에 해당한다. 해제의 의사표시는 **상대방 있는 단독행위**이다.

> **제543조(해지, 해제권)** ① 계약 또는 법률의 규정에 의하여 당사자의 일방이나 쌍방이 해지 또는 해제의 권리가 있는 때에는 그 해지 또는 해제는 상대방에 대한 의사표시로 한다.

해제권에는 **약정해제권**과 **법정해제권**이 있다. **약정해제권**은 미리 계약에서 해제권을 보류(즉 확보해둠)하는 경우이다. 가령 매매계약을 체결하며 매수인이 계약금을 지급함으로써, 매수인과 매도인은 (어느 한 쪽의 이행이 있을 때까지, 가령 매수인이 중도금을 지급할 때까지) 계약금을 포기하면서 자유롭게 해제할 수 있다(565).

제565조(해약금) ① 매매의 당사자 일방이 계약당시에 금전 기타 물건을 계약금, 보증금등의 명목으로 상대방에게 교부한 때에는 당사자간에 다른 약정이 없는 한 당사자의 일방이 이행에 착수할 때까지 교부자는 이를 포기하고 수령자는 그 배액을 상환하여 매매계약을 해제할 수 있다.

법정해제권은 일반적으로 채무불이행이 있을 때 발생하게 된다(544~546). 아울러 특수하게 해제권이 발생하는 경우를 각 계약에서 규정하고 있다(eg. 증여: 556, 557).

2. 해제와 유사한 제도

해제계약(반대계약, 합의해제)은 일방적 의사표시인 해제와 달리 양 당사자가 합의를 통하여 계약을 해제하는 경우를 말한다. 즉 해제계약은 단독행위가 아닌 계약이며, 해제에 관한 제543조 이하는 적용되지 않는다. 한편 **취소**는 계약뿐만 아니라 모든 법률행위에 대해 인정된다. 또한 취소권은 법률규정에 의해서만 발생한다.

해제조건 성취의 경우 조건 성취로, 법률행위는 당연히 장래를 향해 효력을 상실한다(147 ②). **실권약관**은 채무불이행을 해제조건으로 하는 약정을 말하며, 따라서 채무불이행이 있으면 계약은 효력을 상실하게 된다. **철회**는 효과가 아직 발생하지 않은 법률행위나 의사표시의 효력을 저지하는 것으로, 따라서 의사표시가 도달하여 의사표시의 효력이 이미 발생한 경우에는 원칙적으로 철회가 허용되지 않는다.

III 해제권의 발생

1. 약정해제권의 발생

약정해제권은 해제권을 보류하는 특약에 의해 발생한다. 이 특약은 처음 계약을 할 때 할 수도 있고, 아니면 애초의 계약과는 별개로 나중에 이것만 추가할 수도 있다. 매매 기타의 유상계약에서 계약금이 교부되면 해제권 보류의 특약이 있는 것으로 추정된다(cf. 565 ①). 즉 계약금은 해약금인 것으로 추정된다.

민법의 해제에 관한 규정들 중에서 채무불이행을 사유로 하는 제544~546조, 그리고 채무불이행에 기한 손해배상 청구에 관한 제551조는 약정해제에는 적용되지 않는다. 그러나 약정해제의 효과 등에 관한 특약이 없다면 앞의 규정들을 제외한 나머지(547~550, 552, 553)가 약정해제에도 적용된다. 즉 이 규정들은 법정해제와 약정해제에 모두 적용된다.

대결 1990.3.27, 89다카14110

계약서에 명문으로 위약 시의 법정해제권의 포기 또는 배제를 규정하지 않은 이상 계약당사자 중 어느 일방에 대한 약정해제권의 유보 또는 위약벌에 관한 특약의 유무 등은 채무불이행으로 인한 법정해제권의 성립에 아무런 영향을 미칠 수 없다.

앞의 결정에서도 볼 수 있듯이, 약정해제와 법정해제는 서로 별개의 제도이다. 따라서 어느 하나가 인정된다고 해서 다른 하나가 자동적으로 배제되지 않는다.

2. 법정해제권의 발생

채무불이행이란 채무자에게 책임 있는 사유로 채무의 내용에 좇은 이행이 이루어지지 않는 것을 말한다. 채무불이행의 유형으로는 **이행지체**(544 본, 545), **이행불능**(546), **이행거절**(544 단), **불완전이행**(불완전급부), 기타의 행위의무 위반, 부수적 채무(부수적 급부의무)의 불이행 등이 있다. 채무불이행이 있을 때 채권자에게 주어지는 가장 중요한 권리는 **손해배상청구권** 및 **계약 해제권**(당연히 법정해제권)이다. 또한 채무불이행의 유형은 아니지만 수령지체, 사정변경의 원칙의 경우에도 법정해제권이 발생할 수 있다.

이 절에서는 법정해제권이 발생하는 앞의 여러 사유 중에서 가장 중요한 이행지체와 이행불능의 경우를 살펴본다.

(1) 이행지체와 해제

이행지체란 이행이 가능함에도 채무자에게 책임 있는 사유로 이행이 이루어지지 않는 것을 말한다. 즉 이행지체가 되기 위해서는, 이행지체에만 해당하는 특수 요건으로는 이행기의 도래, 이행의 가능, 이행이 없음이 요구되고, 일반 요건으로는 채무자의 유책사유 및 위법성이 요구된다. 단 이행지체가 있을 때 자동적으로 해제권이 발생하는 것은 아니다. 해제권이 인정되기 위해 추가적으로 갖추어야 하는 요건을 민법은 다음과 같이 규정한다.

> **제544조(이행지체와 해제)** 당사자일방이 그 채무를 이행하지 아니하는 때에는 상대방은 상당한 기간을 정하여 그 이행을 최고하고 그 기간내에 이행하지 아니한 때에는 계약을 해제할 수 있다. 그러나 채무자가 미리 이행하지 아니할 의사를 표시한 경우에는 최고를 요하지 아니한다.

이 조항 속에 담겨 있는 요건을 정리하자면, (1) 채무자의 유책사유에 의한 이행지체가 있어야 하고, (2) 채권자는 상당한 기간을 정하여 채무자에게 이행을 최고해야 하며, (3) 최고기간 내에 이행 또는 이행의 제공이 없어야 한다.

이행지체를 위한 최고 vs. 해제를 위한 최고

최고, 즉 이행청구는 해제를 위한 요건이지만 일정한 경우에는 이행지체를 위한 요건이기도 하다. 이행지체를 위해 최고가 요구되는지 여부는 이행기에 따른 채무의 유형에 따라 달라진다. 우선, 확정기한부 채무(채무의 이행을 위한 기한이 확정되어 있는 채무, eg. 금년 7월 31일이 이행기인 채무)에서는 최고가 필요 없다. 따라서 계약 해제를 위해서는 반드시 (상당한 기간을 정하여 하는) 최고가 추가로 필요하다.

불확정기한부 채무(기한의 내용이 되는 사실, 즉 기한 사실의 발생 시기가 불확정인 채무, eg. 금년 서울에 첫눈이 내리는 날이 이행기인 채무)의 경우에는 (기한 사실이 발생한 후) 기한이 도래했음을 채무자가 알게 된 때(정확히는 그 다음날) 또는 채권자가 최고를 한 때(정확히는 그 다음날)부터 이행지체의 책임을 지게 된다. 채권자의 최고 없이 채무자가 기한 도래의 사실을 알게 되어 이행지체에 빠진 경우에는 해제를 위한 최고가 필요하다. 그러나 채권자가 최고를 하여 이행지체에 빠졌다면 해제를 위해 추가로 최고를 할 필요는 없다. 이행지체를 위한 최고가 있은 후 상당한 기간이 경과하면 채권자는 해제를 할 수 있다.

기한 없는 채무 및 기한의 이익을 상실(153, 388)한 채무의 경우에는 이행지체를 위해 최고가 필요하지만, 이 최고를 상당한 기간을 두어서 할 필요는 없다(이에 대한 예외는 소비대차[603 ② 본]: "상당한 기간을 정하여"). 따라서 해제를 위해 추가적으로 최고를 할 필요는 없고, 앞의 최고를 한 후 상당한 기간이 경과하면 그때 해제권이 발생한다.

요약하자면 다음과 같다. (1) 이행지체를 위해 최고가 필요하지 않는 경우라면 해제를 위한 (상당한 기간을 두어서 하는) 최고가 필요하다. (2) 이행지체를 위해 최고를 이미 한 경우라면 해제를 위해 추가적인 최고를 할 필요는 없고, 앞의 최고 후 상당한 기간이 경과하면 해제권이 발생한다. 즉 이행지체에 이어서 해제를 하는 경우 한 번의 최고로 충분하며, 그 최고 후 상당한 기간이 경과하면 채권자는 해제를 할 수 있다.

(2) 이행불능과 해제

이행불능이란 채권이 성립한 후 채무자에게 책임 있는 사유로 이행할 수 없게 된 것을 말한다. 즉 이행불능이 되기 위해서는, 특수 요건으로는 후발적 불능이, 일반 요건으로서는 채무자의 유책사유 및 위법성이 요구된다.

이행불능으로 인한 법정해제는 제546조가 규정하고 있다.

> **제546조(이행불능과 해제)** 채무자의 책임있는 사유로 이행이 불능하게 된 때에는 채권자는 계약을 해제할 수 있다.

이행지체의 경우와는 달리 이행불능에 의한 해제에는 최고나 이행제공이 필요하지 않다. 어차피 채무자의 이행이 가능하지 않으므로 채권자 쪽에서 최고나 이행의 제공을 한다는 것이 무의미하며, 동시이행의 항변권도 이 경우에는 적용되지 않기 때문이다.

> **대판 2003.1.24, 2000다22850**
>
> (1) 채무의 이행이 불능이라는 것은 단순히 절대적 · 물리적으로 불능인 경우가 아니라 사회생활에 있어서의 경험법칙 또는 거래상의 관념에 비추어 볼 때 채권자가 채무자의 이행의 실현을 기대할 수 없는 경우를 말한다.
>
> (2) 매도인의 매매계약상의 소유권이전등기의무가 이행불능이 되어 이를 이유로 매매계약을 해제함에 있어서는 상대방의 잔대금지급의무가 매도인의 소유권이전등기의무와 동시이행관계에 있다고 하더라도 그 이행의 제공을 필요로 하는 것이 아니다.

이행기가 되기 전이라도 이행이 불능으로 되면 채권자는 즉시 계약을 해제할 수 있다. 이행기까지 기다리는 것이 아무런 의미가 없기 때문이다.

IV 해제권의 행사

이행지체나 이행불능과 같은 채무불이행이 있더라도 채권자가 해제권을 행사하는 것이 의무적인 것은 아니며, **자유롭게 선택**할 수 있는 사항이다. 물론 보통의 경우라면 해제와 손해배상청구를 동시에 할 것이다. 해제권의 행사는 상대방에 대한 **의사표시**로 한다(543 ①). 의사표시의 일반원칙에 따라, 의사가 채무자에게 도달하면 해제의 효력이 발생한다. 해제의 의사표시의 상대방은 계약 상대방 또는 그의 법률상 승계인이다. 의사표시의 방식에는 아무런 제한이 없다. 즉 구두 또는 서면으로, 재판상 또는 재판외로 할 수 있다.

해제의 의사표시에는 **조건**이나 **기한**을 붙이지 못한다. 형성권의 특성상 채권자의 일방적 의사에 의하여 상대방의 법적 지위에 큰 변화가 생기게 되는데, 여기에 조건이나 기한을 붙이면 상대방의 처지를 불안하게 할 수 있기 때문이다. 그렇지만 채무불이행을 정지조건으로 하여 해제하는 것은 가능하다. 가령 '몇 월 며칠까지 이행하지 않으면 해제한다'와 같은 식으로 의사표시를 할 수 있다. 이렇게 하더라도 채무자에게 예측하지 못한 피해를 줄 염려가 없고 간편하기 때문에 실제로 많이 쓰이는 해제 방식이다.

최고기간 내에 채무자가 이행을 하지 않아서 해제권이 발생한 경우라도 채권자는 이 해제권이 소멸되기 전에 행사해야 한다. 만약 최고기간 이후라도 이행제공이 있으면 해제권은 소멸하므로, 새로운 채무불이행이 있어서 다시 해제권이 발생하지 않는 한 해제를 할 수 없다.

한번 해제의 의사표시를 하면 이것을 '철회'(543 ②)할 수는 없다. 여기서의 '철회'는 일반적인 철회(의사표시의 도달 또는 효력 발생 전에 의사표시의 효력을 소멸시키는 행위)와는 달리 '취소' 정도의 의미로 이해할 수 있을 것이다(이미 해제의 효력이 발생했으므로). 해제의 일방적인 철회는 불가능하지만 당사자의 합의에 의한 철회계약(즉 합의철회)은 항상 가능하고, 요건(eg. 제한능력, 사기·강박에 의한 의사표시 등)을 갖추어서 하는 취소 역시 가능하다.

V 해제의 효과

1. 채권관계의 소급적 소멸

해제의 효과에 관한 기본적인 규정은 제548조 제1항이다.

> **제548조(해제의 효과, 원상회복의무)** ① 당사자 일방이 계약을 해제한 때에는 각 당사자는 그 상대방에 대하여 원상회복의 의무가 있다. 그러나 제삼자의 권리를 해하지 못한다.

이 규정의 구체적 의미를 알기 위하여 다음 예제를 보자.

예제 1

A는 자신의 X 토지를 B에게 5억 원에 팔기로 2023년 8월 15일에 매매계약을 체결하면서 계약금 1억 원을 받았고, 8월 30일에 중도금 2억 원, 9월 15일에 잔금 2억 원을 받기로 했다. 그런데 B는 약속한 8월 30일에 중도금을 지급하면서, 잔금 지급 전에 먼저 소유권 이전등기를 해 줄 것을 요청했다. 그래서 A는 9월 5일에 소유권 이전등기에 필요한 모든 서류를 B에게 주었고, B는 9월 10일에 자기 앞으로 소유권 이전등기를 완료했다. 그러나 9월 15일에 B는 잔금을 지급하지 않았다. A는 "10월 15일까지도 잔금을 지급하지 않으면 자동으로 계약을 해제하겠다."라고 B에게 최고했고, B는 10월 15일까지 잔금을 지급하지 않았다. 이제 A와 B는 상대방에게 무엇을 청구할 수 있는가?

예제 1에서 A는 B의 이행지체(잔금 미지급)를 정지조건으로 하여 해제의 의사표시를 했고, B가 잔금을 지급하지 않아서 조건은 성취되었다. 따라서 A의 해제의 의사표시에 대한 효력이 발생한다.

이 해제의 효과에 대해서는 학설이 대립한다. **직접효과설**(多判)에 따르면 채권관계는 '소급적'으로 소멸하지만 제3자 보호를 위해 이 소급효가 제한된다(548 ① 단). 한편 **청산효과설**(少)에 따르면 기존의 계약관계는 소멸하는 것이 아니라 청산관계로 변경될 뿐이다.

2. 물권의 복귀

계약의 해제를 통하여 계약의 채권적 효력은 소급적으로 소멸하게 되지만, 당사자 사이에서 이미 이행행위(처분행위)가 행해져서 물권의 변동이 일어난 경우에는 이 물권도 자동적으로 효력을 상실하게 되는지가 문제된다. 이것은 보다 일반적으로는 '물권행위의 무인성' 문제와 연결되어 있다. 물권행위란 물권변동의 원인이 되는 당사자의 물권적 합의를 말하고, 무인성(無因性, 독 Abstraktion, 영 abstraction)이란 채권행위로부터 물권행위가 발생 · 변경 · 소멸함에 있어서 독립적인 성질을 말한다.

무인설(少)은 물권행위의 무인성을 인정하는 견해이다. 즉 물권행위의 효력은 그 자체의 요건만으로 결정되는 것이지, 원인행위(채권행위)의 무효 · 취소로부터 영향을 받지 않는다고 본다.

물권행위의 독자성

무인성을 인정하기 위해서는 먼저 채권행위와 물권행위가 분리 · 독립되어 있음을 전제해야 한다. 이처럼 물권행위가 채권행위로부터 독립하여 독자적으로 성립할 수 있는 성질을 '독자성(독 Trennung)'이라고 부른다.

유인설(有因說, 독 Kausalprinzip: 多判)에 따르면 채권행위와 물권행위는 원칙적으로 하나의 행위이다. 따라서 채권행위의 부존재 · 무효 · 취소 등은 물권행위에 바로 영향을 끼친다. 즉 채권행위가 실효하면 물권행위 역시 실효한다.

해제의 효력에 의해서 물권이 당연히 복귀 또는 소멸하는지의 문제는, 앞에서 언급한 무인설 · 유인설 중 어느 입장을 취하느냐에 따라 달라지게 된다. **채권적 효과설**(少)은 무인설에 입각하고 있으며, 이에 따르면 계약의 해제로 채권행위는 소멸하게 되어도 이미 이루어진 물권행위는 여전히 유효하다. 즉 이전된 소유권은 해제로 인하여 자동 복귀하지 않는다. 따라서 원상회복의무의 이행은 **부당이득 반환청구**(741)에 의해서 이루어진다.

반면 유인설에 입각한 **물권적 효과설**(多判)에 따르면, 채권행위의 소멸과 동시에 물권행위도 소멸하게 되므로 물권변동의 효과 역시 당연히 소멸하게 되어, 이미 이전한 소유권은 자동적으로 복귀한 것으로 보게 된다. 따라서 원상회복의무의 이행은 **소유물 반**

환청구(213 본)에 의하게 된다.

부당이득 반환청구 vs. 소유물 반환청구

뒤의 10장에서 이 두 청구의 차이점에 대해 상세히 다룬다.

예제 1의 해결

A의 해제로 인하여 A와 B 사이의 매매계약은 소급적으로 효력을 상실했고, 따라서 각자에게는 원상회복의무가 발생한다. A는 이미 받은 계약금과 중도금(합계 3억 원)을 B에게 반환해야 한다. B는 자기 앞으로 완료된 X 토지에 대한 소유권 이전등기를 말소해야 한다. X 토지의 소유권은 B의 등기 말소 여부와 무관하게, A의 해제의 의사표시로 인하여 이미 A에게 복귀했다(물권적 효과설: 多判). 한편 채권적 효과설(少)에 따르면 A는 B에게 부당이득 반환청구를 하게 되고, B는 부당이득 반환채무의 이행을 위하여 자기 앞으로 되어 있는 소유권 이전등기를 말소하게 된다.

물권행위의 무인성 문제는 우리 민법 학계의 오래된 논쟁 중의 하나였다. 다음의 1977년 대법원 판결을 통하여 판례는 유인설을 채택했고, 이후 유인설이 다수설의 지위를 확고하게 유지해왔다.

대판 1977.5.24, 75다1394

민법 548조 1항 본문에 의하면 계약이 해제되면 각 당사자는 상대방을 계약이 없었던 것과 같은 상태에 복귀케할 의무를 부담한다는 뜻을 규정하고 있는 바 계약에 따른 채무의 이행으로 이미 등기나 인도를 하고 있는 경우에 그 원인행위인 채권계약이 해제됨으로써 원상회복된다고 할 때 그 이론 구성에 관하여 소위 채권적 효과설과 물권적 효과설이 대립되어 있으나 우리의 법제가 물권행위의 독자성과 무인성을 인정하고 있지 않는 점과 민법 548조 1항 단서가 거래안정을 위한 특별규정이란 점을 생각할 때 계약이 해제되면 그 계약의 이행으로 변동이 생겼던 물권은 당연히 그 계약이 없었던 원상태로 복귀한다 할 것이다.

3. 제3자의 보호

(1) 제3자 보호의 필요성

계약 당사자가 아닌 제3자 앞으로 물권 변동이 이루어진 경우, 앞의 두 학설이 어떤 다른 결과를 가져오는지 다음의 예제를 통하여 생각해보자.

예제 2

(예제 1의 사실관계에 추가하여) B가 10월 15일까지 잔금을 지급하지 않아 매매계약이 해제된 상황에서, B는 X 부동산을 C에게 매각하여 이전등기를 마쳐주었다. A는 C를 상대로 하여 소유권이전등기의 말소를 청구할 수 있는가?

제3자

원래 제3자는 '법률행위의 당사자 및 그 포괄승계인 이외의 자'를 말한다. 그러나 이렇게 보면 제3자의 범위가 너무 넓어져서 별로 의미가 없다. 그래서 보통의 경우에는 '당사자와 포괄승계인 이외의 자로서, 문제가 되는 그 법률행위를 토대로 하여 새로운 법률상의 이해관계를 맺은 자'만을 의미한다. 예제 2에서 C는 A와 B 사이의 매매계약의 결과를 토대로 하여(즉 B가 소유권을 취득한 것을 기초로 하여) 새로운 법률상의 이해관계(즉 B와 C 사이의 새로운 매매계약에 근거한 매수인의 지위)를 맺은 자에 해당하므로, 일반적인 의미의 제3자에 해당한다.

물권적 효과설(多判)에 따르면, 계약 해제로 계약이 소급적으로 무효로 됨과 동시에 이미 이루어진 물권 변동 역시 무효로 된다. 이렇게 되어도 어차피 원상회복의무를 부담하는 계약 당사자 사이에서는 큰 문제가 없을 것이다. 그러나 이미 이루어진 물권 변동을 기초로 하여 해제 이전 또는 이후에 제3자 앞으로 추가적인 물권 변동이 이루어진 경우, 물권이 소급적으로 복귀하는 것으로 구성하면 제3자가 물권을 상실하는 피해를 입게 될 수도 있다.

채권적 효과설(少)에 의하면 해제로 계약이 효력을 상실해도 이미 이루어진 물권 변동의 효력에는 전혀 영향이 없으므로, 제3자가 물권을 취득하기 전이나 후에 계약의 해제가 이루어지더라도 제3자의 물권은 영향을 받지 않는다. 즉 채권적 효과설에 의하면 제3자의 보호에는 전혀 문제가 없다. 물론 그럴 경우에 계약을 해제한 사람이 손해를 입게 될 수 있다. 해제를 했지만 물권이 자신에게 복귀하지 않을 것이기 때문이다.

요컨대 채권적 효과설에 의하면 제3자의 보호에 아무 문제가 없지만, 물권적 효과설에 의하면 제3자 보호라는 문제가 필연적으로 발생한다. 바로 이런 이유 때문에 물권적 효과설은 "제삼자의 권리를 해하지 못한다."는 민법 제548조 제1항 단서의 규정이 꼭 필요했다고 이해한다. 즉 우리 민법은 해제의 효과에 관하여 물권적 효과설을 따르고 있어서 제3자 보호의 문제가 발생하게 되고, 이것이 이 규정의 입법 이유라는 것이다.

한편 채권적 효과설을 따를 경우 이 규정은 불필요하다. 따라서 다수설의 설명에 따르면, 제548조 제1항 단서는 채권적 효과설이 우리 민법의 입장과 맞지 않는다는 것을 보여주는 하나의 증거가 된다.

(2) 제3자의 범위

제548조 제1항 단서에는 제3자가 선의인지 악의인지를 따지지 않고 그냥 '제3자'라고 규정하고 있으나, 이것이 '선의의 제3자'만을 의미한다는 점에 있어서 학설은 일치해 있다. 해제의 경우에 굳이 악의의 제3자까지 보호할 필요는 전혀 없기 때문이다.

선의 vs. 악의

민법에서 '선의(善意)'는 '어떤 사실을 모르고 있다'는 의미로 쓰인다. 반면, '악의(惡意)'는 '어떤 사실을 알고 있다'는 뜻이다. 민법의 선의 · 악의는 어떤 사람이 착한지 혹은 선량한지 여부와는 아무 관계가 없다는 점을 주의해야 한다.

그런데 판례는 선의의 제3자라고 해서 모두 보호해야 한다고 보지 않고, 그 범위를 다음과 같이 더욱 좁혀서 보고 있다.

대판 1964.9.22, 64다596

민법 제548조 제1항 단서에서 규정하는 제3자라 함은 그 해제된 계약으로부터 생긴 법률적 효과를 기초로 하여 해제 전에 새로운 이해관계를 가졌을 뿐 아니라 등기인도 등으로 완전한 권리를 취득한 자를 지칭하는 것이고 계약상의 채권을 양도받은 양수인은 특별한 사정이 없는 이상 이에 포함되지 않는 것인바 (…)

여기에서 잘 나타나 있는 판례의 확고한 입장에 따르면, 해제의 소급효로부터 보호를 받기 위해서는 일반적인 의미의 선의의 제3자에 해당하는 것만으로는 부족하고, '**등기·인도 등을 통하여 완전한 권리를 취득한 자**'여야만 한다. 판례는 물건의 매수인, 저당권·질권 취득자, 목적물을 가압류한 자, 대항요건을 갖춘 임차인 등은 제548조 제1항 단서의 제3자에 해당한다고 본다.

반면 판례는 채권 양수인, 건축주 허가명의만의 양수인, 채권을 전부(轉付: 전부명령에 의해 채권을 이전)하거나 압류(押留: 채무자의 특정 재산의 처분을 금지)한 자, 제3자를 위한 계약의 수익자, 토지매매계약 해제 시 토지 위의 신축 건물 매수인, 무허가건물 관리대장에 소유자로 등재된 무허가건물 매수인, 소유권이전등기청구권을 보전하기 위한 가등기 후 본등기 전에 소유권이전등기를 한 제3자 등은 해제의 소급효로부터 보호받는 제3자에 해당하지 않는다고 본다.

예제 1의 해결

물권적 효과설(多判)에 따르면 A가 계약을 해제했을 때 C가 보호받을 수 있는지는 그가 선의인지 악의인지 여부에 따라 달라진다. C가 해제 사실을 몰랐을 경우, 즉 선의인 경우에는 C 앞으로 이미 소유권 이전등기까지 이루어져서 '완전한 권리를 취득한 자'에 해당하기 때문에 C는 보호를 받을 수 있다. 즉 A는 해제의 효력을 C에 대해서는 주장하지 못한다. 따라서 C는 A의 계약 해제에도 불구하고 소유권을 그대로 유지한다. 반면 C가 악의인 경우 A는 계약의 해제의 효력을 C에게도 관철시킬 수 있다. 즉 X 부동산의 소유권은 해제를 통하여 소급적으로 A에게 복귀하고, 비록 등기가 C 앞으로 되어 있지만 X 부동산의 소유자는 A이다. 따라서 A는 C를 상대로 하여 소유권 이전등기의 말소를 청구할 수 있다(소유권에 기한 방해제거청구권: 214 전반).
채권적 효과설(少)에 따르면 C의 선의·악의 여부와 관계 없이 A의 계약 해제에도 불구하고 C의 소유권은 그대로 유지된다.

4. 원상회복의무

직접효과설에 따르면 계약은 '소급적'으로, 즉 계약 체결 시점으로 돌아가서 그때부터 소멸한 것으로 보기 때문에, 양 당사자가 이미 이행한 것이 있다면 부당이득반환의 문제가 발생하게 된다. 이에 관하여 제548조 제1항 본문은 "**원상회복의무**가 있다."고 하는데, 이것은 제748조의 일반적 원칙에 대한 '특칙'(즉 예외)으로 이해되고 있다(多).

제748조(수익자의 반환범위) ① 선의의 수익자는 그 받은 이익이 현존한 한도에서 전조의 책임이 있다.
② 악의의 수익자는 그 받은 이익에 이자를 붙여 반환하고 손해가 있으면 이를 배상하여야 한다.

즉 일반적으로는 부당이득반환에 있어서 수익자의 선의·악의 여부에 따라 반환 범위가 달라지는데(748), 해제 시의 원상회복의무(548 ① 본, ②)에 있어서는 이익의 현존 여부나 수익자의 선의·악의를 고려하지 않고 **이익 전부를 반환**해야 한다고 본다.

대판 1998.12.23, 98다43175
계약 해제의 효과로서의 원상회복의무를 규정한 민법 제548조 제1항 본문은 부당이득에 관한 특별 규정의 성격을 가진 것이라 할 것이어서, 그 이익 반환의 범위는 이익의 현존 여부나 선의, 악의에 불문하고 특단의 사유가 없는 한 받은 이익의 전부라고 할 것이다.

주의해야 할 점은, 당사자 쌍방의 원상회복의무에도 동시이행의 항변권(536)이 준용된다는 사실이다.

제549조(원상회복의무와 동시이행) 제536조의 규정은 전조의 경우에 준용한다.

채무불이행으로부터 발생하는 손해배상의무 역시 동시이행의 관계에 있다.

대판 1996.7.26, 95다25138·25145
계약이 해제되면 계약당사자는 상대방에 대하여 원상회복의무와 손해배상의무를 부담하는데, 이때 계약당사자가 부담하는 원상회복의무뿐만 아니라 손해배상의무도 함께 동시이행의 관계에 있다.

계약의 해지

계약의 **해지**는 계속적 계약의 효력을 장래를 향하여 소멸시키는 일방적 행위(단독행위)이다. 해제는 계약의 효력을 소급적으로 소멸시키는 데 반하여 해지는 **비소급적**으로, 즉 장래를 향해서만 계약의 효력을 소멸시킨다.

제550조(해지의 효과) 당사자 일방이 계약을 해지한 때에는 계약은 장래에 대하여 그 효력을 잃는다.

채무자의 급부가 한 번으로 끝나는 것이 아니라 일정한 기간 동안 지속적으로 이루어지는 **계속적 계약**인 경우의 예로는 소비대차, 사용대차, 임대차, 고용, 위임, 임치, 조합, 종신정기금이 있다. 이러한 계약들에 있어서는 해지 이전의 기존 법률관계를 그대로 유지시키는 것이 당사자의 이해관계에 일반적으로 부합한다. 그렇지 않으면 복잡한 원상회복의 문제가 발생할 것이기 때문이다.

10장 소유물 반환청구와 부당이득 반환청구

I 소유물 반환청구와 부당이득 반환청구의 차이점

소유물 반환청구(213)와 부당이득 반환청구(741)는 타인이 청구자의 소유물 또는 (청구자 소유는 아니더라도) 청구자에게 '귀속되어야 할' 물건을 보유하고 있을 때 그것(또는 그에 상응하는 이익)의 반환을 청구할 수 있는 방법으로서 민법이 인정하고 있는 '양대 축'이다. 이 두 청구는 서로 보완적인데, 반환청구 목적물의 소유자가 누구인지에 따라서 어느 청구를 택할지가 결정되기 때문이다. 즉 청구 목적물의 소유권이 여전히 청구자에게 있다면 '소유물 반환청구'를 해야 한다. 반면 어떠한 이유로든 그 물건의 소유권이 이미 타인에게 넘어갔다면 '부당이득 반환청구'를 해야 한다.

청구 목적물의 소유권이 누구에게 있는지에 따라서 소유물 반환청구권과 부당이득 반환청구권의 법적 성질 역시 결정된다. 여전히 청구자가 보유하는 소유권에 근거해서 소유물 반환청구권을 행사하게 되므로 이것은 '물권적 청구권', 즉 물권을 근거로 하여 행사하는 청구권이다. 따라서 이 청구권은 소멸시효에 걸리지 않는다(소유권이 소멸시효에 걸리지 않으므로). 반대로 부당이득 반환청구권은 나에게 소유권이 없는 상황에서 행사하는 것이므로 '채권적 청구권'이다. 즉 물권이 아닌 채권(구체적으로는 부당이득 반환채권)을 근거로 하여 행사하는 청구권이다. 일반적인 채권이 10년의 소멸시효에 걸리므로 이 청구권 역시 그러하다(162 ①). 그 밖에도 두 청구권은 여러 면에서 상이하다.

이 장에서는 소유물 반환청구권과 더불어 소유권에 기한 다른 물권적 청구권, 즉 소유물 방해제거청구권과 소유물 방해예방청구권도 함께 살펴본다. 이어서 부당이득 반환청구권에 대해서 볼 것이다.

II 소유권에 기한 물권적 청구권

예제 2

A는 자신의 X 노트북을 B에게 매각하며 매매대금 100만 원의 절반만 받은 상태에서 (B가 급하게 노트북이 필요하다고 하여) 일단 X 노트북을 넘겨주었다. 이후 B는 약속한 날짜에 잔금을 지급하지 않았고, 그 후 A가 다시 상당한 기간을 정하여 최고를 했음에도 불구하고 B는 끝내 잔금을 지급하지 않았다. 이에 A는 B와의 매매계약을 해제했다. A는 B를 상대로 X 노트북의 반환을 청구할 수 있는가?

1. 소유물 반환청구권

제213조(소유물반환청구권) 소유자는 그 소유에 속한 물건을 점유한 자에 대하여 반환을 청구할 수 있다. 그러나 점유자가 그 물건을 점유할 권리가 있는 때에는 반환을 거부할 수 있다.

(1) 소유물 반환청구권의 요건

① 청구권자는 현재 점유하고 있지 않은 소유자, 즉 법률상의 소유자이다.

② 상대방은 점유자(현재 점유하는 자) 또는 간접점유자이다.

대판 1999.7.9, 98다9045

불법점유를 이유로 하여 그 명도 또는 인도를 청구하려면 현실적으로 그 목적물을 점유하고 있는 자를 상대로 하여야 하고 불법점유자라 하여도 그 물건을 다른 사람에게 인도하여 현실적으로 점유를 하고 있지 않은 이상, 그 자를 상대로 한 인도 또는 명도청구는 부당하다.

③ 상대방에게 '점유할 권리'가 없어야 한다(213 단). 점유할 권리로는 물권(지상권, 전세권, 질권, 유치권), 채권(임차권), 동시이행 항변권 등이 있다.

대판 2014.12.24, 2011다62618

소유자는 그 소유에 속한 물건을 점유한 자에 대하여 반환을 청구할 수 있다. 그러나 점유자가 그 물건을 점유할 권리가 있는 때에는 반환을 거부할 수 있다(민법 제213조). 여기서 반환을 거부할 수 있는 점유할 권리에는 유치권도 포함되고, 유치권자로부터 유치물을 유치하기 위한 방법으로 유치물의 점유 내지 보관을 위탁받은 자는 특별한 사정이 없는 한 점유할 권리가 있음을 들어 소유자의 소유물반환청구를 거부할 수 있다.

第320條(유치권의 내용) ① 타인의 물건 또는 유가증권을 점유한 자는 그 물건이나 유가증권에 관하여 생긴 채권이 변제기에 있는 경우에는 변제를 받을 때까지 그 물건 또는 유가증권을 유치할 권리가 있다.

④ (현재 점유하고 있는 것에 대한) 상대방의 유책사유는 따지지 않는다.
⑤ 사실심 변론종결 시를 기준으로 하여 법률상의 소유자인지 점유자인지를 판단한다.

사실심 변론종결 시

사실심은 오로지 법률 문제만을 다루는 **법률심**(대법원)이 아닌, 사실 문제와 법률 문제를 모두 다루는 제1심 또는 제2심 법원을 말한다. **변론종결 시**는 법원이 변론종결을 선언하는 시점이다. 이후 일정한 기간(보통 1개월 정도)이 지나면 법원은 판결선고를 한다. 변론종결 시는 다음 판결에 잘 나타나 있듯이 당사자의 청구가 타당한지를 판단하는 기준 시점이 된다.

대판 1995.2.28, 94다36049

소송에 의하여 어떠한 청구를 하는 경우에 그 청구의 당부는 그 소송의 사실심 변론 종결 당시를 기준으로 판단하여야 하고, 소 제기 당시를 기준으로 판단할 것은 아니므로, 그 청구가 취득시효완성을 원인으로 한 소유권이전등기청구의 경우에 취득시효가 완성되었는지 여부는 사실심 변론종결일을 기준으로 하여야 한다.

(2) 소유물 반환청구권의 효과

소유자는 점유자를 상대로 소유물의 반환을 청구할 수 있다. 이 반환에 원상회복은 포함되지 않는다. 소유물에 대한 반환청구와 방해배제청구는 동시에 할 수 있다.

예제 1의 해결

동산인 X 노트북의 소유권은 인도로 이전되므로(188 ①), X 노트북의 소유권은 B에게 이전했다. 그런데 A가 매매계약을 적법하게 해제했으므로(544 본) 이 계약은 소급적으로(즉 계약한 시점부터) 무효이다. 따라서 X 노트북을 현재 B가 점유하고 있더라도 소유권 이전의 원인이 되었던 매매계약이 무효로 되면서 물권 변동 역시 무효로 된다. 즉 X 노트북의 소유자는 A이다. 따라서 A는 B를 상대로 소유물 반환청구권을 행사하여 X 노트북의 반환을 청구할 수 있다(213 본).

2. 소유물 방해제거청구권

제214조(소유물방해제거청구권) 소유자는 소유권을 방해하는 자에 대하여 방해의 제거를 청구할 수 있고 (…)

(1) 소유물 방해제거청구권의 요건

① 청구권자는 소유권의 내용 실현을 방해받고 있는 소유자이다.

대판(전) 2012.5.17, 2010다28604

소유자가 자신의 소유권에 기하여 실체관계에 부합하지 아니하는 등기의 명의인을 상대로 그 등기말소나 진정명의회복 등을 청구하는 경우에, 그 권리는 물권적 청구권으로서의 방해배제청구권(민법 제214조)의 성질을 가진다. 그러므로 소유자가 그 후에 소유권을 상실함으로써 이제 등기말소 등을 청구할 수 없게 되었다면, 이를 위와 같은 청구권의 실현이 객관적으로 불능이 되었다고 파악하여 등기말소 등 의무자에 대하여 그 권리의 이행불능을 이유로 민법 제390조상의 손해배상청구권을 가진다고 말할 수 없다. 위 법규정에서 정하는 채무불이행을 이유로 하는 손해배상청구권은 계약 또는 법률에 기하여 이미 성립하여 있는 채권관계에서 본래의 채권이 동일성을 유지하면서 그 내용이 확장되거나 변경된 것으로서 발생한다. 그러나 위와 같은 등기말소청구권 등의 물권적 청구권은 그 권리자인 소유자가 소유권을 상실하면 이제 그 발생의 기반이 아예 없게 되어 더 이상 그 존재 자체가 인정되지 아니하는 것이다. 이러한 법리는 선행소송에서 소유권보존등기의 말소등기청구가 확정되었다고 하더라도 그 청구권의 법적 성질이 채권적 청구권으로 바뀌지 아니하므로 마찬가지이다.

② 상대방은 현재 방해하고 있는 자이다.

③ 상대방이 점유침탈 이외의 방법으로 소유권을 '방해'하고 있어야 한다. 방해는 현재 지속되는 침해라는 면에서, 침해가 이미 종결된 '손해'와는 다른 개념이다.

④ (방해하는 데에 대한) 상대방의 유책사유는 따지지 않는다.

(2) 소유물 방해제거청구권의 효과

소유자는 방해자에 대하여 방해의 제거를 청구할 수 있다. 방해의 제거는 결과의 제거가 아니라 현재 계속되는 방해의 원인을 제거하는 것이다.

3. 소유물 방해예방청구권

제214조(소유물방해예방청구권) 소유자는 (…) 소유권을 방해할 염려있는 행위를 하는 자에 대하여 그 예방이나 손해배상의 담보를 청구할 수 있다.

(1) 소유물 방해예방청구권의 요건

① 청구권자는 방해당할 염려가 있는 소유권자이다.

② 상대방은 장차 소유권을 방해할 염려가 있는 행위를 하는 자이다.

③ 상대방이 소유권을 방해할 염려가 있어야 한다. 즉 상대방이 현재 방해하고 있지는 않으나, 장차 방해가 생길 상당한 개연성이 있어야 한다.

대판 1995.7.14, 94다50533

소유물방해예방청구권은 방해의 발생을 기다리지 않고 현재 예방수단을 취할 것을 인정하는 것이므로, 그 방해의 염려가 있다고 하기 위하여는 방해예방의 소에 의하여 미리 보호받을 만한 가치가 있는 것으로서 객관적으로 근거 있는 상당한 개연성을 가져야 할 것이고 관념적인 가능성만으로는 이를 인정할 수 없다.

(2) 소유물 방해예방청구권의 효과

소유자는 방해의 예방 또는 손해배상의 담보를 청구할 수 있다.

III 부당이득 반환청구

예제 2

(예제 1의 사실 관계에 더하여) 그 사이에 B는 X 노트북을 C에게 팔고 인도까지 해준 상태이다. C는 A가 B와의 매매계약을 해제한 사실을 알지 못했다.
(1) A는 B를 상대로 X 노트북의 반환을 청구할 수 있는가?
(2) A는 B를 상대로 X 노트북 가액의 반환을 청구할 수 있는가?
(3) A는 C를 상대로 X 노트북의 반환을 청구할 수 있는가?

1. 부당이득의 일반적 성립요건

제741조(부당이득의 내용) 법률상 원인없이 타인의 재산 또는 노무로 인하여 이익을 얻고 이로 인하여 타인에게 손해를 가한 자는 그 이익을 반환하여야 한다.

(1) 타인의 재산 또는 노무에 의하여 이익을 얻었을 것(수익)

수익에는 다양한 모습이 있다. 그것은 재산의 적극적 증가(소유권·제한물권의 취득, 채권의 취득, 지식재산권의 취득, 점유의 취득, 무효인 등기의 취득 등)일 수도 있고 재산의 소극적 증가(지출할 비용의 미지출 등)일 수도 있다.

대판 1996.11.22, 96다34009
법률상 원인 없이 타인의 재산 또는 노무로 인하여 이익을 얻고 그로 인하여 타인에게 손해를 가하는 이른바 부당이득은 그 수익의 방법에 제한이 없음은 물론, 그 수익에 있어서도 그 어떠한 사실에 의하여 재산이 적극적으로 증가하는 재산의 적극적 증가나 그 어떠한 사실의 발생으로 당연히 발생하였을 손실을 보지 않게 되는 재산의 소극적 증가를 가리지 않는 것으로, 채권도 물권과 같이 재산의 하나이므로 그 취득도 당연히 이득이 되고 수익이 된다.

판례는 통상적 이득이 아닌 **실질적 이득**을 고려한다.

대판 2016.12.1, 2014다207498 · 207504 · 207511

부당이득반환청구에서 이득이란 실질적인 이익을 가리키므로, 원고가 법률상 원인 없이 이 사건 제3토지를 점유하고 있었다 하더라도, 이 사건 제3토지를 본래의 용도대로 사용 · 수익할 수 없었다면 본래의 용도에 따른 실질적인 이익을 얻었다고 할 수 없다.

수익 방법에는 제한이 없다. 수익의 원인이 되는 '타인의 재산'에는 현실적으로 귀속된 재산뿐만 아니라 귀속되어야 할 재산도 포함된다.

(2) 그러한 이익을 얻음으로 인하여 타인에게 손해를 가했을 것(손실)

손실 없이 이익만 얻은 경우에는 부당이득이 성립하지 않는다. 손실은 손실자의 급부에 의한 경우(급부 부당이득)와 그렇지 않은 경우(침해 부당이득)로 크게 나뉜다. 손실과 이익은 대체로 서로 대응하지만 반드시 범위가 같을 필요는 없고, 서로 인과관계가 있으면 충분하다.

대판 1996.5.14, 94다54283

토지소유자가 송전선이 설치된 토지를 농지로만 이용하여 왔다고 하더라도, 그 소유권을 행사함에 있어 아무런 장애를 받지 않았다고 할 수 없고 그 송전선의 가설로 인하여 그 토지 상공에 대한 구분지상권에 상응하는 임료 상당의 손해를 입었다고 한 원심판결을 수긍한 사례.

(3) 수익과 손실 사이에 인과관계가 있을 것

반드시 직접적인 인과관계일 필요는 없고 사회관념상 그 연결을 인정할 수만 있으면 된다.

판례는 A가 B로부터 횡령한 금전을 가지고 자기 채권자인 C에게 변제하거나 제3자인 D에게 증여하거나 자기 채권자의 다른 채권자인 E에 대한 채무를 대신 변제한 경우에, B의 손실과 C · D · E의 이득 사이의 인과관계를 인정한다. 다만 판례는 금전수령자 C · D · E가 악의 · 중과실이 아닌 한 법률상 원인이 있다고 보아서 부당이득의 성립을 부인한다.

대판 2003.6.13, 2003다8862

부당이득제도는 이득자의 재산상 이득이 법률상 원인을 결여하는 경우에 공평 · 정의의 이념에 근거하여 이득자에게 그 반환의무를 부담시키는 것인바, 채무자가 피해자로부터 횡령한 금전을 그대로 채권자에 대한 채무변제에 사용하는 경우 피해자의 손실과 채권자의 이득 사이에 인과관계가 있음이 명백하고, 한편 채무자가 횡령한 금전으로 자신의 채권자에 대한 채무를 변제하는 경우 채권자가 그 변제를 수령함에 있어 악의 또는 중대한 과실이 있는 경우에는 채권자의 금전 취득은 피해자에 대한 관계에 있어서 법률상 원인을 결여한 것으로 봄이 상당하나, 채권자가 그 변제를 수령함에 있어 단순히 과실이 있는 경우에는 그 변제는 유효하고 채권자의 금전 취득이 피해자에 대한 관계에 있어서 법률상 원인을 결여한 것이라고 할 수 없다.

(4) 법률상의 원인이 없을 것

법률상의 원인은 급부 부당이득(급부행위에 의해 수익이 발생한 경우)의 경우 급부의 근거가 되는 '**채권의 존재**'이다. 가령 채권이 존재하지 않아도 급부했거나, 급부 시에는 채권이 존재했지만 후에 소급하여 소멸한 경우에는 법률상의 원인이 없다. 침해 부당이득(무권리자가 타인의 물건을 사용 · 수익 · 처분함으로써 수익하는 경우)의 경우 법률상의 원인은 '해당하는 **권원의 존재**'이다. 가령 임차권 없는 자가 토지를 사용 · 수익한 경우에는 법률상의 원인이 없다. 기타 유형의 부당이득의 경우 이득의 귀속이 손실자와의 관계에서 볼 때 정의관념에 부합하는지를 검토하여 법률상의 원인 존부를 판단한다.

대판 1985.11.26, 85다카1245

지방자치단체가 사인의 토지를 도로부지로 사용함에 있어 수용 또는 매수절차를 거치거나 적법한 보상을 지급한 일이 없다면, 위 도로가 도로법의 적용을 받는 도로인지의 여부에 관계없이 지방자치단체로서는 임료상당의 이익을 법률상 원인없이 이득하고 있는 것이다.

2. 비채변제

(1) 비채변제의 개념

넓은 의미의 비채변제는 (자기 채무라고 또는 남의 채무라고 생각하고) 실제로는 채무가 없는데도 변제하는 것이고, **좁은 의미의 비채변제**는 (자기 채무라 생각하고) 채무가 없는데도 변제하는 것이다. 그런데 채무가 존재하지 않는 데 대하여 악의이면 **악의의 비채변제**(742)라고 한다.

> **제742조**(비채변제) 채무없음을 알고 이를 변제한 때에는 그 반환을 청구하지 못한다.

또한 이러한 비채변제가 도의관념에 적합한 경우에는 도의관념에 적합한 비채변제(744)라고 한다.

> **제744조**(도의관념에 적합한 비채변제) 채무없는 자가 착오로 인하여 변제한 경우에 그 변제가 도의관념에 적합한 때에는 그 반환을 청구하지 못한다.

요컨대 **좁은 의미의 비채변제**는 자기 채무라 생각하고 변제한 경우들 중에서 **악의의 비채변제**와 **도의관념에 적합한 비채변제**를 제외한 나머지 경우를 말한다.

(2) 좁은 의미의 비채변제

반환청구가 인정되기 위한 요건은 다음과 같다.

① 채무가 존재하지 않아야 한다. 그런데 채권의 소멸시효가 완성된 후 이 사실을 모르고 변제한 경우에는 **도의관념에 적합한 비채변제**(744)에 해당하여 반환청구를 할 수 없다.

② 채무자는 변제(즉 채무의 이행)로서 급부해야 한다. 만약 증여 의사로 급부했다면 변제에 해당하지 않는다.

③ 변제자가 채무 부존재에 대해 선의여야 하며, 이에 대한 증명책임은 변제수령자가 부담한다. 무과실은 무관하다.

> **대판 2010.5.13, 2009다96847**
> 민법 제742조 소정의 비채변제에 관한 규정은 변제자가 채무 없음을 알면서도 변제를 한 경우에 적용되는 것이고, 채무 없음을 알지 못한 경우에는 그 과실 유무를 불문하고 적용되지 아니하며, 변제자가 채무 없음을 알았다는 점에 대한 입증책임은 반환청구권을 부인하는 측에 있다고 할 것이다.

④ 변제가 도의관념에 적합한 것(744)이 아니어야 한다.

⑤ (742가 적용되려면) 변제가 '**자유로운 의사**'에 기해 이루어져야 한다. 즉 비록 변제자가 채무 부존재에 대해 악의인 경우에도 변제가 강제되거나 불이익의 회피 목적으로 변제가 이루어진 경우에는 반환청구를 할 수 있다.

대판 1988.2.9, 87다432

(1) 민법 제742조 소정의 비채변제는 지급자가 채무없음을 알면서도 임의로 지급한 경우에만 성립하고 채무없음을 알고 있었다 하더라도 변제를 강제당한 경우나 변제거절로 인한 사실상의 손해를 피하기 위하여 부득이 변제하게 된 경우 등 그 변제가 자기의 자유로운 의사에 반하여 이루어진 것으로 볼 수 있는 사정이 있는 때에는 지급자가 그 반환청구권을 상실하지 않는다.

(2) 원고는 피고가 독점 공급하고 있는 전기공급을 받기 위하여서는 다른 방도가 없어서 인수하지도 아니한 소외회사의 체납전기요금채무를 부득이 변제하게 된 것이므로 그 지급물의 반환을 구할 수 있다는 취지로 판단한 것은 정당하고, 논지가 들고 있는 당원 1979.11.27. 선고 78다2487 판결은 채무없음을 알면서 퇴직금을 추가 지급한 것이 노동청의 지시에 의한 것이기는 하나 지급자가 노동청의 지시에 따르지 않을 수 없어 부득이 지급하게 된 것으로는 볼 수 없고 노동청의 지시가 채무없음을 알면서도 임의변제를 하게 된 하나의 계기가 되었을 뿐 (…)

앞의 네 가지 요건을 갖춘 경우 변제자는 반환청구를 할 수 있다.

(3) 변제기 전의 변제

채무가 존재한다면 그것을 변제기 이전에 변제했다고 해도 부당이득이 되지는 않으므로 그 반환을 청구할 수 없다. 그러나 '중간이자'(채권자가 급부받은 것을 변제기까지 이용하여 얻은 이익)는 부당이득에 해당한다(743).

제743조(**기한전의 변제**) 변제기에 있지 아니한 채무를 변제한 때에는 그 반환을 청구하지 못한다. 그러나 채무자가 착오로 인하여 변제한 때에는 채권자는 이로 인하여 얻은 이익을 반환하여야 한다.

(4) 타인의 채무의 변제

채무자 아닌 자가 (자기 채무가 아닌) 타인의 채무를 변제하는 경우는, ① '타인의 채무로서' 변제하는 경우와 ② '자기의 채무로서' 변제하는 경우로 나뉜다. ①의 경우에는 원칙적으로 변제가 유효하게 되어 변제자와 채권자 사이의 부당이득은 문제되지 않는다. 하지만 ②의 경우에는 변제가 유효할 수 없고, 좁은 의미의 비채변제가 되어 변제자가 채권자에게 반환을 청구할 수 있다. 그런데 채권자가 변제가 유효하다고 믿고서 채권증서를 없애버리는 등의 행위를 하여 피해를 입게 된 경우에는 채권자를 보호하기 위하여 변제자의 반환청구권이 박탈된다(745).

> **第745條(타인의 채무의 변제)** ① 채무자아닌 자가 착오로 인하여 타인의 채무를 변제한 경우에 채권자가 선의로 증서를 훼멸하거나 담보를 포기하거나 시효로 인하여 그 채권을 잃은 때에는 변제자는 그 반환을 청구하지 못한다.

3. 불법원인급여

사회적 타당성이 없는 행위를 한 자에게 법률이 협력하지 않는다는 점에 이 제도의 취지가 있다.

> **第746條(불법원인급여)** 불법의 원인으로 인하여 재산을 급여하거나 노무를 제공한 때에는 그 이익의 반환을 청구하지 못한다. 그러나 그 불법원인이 수익자에게만 있는 때에는 그러하지 아니하다.

요건은 다음과 같다.

① 급부원인이 '**불법**'이어야 한다. 불법의 의미에 대해서는 다양한 학설이 있으나, **선량한 풍속 기타 사회질서 위반**(103)으로 이해하는 것이 일반적이다(多判).
② 급부를 했어야 한다.

효과는 원칙적으로 반환청구가 부인된다는 것이다(746 본). 하지만 예외적으로 '불법원인이 수익자에게만 있는 때'에는 반환청구가 인정된다(746 단). 판례는 예외가 적용되는 경우를 확대하기 위하여 이른바 **불법성 비교론**을 제시함으로써 불법성의 현저한 차이가 있는 경우에는 반환청구를 인정한다.

대판 1993.12.10, 93다12947

(1) 수익자의 불법성이 급여자의 그것보다 현저히 크고, 그에 비하면 급여자의 불법성은 미약한 경우에도 급여자의 반환청구가 허용되지 않는다고 하는 것은 공평에 반하고 신의성실의 원칙에도 어긋난다고 할 것이므로, 이러한 경우에는 민법 제746조 본문의 적용이 배제되어 급여자의 반환청구는 허용된다고 해석함이 상당하다.

(2) 부동산의 명의수탁자가 그 부동산을 매도한 것이 반사회적 법률행위로서 무효인 경우 매도인인 명의수탁자의 불법성이 매수인의 불법성보다 크다고 하여 매수인의 매매대금반환청구를 인용한 사례.

4. 부당이득의 효과

부당이득의 요건이 갖추어지면 수익자는 손실자에게 부당이득을 반환할 의무를 진다(741).

(1) 반환할 이익

반환할 이익은 원물 또는 가액이다(747 ①).

제747조(원물반환불능한 경우와 가액반환, 전득자의 책임) ① 수익자가 그 받은 목적물을 반환할 수 없는 때에는 그 가액을 반환하여야 한다.

반환 주체는 수익자인데, 수익자가 반환할 수 없는 경우 민법은 무상 양수한 악의의 제3자에게도 반환의무를 인정한다(747 ②).

제747조(원물반환불능한 경우와 가액반환, 전득자의 책임) ② 수익자가 그 이익을 반환할 수 없는 경우에는 수익자로부터 무상으로 그 이익의 목적물을 양수한 악의의 제삼자는 전항의 규정에 의하여 반환할 책임이 있다.

(2) 반환의 범위

수익자의 이익이 손실자의 손실보다 큰 경우에 대해서는 손실한도설(判) 그리고 이득 전부반환설이 있다. 또, 운용이익(수익자가 이득을 활용하여 추가로 얻은 이익)에 대해서는 전부반환설, 선의·악의 구분설, 통상적 운용이익설(判)이 있다.

대판 2008.1.18, 2005다34711

(1) 부당이득반환의 경우 수익자가 반환해야 할 이득의 범위는 손실자가 입은 손해의 범위에 한정되고, 여기서 손실자의 손해는 사회통념상 손실자가 당해 재산으로부터 통상 수익할 수 있을 것으로 예상되는 이익 상당이라 할 것이며, 부당이득한 재산에 수익자의 행위가 개입되어 얻어진 이른바 운용이익의 경우, 그것이 사회통념상 수익자의 행위가 개입되지 아니하였더라도 부당이득된 재산으로부터 손실자가 통상 취득하였으리라고 생각되는 범위 내에서는 반환해야 할 이득의 범위에 포함된다.

(2) 매매계약이 무효인 경우, 매도인이 매매대금으로 받은 금전을 정기예금에 예치하여 얻은 이자가 반환해야 할 부당이익의 범위에 포함된다고 본 사례.

(3) 수익자의 선의·악의

반환의무의 범위는 수익자가 선의인지 악의인지 여부에 따라 크게 달라진다(748).

제748조(**수익자의 반환범위**) ① 선의의 수익자는 그 받은 이익이 현존한 한도에서 전조의 책임이 있다.

② 악의의 수익자는 그 받은 이익에 이자를 붙여 반환하고 손해가 있으면 이를 배상하여야 한다.

대판 1996.12.10, 96다32881

법률상 원인 없이 타인의 재산 또는 노무로 인하여 이익을 얻고 그로 인하여 타인에게 손해를 가한 경우, 그 취득한 것이 금전상의 이득인 때에는 그 금전은 이를 취득한 자가 소비하였는가의 여부를 불문하고 현존하는 것으로 추정된다.

선의·악의는 법률상 원인 없는 이득임에 대한 지(知)·부지(不知) 여부를 말하며, 과실은 따지지 않는다.

대판 1993.2.26, 92다48635 · 48642
부당이득의 수익자가 선의이냐 악의이냐 하는 문제는 오로지 법률상 원인 없는 이득임을 알았는지의 여부에 따라 결정되는 것이므로, 매매계약이 매도인의 기망행위를 이유로 하여 취소된 것이라고 하더라도 그 사유를 들어 매수인의 수익자로서의 악의성을 부정할 수 없으며 또 매수인의 가액반환의무가 그와 대가관계에 있는 매도인의 매매대금반환채무와 서로 동시이행관계에 있다고 하여 이를 달리 볼 것도 아니다.

기준 시점은 수익 당시인데, 여기에는 다음과 같은 예외가 있다(749).

제749조(수익자의 악의인정) ① 수익자가 이익을 받은 후 법률상 원인없음을 안 때에는 그때부터 악의의 수익자로서 이익반환의 책임이 있다.
② 선의의 수익자가 패소한 때에는 그 소를 제기한 때부터 악의의 수익자로 본다.

증명책임은 악의의 수익자임을 주장하는 측에게 있다.

예제 2의 해결

(1) 현재 X 노트북은 C가 점유하고 있으므로 B는 소유물 반환청구권의 상대방이 될 수 없다(213 본). 따라서 A는 B를 상대로 X 노트북의 반환을 청구할 수 없다.
(2) A가 매매계약을 적법하게 해제했으므로(544 본) A와 B는 상대방에게 원상회복의무를 부담한다(548 ① 본). A는 이미 받은 매매대금 절반(50만 원)을 B에게 반환해야 하고, B는 X 노트북을 A에게 반환해야 한다. 그런데 C는 B와 유효한 매매계약을 하고 X 노트북을 인도받았으므로 이미 X 노트북의 소유권을 취득했다. 또한 C는 선의이므로, A는 해제의 효력을 가지고 C에게 대항할 수 없다(548 ① 단). 따라서 B가 X 노트북을 A에게 반환하여 원상회복하는 것이 불가능하므로 B는 X 노트북의 가액을 A에게 반환해야 한다(548 ① 본, 747). B가 A에게 가액 반환을 하면서 A가 B에게 반환해야 할 50만 원과 상계(492 ①)하는 것이 가능하다.
(3) C는 선의이므로, A는 해제의 효력을 가지고 C에게 대항할 수 없고(548 ① 단), C는 X 노트북의 소유자이다. 따라서 A는 C를 상대로 X 노트북의 반환을 청구할 수 없다.

11장 법률행위의 무효와 취소

이미 9장에서 해제권자의 일방적 의사표시에 의해 계약의 효력이 소멸하게 되는 경우인 **해제**와 **해지**에 대하여 배운 바 있다. 이번에는 법률행위가 효력을 상실하는 다른 중요한 사유인 **무효**와 **취소**에 대해서 알아보자.

I 법률행위의 무효

1. 무효의 개념

무효는 법률행위가 성립은 했지만 처음부터 아무런 효력이 없는 것으로 확정되어 있는 것(eg. 107 · 108, 의사무능력)을 말한다.

(1) 유동적 무효

무효는 원칙적으로 **확정적 무효**이나, 불확정적 무효도 있다. 이것은 일정한 요건을 갖추면 유효로 될 수 있는 무효로서 **유동적 무효**라고 부른다. 그 예로는 무권대리행위, 처분권 없는 자의 처분행위, 구(舊) 국토이용관리법상의 토지거래허가구역에서 허가 없이 체결된 토지매매계약 등이 있다.

대판(전) 1991.12.24, 90다12243

국토이용관리법상의 규제구역 내의 '토지 등의 거래계약' 허가에 관한 관계규정의 내용과 그 입법취지에 비추어 볼 때 토지의 소유권 등 권리를 이전 또는 설정하는 내용의 거래계약은 관할 관청의 허가를 받아야만 그 효력이 발생하고 허가를 받기 전에는 물권적 효력은 물론 채권적 효력도 발생하지 아니하여 무효라고 보아야 할 것인바, 다만 허가를 받기 전의 거래계약이 처음부터 허가를 배제하거나 잠탈하는 내용의 계약일 경우에는 확정적으로 무효로서 유효화될 여지가 없으나 이와 달리 허가받을 것을 전제로 한 거래계약(허가를 배제하거나 잠탈하는 내용의 계약이 아닌 계약은 여기에 해당하는 것으로 본다)일 경우에는 허가를 받을 때까지는 법률상 미완성의 법률행위로서 소유권 등 권리의 이전 또는 설정에 관한 거래의 효력이 전혀 발생하지 않음은 위의 확정적 무효의 경우와 다를 바 없지만, 일단 허가를 받으면 그 계약은 소급하여 유효한 계약이 되고 이와 달리 불허가가 된 때에는 무효로 확정되므로 허가를 받기까지는 유동적 무효의 상태에 있다고 보는 것이 타당하므로 허가받을 것을 전제로 한 거래계약은 허가받기 전의 상태에서는 거래계약의 채권적 효력도 전혀 발생하지 않으므로 권리의 이전 또는 설정에 관한 어떠한 내용의 이행청구도 할 수 없으나 일단 허가를 받으면 그 계약은 소급해서 유효화되므로 허가 후에 새로이 거래계약을 체결할 필요는 없다.

(2) 무효와 불성립의 구별

법률행위의 불성립은 법률행위로서의 외형적인 존재가 아예 인정되지 않는 것이다. 한편 법률행위의 유·무효는 일단 법률행위가 성립한 이후에 비로소 문제된다.

2. 무효의 종류

상대적·절대적 무효의 구별은 선의의 제3자(107 ②, 108 ②)에게 대항할 수 있느냐의 여부에 따른 것이다. **당연·재판상의 무효**의 구별은 소에 의해서만 주장할 수 있는지 여부(eg. 회사설립의 무효[상 184], 회사합병의 무효[상 236])에 따른 것이다. **전부·일부무효**의 구별은 법률행위의 전체 또는 일부가 무효인지에 따른 것이다. 일부무효에 관해서는 일부무효의 법리(137)가 적용된다.

대판 1996.2.27, 95다38875

복수의 당사자 사이에 중간생략등기의 합의를 한 경우 그 합의는 전체로서 일체성을 가지는 것이므로, 그중 한 당사자의 의사표시가 무효인 것으로 판명된 경우 나머지 당사자 사이의 합의가 유효한지의 여부는 민법 제137조에 정한 바에 따라 당사자가 그 무효 부분이 없더라도 법률행위를 하였을 것이라고 인정되는지의 여부에 의하여 판정되어야 할 것이고, 그 당사자의 의사는 실재하는 의사가 아니라 법률행위의 일부분이 무효임을 법률행위 당시에 알았다면 당사자 쌍방이 이에 대비하여 의욕하였을 가정적 의사를 말한다.

대판 2010.3.25, 2009다41465

(…) 한편 그와 같은 경우에 있어서 나머지 당사자들이 처음부터 한 당사자의 의사표시가 무효가 되더라도 자신들은 약정내용대로 이행하기로 하였다면 무효가 되는 부분을 제외한 나머지 부분만을 유효로 하겠다는 것이 당사자의 의사라고 보아야 할 것이므로, 그 당사자들 사이에서는 가정적 의사가 무엇인지 가릴 것 없이 무효 부분을 제외한 나머지 부분은 그대로 유효하다고 할 것이다.

대판 1998.2.10, 97다44737

(1) 원고의 매수대금액 결정의 동기는 이 사건 협의매수계약 내용의 중요한 부분을 이루고 있다고 봄이 상당하다.

(2) 두 감정기관의 감정서 내용을 그대로 믿고 이를 기준으로 협의매수계약을 체결하였다는 사정만을 내세워, 원고에게 위 착오를 일으킨 데 대하여 중대한 과실이 있다고 보기는 어렵다.

(3) 하나의 법률행위의 일부분에만 취소사유가 있다고 하더라도 그 법률행위가 가분적이거나 그 목적물의 일부가 특정될 수 있다면, 나머지 부분이라도 이를 유지하려는 당사자의 가정적 의사가 인정되는 경우 그 일부만의 취소도 가능하다고 할 것이고, 그 일부의 취소는 법률행위의 일부에 관하여 효력이 생긴다. (…) 이 사건 협의매수계약은 원고의 위 착오를 이유로 한 의사표시의 일부 취소로 말미암아 각 그 해당 범위 내에서만 소급적으로 무효가 되었다.

3. 무효의 효과

법률행위가 무효이면 법률행위의 법률효과가 발생하지 않는다. 구체적으로 보면, 채권행위의 경우 이행이 불필요하고, 물권행위의 경우 물권변동이 없다. 채권행위가 있고 그 이행으로서 물권행위가 행해진 경우 채권행위만이 무효일 때 물권행위의 효력에 대해서는 유인설을 취하는지 무인설을 취하는지의 여부에 따라 달라진다.

무효 시 급부 반환에 있어서의 원칙은 부당이득으로서 반환(741)하는 것이며, 예외적으로 비채변제(742), 불법원인급여(746)가 문제된다.

대판 2003.3.28, 2002다72125

통정한 허위의 의사표시는 허위표시의 당사자와 포괄승계인 이외의 자로서 그 허위표시에 의하여 외형상 형성된 법률관계를 토대로 실질적으로 새로운 법률상 이해관계를 맺은 선의의 제3자를 제외한 누구에 대하여서나 무효이고, 또한 누구든지 그 무효를 주장할 수 있다. 무효인 법률행위는 그 법률행위가 성립한 당초부터 당연히 효력이 발생하지 않는 것이므로, 무효인 법률행위에 따른 법률효과를 침해하는 것처럼 보이는 위법행위나 채무불이행이 있다고 하여도 법률효과의 침해에 따른 손해는 없는 것이므로 그 손해배상을 청구할 수는 없다.

4. 무효행위의 추인

(1) 추인의 원칙적 금지 원칙

민법의 원칙은 추인을 금지하는 것이나(139 본), 예외적으로 비소급적 추인이 인정된다(139 단).

제139조(무효행위의 추인) 무효인 법률행위는 추인하여도 그 효력이 생기지 아니한다. 그러나 당사자가 그 무효임을 알고 추인한 때에는 새로운 법률행위로 본다.

(2) 비소급적 추인

비소급적 추인의 **요건**은 다음과 같다.

① 객관적으로 무효의 원인이 해소되어야 한다(강행법규 위반의 경우에는 추인 불가).
② 당사자가 무효임을 알아야 한다.
③ 새로운 행위로서의 요건을 구비해야 한다.

방법은 **명시적**으로 하든 **묵시적**으로 하든 상관이 없다. **비소급적 추인**의 경우 소급효는 인정되지 않으나, 신분행위(혼인, 입양 등)의 경우에는 **소급효**가 인정된다.

대판 1994.6.24, 94다10900

(1) 민법 제104조의 불공정한 법률행위가 성립하기 위하여는 법률행위의 당사자 일방이 궁박, 경솔 또는 무경험의 상태에 있고, 상대방이 이러한 사정을 알고서 이를 이용하려는 의사가 있어야 하며, 나아가 급부와 반대급부 사이에 현저한 불균형이 있어야 하는바, 위 당사자 일방의 궁박, 경솔, 무경험은 모두 구비하여야 하는 요건이 아니고 그중 어느 하나만 갖추어져도 충분하다 할 것이다.

(2) 이 사건 매매계약은 원고가 피고 회사의 궁박한 처지를 이용하여 이 사건 토지를 그 시가의 5분의 1에도 못미치는 현저히 저렴한 가격으로 취득하고자 한 불공정한 법률행위로서 무효라고 판단한 조치는 정당한 것으로 수긍이 가고, (…) 불공정한 법률행위로서 무효인 경우에는 추인에 의하여 그 무효인 법률행위가 유효로 될 수 없다.

위 판결의 원심: 광주지판 1994.1.13, 93나1998

피고 회사가 원고 주장의 위 (중도금에 해당하는) 공탁금을 수령한 사실은 인정되나 (참조 145조) 이 사건 매매계약은 불공정법률행위로서 무효이므로 무효인 법률행위는 추인하여도 그 효력이 생기지 아니하고, 다만 당사자가 그 무효임을 알고 추인하는 경우에는 새로운 법률행위로 볼 것이나 그 법률행위의 성질상 추인에 의하여 새로운 법률행위로서의 요건을 갖추더라도 그 행위가 유효할 수 없는 불공정한 행위로서 무효인 경우에는 추인하더라도 그 효력이 발생하지 아니한다.

대판 1991.12.27, 91므30

혼인, 입양 등의 신분행위에 관하여 민법 제139조 본문을 적용하지 않고 추인에 의하여 소급적 효력을 인정하는 것은 무효인 신분행위 후 그 내용에 맞는 신분관계가 실질적으로 형성되어 쌍방 당사자가 이의 없이 그 신분관계를 계속하여 왔다면, 그 신고가 부적법하다는 이유로 이미 형성되어 있는 신분관계의 효력을 부인하는 것은 당사자의 의사에 반하고 그 이익을 해칠 뿐 아니라 그 실질적 신분관계의 외형과 호적의 기재를 믿은 제3자의 이익도 침해할 우려가 있기 때문에 추인에 의하여 소급적으로 신분행위의 효력을 인정함으로써 신분관계의 형성이라는 신분관계의 본질적 요소를 보호하는 것이 타당하다는 데에 그 근거가 있다고 할 것이므로, 당사자 간에 무효인 신고행위에 상응하는 신분관계가 실질적으로 형성되어 있지도 아니하고 또 앞으로도 그럴 가망이 없는 경우에는 무효의 신분행위에 대한 추인의 의사표시만으로 그 무효행위의 효력을 인정할 수 없다.

(3) 약정에 의한 소급적 추인

학설은 당사자의 합의가 있는 경우에는 소급적 추인도 인정한다. 사적 자치의 원칙에 따를 때 굳이 이를 부인할 이유가 없기 때문이다.

(4) 무권리자에 의한 처분행위의 소급적 추인

무권리자에 의한 처분행위의 소급적 추인에 관한 **학설**을 보면 무효행위의 추인으로 소급효가 인정된다는 견해, 무권대리의 추인으로 보는 견해, 제133조 유추적용 또는 추완(追完)의 법리로 해결하자는 견해 등이 있다.

판례는 무권대리의 추인으로 해결하는 경우가 있지만 명확한 근거 설명이 없는 경우도 있다.

대판 1981.1.13, 79다2151

타인의 권리를 자기의 이름으로 또는 자기의 권리로 처분한 경우에 본인이 후일 그 처분을 인정하면 특단의 사유가 없는 한 위 처분이 본인에게 효력을 발생함은 무권대리의 추인의 경우와 같이 취급되어야 할 것이다(동지 1964.6.2 자 63다880 판결, 1966.10.21 자 66다1596 판결).

대판 1992.9.8, 92다15550

(1) 부동산의 공유지분을 갑과 함께 공동상속한 을이 공유지분 전체가 자기명의로 등기됨을 기화로 갑의 동의 없이 이를 타인에게 매도하고 등기까지 한 경우, 갑이 공유지분권을 상실하지는 않았더라도 을은 갑이 자신의 지분권매매의 추인을 전제로 자기 지분에 상응한 매매대금의 반환을 청구하면 이를 반환하여야 함.

(2) 타인의 권리를 자기의 이름으로 처분하거나 또는 자기의 권리로 처분한 경우에 본인이 후일 그 처분행위를 인정하면 특별한 사유가 없는 한 그 처분행위의 효력이 본인에게 미친다.

대판 2001.11.9, 2001다44291

(1) 공공용지의 취득 및 손실보상에 관한 특례법에 의한 협의취득은 토지수용법상의 수용과 달리 사법상의 매매에 해당하고 그 효력은 당사자에게만 미치므로, 무권리자로부터 협의취득이 이루어졌다고 하더라도 진정한 권리자는 권리를 상실하지 아니한다.

(2) 무권리자가 타인의 권리를 자기의 이름으로 또는 자기의 권리로 처분한 경우에, 권리자는 후일 이를 추인함으로써 그 처분행위를 인정할 수 있고, 특별한 사정이 없는 한 이로써 권

리자 본인에게 위 처분행위의 효력이 발생함은 사적 자치의 원칙에 비추어 당연하고, 이 경우 추인은 명시적으로뿐만 아니라 묵시적인 방법으로도 가능하며 그 의사표시는 무권대리인이나 그 상대방 어느 쪽에 하여도 무방하다.

대판 2017.6.8, 2017다3499

(1) 법률행위에 따라 권리가 이전되려면 권리자 또는 처분권한이 있는 자의 처분행위가 있어야 한다. 무권리자가 타인의 권리를 처분한 경우에는 특별한 사정이 없는 한 권리가 이전되지 않는다. 그러나 이러한 경우에 권리자가 무권리자의 처분을 추인하는 것도 자신의 법률관계를 스스로의 의사에 따라 형성할 수 있다는 사적 자치의 원칙에 따라 허용된다. 이러한 추인은 무권리자의 처분이 있음을 알고 해야 하고, 명시적으로 또는 묵시적으로 할 수 있으며, 그 의사표시는 무권리자나 그 상대방 어느 쪽에 해도 무방하다.

(2) 권리자가 무권리자의 처분을 추인하면 무권대리에 대해 본인이 추인을 한 경우와 당사자들 사이의 이익상황이 유사하므로, 무권대리의 추인에 관한 민법 제130조, 제133조 등을 무권리자의 추인에 유추 적용할 수 있다. 따라서 무권리자의 처분이 계약으로 이루어진 경우에 권리자가 이를 추인하면 원칙적으로 계약의 효과가 계약을 체결했을 때에 소급하여 권리자에게 귀속된다고 보아야 한다.

5. 무효행위의 전환

무효행위의 전환이란 무효인 법률행위가 다른 법률행위로서의 요건을 갖춘 경우 그 법률행위로서의 효력을 인정하는 것이다.

第138조(무효행위의 전환) 무효인 법률행위가 다른 법률행위의 요건을 구비하고 당사자가 그 무효를 알았더라면 다른 법률행위를 하는 것을 의욕하였으리라고 인정될 때에는 다른 법률행위로서 효력을 가진다.

무효행위의 전환을 인정하는 특별규정들은 다음과 같다.

第530조(연착된 승낙의 효력) 전2조의 경우에 연착된 승낙은 청약자가 이를 새 청약으로 볼 수 있다.

제534조(변경을 가한 승낙) 승낙자가 청약에 대하여 조건을 붙이거나 변경을 가하여 승낙한 때에는 그 청약의 거절과 동시에 새로 청약한 것으로 본다.

제1071조(비밀증서에 의한 유언의 전환) 비밀증서에 의한 유언이 그 방식에 흠결이 있는 경우에 그 증서가 자필증서의 방식에 적합한 때에는 자필증서에 의한 유언으로 본다.

무효행위의 전환을 위한 **요건**은 다음과 같다.

① 무효인 제1의 법률행위가 존재해야 한다. 무효인 단독행위의 전환에 대해서는 인정설과 부정설이 있다.
② 제2의 법률행위의 요건을 구비해야 한다. 별도로 추가되는 행위가 없어도 제2의 법률행위의 요건을 갖추어야 한다. 제2의 법률행위가 요식행위인 경우에는 주의가 필요하다. 제1의 법률행위가 불요식행위이면 전환을 인정하기 어렵다. 제1의 법률행위가 요식행위이면 일정한 형식 그 자체를 요구하는 행위(eg. 어음행위)로의 전환은 어렵고, 확정적인 의사를 서면에 표현하는 것이 요구되는 행위(eg. 인지, 입양)로의 전환은 가능하다.
③ **전환의 의사**가 있어야 한다. 이것은 실제의 의사가 아니라 가정적 의사로 볼 것이나(多判), 예비적 의사라는 견해도 있다.

대판 1976.10.26, 76다2189

소외 망인의 혼인외 출생자 "갑" 등이 위 망인에 의하여 혼인중의 친생자로 신고되어 호적부에 그대로 등재되었다면 인지로서의 효력이 발생하였다 할 것이고 그후 적법한 정정판결에 의한 말소절차 없이 위법된 단순한 법원의 호적정정허가만으로 "갑" 등의 호적부상의 등재가 말소된 사실만으로 위 망인과 "갑" 등의 친자관계에 영향이 미칠 수 없다.

대판(전) 1977.7.26, 77다492

[다수의견] 당사자 사이에 양친자 관계를 창설하려는 명백한 의사가 있고 기타 입양의 성립요건이 모두 구비된 경우에는 요식성을 갖춘 입양신고 대신 친생자 출생신고가 있다 하더라도 입양의 효력이 있다.

대판(전) 2001.5.24, 2000므1493

당사자가 양친자관계를 창설할 의사로 친생자출생신고를 하고 거기에 입양의 실질적 요건이 모두 구비되어 있다면 그 형식에 다소 잘못이 있더라도 입양의 효력이 발생하고, 양친자관계는 파양에 의하여 해소될 수 있는 점을 제외하고는 법률적으로 친생자관계와 똑같은 내용을 갖게 되므로 이 경우의 허위의 친생자출생신고는 법률상의 친자관계인 양친자관계를 공시하는 입양신고의 기능을 발휘하게 되는 것이며, 이와 같은 경우 파양에 의하여 그 양친자관계를 해소할 필요가 있는 등 특별한 사정이 없는 한 그 호적기재 자체를 말소하여 법률상 친자관계의 존재를 부인하게 하는 친생자관계부존재확인청구는 허용될 수 없는 것이다.

대판 1989.9.12, 88누9305

상속재산 전부를 상속인 중 1인에게 상속시킬 방편으로 그 나머지 상속인들이 상속포기신고를 하였으나 그 상속포기가 민법 제1019조 제1항 소정의 기간을 초과한 후에 신고된 것이어서 상속포기로서의 효력이 없더라도 을과 나머지 상속인들 사이에는 을이 고유의 상속분을 초과하여 상속재산 전부를 취득하고 나머지 상속인들은 그 상속재산을 전혀 취득하지 않기로 하는 의사의 합치가 있었다고 할 것이므로 그들 사이에 위와 같은 내용의 상속재산의 협의분할이 이루어진 것이라고 보아야 하고 공동상속인 상호간에 상속재산에 관하여 협의분할이 이루어짐으로써 공동상속인 중 1인이 고유의 상속분을 초과하여 상속재산을 취득하는 것은 상속개시당시에 피상속인으로부터 상속에 의하여 직접 취득한 것으로 보아야 한다.

대판(전) 2016.11.18, 2013다42236

법률행위가 강행법규에 위반되어 무효가 되는 경우에 그 법률행위가 다른 법률행위의 요건을 구비하고 당사자 쌍방이 위와 같은 무효를 알았더라면 다른 법률행위를 하는 것을 의욕하였으리라고 인정될 때에는 민법 제138조에 따라 다른 법률행위로서 효력을 가진다. 이때 다른 법률행위를 하였을 것인지에 관한 당사자의 의사는 법률행위 당시에 무효임을 알았다면 의욕하였을 가정적 효과의사로서, 당사자가 법률행위 당시와 같은 구체적 사정 아래 있다고 상정하는 경우에 거래관행을 고려하여 신의성실의 원칙에 비추어 결단하였을 바를 의미한다.

II 법률행위의 취소

1. 취소의 개념

취소는 일단 유효하게 성립한 법률행위의 효력을 취소권자의 의사표시로 소멸시키는 것 또는 그 의사표시를 말한다. 당사자의 제한능력, 착오, 사기·강박에 의한 의사표시에서 문제된다(원칙적 취소 또는 본래적 의미의 취소). 취소의 법적 성질은 상대방 있는 단독행위이다.

취소권자가 반드시 취소를 해야 하는 것은 아니고, 취소 여부는 철저히 그의 자유에 맡겨져 있다. 취소의 의사표시가 있어야만 비로소 법률행위의 효과가 소멸한다. 즉 법률행위는 일단은 유효했다가 취소를 하면 소급적으로 무효가 된다. 더이상 취소할 수 없게 되는 사유로는 추인(143), 법정추인(145), 제척기간 경과로 취소권 소멸(146) 등이 있다.

2. 원칙적 취소가 아닌 경우

원칙적 취소가 아닌 경우로는 다음과 같은 것들이 있다. 이것들은 '취소'라는 용어를 사용하고 있기는 하지만 원칙적 취소와는 달리 다양한 의미를 가지고 있다.

총칙의 취소가 아닌 취소

- 재판 또는 행정처분의 취소(공법상의 취소): 실종선고의 취소(29), 부재자재산관리에 관한 명령의 취소(22 ②), 법인설립허가의 취소(38).
- 완전히 유효한 법률행위의 취소: 영업허락의 취소(8 ②), 사해행위 취소(406), 부담부 유증의 취소(1111).
- 가족법상의 법률행위의 취소: 혼인의 취소(816), 이혼의 취소(838), 친생자승인의 취소(854), 입양의 취소(884), 인지취소(861), 부양관계의 취소(978).

3. 취소권

(1) 취소권의 개념

취소권이란 취소를 할 수 있는 지위이다. 취소권은 일방적 의사표시에 의해 행사되고 바로 법률효과가 발생하므로 **형성권**에 속한다.

(2) 취소권자

무효는 누구라도 주장할 수 있지만, 취소는 다른 사람은 주장할 수 없고 오로지 **취소권자**만이 할 수 있다.

> **제140조**(법률행위의 취소권자) 취소할 수 있는 법률행위는 제한능력자, 착오로 인하거나 사기·강박에 의하여 의사표시를 한 자, 그의 대리인 또는 승계인만이 취소할 수 있다.

① 제한능력자: 단독으로 취소할 수 있다. 그러나 제한능력을 이유로 취소를 다시 취소할 수는 없다.

② 착오로 인하거나(109) 사기·강박에 의하여(110) 의사표시를 한 자: 법률행위를 취소할 수 있다.

③ 대리인: 위 ①과 ②에 해당하는 자의 임의대리인과 법정대리인도 취소할 수 있다. 그런데 임의대리인이 행한 행위에 취소원인이 있는 경우에는, 취소권은 본인에게만 있으므로 임의대리인이 취소하려면 다시 수권(授權: 대리권을 수여함)이 있어야 한다(通). 또한 제한능력자의 법정대리인은 취소권을 가지지만, 제한능력자가 행위능력를 회복하면 (법정대리권이 소멸하므로) 취소권이 없다.

④ 승계인: 포괄승계인은 당연히 취소권을 승계한다. 특정승계인의 경우(eg. 사기로 매수한 후 증여)에 대해서는 학설이 나뉜다. 긍정설(多)은 취소권을 인정하나, 부정설은 그렇지 않다. 한편 보증인은 주채무자의 승계인이 아니므로 취소권을 가지지 못한다. 취소권 존속기간의 산정에 있어서는 승계인과 피승계인의 권리보유기간을 합산한다.

(3) 취소권의 경합

하나의 법률행위의 결과로 당사자 일방 또는 쌍방에게 복수의 취소권이 발생하는 경우를 취소권의 경합이라 한다. 가령 제한능력자가 법정대리인의 동의 없이 사기에 의하여 계약을 체결했다면, 그는 제한능력을 이유로(5 ②) 또는 사기에 의한 의사표시를 이유로(110 ①) 계약을 취소할 수 있다. 또한 한 당사자는 제한능력자이고 상대방은 착오에 빠진 상태인 경우에도 쌍방 당사자가 법률행위를 취소할 수 있다.

일방의 취소권으로 인하여 일단 취소가 되면 나머지 취소권은 의미가 없겠지만, 필요한 경우에는 나머지 취소권도 행사가 가능하다.

4. 취소의 방법

(1) 취소의 의사표시

아무런 의사표시가 없어도 법률행위의 효력이 아예 없는 **무효**와 달리, **취소**에 있어서는 법률행위를 취소한다는 취소권자의 **일방적 의사표시**가 있어야만 한다. 취소의 의사표시에 특별한 방식은 없다. 의사표시의 해석에 의해 취소라고 인정할 수 있는 행위(등기의 말소청구, 증서의 반환청구, 손해배상의 청구, 소송상의 이행행위, 이행거절권)이면 충분하다.

취소의 원인 진술이 필요한지에 대해서는 불필요설(判) 그리고 제한적/인식 필요설이 있다.

대판 1993.9.14, 93다13162

법률행위의 취소는 상대방에 대한 의사표시로 하여야 하나 그 취소의 의사표시는 특별히 재판상 행하여짐이 요구되는 경우 이외에는 특정한 방식이 요구되는 것이 아니고, 취소의 의사가 상대방에 의하여 인식될 수 있다면 어떠한 방법에 의하더라도 무방하다고 할 것이고, 법률행위의 취소를 당연한 전제로 한 소송상의 이행청구나 이를 전제로 한 이행거절 가운데는 취소의 의사표시가 포함되어 있다고 볼 수 있다.

대판 1994.7.29, 93다58431

갑·을 사이에 결손금배상채무의 액수를 확정하는 합의가 있은 후 갑은 합의가 강박에 의하여 이루어졌다는 이유를 들어, 을은 착오에 의하여 합의를 하였다는 이유를 들어 각기 위 합의를 취소하는 의사표시를 하였으나, 위 합의에 각각 주장하는 바와 같은 취소사유가 있다고 인정되지 아니하는 이상, 갑 · 을 쌍방이 모두 위 합의를 취소하는 의사표시를 하였다는 사정만으로는, 위 합의가 취소되어 그 효력이 상실되는 것은 아니다.

(2) 일부취소

일부취소에 관해서는 따로 규정이 없으나 해석상 인정되며, **일부무효의 법리**(137)가 적용된다. 다수의 판결도 이를 인정한다.

대판 1998.2.10, 97다44737
하나의 법률행위의 일부분에만 취소사유가 있다고 하더라도 그 법률행위가 가분적이거나 그 목적물의 일부가 특정될 수 있다면, 그 나머지 부분이라도 이를 유지하려는 당사자의 가정적 의사가 인정되는 경우 그 일부만의 취소도 가능하다 할 것이고, 그 일부의 취소는 법률행위의 일부에 관하여 효력이 생긴다.

(3) 취소의 상대방

제142조(취소의 상대방) 취소할 수 있는 법률행위의 상대방이 확정한 경우에는 그 취소는 그 상대방에 대한 의사표시로 하여야 한다.

상대방이 특정된 경우에는 그 자에게 취소의 의사표시를 한다. 가령 제3자를 위한 계약(539)에서는 계약당사자인 상대방에게 취소의 의사표시를 한다(제3자에게는 취소하지 못함). 하지만 상대방이 특정되지 않았거나 또는 상대방이 없는 경우에는, 이해관계를 맺은 자에게 하거나 취소의 의사를 적당한 방법으로 외부에 객관화함으로써 취소의 의사표시를 한다.

5. 취소의 효과

취소에는 **소급효**가 있다. 즉 법률행위가 취소되면 취소된 법률행위는 처음부터(즉 소급적으로) 무효였던 것으로 된다(141 본). 취소의 소급효는 제한능력의 경우에는 제3자에게도 주장할 수 있는 **절대적**인 것이지만(cf. 5 ②), 착오, 사기 · 강박의 경우에는 선의의 제3자에게 대항할 수 없는 **상대적**인 것이다(109 ②, 110 ③).

법률행위가 취소되면 부당이득 반환의무가 발생하게 된다. 일반적으로는 **제748조**에 의해 해결되지만, 제한능력자의 반환범위에 관해서는 **제141조 단서의 특칙**이 있다.

> **제141조**(취소의 효과) 취소된 법률행위는 처음부터 무효인 것으로 본다. 다만, 제한능력자는 그 행위로 인하여 받은 이익이 현존하는 한도에서 상환(償還)할 책임이 있다.

> **제748조**(수익자의 반환범위) ① 선의의 수익자는 그 받은 이익이 현존한 한도에서 전조의 책임이 있다.
> ② 악의의 수익자는 그 받은 이익에 이자를 붙여 반환하고 손해가 있으면 이를 배상하여야 한다.

따라서 제한능력자는 **악의여도 현존이익만 반환**하면 된다(141 단). 이익이 현존하지 않는다는 증명책임은 제한능력자가 부담한다(多). 특히 판례는 금전상의 이득은 특별한 사정이 없으면 현존하는 것으로 추정된다고 한다. 반대로 반환청구권자가 증명해야 한다는 견해도 있다.

> **대판 2005.4.15, 2003다60297 · 60303 · 60310 · 60327**
> 미성년자가 신용카드발행인과 사이에 신용카드 이용계약을 체결하여 신용카드거래를 하다가 신용카드 이용계약을 취소하는 경우 미성년자는 그 행위로 인하여 받은 이익이 현존하는 한도에서 상환할 책임이 있는바, 신용카드 이용계약이 취소됨에도 불구하고 신용카드회원과 해당 가맹점 사이에 체결된 개별적인 매매계약은 특별한 사정이 없는 한 신용카드 이용계약 취소와 무관하게 유효하게 존속한다 할 것이고, 신용카드발행인이 가맹점들에 대하여 그 신용카드사용대금을 지급한 것은 신용카드 이용계약과는 별개로 신용카드발행인과 가맹점 사이에 체결된 가맹점 계약에 따른 것으로서 유효하므로, 신용카드발행인의 가맹점에 대한 신용카드이용대금의 지급으로써 신용카드회원은 자신의 가맹점에 대한 매매대금 지급채무를 법률상 원인 없이 면제받는 이익을 얻었으며, 이러한 이익은 금전상의 이득으로서 특별한 사정이 없는 한 현존하는 것으로 추정된다.

6. 취소할 수 있는 행위의 추인

(1) 추인의 개념

추인은 취소할 수 있는 법률행위를 취소하지 않겠다는 의사표시이다. 즉 **취소권의 포기**(cf. 15 ①)이다.

> **제144조(추인의 요건)** ① 추인은 취소의 원인이 소멸된 후에 하여야만 효력이 있다.
> ② 제1항은 법정대리인 또는 후견인이 추인하는 경우에는 적용하지 아니한다.

그런데 추인이라는 용어가 사용되었어도 **취소와 무관**한 경우가 있음을 주의하여야 한다. 가령 무권대리행위의 추인(130, 133), 무효행위의 추인(139), 무권리자의 처분의 추인(139 또는 133) 등이 그러하다.

(2) 추인의 요건

① **추인권**을 가진 자가 추인하여야 한다. 추인권자는 취소권자와 동일하다.

> **제143조(추인의 방법, 효과)** ① 취소할 수 있는 법률행위는 제140조에 규정한 자가 추인할 수 있고 (…)

② **취소 원인이 종료**한 후에 추인하여야 한다. 그러나 법정대리인은 언제라도 할 수 있고(144 ②), 미성년자와 피한정후견인은 능력자가 되기 전에라도 법정대리인이나 후견인의 동의를 얻어서 항상 추인할 수 있다(通: cf. 5 ①, 13 ①).

③ 그 행위를 **취소할 수 있음을 알고서** 추인하여야 한다.

> **대판 1982.6.8, 81다107**
> 강박에서 벗어나지 아니한 상태에 있으면 취소의 원인이 종료되기 전이므로 이때에 한 추인은 그 효력이 없다.

대판 1997.5.30, 97다2986

추인은 취소권을 가지는 자가 취소원인이 종료한 후에 취소할 수 있는 행위임을 알고서 추인의 의사표시를 하거나 법정추인사유에 해당하는 행위를 행할 때에만 법률행위의 효력을 유효로 확정시키는 효력이 발생한다.

(3) 추인의 방법

추인의 방법은 취소의 경우와 같다(143 ②, 142). 또한 일단 추인한 후에는 다시 취소하지 못하며, 법률행위는 유효로 확정된다.

제143조(추인의 방법, 효과) ① 취소할 수 있는 법률행위는 (…) 추인 후에는 취소하지 못한다.

대판 1997.12.12, 95다38240

취소한 법률행위는 처음부터 무효인 것으로 간주되므로 취소할 수 있는 법률행위가 일단 취소된 이상 그 후에는 취소할 수 있는 법률행위의 추인에 의하여 이미 취소되어 무효인 것으로 간주된 당초의 의사표시를 다시 확정적으로 유효하게 할 수는 없고, 다만 무효인 법률행위의 추인의 요건과 효력으로서 추인할 수는 있으나, 무효행위의 추인은 그 무효 원인이 소멸한 후에 하여야 그 효력이 있고, 따라서 강박에 의한 의사표시임을 이유로 일단 유효하게 취소되어 당초의 의사표시가 무효로 된 후에 추인한 경우 그 추인이 효력을 가지기 위하여는 그 무효 원인이 소멸한 후일 것을 요한다고 할 것인데, 그 무효 원인이란 바로 위 의사표시의 취소사유라 할 것이므로 결국 무효 원인이 소멸한 후란 것은 당초의 의사표시의 성립 과정에 존재하였던 취소의 원인이 종료된 후, 즉 강박 상태에서 벗어난 후라고 보아야 한다.

7. 법정추인

취소할 수 있는 행위에 관하여 일정한 사실이 있으면 추인이 있었던 것으로 의제하는 것을 **법정추인**이라 한다.

제145조(법정추인) 취소할 수 있는 법률행위에 관하여 전조의 규정에 의하여 추인할 수 있는 후에 다음 각호의 사유가 있으면 추인한 것으로 본다. 그러나 이의를 보류한 때에는 그러하

지 아니하다.

1. 전부나 일부의 이행 [쌍방]
2. 이행의 청구 [취소권자]
3. 경개 [취소권자가 채권자 또는 채무자]
4. 담보의 제공 [취소권자가 채권자 또는 채무자]
5. 취소할 수 있는 행위로 취득한 권리의 전부나 일부의 양도 [취소권자]
6. 강제집행 [취소권자가 채권자 또는 채무자]

앞에서 나열된 법정추인의 사유는 추인할 수 있는 후에, 즉 취소의 원인이 종료된 후에 있어야 한다. 다만 법정대리인 또는 후견인에 의한 법정추인의 경우는 그렇지 않다(144 ②). 또한 취소권자가 **이의(異議)를 보류(保留)하지 않았어야** 한다(145 단). 즉 앞의 법정추인에 해당하는 행위를 하면서 자신의 행위가 법정추인에 해당하지 않음을 명확히 표시하지 않았어야 한다. 그러나 취소권자가 추인의 의사를 가지거나 취소권의 존재를 알고 있을 필요는 없다.

8. 취소권의 단기소멸

취소권은 언제까지나 행사할 수 있는 것은 아니고, 일정한 기간 내에 행사하지 않으면 소멸하게 되는데 그 기간은 다음과 같다.

제146조(취소권의 소멸) 취소권은 추인할 수 있는 날로부터 3년내에 법률행위를 한 날로부터 10년내에 행사하여야 한다.

취소권의 존속기간은 시효기간(時效期間)이 아니라 **제척기간**(除斥期間)이다. 즉, 기간이 정지하거나 연장됨이 없이, 3년 또는 10년의 기간이 종료하면 취소권이 소멸한다는 뜻이다.

대판 1996.9.20, 96다25371

민법 제146조는 취소권은 추인할 수 있는 날로부터 3년 내에 행사하여야 한다고 규정하고 있는바, 이 때의 3년이라는 기간은 일반 소멸시효기간이 아니라 제척기간으로서 제척기간이 도과하였는지 여부는 당사자의 주장에 관계없이 법원이 당연히 조사하여 고려하여야 할 사항이다.

제146조에서 말하는 **추인할 수 있는 날**이란 취소 원인이 종료한 날을 말한다. 가령, 사기나 강박에 의한 의사표시여서 취소하는 경우라면 그러한 사기나 강박 상태에서 벗어난 날을 말한다.

취소권 행사로 발생한 **부당이득반환청구권**의 존속기간에 대해서는, 취소권의 행사로 발생하는 원상회복청구권이나 현존이익의 반환청구권과 같은 청구권의 행사기간도 제146조의 기간에 포함된 것이라는 견해(多)가 있다. 취소권 행사로부터 10년의 소멸시효에 걸린다는 견해(少)도 있다. 판례는 취소권에 대해서는 아직 없고, 환매권(還買權: 일단 매도한 물건을 다시 살 수 있는 권리, cf. 590)의 경우 환매권을 행사한 때로부터 10년의 소멸시효에 걸린다고 한다.

대판 1998.11.27, 98다7421

민법 제146조 전단은 "취소권은 추인할 수 있는 날로부터 3년 내에 행사하여야 한다."고 규정하는 한편, 민법 제144조 제1항에서는 "추인은 취소의 원인이 종료한 후에 하지 아니하면 효력이 없다."고 규정하고 있는바, 위 각 규정의 취지와 추인은 취소권의 포기를 내용으로 하는 의사표시인 점에 비추어 보면, 민법 제146조 전단에서 취소권의 제척기간의 기산점으로 삼고 있는 「추인할 수 있는 날」이란 취소의 원인이 종료되어 취소권행사에 관한 장애가 없어져서 취소권자가 취소의 대상인 법률행위를 추인할 수도 있고 취소할 수도 있는 상태가 된 때를 가리킨다고 보아야 한다.

대판 1991.2.22, 90다13420

환매권의 행사로 발생한 소유권이전등기청구권은 위 기간 제한과는 별도로 환매권을 행사한 때로부터 일반채권과 같이 민법 제162조 소정의 10년의 소멸시효 기간이 진행되는 것이지, 위 제척기간 내에 이를 행사하여야 하는 것은 아니다.

12장 의사능력과 행위능력

I 법률행위의 효력요건

일반적으로 법률행위의 **효력요건**은 **주체, 목적, 의사표시**라는 세 차원에서 검토하게 된다. 이 중 **주체**에 관해서는 이번 장에서 의사능력과 행위능력을 다루고, 권리능력에 대해서는 26장에서 다루게 된다. 법률행위의 **목적(내용)**에 관해서는 13장과 14장에서, **의사표시**에 관해서는 15장부터 18장까지에서 다룬다.

II 의사능력

사적 자치의 핵심이 개인의 자유라면 그 자유는 특히 의사결정의 자유를 말한다. **의사능력**은 자기 행위의 의미나 결과를 합리적으로 예견할 수 있는 정신적 능력 내지 지능으로서, 통상인이 가지는 정상적 판단능력을 말한다. 따라서 획일적·일반적으로 판단하는 **행위능력**과 달리 의사능력은 구체적인 행위에 대하여 개별적으로 판단한다.

또한 의사능력이 없다는 것은 법률행위를 할 때 자신의 행위의 법률적인 의미와 효과를 이해할 수 없다는 뜻이므로 그 법률행위는 **무효**이다. 이때 부당이득 반환범위는 제141조의 유추적용을 통해 해결한다. 반면 행위능력 없이 한 행위는 일단 성립하기는 했지만 그 효력이 취소에 의하여 부인될 수 있는 행위이다.

무효의 주장은 누구나 할 수 있다(通). 다만 증명책임은 무효 주장자가 부담한다.

대판 2002.10.11, 2001다10113

(1) 의사능력이란 자신의 행위의 의미나 결과를 정상적인 인식력과 예기력을 바탕으로 합리적으로 판단할 수 있는 정신적 능력 내지는 지능을 말하는 것으로서, 의사능력의 유무는 구체적인 법률행위와 관련하여 개별적으로 판단되어야 할 것이다.

(2) 원고가 직접 금융기관을 방문하여 금 50,000,000원을 대출받고 금전소비대차약정서 및 근저당권설정계약서에 날인하였다고 할지라도, 원고가 어릴 때부터 지능지수가 낮아 정규교육을 받지 못한 채 가족의 도움으로 살아왔고, 위 계약일 2년 8개월 후 실시된 신체감정결과 지능지수는 73, 사회연령은 6세 수준으로서 이름을 정확하게 쓰지 못하고 간단한 셈도 불가능하며, 원고의 본래 지능수준도 이와 크게 다르지 않을 것으로 추정된다는 감정결과가 나왔다면, 원고가 위 계약 당시 결코 적지 않은 금액을 대출받고 이에 대하여 자신 소유의 부동산을 담보로 제공함으로써 만약 대출금을 변제하지 못할 때에는 근저당권의 실행으로 인하여 소유권을 상실할 수 있다는 일련의 법률적인 의미와 효과를 이해할 수 있는 의사능력을 갖추고 있었다고 볼 수 없고, 따라서 위 계약은 의사능력을 흠결한 상태에서 체결된 것으로서 무효라고 본 사례.

대판 2009.1.15, 2008다58367

(1) 의사능력이란 자신의 행위의 의미나 결과를 정상적인 인식력과 예기력을 바탕으로 합리적으로 판단할 수 있는 정신적 능력 내지는 지능을 말하는 것으로서, 의사능력의 유무는 구체적인 법률행위와 관련하여 개별적으로 판단되어야 하므로, 특히 어떤 법률행위[대출거래약정 및 근저당권설정]가 그 일상적인 의미만을 이해하여서는 알기 어려운 특별한 법률적인 의미나 효과가 부여되어 있는 경우 의사능력이 인정되기 위하여는 그 행위의 일상적인 의미뿐만 아니라 법률적인 의미나 효과에 대하여도 이해할 수 있을 것을 요한다.

(2) 제한능력자의 책임을 제한하는 민법 제141조 단서는 부당이득에 있어 수익자의 반환범위를 정한 민법 제748조의 특칙으로서 제한능력자의 보호를 위해 그 선의 · 악의를 묻지 아니하고 반환범위를 현존 이익에 한정시키려는 데 그 취지가 있으므로, 의사능력의 흠결을 이유로 법률행위가 무효가 되는 경우에도 유추적용되어야 할 것이나, 법률상 원인 없이 타인의 재산 또는 노무로 인하여 이익을 얻고 그로 인하여 타인에게 손해를 가한 경우에 그 취득한 것이 금전상의 이득인 때에는 그 금전은 이를 취득한 자가 소비하였는가의 여부를 불문하고 현존하는 것으로 추정되므로, 위 이익이 현존하지 아니함은 이를 주장하는 자, 즉 의사제한능력자 측에 입증책임이 있다.

III 행위능력

권리능력이 권리와 의무의 주체가 될 수 있는 일반적·추상적인 자격을 말한다면, **행위능력**은 단독으로 완전하고 유효한 법률행위를 할 수 있는 지위 또는 자격을 말한다. 즉 행위능력은 개별 인간마다 다를 수 있는 의사능력을 **객관적으로 획일화**한 것이다.

행위능력 없이 한 법률행위는 **취소**할 수 있다. 행위능력은 법률행위에서만 문제되며, 불법행위에서는 책임능력(개별적·구체적으로 판단)이 문제된다. 민법에서 말하는 능력은 행위능력을 말하며, 행위능력이 제한되는 **제한능력자**에는 미성년자, 피성년후견인이 있다. 피한정후견인의 경우에는 행위능력이 원칙적으로 제한되지 않으나 가정법원이 그 예외를 정할 수 있다. 피특정후견인에게는 항상 행위능력이 있다.

제한능력자에 관한 민법 규정들은 **강행규정**이며 재산법에만 적용된다. 제한능력을 이유로 한 취소는 선의의 제3자에게도 대항할 수 있다. 성년후견개시 또는 한정후견개시 심판을 받지 않았지만 의사능력이 불완전한 자들에게 제한능력자 규정을 유추적용할지에 대해서는 부정하는 것이 타당하다(判).

IV 미성년자

1. 성년기(成年期)

제4조(성년) 사람은 19세로 성년에 이르게 된다.

계산은 역(曆)에 의해서 하며(160), 초일을 산입하지 않는 일반원칙(157)과는 달리 **출생일을 산입**(158)한다. **성년의제**는 혼인한 경우 성년인 것으로 보는 제도이다.

제826조의2(성년의제) 미성년자가 혼인을 한 때에는 성년자로 본다.

혼인은 법률혼만을 의미(通)하며, 혼인의 해소(이혼, 사망)·취소에도 불구하고 성년인 것은 유지된다(로마의 법언[法諺]: semel maior, semper maior[한번 성인이면, 영원히 성인이다]). 혼인이 무효이면 성년의제의 효과 역시 발생하지 않는다.

예제 1

송파구청장은 A가 청소년인 B(만 6세)에게 소주 한 병을 판매했다는 이유로 구 청소년보호법(2001.4.7. 법률 제6460호로 개정되기 전의 것) 제26조, 제49조, 동법 시행령 제40조, 제41조를 적용하여 과징금 100만 원을 부과했다. A는 이 처분을 취소하고자 한다.

(1) B가 아버지의 심부름으로 구입했다는, 즉 민법상 법정대리인의 동의를 받았다는 사정으로 A의 행위가 정당화되는가?

(2) B는 청소년보호법상의 청소년인가?

성년의제는 **공법관계**에는 **적용되지 않는다**. 즉 공직선거법, 청소년보호법, 근로기준법 등에 있어서는 원래의 연령에 따라 판단하는 것이지, 성년의제가 되었다고 해서 마치 19세가 된 것으로 취급하지 않는다.

공직선거법 제15조(선거권) ① 19세 이상의 국민은 대통령 및 국회의원의 선거권이 있다.

청소년보호법 제2조(정의) 이 법에서 사용하는 용어의 뜻은 다음과 같다.

1. "청소년"이란 만 19세 미만인 사람을 말한다. 다만, 만 19세가 되는 해의 1월 1일을 맞이한 사람은 제외한다.

예제 1의 해결

(1) "미성년자가 법률행위를 함에는 법정대리인의 동의를 얻어야 한다(5 ①)"는 원칙은 제한능력자의 사법상의 행위에만 적용된다. 따라서 제한능력자의 공법상의 행위에 대해 법정대리인의 동의를 얻어서 한다고 해서 그 행위가 유효하게 또는 정당하게 될 수는 없다.

(2) 구 청소년보호법상의 미성년자는 19세미만의 자(2조 1호)이지만, 청소년보호법상 과징금 부과대상이 되는 '청소년을 대상으로 하여 술을 판매한 행위'인지를 판단할 때에는 청소년의 범위를 합목적적으로 제한하는 해석을 하여야 한다. 다음의 판결에 의하면 만 6세의 아동이 술을 마실 위험이나 개연성이 전혀 없으므로 여기서 말하는 청소년에 해당하지 않는다고 보았다.

서울행판 2001.12.20, 2001구33822

(1) 사회적 의미에서의 청소년이라 함은 12~13세부터 20대의 사람을 가리키는 것으로 일반적으로 통용되고 있기는 하지만 일정한 연령을 한계로 한 획일적인 기준은 없는 것으로 보이고, 법적 의미에서의 청소년의 의미도 그 법령의 입법 취지 및 목적을 기초로 한 입법자의 결단에 의하여 비로소 구체화되는 개념으로 일률적인 것은 아니며, 사회적 의미에서의 청소년의 의미와 달리 법적 의미에서의 청소년의 의미는 법적 안정성과 예측가능성을 확보하기 위하여 명확하게 정의되어 있어야 할 것이지만 그것이 불명확한 경우에는 그 법령의 규정 내용과 입법 취지는 물론 입법 취지가 유사한 다른 법령과의 관계나 사회통념 등을 종합적으로 고려하여 보충될 수 있는 것으로 보아야 할 것인바, 이러한 관점을 기초로 하여 청소년기본법상의 청소년의 정의에 관한 규정 및 입법 취지와 청소년보호법과의 관계, 아동복지법상의 아동의 정의에 관한 규정 및 입법 취지와 청소년보호법과의 관계, 사회통념 등을 종합적으로 고려하면 청소년보호법의 청소년에는 19세 미만의 모든 사람이 포함되는 것으로 새길 것이 아니라 적어도 청소년기본법이 정하는 연령의 하한인 9세 이상으로 새기는 것이 타당하다.

(2) 청소년보호법 제2조 제4호 (가)목 (1), 제26조 제1항, 제49조 제1항, 제2항, 제51조 제8호, 같은법시행령 제40조 제1항 [별표 6] 등 청소년보호법령과 그 입법취지 및 목적에 비추어 볼 때, 청소년보호법상의 과징금의 부과요건은 청소년을 대상으로 하여 청소년에게 술을 판매한 행위로 인하여 이익을 취득한 경우이고, 청소년을 대상으로 하여 술을 판매하는 경우라 함은 판매되는 술을 청소년이 마실 것을 알면서 또는 심부름하는 청소년이 술을 마실 위험성이 있는데도 판매하는 경우를 의미한다고 할 것이므로 위와 같은 요건을 충족하는 경우가 아니라면 비록 청소년에게 술을 판매한 경우라 하더라도 과징금부과요건을 충족하였다고 할 수 없다고 할 것이고, 반면 청소년을 대상으로 하여 술을 판매한 이상 청소년에게 술을 판매함에 있어서 그의 민법상 법정대리인의 동의를 받았다고 하더라도 그러한 사정만으로 위 행위가 정당화될 수는 없다.

(3) 나이나 외모, 심부름 온 거리 등 모든 사정에 비추어 다른 청소년은 물론 심부름 온 만 6세의 아동 자신이 술을 마실 위험성이나 개연성이 전혀 없음이 명백하여 청소년보호법상 과징금 부과대상이 되는 '청소년을 대상으로 하여 술을 판매한 행위'에 해당하지 아니한다고 한 사례.

2. 미성년자의 행위능력

예제 2

18세의 딸이 부모 몰래 거액의 오토바이를 구입하는 계약을 하고 대금을 모두 지급했는데, 나중에 이 사실을 안 부모는 딸이 미성년자임을 주장하며 오토바이 구입을 취소하고자 한다.

(1) 딸 또는 부모는 이 계약을 취소할 수 있나?

(2) 계약을 취소한 경우, 이미 지급한 매매대금의 반환을 청구할 수 있는가?

(3) 그 사이 딸이 (a) 교통사고를 내어 오토바이가 흔적도 없이 망가졌다면, (b) 오토바이를 반 가격에 다른 사람에게 팔았다면 그 경우에도 매매대금의 반환을 청구할 수 있는가?

(4) 딸이 매매계약 체결 (a) 전에 혹은 (b) 그 후에 혼인을 했다면 결론이 달라지는가?

(1) 미성년자 행위능력의 원칙

미성년자는 단독으로 법률행위를 하지 못한다. 즉 미성년자는 법률행위를 함에 있어 **법정대리인의 동의**를 얻어서 해야 하고(강행규정), 그러한 동의가 없으면 법률행위를 **취소**할 수 있다. 법률행위가 취소되면 **소급하여 무효**이다(141). 동의가 있었다는 증명책임은 상대방에게 있다.

제5조(미성년자의 능력) ① 미성년자가 법률행위를 함에는 법정대리인의 동의를 얻어야 한다. 그러나 권리만을 얻거나 의무만을 면하는 행위는 그러하지 아니하다.

② 전항의 규정에 위반한 행위는 취소할 수 있다.

(2) 미성년자 행위능력의 예외

예외적으로 미성년자가 법정대리인의 **동의 없이 단독으로** 법률행위를 할 수 있는 경우들이 있다.

① 단순히 권리만을 얻거나 또는 의무만을 면하는 행위(5 ① 단): 여기에는 부담 없는 증여, 채무면제의 청약에 대한 승낙, 친권자에 대한 부양료청구 등이 해당한다. 그러나 부담부 증여, 매매계약 체결, 상속의 승인, 변제의 수령 등은 그러한 행위

에 해당하지 않는다.

② **처분이 허락**된 재산의 처분행위(6): 사용목적을 정하여 처분을 허락한 재산을 목적과 상관없이 처분한 경우에도 그 유효성은 인정된다(多). 처분 외에 사용, 수익도 여기에 포함된다.

③ 영업이 허락된 미성년자의 그 영업에 관한 행위(8 ①): **영업**(營業)은 상업(商業)뿐만 아니라 널리 영리를 목적으로 하는 독립적·계속적 사업을 말한다. 고용되어 일하는 경우도 포함시킬지에 대해서는 긍정설과 부정설이 있다. 영업의 허락에는 영업의 종류가 특정되어야 한다. 영업 자체 외에 영업에 직간접으로 필요한 모든 행위가 가능하다. 영업허락의 범위에서 법정대리인의 동의권·대리권은 소멸한다.

④ 미성년자 자신이 법정대리인의 동의 없이 한 **법률행위를 취소**하는 행위(140): 취소로는 미성년자가 최소한 손해는 입지 않기 때문에 미성년자가 단독으로 할 수 있다.

⑤ 혼인을 한 미성년자의 행위(826의2): **성년의제** 때문에 성년자의 행위로 되므로 그 자체로 유효한 법률행위이다.

⑥ **대리행위**: 우리 민법은 대리인에게는 행위능력을 요구하지 않는다(117).

제117조(대리인의 행위능력) 대리인은 행위능력자임을 요하지 아니한다.

⑦ **유언행위**: 17세 이상이면 미성년자라도 유효한 유언을 할 수 있다(1061, 1062). 19세가 되기 2년 전에 이미 유언능력(유언을 유효하게 할 수 있는 자격)이 인정되는 것은, 가능하면 유언의 자유를 넓게 인정하려는 민법의 태도 때문이다.

제1061조(유언적령) 만17세에 달하지 못한 자는 유언을 하지 못한다.

제1062조(제한능력자와 유언) 제5조, 제10조와 제13조의 규정은 유언에 관하여는 이를 적용하지 아니한다.

⑧ 법정대리인의 허락을 얻어 회사의 **무한책임사원**(無限責任社員)이 된 미성년자가 그 사원자격에서 한 행위: 상법은 이러한 행위를 유효로 하는 규정을 별도로 두고

있다(상 7).

상 제7조(제한능력자와 무한책임사원) 미성년자 또는 한정치산자가 법정대리인의 허락을 얻어 회사의 무한책임사원이 된 때에는 그 사원자격으로 인한 행위에는 능력자로 본다.

⑨ **근로계약 체결**과 **임금의 청구**: 미성년자라도 근로계약은 대리 없이 직접 체결하여야 한다(근로기준법 67 ①). 이때 법정대리인의 동의는 필요하다(多). 또한 미성년자는 독자적으로 임금을 청구할 수 있다(근로기준법 68).

근로기준법 제67조(근로계약) ① 친권자나 후견인은 미성년자의 근로계약을 대리할 수 없다.

근로기준법 제68조(임금의 청구) 미성년자는 독자적으로 임금을 청구할 수 있다.

(3) 동의와 허락의 취소 또는 제한

법정대리인이 이미 동의(5) 또는 허락(6)을 한 경우에도 아직 미성년자가 법률행위를 하기 전이라면 법정대리인은 그 동의나 허락을 '취소'(철회의 의미)할 수 있다.

제7조(동의와 허락의 취소) 법정대리인은 미성년자가 아직 법률행위를 하기 전에는 전2조의 동의와 허락을 취소할 수 있다.

철회는 미성년자나 그 상대방에 대하여 하며, 소급효는 없다. 철회를 미성년자에게 한 경우에는 그것을 가지고 선의의 제3자에게 대항하지 못한다(8 ② 유추적용: 通).

제8조(영업의 허락) ② 법정대리인은 전항의 허락을 취소 또는 제한할 수 있다. 그러나 선의의 제삼자에게 대항하지 못한다.

미성년후견인은 친권자가 허락한 영업을 미성년후견감독인의 동의를 얻어 취소 또는 제한할 수 있다(945조 3호).

예제 2의 해결

(1) 법정대리인인 부모의 동의 없이 미성년자가 체결한 계약이므로 딸 또는 부모가 이를 취소할 수 있다.
(2) 계약이 취소되면 양 당사자는 원상회복의무(계약이 없었던 상태로 돌이킬 의무)를 부담하므로, 딸이 지급한 매매대금의 반환 역시 청구할 수 있다.
(3) 제한능력자는 행위로 인하여 받은 이익이 현존하는 한도에서 상환할 책임이 있다(141단). 따라서 오토바이가 이미 멸실되었다면 현존이익이 없으므로 반환할 필요가 없으나, 오토바이를 팔아서 매매대금을 딸이 취득한 경우 현존이익의 범위에서 그 대금을 반환하여야 한다. 이때 이익이 현존하는지에 대한 증명책임은 제한능력자가 부담한다(多). 다수설에 따른다면, 딸은 현존이익이 없음을 증명하지 못하는 한 오토바이를 매각한 대금을 반환하여야 한다.
(4) (a) 딸이 매매계약 체결 전에 혼인을 했다면 성년의제(826의2)에 의하여 성인으로 되므로 제한능력자가 아닌 능력자로서 계약을 체결한 것이 되므로 그 계약을 취소할 수 없다. (b) 한편 계약 체결 후에 혼인을 했다면 성년으로 되지만 계약 체결 당시에는 미성년자였으므로 그 계약은 취소할 수 있다. 제한능력자가 성년이 된 후에는 법정대리인은 취소권이 없다. 따라서 부모는 계약을 취소할 수 없고, 딸만 취소할 수 있다.

3. 법정대리인

법정대리인(法定代理人)은 일차적으로 친권자(911)가 되고, 이차적으로 후견인(928, 938)이 된다.

제911조(미성년자인 자의 법정대리인) 친권을 행사하는 부 또는 모는 미성년자인 자의 법정대리인이 된다.

제938조(후견인의 대리권 등) ① 후견인은 피후견인의 법정대리인이 된다.

(1) 친권자

친권(親權)은 자녀를 보호하고 교양할 **권리이자 의무**(913)이다. 친권자의 결정과 친권의 행사방법에 대해서는 제909조가 정한다.

제909조(친권자) ① 부모는 미성년자인 자의 친권자가 된다. 양자의 경우에는 양부모(養父母)가 친권자가 된다.
② 친권은 부모가 혼인중인 때에는 부모가 공동으로 이를 행사한다. 그러나 부모의 의견이 일치하지 아니하는 경우에는 당사자의 청구에 의하여 가정법원이 이를 정한다.
③ 부모의 일방이 친권을 행사할 수 없을 때에는 다른 일방이 이를 행사한다.

(2) 후견인

후견(後見)은 친권에 의하여 보호를 받을 수 없는 제한능력자를 보호하기 위한 제도로서, **후견인**에는 미성년후견인(928)과 성년후견인(929)이 있다.

제928조(미성년자에 대한 후견의 개시) 미성년자에게 친권자가 없거나 친권자가 법률행위의 대리권과 재산관리권을 행사할 수 없는 경우에는 미성년후견인을 두어야 한다.

제929조(성년후견심판에 의한 후견의 개시) 가정법원의 성년후견개시심판이 있는 경우에는 그 심판을 받은 사람의 성년후견인을 두어야 한다.

미성년후견인은 한 명이나, **성년후견인**의 경우 여러 명도 가능하고 **법인**도 성년후견인이 될 수 있다.

제930조(후견인의 수와 자격) ① 미성년후견인의 수(數)는 한 명으로 한다.
② 성년후견인은 피성년후견인의 신상과 재산에 관한 모든 사정을 고려하여 여러 명을 둘 수 있다.
③ 법인도 성년후견인이 될 수 있다.

후견인을 선임 방법에 따라 나누자면, 유언으로 지정하는 **지정후견인**(931)과 가정법원이 선임하는 **선임후견인**(932, 936)이 있다.

제931조(유언에 의한 미성년후견인의 지정 등) ① 미성년자에게 친권을 행사하는 부모는 유언으로 미성년후견인을 지정할 수 있다. 다만, 법률행위의 대리권과 재산관리권이 없는 친권자는 그러하지 아니하다.

第932条(미성년후견인의 선임) ① 가정법원은 제931조에 따라 지정된 미성년후견인이 없는 경우에는 직권으로 또는 미성년자, 친족, 이해관계인, 검사, 지방자치단체의 장의 청구에 의하여 미성년후견인을 선임한다. 미성년후견인이 없게 된 경우에도 또한 같다.

第936条(성년후견인의 선임) ① 제929조에 따른 성년후견인은 가정법원이 직권으로 선임한다.

(3) 법정대리인의 권한

법정대리인은 다음과 같이 동의권, 대리권, 취소권을 가진다.

① **동의권**: 법정대리인은 동의권(同意權), 즉 미성년자가 법률행위를 하는 데 동의를 할 권리(5 ①)를 가진다. 묵시적 동의나 개괄적 동의(예견 범위에서)도 가능하다. 후견인의 동의에는 후견감독인의 동의가 필요하다(950 ①). 그러나 성년후견인의 경우 동의권이 없다. 한정후견인의 경우에는 원칙적으로 동의권이 없으나, 가정법원이 한정후견인의 동의를 받아야 할 행위의 범위를 정해준 경우에는 인정된다(13 ①).

② **대리권**: 법정대리인은 대리권, 즉 미성년자를 대리하여 재산상의 법률행위를 할 권한(920, 949)을 가진다. 미성년자 본인의 행위를 목적으로 하는 채무에는 본인의 동의가 필요하다(920 단, 949 ②). 이익상반행위(법정대리인과 미성년자의 이해가 서로 대립하는 경우)에는 대리권이 제한된다(921). 후견인이 피후견대리인을 대리하여 일정한 행위를 하거나 미성년자의 일정한 행위에 동의하는 경우에는 후견감독인의 동의를 받아야 한다(950 ①).

③ **취소권**: 법정대리인은 미성년자가 동의 없이 한 법률행위를 취소할 수 있다(5 ②, 140).

 피성년후견인

1. 성년후견개시의 요건

피성년후견인은 질병, 장애, 노령 등으로 인한 정신적 제약으로 인하여(신체적 제약은 고려치 않음) 사무를 처리할 능력이 **지속적으로 결여**된 사람으로서 성년후견개시의 심판을 받은 자이다. 여기서 정신적 제약과 능력 결여 사이에는 인과관계가 있어야 한다. 단 능력이 지속적으로 결여된 경우라도 성년후견개시의 심판을 받지 않았으면 피성년후견인이 아니다.

> **제9조**(성년후견개시의 심판) ① 가정법원은 질병, 장애, 노령, 그 밖의 사유로 인한 정신적 제약으로 사무를 처리할 능력이 지속적으로 결여된 사람에 대하여 본인, 배우자, 4촌 이내의 친족, 미성년후견인, 미성년후견감독인, 한정후견인, 한정후견감독인, 특정후견인, 특정후견감독인, 검사 또는 지방자치단체의 장의 청구에 의하여 성년후견개시의 심판을 한다.
> ② 가정법원은 성년후견개시의 심판을 할 때 본인의 의사를 고려하여야 한다.

성년후견개시 심판의 청구권자는 본인, 배우자, 4촌 이내의 친족, 미성년후견인, 미성년후견감독인, 한정후견인, 한정후견감독인, 특정후견인, 특정후견감독인, 검사, 지방자치단체의 장이다. 그러나 가정법원은 청구권자가 아니다. 피성년후견인 제도가 종전의 금치산자 제도와 가장 크게 다른 점은 가정법원이 심판할 때 **본인의 의사를 고려**하여야 하는 점이다. 다만 가정법원은 '고려'만 하면 되기 때문에 반드시 본인의 의사를 따를 필요는 없다.

심판절차는 가사소송법과 가사사송규칙에 의하며(가소 34 등), 요건이 갖추어지면 반드시 심판해야 한다. 공시는 후견등기부(cf. 「후견등기에 관한 법률」)에 한다.

2. 피성년후견인의 행위능력

피성년후견인의 행위능력에 있어서 가장 중요한 특징은, 성년후견인의 **동의를 얻어서 한 행위**라도 **취소가 가능**하다는 점이다(10 ①).

> **제10조**(피성년후견인의 행위와 취소) ① 피성년후견인의 법률행위는 취소할 수 있다.
> ② 제1항에도 불구하고 가정법원은 취소할 수 없는 피성년후견인의 법률행위의 범위를 정할 수 있다.
> ③ 가정법원은 본인, 배우자, 4촌 이내의 친족, 성년후견인, 성년후견감독인, 검사 또는 지방

자치단체의 장의 청구에 의하여 제2항의 범위를 변경할 수 있다.

④ 제1항에도 불구하고 일용품의 구입 등 일상생활에 필요하고 그 대가가 과도하지 아니한 법률행위는 성년후견인이 취소할 수 없다.

하지만 다음 두 가지는 예외로 둔다.

① 우선, 가정법원이 **취소가 불가능한 법률행위**의 범위를 설정한 경우이다(10 ②). 또한 일상생활에서 필요하고 대가가 과도하지 않은 법률행위 역시 성년후견인이 취소할 수 없다(10 ④).

② **친족법상의 행위**(약혼, 혼인, 협의이혼, 인지, 입양, 협의파양)는 후견인의 동의를 얻어 스스로 할 수 있다(802, 808, 835, 856, 873, 902).

제802조(성년후견과 약혼) 피성년후견인은 부모나 성년후견인의 동의를 받아 약혼할 수 있다. 이 경우 제808조를 준용한다.

유언은 의사능력이 회복된 때에 할 수 있고, 그 유언은 취소하지 못한다(1062, 1063).

제1062조(제한능력자의 유언) 유언에 관하여는 제5조, 제10조 및 제13조를 적용하지 아니한다.

제1063조(피성년후견인의 유언능력) ① 피성년후견인은 의사능력이 회복된 때에만 유언을 할 수 있다.

② 제1항의 경우에는 의사가 심신 회복의 상태를 유언서에 부기(附記)하고 서명날인하여야 한다.

3. 법정대리인

성년후견개시의 심판이 있으면 **성년후견인**을 두어야 한다(929). 후견인의 수는 여러 명이어도 되고, 법인도 가능하다(930). 성년후견인은 피후견인의 법정대리인(938 ①)으로서, 가정법원이 그의 권한 범위를 결정한다(938 ②, ③). 그의 권한으로는, **동의권은 없으나** 대리권은 있고, 일부 친족법상 행위(약혼, 혼인 등)에 대해서는 동의권과 취소권을 모두 가진다.

4. 성년후견종료의 심판

성년후견개시의 원인이 소멸하면 가정법원은 성년후견종료의 심판을 한다(11).

> **제11조(성년후견종료의 심판)** 성년후견개시의 원인이 소멸된 경우에는 가정법원은 본인, 배우자, 4촌 이내의 친족, 성년후견인, 성년후견감독인, 검사 또는 지방자치단체의 장의 청구에 의하여 성년후견종료의 심판을 한다.

청구권자는 본인, 배우자, 4촌 이내의 친족, 성년후견인, 성년후견감독인, 검사 또는 지방자치단체의 장이다(11). 후견종료 심판의 절차는 가사소송법, 가사소송규칙에 따르며, 요건이 갖추어지면 반드시 심판해야 한다.

피성년후견인에 대한 한정후견개시 심판을 하는 경우에는 종전의 성년후견의 종료 심판을 한다(14의3 ②). 성년후견이 더 강력한 보호를 부여하기는 하지만, 한정후견개시의 심판이 이루어졌다는 것은 이제 보호를 완화할 수 있는 상태가 되었음을 법원이 인정한 것이기 때문이다. 이를 신법 우선 원칙(Lex posterior derogat legi priori: 신법은 구법을 폐지한다)이 적용된 것으로 이해할 수 있다.

 피한정후견인

1. 한정후견개시의 요건

피한정후견인은 질병, 장애, 노령, 그 밖의 사유로 인한 정신적 제약으로 사무를 처리할 능력이 부족한 사람으로 한정후견개시의 심판을 받은 자이다(12 ①). 피성년후견인처럼 능력이 지속적으로 결여된 것이 아니라 **부족할 뿐**이라는 차이가 있다.

> **제12조(한정후견개시의 심판)** ① 가정법원은 질병, 장애, 노령, 그 밖의 사유로 인한 정신적 제

약으로 사무를 처리할 능력이 부족한 사람에 대하여 본인, 배우자, 4촌 이내의 친족, 미성년후견인, 미성년후견감독인, 성년후견인, 성년후견감독인, 특정후견인, 특정후견감독인, 검사 또는 지방자치단체의 장의 청구에 의하여 한정후견개시의 심판을 한다.

② 한정후견개시의 경우에 제9조 제2항을 준용한다.

청구권자는 본인, 배우자, 4촌 이내의 친족, 미성년후견인, 미성년후견감독인, 성년후견인, 성년후견감독인, 특정후견인, 특정후견감독인, 검사 또는 지방자치단체의 장이다(12 ①). 가정법원이 심판할 때는 성년후견의 경우와 마찬가지로 **본인의 의사가 고려**되어야 한다(12 ②, 9 ②). 심판절차는 가사소송법과 가사소송규칙을 따르는데, 청구권자의 청구로 시작되며 가정법원의 직권 개시는 불가능하다. 공시는 후견등기부로 한다.

2. 피한정후견인의 행위능력

피성년후견인과는 달리 피한정후견인은 원칙적으로 행위능력이 있다(13). 예외적으로 동의가 필요한 행위의 범위는 가정법원이 결정한다(13 ①: **동의 유보** 또는 **동의권의 유보**). 이 동의 유보의 범위는 변경될 수 있고(13 ②), 한정후견인이 동의를 하지 않는 경우에 가정법원은 그 동의를 갈음하는 허가를 할 수 있다(13 ③).

제13조(피한정후견인의 행위와 동의) ① 가정법원은 피한정후견인이 한정후견인의 동의를 받아야 하는 행위의 범위를 정할 수 있다.

② 가정법원은 본인, 배우자, 4촌 이내의 친족, 한정후견인, 한정후견감독인, 검사 또는 지방자치단체의 장의 청구에 의하여 제1항에 따른 한정후견인의 동의를 받아야만 할 수 있는 행위의 범위를 변경할 수 있다.

③ 한정후견인의 동의를 필요로 하는 행위에 대하여 한정후견인이 피한정후견인의 이익이 침해될 염려가 있음에도 그 동의를 하지 아니하는 때에는 가정법원은 피한정후견인의 청구에 의하여 한정후견인의 동의를 갈음하는 허가를 할 수 있다.

④ 한정후견인의 동의가 필요한 법률행위를 피한정후견인이 한정후견인의 동의 없이 하였을 때에는 그 법률행위를 취소할 수 있다. 다만, 일용품의 구입 등 일상생활에 필요하고 그 대가가 과도하지 아니한 법률행위에 대하여는 그러하지 아니하다.

친족법상의 행위에 관하여 민법은 미성년자와 피성년후견인에 대해서만 규정(약혼, 혼인, 협의이혼, 입양, 협의파양 등)하고 있다. 따라서 **피한정후견인**은 **단독으로 친족법상의 행위를 할 수 있다**고 보아야 한다. 참고로 상속의 승인 · 포기에 관해서는 "상속인이 제한능력자인 경우"(1020)라고 되어 있어서, 제한능력자의 구별이 없는 점도 이러한 해석을 뒷받침한다.

제1020조(제한능력자의 승인 · 포기의 기간) 상속인이 제한능력자인 경우에는 제1019조제1항의 기간은 그의 친권자 또는 후견인이 상속이 개시된 것을 안 날부터 기산(起算)한다.

3. 피한정후견인의 법정대리인

한정후견개시의 심판이 이루어지면 피한정후견인의 법정대리인으로서 **한정후견인**을 두어야 한다(959의2). 이때 한정후견인은 성년후견인의 경우와 마찬가지로 한 명 또는 여러 명을 선임할 수 있고, 법인도 한정후견인이 될 수 있다. 선임은 가정법원이 **직권으로**(959의3 ①) 한다.

피한정후견인은 **원칙적으로 행위능력**을 가진다. 즉 한정후견인에게는 **대리권·동의권·취소권이 원칙적으로 없다.** 예외적으로 가정법원이 **대리권** 수여의 심판을 한 경우에는 그 심판의 범위 내에서만 대리권을 가진다(959의4). 또한 이미 언급한 바처럼, 예외적으로 동의권 유보의 경우에만 그 범위에서 **동의권**과 (동의 유보 행위를 동의 없이 한 경우) **취소권**을 가진다.

4. 한정후견 종료의 심판

한정후견 종료의 심판절차는 가사소송법과 가사소송규칙에 따른다. 성년후견의 경우와 마찬가지로, 요건이 갖추어지면 반드시 심판해야 한다.

제14조(한정후견종료의 심판) 한정후견개시의 원인이 소멸된 경우에는 가정법원은 본인, 배우자, 4촌 이내의 친족, 한정후견인, 한정후견감독인, 검사 또는 지방자치단체의 장의 청구에 의하여 한정후견종료의 심판을 한다.

피한정후견인에 대한 성년후견개시의 심판을 할 때는 종전의 한정후견의 종료 심판을 한다(14의3 ①). 이 경우 신법 우선 원칙이 적용되는 것으로 이해할 수 있다. 단, 심판으로 행위능력이 회복되더라도 소급효는 인정되지 않는다.

VII 피특정후견인

1. 특정후견의 심판 요건

피특정후견인은 질병, 장애, 노령 등으로 인한 정신적 제약으로 인하여 **일시적 후원** 또는 **특정한 사무에 관한 후원**이 필요한 사람으로서 특정후견의 심판을 받은 자이다. 일회적이고 특정적인 보호를 위한 제도라는 면에서, 지속적이고 포괄적인 보호를 위한 성년후견이나 한정후견과 대비된다.

> **제14조의2(특정후견의 심판)** ① 가정법원은 질병, 장애, 노령, 그 밖의 사유로 인한 정신적 제약으로 일시적 후원 또는 특정한 사무에 관한 후원이 필요한 사람에 대하여 본인, 배우자, 4촌 이내의 친족, 미성년후견인, 미성년후견감독인, 검사 또는 지방자치단체의 장의 청구에 의하여 특정후견의 심판을 한다.
> ② 특정후견은 본인의 의사에 반하여 할 수 없다.
> ③ 특정후견의 심판을 하는 경우에는 특정후견의 기간 또는 사무의 범위를 정하여야 한다.

특정후견의 심판은 특정후견의 기간 또는 사무의 범위를 결정하는 것이다. 후견의 개시와 종료를 별도로 심판하지는 않는다. 또한 가정법원은 피특정후견인의 후원에 필요한 처분을 명령할 수 있으며(959의8), 필요한 경우 특정후견인을 선임할 수도 있고(959의9 ①), 특정후견인에게 대리권을 수여할 수도 있다(959의11 ①).

2. 피특정후견인의 행위능력

특정후견의 심판이 있어도 행위능력에는 전혀 영향이 없다. 또한 특정후견인이 선임되고 그에게 법정대리권이 부여되어도 피특정후견인은 특정후견인의 동의 없이 직접 법률행위를 할 수 있다. 피특정후견인에 대하여 성년후견이나 한정후견을 개시하는 심판이 있으면 종전 특정후견의 종료심판을 한다(14의3 ①, ②). 이 역시 신법 우선 원칙이 적용된 것으로 이해할 수 있다.

3. 성년후견, 한정후견, 특정후견의 비교

관련된 법정대리인의 권한을 요약해보면 다음과 같다.

구분 \ 항목	동의권	대리권	취소권	본인 의사
친권자, 미성년후견인	○	○	○	무관
성년후견인	× 단, 친족법상 행위 (혼인, 입양 등)는 동의(808, 873 등)	○	○	고려
한정후견인	× 단, 부여 가능	× 단, 동의 유보 시 ○	× 단, 동의 유보 시 ○	고려
특정후견인	×	×. 단, 부여 가능	×	반해서 ×

세 가지 **후견심판 사이의 관계**는 다음과 같다. 즉 이미 한정후견 또는 특정후견이 행해지는 상태에서 나중에 성년후견 개시의 심판을 하면 성년후견만 유지되고 나머지는 종료 심판을 한다. 또한, 이미 성년후견 또는 특정후견이 행해지는 상태에서 나중에 한정후견 개시의 심판을 하면 한정후견만 유지되고 나머지는 종료 심판을 한다. 이것은 모두 신법 우선 원칙의 적용으로 이해할 수 있다.

한편 이미 성년후견 또는 한정후견이 행해지는 상태에서 특정후견 개시의 심판을 하는 경우는 우리 민법이 예정하고 있지 않다. 이미 지속적이고 포괄적인 보호가 부여되고 있으므로 일시적 후원 또는 특정한 사무에 관한 후원이 굳이 필요하지 않기 때문이다.

제14조의3(**심판 사이의 관계**) ① 가정법원이 피한정후견인 또는 피특정후견인에 대하여 성년후견개시의 심판을 할 때에는 종전의 한정후견 또는 특정후견의 종료 심판을 한다.

② 가정법원이 피성년후견인 또는 피특정후견인에 대하여 한정후견개시의 심판을 할 때에는 종전의 성년후견 또는 특정후견의 종료 심판을 한다.

VIII 제한능력자 상대방의 보호

1. 제한능력자 상대방 보호의 취지

제한능력자와 거래한 상대방은 제한능력자 보호제도에 의하여 거래가 취소되면 예측하지 못한 피해를 보게 되므로 민법은 상대방을 일정 범위에서 보호하는 제도를 인정하고 있다. 여기에는 상대방의 확답촉구권, 상대방의 철회권, 거절권, 제한능력자의 속임수에 의한 취소권의 상실이 해당한다.

2. 상대방의 확답촉구권

(1) 확답촉구권의 개념과 요건

확답촉구란 의사의 통지에 해당하며 형성권의 일종이다(通). 요건은 다음과 같다. 즉, ① 취소할 수 있는 행위를 지적해야 하고, ② 1개월 이상의 유예기간을 두어야 하고(미만 시 확답촉구의 효력 없음), ③ 추인 여부의 확답을 요구해야 한다. 확답촉구의 상대방은 제한능력자(능력자 된 후) 또는 법정대리인이다.

제15조(제한능력자의 상대방의 확답을 촉구할 권리) ① 제한능력자의 상대방은 제한능력자가 능력자가 된 후에 그에게 1개월 이상의 기간을 정하여 그 취소할 수 있는 행위를 추인할 것인지 여부의 확답을 촉구할 수 있다. 능력자로 된 사람이 그 기간 내에 확답을 발송하지 아니하면 그 행위를 추인한 것으로 본다.
② 제한능력자가 아직 능력자가 되지 못한 경우에는 그의 법정대리인에게 제1항의 촉구를 할 수 있고, 법정대리인이 그 정하여진 기간 내에 확답을 발송하지 아니한 경우에는 그 행위를 추인한 것으로 본다.
③ 특별한 절차가 필요한 행위는 그 정하여진 기간 내에 그 절차를 밟은 확답을 발송하지 아니하면 취소한 것으로 본다.

(2) 확답촉구권의 효과

확답촉구가 있고 확답(추인/취소)이 있게 되면 행위가 확정되거나 무효로 된다. 확답을 발송하지 않는 경우에는 법이 정한 확답촉구의 효과(추인/취소)가 발생한다(15). 즉, ① 무능력자가 능력자가 된 후 확답을 발송하지 않으면 추인한 것으로 되고, ② 법정대리인이 확답을 발송하지 않으면 원칙적으로 추인한 것으로 된다. 단 예외적인 경우(특별한 절차 요구, 가령 후견감독인의 동의: 950 ①)에는 확답을 발송하지 않으면 취소한 것으로 된다. 단 확답은 발송으로 충분하므로 유예기간 내에 도달하지 않아도 된다(111).

3. 상대방의 철회권, 거절권

철회권은 제한능력자와의 계약에 관한 것이고, **거절권**은 제한능력자의 단독행위에 관한 것이다.

> **第16조(제한능력자의 상대방의 철회권과 거절권)** ① 제한능력자가 맺은 계약은 추인이 있을 때까지 상대방이 그 의사표시를 철회할 수 있다. 다만, 상대방이 계약 당시에 제한능력자임을 알았을 경우에는 그러하지 아니하다.
> ② 제한능력자의 단독행위는 추인이 있을 때까지 상대방이 거절할 수 있다.
> ③ 제1항의 철회나 제2항의 거절의 의사표시는 제한능력자에게도 할 수 있다.

제한능력자의 단독행위 중 거절권이 문제되는 것은 상대방 있는 단독행위(eg. 채무면제, 상계 등)의 경우이다. 상대방이 계약 당시에 제한능력자임을 알았을 경우 철회권은 인정되지 않지만(16 ① 단) 거절권은 제한능력자임을 알았어도 허용된다.

4. 제한능력자의 속임수에 의한 취소권의 상실

제한능력자가 속임수를 쓴 경우 상대방이 사기(詐欺)를 이유로 법률행위를 취소하거나 불법행위에 기한 손해배상을 청구할 수도 있겠지만, 민법은 제한능력자의 취소권을 박탈함으로써 보다 강력하게 제재한다.

제17조(**제한능력자의 속임수**) ① 제한능력자가 속임수로써 자기를 능력자로 믿게 한 경우에는 그 행위를 취소할 수 없다.

② 미성년자나 피한정후견인이 속임수로써 법정대리인의 동의가 있는 것으로 믿게 한 경우에도 제1항과 같다.

취소권 상실의 **요건**은 다음과 같다.

① 제한능력자가 능력자인 것으로 믿게 하거나, 미성년자나 피한정후견인이 법정대리인의 동의가 있는 것으로 믿게 하려고 했어야 한다.

② **속임수**를 썼어야 한다. 속임수에는 적극적 기망수단은 물론이고 오신유발·강화도 포함된다(多). 속임수인지는 제반사정을 고려하여 판단하자는 견해도 있다. 속임수의 증명책임은 상대방이 부담한다.

③ 상대방의 **오신**(誤信: 잘못 믿음)이 있어야 한다. 즉 제한능력자의 속임수에 기하여 상대방이 능력자라고, 또는 법정대리인의 동의가 있다고 믿었어야 한다. 오신의 증명책임 역시 상대방이 부담한다.

13장 강행법규 위반

I 법률행위 목적의 유효

법률행위의 **목적**(目的)은 법률행위에 의해 달성하려는 법률효과를 말하며, 법률행위의 **내용**이라고도 한다. 법률행위의 목적에 관해서는 이번 장과 다음 장에서 다룬다.

법률행위의 목적 vs. 목적물

법률행위의 목적은 목적물(目的物, 객체)과는 다른 개념임을 주의해야 한다. 가령 부동산 매수인에게 있어서 매매계약의 목적은 '그 부동산의 소유권을 이전받는 것'이고, 매매계약의 목적물은 그 '부동산'이다.

법률행위의 목적이 유효하기 위해서는 다음의 네 가지 요건을 충족해야 한다. 먼저, ① **확정성**(확정 가능해야 함), ② **실현가능성**(원시적 불능이면 무효)을 갖추어야 한다. 그런데 확정성과 실현가능성이 문제되는 경우는 많지 않다.

불능의 종류

불능(不能: 법적으로 불가능한 것)에는 다음과 같은 종류가 있다. 우선 원시적 · 후발적 불능의 경우, 법률행위 성립 당시에 이미 불가능한 것을 원시적 불능이라 하고 그 이후에 불가능하게 된 것을 후발적 불능이라 한다. 전부 · 일부 불능의 경우, 전부불능은 특정한 법률행위 전체가 불가능한 경우이고 일부불능은 그중에서 일부분은 가능한 것이다. 객관적 · 주관적 불능은 일반적으로 보아 불가능한 경우와 행위자 개인에게만 불가능한 경우를 말한다.

③ **적법성**(강행법규 위반이 아님: 105), ④ **사회적 타당성**(선량한 풍속 기타 사회질서에 위배되지 않음: 103, 104)을 갖추어야 한다. 여기에서는 적법성을, 다음 장에서는 사회적 타당성을 검토한다.

II 법률행위 목적의 적법성

민법은 '누구나 자유롭게 자신이 원하는 내용으로 법률행위를 할 수 있다'는 법률행위 자유의 원칙(사적 자치)이 지배하지만, 이 원칙의 적용에도 일정한 한계는 있다. 그 한계 중에서 가장 중요한 것은 법률에 의한 제한이며, 이에 관해서는 제105조가 규정하고 있다.

> **제105조(임의규정)** 법률행위의 당사자가 법령중의 선량한 풍속 기타 사회질서에 관계없는 규정과 다른 의사를 표시한 때에는 그 의사에 의한다.

사적 자치에 대한 제한으로서는 적법성 요건 외에도 사회적 타당성(103)의 요건이 중요한데, 이 둘 사이의 관계가 문제된다. 두 가지를 별개의 요건으로 보는 이른바 분리설(通判)이 타당하지만 양 요건을 동일한 것으로 보는 동일설(少)도 있다.

III 강행규정

1. 강행규정의 개념

강행규정(**강행법규**)은 제105조에서 정의하는 임의규정과는 반대로, '법령 중의 선량한 풍속 기타 사회질서에 **관계 있는**' 규정을 말한다. 어떤 규정이 강행규정인지 판정하는 기준이 규정 자체에서 항상 명시적으로 언급되어 있지는 않다. 오히려 그렇지 않은 경우가 더 많으므로, 강행규정인지 여부는 법규정 해석을 통하여 확인해야 한다.

강행규정의 예를 들자면 친족·상속편의 많은 규정, 권리능력·행위능력, 법인 제도, 물권편의 많은 규정, 유가증권 제도, 경제적 약자 보호 규정(104, 608, 임대차·고용·소비대차 일부 규정, 기타 특별법), 윤리적 한계(2, 103) 등이 있다. 가령 다음의 판결에서 확인할 수 있듯이, 제547조 제1항은 채권법의 다른 많은 규정과 마찬가지로 **임의규정**이다. 따라서 이와 다른 내용의 당사자의 **특약**이 있다면 그 특약이 우선적으로 적용된다.

제547조(해지, 해제권의 불가분성) ① 당사자의 일방 또는 쌍방이 수인인 경우에는 계약의 해지나 해제는 그 전원으로부터 또는 전원에 대하여 하여야 한다.

대판 1994.11.18, 93다46209

매도인이 택시의 면허권, 택시차량대금 및 사무실비품 등 일체를 매수인들에게 매도한 후 공동매수인 중 1인인 갑이 약정한 지급기일까지 매매잔대금을 지급하지 않았다는 이유로 갑에 대하여만 매매계약을 해제한다고 주장하는 경우, 매도인이 매수인들과 사이에서 민법 제547조 제1항의 적용을 배제하기로 하였다는 특별한 사정이 없는 한 매매계약을 해제함에 있어 매수인들 모두에 대하여 그 해제의 의사표시를 하여야 그 효력이 발생한다.

2. 강행규정과 단속법규의 관계

일반적으로 강행규정은 **효력규정**(위반 시 무효)과 **단속규정**(벌칙은 있으나 행위 자체는 유효)으로 구분된다(通判). 이와 달리 강행법규(민법의 규제법규)와 단속법규(행정 목적의 규제법규)를 구분한 후 단속법규를 다시 효력규정과 단속규정으로 구분하는 유력설도 있다.

어느 입장을 따르든 효력규정과 단속규정을 실제로 구별하는 것은 쉽지 않은 문제이다. 원칙적으로 명문규정이 없으면 입법취지에 따라 판단해야 할 것이다. 즉 단순히 일정한 행위를 금지한 경우는 단속규정이고, 법규가 정하는 내용의 실현을 완전히 금지하는 경우는 효력규정이다.

대판 2017.2.3, 2016다259677

(1) 법률행위가 일정한 행위를 금지하는 구체적 법규정에 위반하여 행하여진 경우에 법률행위가 무효인가 또는 법원이 법률행위 내용의 실현에 대한 조력을 거부하거나 기타 다른 내용

으로 효력이 제한되는가의 여부는 당해 법규정이 가지는 넓은 의미에서의 법률효과에 관한 문제로서, 다른 경우에서와 같이 법규정의 해석에 의하여 정하여진다. 따라서 명문의 정함이 있다면 당연히 이에 따라야 할 것이고, 정함이 없는 때에는 종국적으로 금지규정의 목적과 의미에 비추어 그에 반하는 법률행위의 무효 기타 효력 제한이 요구되는지를 검토하여 정할 것이다.

(2) 개업공인중개사 등이 중개의뢰인과 직접 거래를 하는 행위를 금지하는 공인중개사법 제33조 제6호의 규정 취지는 개업공인중개사 등이 거래상 알게 된 정보를 자신의 이익을 꾀하는데 이용하여 중개의뢰인의 이익을 해하는 경우가 있으므로 이를 방지하여 중개의뢰인을 보호하고자 함에 있는바, 위 규정에 위반하여 한 거래행위가 사법상의 효력까지도 부인하지 않으면 안 될 정도로 현저히 반사회성, 반도덕성을 지닌 것이라고 할 수 없을 뿐만 아니라 행위의 사법상의 효력을 부인하여야만 비로소 입법 목적을 달성할 수 있다고 볼 수 없고, 위 규정을 효력규정으로 보아 이에 위반한 거래행위를 일률적으로 무효라고 할 경우 중개의뢰인이 직접 거래임을 알면서도 자신의 이익을 위해 한 거래도 단지 직접 거래라는 이유로 효력이 부인되어 거래의 안전을 해칠 우려가 있으므로, 위 규정은 강행규정이 아니라 단속규정이다.

단속규정 위반의 예로는 비실명 금융거래, 중간생략등기의 합의, 신용협동조합이 비조합원에게 한 대출 등이 있다. 효력규정 위반의 예로는 토지거래 허가구역 내에서 허가 없이 체결한 토지매매계약, 관할청의 허가 없이 행한 학교법인의 기본재산 처분 등이 있다.

IV 강행법규 위반의 모습

강행법규를 직접적으로 위반하면 물론 무효이지만, **탈법행위**(간접적 위반) 역시 무효이다. 물론 모든 **회피행위**가 무효로 되는 것은 아니므로 다음과 같은 구별이 필요하다. 즉 강행법규의 취지가 위반 결과를 절대로 허용하지 않는 경우에 회피행위는 곧 탈법행위(eg. 경제적 약자 보호를 목적으로 하는 강행법규의 위반)로서 **무효**이다. 그러나 단지 특정의 수단·형식에 의한 결과를 방지하고자 하는 경우에는 회피행위가 **유효**(eg. 거래의 안전 보호를 목적으로 하는 강행법규의 회피)이다.

다음의 판결들이 탈법행위 여부를 어떻게 판단하는지를 살펴보자.

대판 1992.9.14, 92다17754

근로자가 자의로 사직서를 제출하여 중간퇴직한 이상 적어도 퇴직금 계산의 기초가 되는 근로관계에 관한 한 그때까지의 근로계약관계는 위 퇴직일로써 일단 종료되었다고 봄이 상당하고, 위 퇴직의 의사표시를 진의 아닌 의사표시로서 퇴직금 산정에 있어서 무효라고 볼 수 없으며, 중간퇴직을 할 것이냐의 여부가 기본적으로 근로자의 자유로운 선택에 맡겨져 있는 이상 이러한 근로자의 선택에 따라 근로자를 중간퇴직 처리한 뒤 그 중간퇴직금을 지급한 행위를 근로기준법상의 퇴직금규정에 위배되는 탈법행위로서 무효라고 할 수도 없다.

대판 1997.6.27, 97다9529

구 국유재산법(1976.12.31. 법률 제2950호로 개정되기 전의 것) 제7조는 같은 법 제1조의 입법 취지에 따라 국유재산 처분 사무의 공정성을 도모하기 위하여 관련 사무에 종사하는 직원에 대하여 부정한 행위로 의심받을 수 있는 가장 현저한 행위를 적시하여 이를 엄격히 금지하는 한편, 그 금지에 위반한 행위의 사법상 효력에 관하여 이를 무효로 한다고 명문으로 규정하고 있으므로, 국유재산에 관한 사무에 종사하는 직원이 타인의 명의로 국유재산을 취득하는 행위는 강행법규인 같은 법 규정들의 적용을 잠탈하기 위한 탈법행위로서 무효이고, 나아가 같은 법이 거래안전의 보호 등을 위하여 그 무효로 주장할 수 있는 상대방을 제한하는 규정을 따로 두고 있지 아니한 이상, 그 무효는 원칙적으로 누구에 대하여서나 주장할 수 있으므로, 그 규정들에 위반하여 취득한 국유재산을 제3자가 전득하는 행위 또한 당연무효이다.

구 국유재산법 제7조(직원의 행위제한) ① 국유재산에 관한 사무에 종사하는 직원은 그 처리하는 국유재산을 양수하거나 자기의 소유물건과 교환하지 못한다. 단, 소속장관의 허가를 얻었을 때에는 예외로 한다.
② 전항의 규정에 위반한 행위는 무효로 한다.

대판 1999.9.7, 99다14877

국유재산 관리청인 재정경제원으로부터 분임보관청으로 지정받은 지방자치단체가 작성한 국유재산관리계획작성지침 소정의 매각 대상 부동산이 아님에도 매수인이 담당공무원과 공모하여 허위의 증빙서류를 제출하는 등 부정한 방법을 사용하여 그 지침을 위반하여 국유의 잡종재산인 부동산을 매수한 경우, 그 지침은 국유재산업무를 담당하는 공무원들이 매각업무 처리 시 일응의 기준으로 삼는 내부규정일 뿐이어서 그 지침에 위반하였다고 하여 개인 간의 거래의 객체가 되는 잡종재산인 그 부동산을 매수한 행위가 무효로 되는 것은 아니고, 그 부동산의 매수행위에 담당 공무원의 부정이 개입되었다고 하더라도 그 공무원이 직접 또는 매수인 명의로 그 부동산을 취득한 것은 아니므로, 그 매수행위가 국유재산법 제14조를 위반한 행위이거나 그 규정의 적용을 잠탈한 탈법행위로서 무효가 되는 것이 아닐 뿐더러, 그러한 사정만으로는 그 매수행위가 반사회적 법률행위에 해당하여 무효가 되는 것도 아니고, 단지 국유재산법 제41조 제2호 및 해당 매매계약에서 정한 특약에 의하여 해제의 대상이 될 뿐이어서, 국가가 그 부동산에 대한 매매계약을 해제하기 전에 그 부동산을 매수하고 소유권이전등기를 경료한 제3취득자에게 국가는 그 매매계약의 해제로써 대항할 수 없다.

구 국유재산법 제14조(직원의 행위제한) [→ 현 국유재산법 제20조] ① 국유재산에 관한 사무에 종사하는 직원은 그 처리하는 국유재산을 취득하거나 자기의 소유재산과 교환하지 못한다. 다만, 당해 관리청의 허가를 받은 때에는 그러하지 아니하다.
② 제1항의 규정에 위반한 행위는 무효로 한다.

현 국유재산법 제6조(국유재산의 구분과 종류) ① 국유재산은 그 용도에 따라 행정재산과 일반재산으로 구분한다.
② 행정재산의 종류는 다음 각 호와 같다.
1. 공용재산: 국가가 직접 사무용 · 사업용 또는 공무원의 주거용(직무 수행을 위하여 필요한 경우로서 대통령령으로 정하는 경우로 한정한다)으로 사용하거나 대통령령으로 정하는 기한까지 사용하기로 결정한 재산
2. 공공용재산: 국가가 직접 공공용으로 사용하거나 대통령령으로 정하는 기한까지 사용하기로 결정한 재산
3. 기업용재산: 정부기업이 직접 사무용 · 사업용 또는 그 기업에 종사하는 직원의 주거용(직무 수행을 위하여 필요한 경우로서 대통령령으로 정하는 경우로 한정한다)으로 사용하거나 대통령령으로 정하는 기한까지 사용하기로 결정한 재산
4. 보존용재산: 법령이나 그 밖의 필요에 따라 국가가 보존하는 재산
③ "일반재산"이란 행정재산 외의 모든 국유재산을 말한다. [구 잡종재산(雜種財産)]

대판(전) 2019.4.18, 2016다2451

정액사납금제하에서 생산고에 따른 임금을 제외한 고정급이 최저임금에 미달하는 것을 회피

할 의도로 사용자가 소정근로시간을 기준으로 산정되는 시간당 고정급의 외형상 액수를 증가시키기 위해 택시운전근로자 노동조합과 사이에 실제 근무형태나 운행시간의 변경 없이 소정근로시간만을 단축하기로 합의한 경우, 이러한 합의는 강행법규인 최저임금법상 특례조항 등의 적용을 잠탈하기 위한 탈법행위로서 무효라고 보아야 한다.

대판 2019.1.17, 2015다227000

공정거래법이 위와 같은 채무보증을 사법상 무효라고 보았다면 굳이 시정조치로 취소를 명할 수 있다는 규정을 둘 이유가 없다. 따라서 공정거래법의 문언해석상 공정거래위원회의 시정명령으로 취소되기 전까지는 공정거래법 제10조의2 제1항을 위반한 채무보증은 일단 사법상 유효하다고 보아야 한다. 마찬가지로 공정거래법 제10조의2 제1항의 적용을 면탈하려는 제15조를 위반한 탈법행위도 사법상 유효하다고 볼 수 있다. (…) 공정거래법 제10조의2 제1항, 제15조는 일정 규모 이상의 기업집단에 속하는 회사의 국내계열회사에 대한 채무보증이나 탈법행위를 금지하여 과도한 경제력 집중을 방지하고 공정하고 자유로운 경쟁을 촉진하여 국민경제의 균형 있는 발전을 도모하는 데 입법 취지가 있다. 이를 달성하기 위해서 반드시 위 채무보증이나 탈법행위의 효력을 부정해야 할 필요는 없다.

V 강행법규 위반의 효과

예제 1

매수인 A(원고)는 매도인 B(담배인삼공사)로부터 담배를 구입하면서 287,955,000원을 담배 구입대금으로 지급했고, B는 144,000,000원 상당의 담배를 A에게 지급했다. 그런데 A는 구 담배사업법 제12조 소정의 도매업자 또는 소매인이 아니었다. A는 지급한 물품대금 중 담배로 지급받지 못한 차액 143,955,000원을 B에게 반환청구할 수 있는가?

cf. 구 담배사업법 제12조(제조담배의 판매) ① 공사가 제조한 제조담배는 공사가, 외국으로부터 수입한 제조담배는 그 수입판매업자(제13조 제1항의 규정에 의한 수입판매업의 등록을 한 자를 말한다. 이하 같다)가 도매업자(제13조 제1항의 규정에 의한 도매업의 등록을 한 자를 말한다. 이하 같다) 또는 소매인(제16조 제1항의 규정에 의한 소매인의 지정을 받은 자를 말한다. 이하 같다)에게 이를 판매한다.

② 소매인이 아니고는 제조담배를 소비자에게 판매할 수 없다. 다만, 서비스업 등을 영위하

는 자가 소매인으로부터 제18조의 규정에 의한 판매가격으로 매입한 제조담배를 자기의 고객 등에게 그 가격으로 판매하는 경우에는 그러하지 아니하다.

1. 단속규정의 위반

단속규정을 위반할 경우 위반하는 행위가 무효로 되지는 않으며, 처벌 등의 제재만 가해진다.

2. 효력규정의 위반

효력규정을 위반하면 그 위반행위는 무효로 된다. 따라서 다음과 같은 문제들이 발생한다.

(1) 부당이득 반환

효력규정 위반으로 특정한 법률행위가 무효로 된 경우 그 법률행위에 의하여 당사자들 간에 이미 급부한 것이 있다면 그 급부의 반환이 문제된다. 이 문제에 대한 기본적인 해결은 부당이득 반환청구(741)에 의해 이루어진다.

제741조(부당이득의 내용) 법률상 원인 없이 타인의 재산 또는 노무로 인하여 이익을 얻고 이로 인하여 타인에게 손해를 가한 자는 그 이익을 반환하여야 한다.

(2) 불법원인급여

그런데 우리 민법은 제741조에 대한 예외로서 불법원인급여(不法原因給與)를 규정하고 있다.

제746조(불법원인급여) 불법의 원인으로 인하여 재산을 급여하거나 노무를 제공한 때에는 그 이익의 반환을 청구하지 못한다. 그러나 그 불법원인이 수익자에게만 있는 때에는 그러하지 아니하다.

그렇다면 제746조에서 말하는 '불법'의 원인의 범위가 문제된다. 선량한 풍속 기타 사회질서 위반은 항상 불법원인이 되지만(通判), 강행법규 위반은 불법원인에 해당하지 않는다.

예제 1의 해결

구 담배사업법 12조 1항은 입법취지로 보아 강행규정이다. 따라서 이 규정에 위반하여 매도인 B와 매수인 A 사이에서 체결된 매매계약은 무효이다. 그러므로 B는 매매대금 중 잔액을 부당이득으로서 A에게 반환하여야 하는데, 이것이 불법원인급여에 해당하여 반환하지 않아도 되는지가 문제된다. 불법원인의 범위에 강행법규의 위반은 포함되지 않으므로(通判) 앞의 잔액은 불법원인급여에 해당하지 않는다. 따라서 A는 이를 반환청구할 수 있다.

대판 2001.5.29, 2001다1782

구 담배사업법(1999.12.31. 법률 제6078호로 개정되기 전의 것) 제12조 제1항은, 한국담배인삼공사가 제조한 담배는 공사가 위 법 소정의 도매업자 또는 소매인에게 이를 판매하여야 한다고 규정하고 있는바, 같은 법 제1조가 규정하고 있듯이, 담배사업법은 "원료용 잎담배의 생산 및 수매와 제조담배의 제조 및 담배의 판매 등에 관한 사항을 정함으로써 담배산업의 건전한 발전을 도모하고 국민경제에 이바지하게 함을 목적"으로 제정된 것으로서, 그 입법 취지에 비추어 볼 때 위 제12조 제1항은 강행규정으로 보아야 할 것이고 이에 위반한 행위는 그 효력이 없다고 보아야 할 것이다.

부당이득의 반환청구가 금지되는 사유로 민법 제746조가 규정하는 불법원인이라 함은 그 원인되는 행위가 선량한 풍속 기타 사회질서에 위반하는 경우를 말하는 것으로서 법률의 금지에 위반하는 경우라 할지라도 그것이 선량한 풍속 기타 사회질서에 위반하지 않는 경우에는 이에 해당하지 않는다고 할 것인바, 담배사업법은 "담배산업의 건전한 발전을 도모하고 국민경제에 이바지하게 함을 목적"으로 제정된 것으로서, 원료용 잎담배의 생산 및 수매와 제조담배의 제조 및 판매 등에 관한 사항을 규정하고 있기는 하나, 원래 담배사업이 반드시 국가의 독점사업이 되어야 한다거나 담배의 판매를 특정한 자에게만 하여야 하는 것은 아니어서 그 자체에 반윤리적 요소가 있는 것은 아니고, 또한 담배 사재기가 물가안정에관한 법률에 의하여 금지되고 그 위반행위는 처벌되는 것이라고 하여도 이는 국민경제의 정책적 차원에서 일정한 제한을 가하고 위반행위를 처벌하는 것에 불과하므로, 이에 위반하는 행위가 무효라고 하더라도 이것을 선량한 풍속 기타 사회질서에 반하는 행위라고는 할 수 없다.

따라서 구 담배사업법(1999.12.31. 법률 제6078호로 개정되기 전의 것) 소정의 등록도매업자 또는 지정소매인이 아닌 자가 담배사재기를 위하여 한국담배인삼공사로부터 담배를 구입키로 하고 지급한 <u>담배구입대금은 불법원인급여에 해당하지 않아 그 반환을 청구할 수 있다</u>고 보아야 한다.

14장 사회적 타당성

I 목적의 사회적 타당성

법률행위의 목적이 유효하기 위한 요건인 확정성, 실현가능성, 적법성, 사회적 타당성 중, 앞 장에서는 적법성에 관하여 공부했다. 이번 장에서는 사회적 타당성을 살펴볼 것인데, 구체적으로는 사회질서를 위반한 법률행위(103)와 불공정한 법률행위(104)를 검토한다.

II 반사회질서의 법률행위

1. 반사회질서 법률행위의 개념

(1) 선량한 풍속과 사회질서의 관계

제103조를 보면, **선량한 풍속**과 **사회질서**라는 두 개념을 중요한 요건으로 하고 있다.

> **제103조(반사회질서의 법률행위)** 선량한 풍속 기타 사회질서에 위반한 사항을 내용으로 하는 법률행위는 무효로 한다.

이 두 개념 사이의 관계가 문제된다. 상위개념설은 사회질서가 상위개념이라는 견해이고, 병존개념설은 이 둘이 각각 윤리개념과 공익개념으로서 대등한 관계라는 견해이다. 또한 양자를 구별할 필요가 없다는 견해(비구별설)도 있다.

(2) 사회질서 위반 여부의 판단

이제 사회질서 위반 여부를 판단함에 있어서 구체적으로 문제되는 것들을 검토해보기로 하자. 우선 반사회성을 **당사자가 인식할 필요**가 있는지 여부에 대해서는, ① 인식이 필요하다는 견해도 있고, ② 법률행위를 사회질서에 반하게 만드는 사정에 대한 인식은 필요하다는 견해, ③ 원칙적으로 불필요하지만 동기의 불법은 달리 고려한다는 견해 등이 있다. 또한 사회질서 위반 여부의 판단 시기에 대해서는 **법률행위 시점**을 기준으로 한다는 입장(법률행위시설: 通判)이 있고, 효력발생 시를 기준으로 하는 견해도 있다.

다음 판결은 통설을 따르고 있다.

대판(전) 2015.7.23, 2015다200111

(…) <u>선량한 풍속 기타 사회질서는 부단히 변천하는 가치관념</u>으로서 어느 법률행위가 이에 위반되어 민법 <u>제103조에 의하여 무효인지</u>는 <u>법률행위가 이루어진 때를 기준으로 판단</u>하여야 하고, 또한 그 법률행위가 유효로 인정될 경우의 부작용, 거래자유의 보장 및 규제의 필요성, 사회적 비난의 정도, 당사자 사이의 이익균형 등 제반 사정을 종합적으로 고려하여 사회통념에 따라 합리적으로 판단하여야 한다.

(3) 동기의 불법

동기의 불법 여부는 계약의 경우와 단독행위의 경우를 나누어서 살펴보자. **계약**에 관해서는 여러 학설이 있다. **표시설**은 표시된 동기가 사회질서에 반하면 무효라는 입장이며, **인식설**은 상대방에게 표시되거나 알려져 상대방이 그 불법동기의 실현에 가담하면 무효라는 입장이다. 한편 **인식가능성설**은 인식설의 내용에 '알 수 있었을 때 무효'라는 점을 추가한 입장이다. 그 밖에도 객관설, 상관관계설, 종합적 고려설, 다원설 등이 있다.

판례는 종래에는 표시설의 입장을 취했으나 최근에는 인식설과 유사한 모습을 보여주고 있다.

대판 1984.12.11, 84다카1402

민법 제103조에 의하여 무효로 되는 반사회질서행위는 법률행위의 목적인 권리의무 내용이 선량한 풍속 기타 사회질서에 위반되는 경우뿐만 아니라 그 내용 자체는 반사회질서적인 것이 아니라고 하여도 법률적으로 이를 강제하거나 그 법률행위에 반사회질서적인 조건 또는 금전적 대가가 결부됨으로써 반사회질서적 성질을 띠게 되는 경우 및 표시되거나 상대방에게 알려진 법률행위의 동기가 반사회질서적인 경우를 포함한다.

대판 1996.4.26, 94다34432

(…) 이 사건에 있어서 표시된 법률행위의 동기는 부실화된 국제그룹의 정상화라고 할 것이므로 이것이 반사회질서적이라고 할 수도 없다. (…) 이 사건 법률행위의 목적이나 표시된 동기가 불법이었다고 볼 수는 없다.

단독행위의 경우에는 동기가 반사회적이면 항상 무효라고 해야 한다. 상대방 보호의 필요가 크지 않기 때문으로, 이때 상대방의 인식, 상대방의 수익(受益) 여부는 따지지 않는다.

2. 사회질서 위반의 유형

사회질서 위반의 법률행위는 그 유형이 제한되어 있지 않다. 그렇지만 판례를 다음과 같은 대표적인 유형들에 따라 분류하는 것은 가능하다. 즉 정의(正義)의 관념에 반하는 행위, 윤리적 질서에 반하는 행위, 개인의 자유를 매우 심하게 제한하는 행위, 생존의 기초가 되는 재산의 처분행위, 도박 등 사행행위(射倖行爲), 폭리행위 등이다.

(1) 정의의 관념에 반하는 행위

매도인의 배임행위에 적극 가담하여 이루어진 토지의 이중매매, 매도된 후 증여, 취득시효 완성 후 처분, 이미 매도된 후 저당권 설정, 명의신탁된 재산의 처분, 보험사고를 가장하여 보험금을 취득할 목적으로 체결한 생명보험계약, 세금회피를 위한 매매계약, 명의신탁, 소송에서 증언하는 조건으로 맺은 급부 약정 등이 정의의 관념에 반하는 행위에 해당한다.

대판 1994.3.11, 93다55289

부동산의 이중매매가 반사회적 법률행위로서 무효가 되기 위하여는 매도인(賣渡人)의 배임행위(背任行爲)와 매수인(買受人)이 매도인의 배임행위에 적극 가담한 행위로 이루어진 매매로서, 그 적극 가담하는 행위는 매수인이 다른 사람에게 매매목적물이 매도된 것을 안다는 것만으로는 부족하고, 적어도 그 매도사실을 알고도 매도를 요청하여 매매계약에 이르는 정도가 되어야 한다.

대판 1995.6.30, 94다52416

부동산 소유자가 자신의 부동산에 대하여 취득시효가 완성된 사실을 알고 이를 제3자에게 처분하여 소유권이전등기를 넘겨줌으로써 취득시효 완성을 원인으로 한 소유권이전등기의무를 이행불능에 빠뜨려 시효취득을 주장하는 자에게 손해를 입혔다면 불법행위를 구성하며, 이 경우 부동산을 취득한 제3자가 부동산 소유자의 이와 같은 불법행위에 적극 가담하였다면 이는 사회질서에 반하는 행위로서 무효이다.

취득시효가 완성된 부동산의 소유자가 그 부동산을 아들에게 증여하여 소유권이전등기를 넘겨준 사안에서, 그 증여행위는 시효취득자에 대한 소유권이전등기 의무를 회피하기 위한 목적으로 한 것이고 수증자인 아들이 이에 적극 가담한 것으로서 아들 명의의 등기는 그 원인행위가 사회질서에 반하거나 통정허위표시에 의한 무효의 등기라고 추단할 여지가 있다고 한 사례.

(2) 윤리적 질서에 반하는 행위

첩(妾) 계약, 현재의 처가 사망하거나 처와 이혼하면 혼인한다는 계약 등이 윤리적 질서에 반하는 행위에 해당한다. 그러나 첩의 생활대책을 위하여 금전을 지급하기로 한 약정은 유효하다.

대판 1967.10.6, 67다1134

(…) 장래에 있어서의 부첩행위의 계속을 용인하기로 합의되었다고 보기에는 특단의 사정이 없는 한 어렵다 할 것이고, 가사 그와 같은 합의가 있었다고 보아야 한다 하더라도 과거지사는 모르되 <u>장래의 부첩관계의 사전 승인</u>이라는것은 <u>선량한 풍속에 위배되는 행위</u>이므로, <u>당연무효의 행위</u>라고 할것이고 (…)

대판 1980.6.24, 80다458

피고가 원고와의 부첩관계를 해소하기로 하는 마당에 그동안 원고가 피고를 위하여 바친 노력과 비용 등의 희생을 배상 내지 위자하고 또 원고의 장래 생활대책을 마련해 준다는 뜻에서 금원을 지급하기로 약정한 것이라면 부첩관계를 해소하는 마당에 위와 같은 의미의 금전지급약정은 공서양속에 반하지 않는다고 보는 것이 상당하다.

(3) 개인의 자유를 제한하는 행위

어떤 일이 있어도 이혼하지 않는다는 각서, 과도하게 무거운 위약벌의 약정, 우월적 지위를 악용하여 상대방에게 과도한 부담을 과하는 법률행위 등이 개인의 자유를 제한하는 행위에 해당한다. 그러나 해외파견된 근로자가 귀국 후 일정 기간 소속회사에서 근무하여야 한다는 사규(社規)나 약정은 유효하다.

대판 1969.8.19, 69므18

청구인이 1968.3.26 어떠한 일이 있어도 피청구인과 이혼하지 아니하겠다는 취지의 각서를 피청구인에게 써 준일이 있었다 하더라도 그와 같은 의사표시는 신분행위의 의사결정을 구속하는 것으로서, 공서양속에 위배하여 무효라고 할 것이며 (…)

서울고판 1972.10.13, 72나92

혼인에 응하면 증여로 하고 불응하면 소비대차로 본다는 내용의 조건부 소비대차계약을 체결하고 금원을 교부하였다면 이는 상대방을 유혹하여 혼인하기 위한 미끼로 제공한 급여금이므로 혼인의 순결을 해치는 선량한 풍속에 위반된 사항을 내용으로 하는 불법원인 급여이다.

(4) 생존 기초 재산의 처분행위

장차 취득할 재산을 모두 양도한다는 계약, 사찰의 존립에 필요불가결한 재산인 임야를 증여하는 행위 등이 생존 기초 재산의 처분행위에 해당한다.

대판 1970.3.31, 69다2293

사찰의 존립에 필요불가결한 재산은 불교재산관리법 제4조 제1항과 제2항 1, 2, 3호에 규정된 것에 국한된다고 할 수 없는 바이므로 원판결이 든 증거에 의하여 본건 임야의 처분은 원고 사찰의 존립과 존재의의를 상실케 하는 것이라 인정하고 본건 증여행위에는 구민법이 적용된다는 전제하에서 공서양속에 위반되는 무효의 행위라는 취의로 판단하였음에 무슨 위법이 있을 수 없다.

(5) 도박 등 사행행위(射倖行爲)

도박 등 사행행위는 도박계약, 도박을 함을 알면서 도박자금을 빌려주는 행위, 도박채무변제를 위하여 토지를 양도하는 계약, 노름빚을 변제하기로 하는 계약 등을 가리킨다. 그러나 법률이 허가하는 복권은 유효하다.

대판 1973.5.22, 72다2249

도박자금에 제공할 목적으로 금전의 대차를 한 때에는 그 대차계약은 민법 제103조의 반사회질서의 법률행위로 무효이다.

대판 1959.10.15, 4291민상262

도박으로 인한 채무의 변제방법으로서 토지를 양도하는 계약은 무효이다.

(6) 기타

앞의 사회질서 위반의 유형 중 어느 유형에 속한다고 보기 어려운 경우로서 변호사 아닌 자가 승소를 조건으로 하여 소송당사자로부터 소송물 일부를 받기로 한 약정, 친권 상실이나 관리권 상실을 청구할 수 있는 자가 그러한 청구권을 포기하는 것을 내용으로 하는 계약, 진정을 취하하는 것을 조건으로 거액의 급부를 받기로 한 약정 등이 있다.

대판 1990.5.11, 89다카10514

변호사 아닌 갑과 소송당사자인 을이 갑은 을이 소송당사자로 된 민사소송사건에 관하여 을을 승소시켜주고 을은 소송물의 일부인 임야지분을 그 대가로 갑에게 양도하기로 약정한 경우 위 약정은 강행법규인 변호사법 제78조 제2호에 위반되는 반사회적 법률행위로서 무효이다. [강행법규 위반 및 제103조 위반인 사안]

그런데 다음의 판결에서 보듯이, 매매목적물이 범죄행위로 취득된 것을 알면서 매수하는 계약은 무효이지만, 매매계약체결 후 그 목적물이 범죄행위로 취득된 것을 알게 된 경우 그 계약의 이행을 구하는 것은 제103조 위반이 아니다. 사회질서 위반 여부를 판단하는 기준 시점이 **법률행위를 한 때**이기 때문이다.

대판 2001.11.9, 2001다44987

매매계약 체결 당시에 정당한 대가를 지급하고 목적물을 매수하는 계약을 체결하였다면, 비록 그 후 목적물이 범죄행위로 취득된 것을 알게 되었다고 하더라도, 계약의 이행을 구하는 것 자체가 선량한 풍속 기타 사회질서에 위반하는 것으로 볼 만한 특별한 사정이 없는 한, 그러한 사유만으로 당초의 매매계약에 기하여 목적물에 대한 소유권이전등기를 구하는 것이 민법 제103조의 공서양속에 반하는 행위라고 단정할 수 없다.

3. 사회질서 위반의 효과

(1) 절대적 무효

사회적 질서에 위반한 법률행위는 절대적 무효이다. 선의의 제3자를 포함하여 그 누구도 유효 주장을 할 수 없고 추인(追認)도 할 수 없다.

(2) 불법원인급여 여부

사회질서 위반으로 특정 법률행위가 무효로 된 경우 그 법률행위에 의하여 당사자들 간에 이미 급부한 것이 있을 때 그 급부의 반환이 문제된다. 선량한 풍속 기타 사회질서 위반은 항상 불법원인이 된다고 본다면(通判), 불법원인이 수익자에게만 있는 경우(746 단)가 아니라면 이미 급부한 것에 대한 반환청구를 하지 못한다(746 본). 그런데 이 입장에 따르면 반환청구가 지나치게 많이 제한되므로 여기에 예외를 인정하자는 견해들이 있다. 제103조의 불법이 제746조의 불법이 아닌 경우가 있다는 견해, '인격적 비난' 이외의 사회질서위반은 반환을 인정하자는 견해, 2중매매 등 많은 예외를 인정하자는 견해, 선량한 풍속위반만을 제746조의 불법원인으로 보는 견해 등이 그러하다.

판례 역시 **불법성 비교론**을 통하여 예외를 인정하고 있다.

대판 1993.12.10, 93다12947

(1) 수익자의 불법성이 급여자의 그것보다 현저히 크고, 그에 비하면 급여자의 불법성은 미약한 경우에도 급여자의 반환청구가 허용되지 않는다고 하는 것은 공평에 반하고 신의성실의 원칙에도 어긋난다고 할 것이므로, 이러한 경우에는 민법 제746조 본문의 적용이 배제되어 급여자의 반환청구는 허용된다고 해석함이 상당하다.

(2) 부동산의 명의수탁자가 그 부동산을 매도한 것이 반사회적 법률행위로서 무효인 경우 매도인인 명의수탁자의 불법성이 매수인의 불법성보다 크다고 하여 매수인의 매매대금반환청구를 인용한 사례.

대판(전) 2019.6.20, 2013다218156

민법 제746조 단서는 '불법원인이 수익자에게만 있는 때'에는 불법의 원인으로 급여한 재산이라 하더라도 급여자가 반환을 청구할 수 있다고 정하고 있다. 선량한 풍속 그 밖의 사회질서를 위반하는 법률행위에 관해 불법원인급여 규정이 적용되는 경우에도 수익자에게만 불법원인이 있다면, 수익자와 동일하게 급여자를 보호하지 않는 것은 법적 정의감에 반하기 때문이다. 나아가 수익자의 불법성이 급여자의 불법성보다 현저히 커서 급여자의 반환청구를 허용하지 않는 것이 오히려 공평과 신의칙에 반하는 경우에는 민법 제746조 본문의 적용을 배제함으로써 급여자의 반환청구를 허용하고 있다. 이는 불법원인급여 제도 자체에 내재하고 있는 모순을 극복하는 방향으로 민법 제746조를 해석 · 적용한 것이다.

III 불공정한 법률행위

1. 불공정한 법률행위의 개념

(1) 일반적 폭리 규제 규정

불공정한 법률행위(**폭리행위**)는 앞 장에서 공부한 반사회질서적 법률행위와 마찬가지로 사적 자치에 대한 중요한 한계선을 설정한다.

제104조(**불공정한 법률행위**) 당사자의 궁박(窮迫), 경솔(輕率) 또는 무경험(無經驗)으로 인하여 현저하게 공정을 잃은 법률행위는 무효로 한다.

제104조와 제103조의 관계가 문제된다. 제104조를 제103조의 한 유형으로 파악하는 견해(多判)가 타당하며, 양자를 대등한 별개의 제도로 보는 입장(少)도 있다.

(2) 제104조의 적용 범위

쌍무·유상계약 및 유상합동행위에 제104조가 적용될 수 있음은 당연하다. 한편 **편무·무상계약**의 경우에는 **적용 부정설**과 **적용 긍정설**이 있다. 부정설은 증여와 같은 경우에 급부와 반대급부의 불균형 문제가 없기 때문이라고 본다(判). 긍정설은 부담부증여(561)에서 부담이 과도한 경우, 그리고 강박에 의해 기부 명목으로 재산을 뺏는 경우에 제104조가 적용되어야 한다고 본다.

단독행위의 경우에도 적용 부정설과 적용 긍정설이 있다. 부정설은 그 요건과 효과에 관해 법률의 구속을 받으므로 불공정의 우려가 없다고 본다. 긍정설은 채권의 포기나 형성권의 행사에도 불공정이 있을 수 있으므로 적용을 인정하자고 본다.

2. 불공정한 법률행위의 객관적 요건

불공정한 법률행위가 되기 위해서는 우선 **급부와 반대급부 사이에 현저한 차이**(불균형)가 있어야 한다. 이때의 차이는 법률행위와 관련된 모든 사정을 고려하여 판단하여야 한다.

판례는 채권액의 서너 배가 되는 대물변제계약, 시가의 3분의 1에 미달하는 가격으로 이루어진 건물의 매매, 시가의 8분의 1로 매수한 3개월 후 매수가격의 4.5배로 전매한 경우, 1백만 원 상당의 물품 외상대금채권을 포기한 경우, 손해배상금으로 통상의 8분의 1로 합의하여 합의서를 작성한 경우 등에 대하여 폭리행위의 성립을 인정했다.

대판 1968.7.30, 68다88

매도인이 부동산매도 당시 가친의 병이 위독하여 그 치료비 등 비용관계로 할 수 없이 처분하게 된 궁박한 사정을 매수인이 알고 있었고 매도인이 팔기를 꺼려하는 부분까지 매수인의 요구에 의하여 함께 팔지 않을 수 없었으며 매매목적물의 경계확정측량도 매수인이 일방적으로 하고 그 부동산가격도 토지 16,964평에 겨우 10,000원이라는 지극히 저렴한 것이었다고 한다면 위 매매행위는 본조에 해당하는 불공정한 법률행위이다.

대판 1995.12.8, 95다3282

원고 병원의 일반의료수가를 기준으로 계산한 이 사건 치료비 총액이 금 22,732,220원이고, 의료수가인 의료보험수가를 기준으로 계산한 그것이 금 11,093,893원이었고, 대한손해보험협회 진료비감정 결과는 17,187,328원인 경우, 그 치료행위와 그에 대한 일반의료수가 사이에 현저한 불균형이 있다고 할 수 없다.

대판 1996.6.14, 94다46374

수사기관에 불법구금된 상태에서 5억여 원에 경락받은 토지지분 편취에 따른 손해배상으로 지분반환 외에 2억 4천만 원을 추가지급키로 한 합의를 불공정한 법률행위라고 본 사례.

대판 1975.5.13, 75다92

채무자인 회사가 남편의 징역을 면하기 위하여 부정수표를 회수하려면 물품 외상대금 중 금 100만 원을 초과하는 채권에 대한 포기서를 써야 된다는 강압적인 요구를 하므로 사회적 경험이 부족한 가정부인이 경제적 · 정신적 궁박상태 하에서 구속된 자기 남편을 석방 구제하는 데에는 위 수표의 회수가 필요할 것이라는 일념에서 회사에 대한 물품잔대금 채권이 얼마인지조차 확실히 모르면서 보관 중이던 남편의 인감을 이용하여 남편을 대리하여 위임장과 포기서를 작성하여 준 채권 포기행위는 거래관계에 있어서 현저하게 균형을 잃은 행위로서 사회적 정의에 반하는 불공정한 불법행위로 보는 것이 상당하다.

대판 2010.7.15, 2009다50308

(…) 급부와 반대급부 사이의 '현저한 불균형'은 단순히 시가와의 차액 또는 시가와의 배율로 판단할 수 있는 것은 아니고 구체적 · 개별적 사안에 있어서 일반인의 사회통념에 따라 결정하여야 한다. 그 판단에 있어서는 피해 당사자의 궁박 · 경솔 · 무경험의 정도가 아울러 고려되어야 하고, 당사자의 주관적 가치가 아닌 거래상의 객관적 가치에 의하여야 한다.

불균형의 판단 시기는 **법률행위 당시를 기준**으로 하여야 한다(通判). 법률행위 시가 기준이나 이행 시도 고려 가능하다는 견해 및 양쪽 모두 불균형하여야 한다는 견해도 있다.

대판 2013.9.26, 2010다42075

불공정 법률행위에 해당하는지는 법률행위가 이루어진 시점을 기준으로 약속된 급부와 반대급부 사이의 객관적 가치를 비교 평가하여 판단하여야 할 문제이고, 당초의 약정대로 계약이 이행되지 아니할 경우에 발생할 수 있는 문제는 달리 특별한 사정이 없는 한 채무의 불이행에 따른 효과로서 다루어지는 것이 원칙이다.

3. 불공정한 법률행위의 주관적 요건

(1) 궁박, 경솔, 무경험의 개념

불공정한 법률행위는 그것을 이루는 주관적 요건인 피해자의 **궁박, 경솔, 무경험** 중 어느 **하나만 갖추어도 충분**하다. **궁박**(窮迫)은 급박(急迫)한 곤궁(困窮)을 말하며, 경제적·정신적·심리적 원인을 포괄한다. **경솔**(輕率)은 의사를 결정할 때 보통인이 베푸는 사고를 하지 않는 심적 상태를 말한다(多). 선천적 경솔 또는 피치 못할 고려의 부족이라고 보는 입장도 있다(少). **무경험**은 거래 일반에 대해 평균적 거래당사자가 가지는 식견이나 경험이 없는 상태이다(多判). 문제되는 거래에 있어서의 평균적 거래당사자를 기준으로 하는 견해(少)도 있다.

대판 2002.10.22, 2002다38927

민법 제104조에 규정된 불공정한 법률행위는 객관적으로 급부와 반대급부 사이에 현저한 불균형이 존재하고, 주관적으로 그와 같이 균형을 잃은 거래가 피해 당사자의 궁박, 경솔 또는 무경험을 이용하여 이루어진 경우에 성립하는 것으로서, 약자적 지위에 있는 자의 궁박, 경솔 또는 무경험을 이용한 폭리행위를 규제하려는 데에 그 목적이 있고, 불공정한 법률행위가 성립하기 위한 요건인 궁박, 경솔, 무경험은 모두 구비되어야 하는 요건이 아니라 그중 일부만 갖추어져도 충분한데, 여기에서 '궁박'이라 함은 '급박한 곤궁'을 의미하는 것으로서 경제적 원인에 기인할 수도 있고 정신적 또는 심리적 원인에 기인할 수도 있으며, '무경험'이라 함은 일반적인 생활체험의 부족을 의미하는 것으로서 어느 특정영역에 있어서의 경험부족이 아니라 거래일반에 대한 경험부족을 뜻하고, 당사자가 궁박 또는 무경험의 상태에 있었는지 여부는 그의 나이와 직업, 교육 및 사회경험의 정도, 재산 상태 및 그가 처한 상황의 절박성의 정도 등 제반 사정을 종합하여 구체적으로 판단하여야 한다.

아울러 **편승의도**(便乘意圖)가 있어야 한다. 이것은 피해자의 사정을 이용하려는 의도, 즉 악의(判: '폭리행위의 악의')이다(通判). 한편 궁박 등을 이용한다는 인식은 필요하다는 견해도 있고, 편승의도나 인식은 요건이 아니라는 견해도 있다.

대판 1996.11.12, 96다34061

피해 당사자가 궁박, 경솔 또는 무경험의 상태에 있었다고 하더라도 그 상대방 당사자에게 그와 같은 피해 당사자측의 사정을 알면서 이를 이용하려는 의사, 즉 폭리행위의 악의가 없었다면 불공정 법률행위는 성립하지 않는다.

(2) 폭리행위를 대리한 경우

대리의 경우에 의사표시의 흠이나 선의·악의를 판단할 때 기준이 되는 것은 원칙적으로 **대리인**이지 **본인**이 아니다.

제116조(대리행위의 하자) ① 의사표시의 효력이 의사의 흠결, 사기, 강박 또는 어느 사정을 알았거나 과실로 알지 못한 것으로 인하여 영향을 받을 경우에 그 사실의 유무는 대리인을 표준하여 결정한다.

그런데 제104조의 경우 **경솔·무경험**의 상태는 **대리인**을 기준으로 판단하고, **궁박**은 **본인**을 기준으로 판단해야 한다(判).

대판 2002.10.22, 2002다38927

대리인에 의하여 법률행위가 이루어진 경우 그 법률행위가 민법 제104조의 불공정한 법률행위에 해당하는지 여부를 판단함에 있어서 경솔과 무경험은 대리인을 기준으로 하여 판단하고, 궁박은 본인의 입장에서 판단하여야 한다.

(3) 폭리행위의 증명책임

증명책임 배분의 일반원칙(청구하는 쪽에서 청구의 요건이 되는 사실도 증명해야 함)에 따라서 폭리행위로 인한 **무효를 주장하는 당사자**가 증명책임을 부담한다(주관적·객관적 요건, 상대방의 악의 모두 증명).

4. 폭리행위의 효과

앞에서 살펴본 폭리행위의 주관적·객관적 요건을 모두 갖추면 그 법률행위는 **무효**이다. 이 무효는 **절대적 무효**로서 추인이 허용되지 않는다. 일부만이 폭리행위인 경우에는 **일부무효의 법리**(137)가 적용된다.

대판 1994.6.24, 94다10900

불공정한 법률행위로서 무효인 경우에는 추인에 의하여 무효인 법률행위가 유효로 될 수 없다.

특정 법률행위가 폭리행위로서 무효가 되면 **급부의 반환 문제**가 발생한다. 이런 경우 제746조 단서를 적용하여, 피해자만 반환청구할 수 있다고 보아야 한다(通). 폭리행위자의 행위와 피해자의 행위를 분리 고찰하여, 피해자는 급부를 보유할 수 있다고 하는 견해도 있다(少). 보다 적극적으로, 선량한 풍속 위반의 경우가 아니면 불법원인 급여에 해당하지 않는 것으로 보아서 비채변제(742)를 적용하여 반환청구를 인정하자는 입장(少)도 있다.

대판 2009.11.12, 2008다98006

당초 위 사업계획승인조건에서는 원고가 이 사건 주변도로 편입지를 무상양수하는 것으로 정해져 있었는데 그 후에 이를 유상양도하는 것으로 정하여 사업계획승인 변경고시를 한 것은 사후부담으로서 위법하고, 그러한 하자는 중대하고 명백한 것이어서 당연무효이며, 이 사건 아파트의 준공검사 등이 임박한 상태였다는 점 등 제반 사정에 비추어 위와 같은 사후부담이 무효임에도 피고가 이 사건 주변도로 편입지를 대금 1,105,380,000원에 원고에게 양도한 것은 불공정한 법률행위로서 무효이므로, 피고는 원고에게 부당이득으로서 위 양도대금 및 그 지연손해금을 지급할 의무가 있다.

4부

의사표시의 문제

계약 혹은 (보다 일반적으로) 법률행위가 효력을 상실하게 되는 사유 중 총칙에서 특히 중요한 경우는 의사표시에 문제가 있는 경우이다. 마음속으로는 원하지 않으면서도 겉으로는 다른 의사를 표현하거나(비진의표시), 서로 공모한 후 겉으로는 특정 행위를 하는 척하거나(허위표시), 착각을 일으켜서 의사표시를 잘못 하거나(착오에 의한 의사표시), 속아서 또는 심리적 압박 때문에 특정한 의사표시를 하면(사기·강박에 의한 의사표시) 그 법률행위는 무효이거나 취소할 수 있게 된다. 이 각각의 경우에 대해서 상세히 살펴보고, 끝으로 의사표시가 언제 효력을 발생하는지 하는 문제도 검토한다.

15장 비진의표시

I 의사표시의 흠

1. 이익형량

다음의 경우들이 정상적인(유효한) 의사표시인지를 검토해보자.

예제 1

(1) A는 데이트 상대에게 좋은 인상을 주려고 (재료가 없다는 것을 미리 알면서) 가장 비싼 '제비집' 요리를 주문했다.
(2) A는 채권자들로부터 재산을 빼돌릴 목적으로 B와 짜고서 자기 부동산을 B에게 매각했다.
(3) 미술품 경매장에 간 A는 친구를 보고 인사하기 위해 손을 들었다가 <행복한 눈물>이 낙찰되었다.
(4) A는 신도시 지역의 부동산 가격이 폭등할 것이라는 정보를 믿고서 B 건설회사로부터 아파트를 구입했다.
(5) A는 조폭 B의 협박을 받아 어쩔 수 없이 자신의 부동산을 B(또는 C)에게 매각했다.

앞서 제시된 예제들의 공통점은, 표의자가 내면에서 진정으로 원하던 바, 그리고 표시된 의사(규범적 해석을 통하여 법적 효과가 부여됨)가 서로 일치하지 않는다는 사실이다. 물론 구체적인 양상에 있어서는 조금씩 차이가 있다. 예제 1-(1)과 (2)에서는 당사자가 이러한 불일치를 의도하고 있다. 그래서 이 두 경우를 '의사와 표시의 의식적 불일치'라고 부른다. 예제 1-(1)은 **진의 아닌 의사표시**(107), 예제 1-(2)는 **허위표시**(표의자 및 상대방의 공모가 있는 경우: 108)에 해당한다. 예제 1-(3)에서는 의사(친구에게 인사를 함)와 표시(청약을 통해 낙찰이 됨) 사이의 불일치를 A가 의도한 것이 아니라, 모르고 그렇게 한 것이다. 이 경우를 '의사와 표시의 무의식적 불일치'라고 부른다. 예제 1-(3)은 **착오로 인한 의사표시**(109)에 해당한다.

한편 예제 1-(4)와 (5)의 경우에는 그 양상이 앞의 셋과 다르다. 예제 1-(4)에서는 잘못된 정보에 의해, 예제 1-(5)에서는 협박을 통하여 당사자는 일단 내면에 매매계약을 체결하려는 의사를 가지게 되었다. 물론 이 의사는 당사자가 진정으로 원하는 바와는 거리가 있다. 어쨌든 예제 1-(4)와 (5)에서 의사와 표시는 서로 일치하고 있기는 하다. 예제 1-(4)는 착오의 특수한 유형인 **동기**(動機)**의 착오**(109), 예제 1-(5)는 **강박에 의한 의사표시**(110: 이 조문은 **사기에 의한 의사표시**도 함께 다룸)에 해당한다. 이 둘은 이른바 '의사 형성 단계의 흠'이 있는 경우이다.

앞서와 같이 문제 있는 의사표시에 의해 이루어진 법률행위의 효력을 인정할지의 여부는, 의사와 표시 중에서 어느 쪽을, 또한 표의자(表意者)와 상대방 중에서 어느 쪽을 더 보호할 것인가 하는 이익형량(利益衡量)의 문제라고 할 수 있다. 이미 의사표시의 본질에 관한 학설들을 검토한 바 있는데(6장 I.), 어느 학설을 취하느냐에 따라 이 문제의 결론 역시 달라진다. **의사설**은 표의자의 의사를 중시하므로 상응하는 의사가 없는 표시는 무효로 보는 입장으로서, 표의자의 이익을 중시한다. 반면 **표시설**에 따르면 표시에 결정적 의미가 있으므로 상응하는 의사가 존재하지 않는 표시 역시 일단 유효하다. 표시설은 의사표시의 상대방(수령자)의 이익을 중시한다.

우리 민법은 사안의 유형에 따라 다르게 해결하고 있으나, **표시설을 원칙으로** 한다. 따라서 의사표시의 흠이 있더라도 상대방 보호를 위하여 원칙적으로 그 의사표시를 유효한 것으로 한다. 다만 상대방 보호의 필요가 없는 경우에는 표의자 보호를 위하여 그 의사표시를 무효로 한다(107, 108). 또한 일단은 상대방 보호를 위하여 유효로 했다가 표의자 보호를 위하여 의사표시를 취소할 수 있도록 하는 절충적 해결책(109, 110)을 취하기도 한다.

2. 흠 있는 의사표시

앞에서 본 바와 같이 의사표시에 고장이 있는 경우를 일반적으로는 흠 있는 의사표시 또는 비정상적 의사표시라고 부른다. 우리 민법은 다음과 같은 종류의 흠 있는 의사표시를 인정하고 있다.

(1) 의사 형성 단계에 흠이 있는 경우

의사 형성 단계에 흠이 있는 경우는 곧 의사와 표시가 일치하는 경우이다. 여기에는 **동기(動機)의 착오**(109)와 **사기·강박에 의한 의사표시**(110)가 있다.

(2) 의사와 표시가 불일치하는 경우

의사와 표시가 불일치하는 경우는 둘로 나뉜다.

① 내면의 효과의사('진의')와 표시된 효과의사의 불일치를 당사자가 의도한 경우이다. 즉 '의사와 표시의 의식적 불일치'의 경우이며, 여기에는 **진의 아닌 의사표시**(107)와 **허위표시**(표의자 및 상대방의 공모가 있는 경우: 108)가 있다.

② 표시 단계에서 흠이 있는 경우이다. 즉 '의사와 표시가 무의식적으로 불일치'한 경우로, (협의의) **착오로 인한 의사표시**(109)가 여기에 해당한다.

흠 있는 의사표시 vs. 하자 있는 의사표시

'흠 있는 (또는 비정상적) 의사표시'는 앞의 모든 경우를 포괄하는 개념이다. 의사와 표시가 일치하지 않는 경우는 의사의 결여(또는 흠결)라고 부른다. 즉 여기에는 비진의 의사표시(107), 허위표시(108), 착오(109)가 속한다. 한편 '하자(瑕疵) 있는 의사표시'는 사기 · 강박에 의한 의사표시(110)를 의미한다. 하자 있는 의사표시와 흠 있는 의사표시가 동일한 개념이 아님에 주의해야 한다.

II 비진의 의사표시

1. 비진의 의사표시의 개념

예제 2

B는 데이트 상대에게 좋은 인상을 주려고 (재료가 없음을 미리 알고서) 가장 비싼 '제비집' 요리를 A에게 주문했다.

(1) 주문을 받은 후 A는 재빨리 재료상에게 '제비집'을 받아서 요리를 하여 B에게 제공했다. A는 B에게 음식값을 청구할 수 있는가?

(2) 주문을 받은 후 A는 B가 실제로는 제비집 요리를 주문할 뜻이 전혀 없음을 알았지만, 그럼에도 매상을 올리기 위하여 재빨리 재료상에게 '제비집'을 받아서 요리를 하여 B에게 제공했다. A는 B에게 음식값을 청구할 수 있는가?

제107조(진의 아닌 의사표시) ① 의사표시는 표의자(表意者)가 진의(眞意)아님을 알고 한 것이라도 그 효력이 있다. 그러나 상대방이 표의자의 진의아님을 알았거나 이를 알 수 있었을 경우에는 무효로 한다.

② 전항의 의사표시의 무효는 선의의 제삼자에게 대항하지 못한다.

진의 아닌 의사표시는 **비진의표시**(非眞意表示)라고도 하고, 표시와 다른 진의를 마음속(心裡)에 보류(留保)한다는 의미에서 **심리유보**(心裡留保)라고도 한다. 또한 의사와 표시의 불일치를 표의자가 의식하면서도 상대방과의 통정(通情)이 없으므로 **단독 허위표시**라고도 한다.

대판 1987.7.7, 86다카1004

민법 제107조 제1항의 뜻은 표의자의 내심의 의사와 표시된 의사가 일치하지 아니한 경우에는 표의자의 진의가 어떠한 것이든 표시된 대로의 효력을 생기게 하여 거짓의 표의자를 보호하지 아니하는 반면에 만약 그 표의자의 상대방이 표의자의 진의 아님에 대하여 악의 또는 과실이 있는 경우라면 이때에는 그 상대방을 보호할 필요가 없이 표의자의 진의를 존중하여 그 진의 아닌 의사표시를 무효로 돌려버리려는 데 있다.

2. 비진의 의사표시의 요건

비진의 의사표시가 성립하기 위해서는 다음의 요건들을 갖추어야 한다.

① 의사표시가 존재해야 한다.
② 진의(의사)와 표시의 불일치가 있어야 한다.
③ 표의자가 진의와 표시의 불일치를 알고 있어야 한다.

그러나 표의자가 진의와 다른 표시를 하는 이유나 동기는 무엇이든 상관없다. **진의**(眞意)가 무엇인지에 대해서는 **내심적 효과의사**라는 견해(判)와 **효과의사**라는 견해가 있는데, 전자의 입장은 진의를 표시상의 효과의사(표시행위로부터 추단되는 의사, 判: 입장의 효과의사)로부터 구별하는 것이다. 그렇다고 해서 진의가 '표의자가 이상적 · 궁극적으로 바라고 있는 의도'(判: "진정으로 마음 속에 바라는 사항")인 것은 아니다.

다시 한 번 정리하자면, 진의가 무엇인지에 관한 것은 **효과의사**를 어떻게 볼지와 관련이 있다. 표시설(表示說)에 가까운 입장은 효과의사를 **표시상의 효과의사**라고 본다(判). 한편 신의사주의(新意思主義)의 입장은 **내심적 효과의사**를 효과의사로 본다. 이러한 차이 때문에 진의 역시 다르게 파악된 것이다.

다음 판례들은 표시상의 효과의사가 효과의사라고 보고 있다.

대판 1980.7.8, 80다639

학교법인이 사립학교법상의 제한규정 때문에 그 학교의 교직원들인 소외인들의 명의를 빌려서 피고로부터 금원을 차용한 경우에 피고 역시 그러한 사정을 알고 있었다고 하더라도 위 소외인들의 의사는 위 금전의 대차에 관하여 그들이 주채무자로서 채무를 부담하겠다는 뜻이라고 해석함이 상당하므로 이를 진의 아닌 의사표시라고 볼 수 없다.

대판 1996.4.9, 96다1320

의사표시 해석에 있어서 당사자의 진정한 의사를 알 수 없다면, 의사표시의 요소가 되는 것은 표시행위로부터 추단되는 효과의사, 즉 표시상의 효과의사이고 표의자가 가지고 있던 내심적 효과의사가 아니므로, 당사자의 내심의 의사보다는 외부로 표시된 행위에 의하여 추단된 의사를 가지고 해석함이 상당하다.

대판 1996.9.10, 96다18182

법률상 또는 사실상의 장애로 자기 명의로 대출받을 수 없는 자를 위하여 대출금채무자로서의 명의를 빌려준 자에게 그와 같은 채무부담의 의사가 없는 것이라고는 할 수 없으므로 그 의사표시를 비진의표시에 해당한다고 볼 수 없고, 설령 명의대여자의 의사표시가 비진의표시에 해당한다고 하더라도 그 의사표시의 상대방인 상호신용금고로서는 명의대여자가 전혀 채무를 부담할 의사 없이 진의에 반한 의사표시를 하였다는 것까지 알았다거나 알 수 있었다고 볼 수도 없다고 보아, 그 명의대여자는 표시행위에 나타난 대로 대출금채무를 부담한다고 한 사례.

대판 1996.12.20, 95누16059

(1) 비진의 의사표시에 있어서의 진의란 특정한 내용의 의사표시를 하고자 하는 표의자의 생각을 말하는 것이지 표의자가 진정으로 마음속에서 바라는 사항을 뜻하는 것은 아니므로, 표의자가 의사표시의 내용을 진정으로 마음속에서 바라지는 아니하였다고 하더라도 당시의 상황에서는 그것을 최선이라고 판단하여 그 의사표시를 하였을 경우에는 이를 내심의 효과의사가 결여된 비진의 의사표시라고 할 수 없다.

(2) 전쟁기념사업회의 직원들이 회사의 조직정비 방침에 따라 강임(降任)[cf. 국가공무원법 5: 공무원을 하위 직급에 임명하는 것] 동의서를 제출한 사안에서, 전쟁기념사업회는 국방부장관의 상위직을 축소하라는 조직 및 인원정비 지시를 따르지 않을 수 없고, 그 인사규정상 직제와 정원의 개폐 또는 예산의 감소 등에 의하여 폐직 또는 감원이 되었을 때에는 임용권자인 회장이 직권에 의하여 직원을 면직시킬 수 있는 터라, 그 직원들이 강임이라는 사실 자체를 진정 마음속으로 원하는 바는 아니지만 누군가는 감원대상자로 선정되지 않을 수 없는 상황에서 객관적으로 타당한 심사기준에 의하여 자신이 감원대상자로 선정될 경우에는 직권면직을 당하기보다는 강임되는 것이 더 좋다고 판단하여 강임 동의의 의사표시를 하였다고 할 것이므로, 이를 두고 강임 동의의 내심의 효과의사가 결여된 비진의 의사표시라고 할 수 없다고 한 사례.

대판 2000.4.25, 99다34475

근로자가 징계면직처분을 받은 후 당시 상황에서는 징계면직처분의 무효를 다투어 복직하기는 어렵다고 판단하여 퇴직금 수령 및 장래를 위하여 사직원을 제출하고 재심을 청구하여 종전의 징계면직처분이 취소되고 의원면직처리된 경우, 그 사직의 의사표시는 비진의 의사표시에 해당하지 않는다고 한 사례.

사용자가 사직의 의사 없는 근로자로 하여금 어쩔 수 없이 사직서를 작성 · 제출하게 한 후 이를 수리하는 이른바 의원면직(依願免職: 스스로 직책을 그만둠)의 형식을 취하여 근로계약관계를 종료시키는 경우 진의 아닌 의사표시에 있어서의 진의란 특정한 내용의 의사표시를 하고자 하는 표의자의 생각을 말하는 것이지 표의자가 진정으로 마음속에서 바라는 사항을 뜻하는 것은 아니므로, 표의자가 의사표시의 내용을 진정으로 마음속에서 바라지는 아니하였다고 하더라도 당시의 상황에서는 그것을 최선이라고 판단하여 그 의사표시를 하였을 경우에는 이를 내심의 효과의사가 결여된 진의 아닌 의사표시라고 할 수 없다.

증명책임은 무효를 주장하는 표의자가 부담하나, 의사표시의 존재는 상대방이 주장 · 증명해야 한다.

대판 1992.5.22, 92다2295

어떠한 의사표시가 비진의 의사표시로서 무효라고 주장하는 경우에 그 입증책임은 그 주장자에게 있다.

3. 비진의 의사표시의 효과

비진의 의사표시는 **원칙적으로 유효**하다. 단 **예외적으로** 상대방이 표의자의 진의 아님을 알았거나 이를 알 수 있었을 경우에는 **무효**(107 ① 단)이다. '알 수 있었을 경우'란 거래계에서 일반적으로 요구되는 정도의 주의를 베풀었다면 알 수 있었을 텐데 과실로 인하여 알지 못한 경우를 말한다. 다만 무효는 **선의의 제3자**에게 대항하지 못한다(107 ②). '선의의 제3자'의 의미에 대해서는 허위표시에 관한 부분(아래 제16장 III. 2)에서 설명하기로 한다.

다음의 판결들을 보면서 법원이 비진의 의사표시를 인정한 경우와 그렇지 않은 경우를 구별하고 그 근거를 찾아보자.

대판 1999.2.12, 98다45744

증권회사 직원이 증권투자로 인한 고객의 손해에 대하여 책임을 지겠다는 내용의 각서를 작성해준 사안에서, 그 각서를 단지 그 동안의 손실에 대하여 사과하고 그 회복을 위해 최선을 다하겠다는 의미로 해석하는 것은 경험칙과 논리칙에 반하지만, 그 각서가 남편을 안심시키려는 고객의 요청에 따라 작성된 경위 등에 비추어 비진의 의사표시로서 무효라고 본 사례.

대판 1991.7.12, 90다11554

1980.8 초순경의 언론인 강제해직조치에 따른 의원면직처분은 근로자의 의사에 반하여 사직서를 제출케 하고 그 사직서에 기해 이루어졌다.

진의 아닌 의사표시인지의 여부는 효과의사에 대응하는 내심의 의사가 있는지 여부에 따라 결정되는 것인 바, 비록 원고들이 사직서를 작성 제출할 당시 그 사직서에 기하여 의원면직(依願免職) 처리될지 모른다는 점을 인식하였다고 하더라도 이것만으로써 그들의 내심에 사직의 의사가 있는 것이라고 할 수 없다. 따라서 원고들의 사직의사표시는 비진의 의사표시에 해당한다.

대판 1992.8.14, 92누909

일괄사표를 제출하였다가 선별수리하는 형식으로 의원면직되었다고 하더라도 공무원들이 임용권자 앞으로 일괄사표를 제출한 경우 그 사직원의 제출은 제출 당시 임용권자에 의하여 수리 또는 반려 중 어느 하나의 방법으로 처리되리라는 예측이 가능한 상태에서 이루어진 것으로서 그 사직원에 따른 의원면직은 그 의사에 반하지 아니하고, 비록 사직원제출자의 내심의 의사가 사직할 뜻이 아니었다 하더라도 그 의사가 외부에 객관적으로 표시된 이상 그 의사는 표시된 대로 효력을 발하는 것이며, 민법 제107조는 그 성질상 사인의 공법행위에 적용되지 아니하므로 사직원제출을 받아들여 의원면직처분한 것을 당연무효라고 할 수 없다.

예제 2의 해결

(1) B가 진의 아닌 의사표시를 했다는 사실을 A는 알지 못했다. 따라서 B의 의사표시는 그대로 유효하고, 음식에 대한 매매계약 또한 유효하게 성립했다(107 ① 본). 따라서 A는 B에게 음식값을 청구할 수 있다(568 ① 후반).
(2) B가 진의 아닌 의사표시를 했다는 사실을 A는 알았다. 따라서 B의 의사표시는 무효이고, 음식에 대한 매매계약은 성립하지 않았다(107 ① 단). 따라서 A는 B에게 음식값을 청구할 수 없다.

16장 허위표시

I 허위표시의 개념

예제 1

A는 채권자들로부터 재산을 빼돌릴 목적으로 B와 짜고서 자기 소유의 X 토지를 B에게 매각했고 등기도 이전했다.

(1) 나중에 채권자들과의 채무가 모두 정리된 후, A는 B를 상대로 X 토지의 소유권이전등기의 말소를 청구했다. A의 청구는 타당한가?

(2) 그 사이에 B는 (A 몰래) X 토지를 C에게 팔고 등기도 이전해주었다. 이 사실을 나중에 알게 된 A는 B와의 매매가 허위표시임을 주장하면서 C를 상대로 X 토지의 소유권이전등기의 말소를 청구했다. A의 청구는 타당한가?

허위표시(虛僞表示)는 상대방과 **통정**(通情)하여 하는 허위의 의사표시이다. **통정 허위표시, 가장행위**(假裝行爲)라고도 한다.

> **제108조(통정한 허위의 의사표시)** ① 상대방과 통정한 허위의 의사표시는 무효로 한다.
> ② 전항의 의사표시의 무효는 선의의 제삼자에게 대항하지 못한다.

허위표시와 구별되는 행위들에는 다음과 같은 것이 있다. **은닉행위**(隱匿行爲)는 가장행위 속에 숨겨져 있는 법률행위이다. 가장행위는 무효이지만 은닉행위는 유효이다. 오

표시(誤表示, 라 falsa demonstratio)는 표시에도 불구하고 진의(眞意)대로 합의가 성립하는 경우이다. **신탁행위**(信託行爲)는 권리를 이전하려는 진의가 있으므로 허위표시가 아니며, **허수아비 행위**에서도 법률효과의 발생이 의욕되고 있으므로 그것은 허위표시가 아니다. **사해행위**(詐害行爲)는 채무자가 채권자를 해치기 위하여 하는 행위(406)로서 허위표시와는 별개의 제도이지만, 때로는 사해행위가 동시에 허위표시에 해당하는 경우도 있다. **명의신탁**(名義信託)은 허위표시여서가 아니라 부동산실명법에 의해 원칙적으로 무효가 된다.

다음 판결은 유효인 은닉행위의 예를 보여준다.

대판 1993.8.27, 93다12930

매도인이 경영하던 기업이 부도가 나서 그가 주식을 매도할 경우 매매대금이 모두 채권자은행에 귀속될 상황에 처하자 이러한 사정을 잘 아는 매수인이 매매계약서상의 매매대금은 형식상 금 8,000원으로 하고 나머지 실질적인 매매대금은 매도인의 처와 상의하여 그에게 적절히 지급하겠다고 하여 매도인이 그와 같은 주식매매계약을 체결한 경우, 매매계약상의 대금 8,000원이 적극적 은닉행위를 수반하는 허위표시라 하더라도 실지 지급하여야 할 매매대금의 약정이 있는 이상 위 매매대금에 관한 외형행위가 아닌 내면적 은닉행위는 유효하고 따라서 실지매매대금에 의한 위 매매계약은 유효하다.

II 허위표시의 요건

허위표시가 인정되기 위한 **요건**은 다음과 같다.

① 의사표시가 존재해야 한다.
② 진의(의사)와 표시가 불일치해야 한다.
③ 표의자가 진의와 표시의 불일치를 알고 있어야 한다.
④ 상대방과의 통정이 있어야 한다.

그러나 표의자의 동기는 요건이 아니다. 증명책임은 의사표시가 허위표시여서 무효라고 주장하는 자가 부담한다.

다음은 제3자를 형식상의 주채무자(주된 채무자, 즉 원래 채무를 부담하는 사람)로 내세우고 대출을 받은 경우 그 대출약정은 허위표시로 무효인지, 또는 비진의 의사표시로서 상대방이 알았거나 알 수 있었을 경우 무효인지에 대하여 대법원이 서로 다르게 판단한 예이다.

대판 1996.9.10, 96다18182

법률상 또는 사실상의 장애로 자기 명의로 대출받을 수 없는 자를 위하여 대출금채무자로서의 명의를 빌려준 자에게 그와 같은 채무부담의 의사가 없는 것이라고는 할 수 없으므로 그 의사표시를 비진의표시에 해당한다고 볼 수 없고, 설령 명의대여자의 의사표시가 비진의표시에 해당한다고 하더라도 그 의사표시의 상대방인 상호신용금고로서는 명의대여자가 전혀 채무를 부담할 의사 없이 진의에 반한 의사표시를 하였다는 것까지 알았다거나 알 수 있었다고 볼 수도 없다고 보아, 그 명의대여자는 표시행위에 나타난 대로 대출금채무를 부담한다고 한 사례.

대판 1998.9.4, 98다17909

통정허위표시가 성립하기 위하여는 의사표시의 진의와 표시가 일치하지 아니하고, 그 불일치에 관하여 상대방과 사이에 합의가 있어야 하는바, 제3자가 은행을 직접 방문하여 금전소비대차약정서에 주채무자로서 서명 · 날인하였다면 제3자는 자신이 당해 소비대차계약의 주채무자임을 은행에 대하여 표시한 셈이고, 제3자가 은행이 정한 동일인에 대한 여신한도 제한을 회피하여 타인으로 하여금 제3자 명의로 대출을 받아 이를 사용하도록 할 의도가 있었다거나 그 원리금을 타인의 부담으로 상환하기로 하였더라도, 특별한 사정이 없는 한 이는 소비대차계약에 따른 경제적 효과를 타인에게 귀속시키려는 의사에 불과할 뿐, 그 법률상의 효과까지도 타인에게 귀속시키려는 의사로 볼 수는 없으므로 제3자의 진의와 표시에 불일치가 있다고 보기는 어렵다.

대판 2001.5.29, 2001다11765

동일인에 대한 대출액 한도를 제한한 법령이나 금융기관 내부규정의 적용을 회피하기 위하여 실질적인 주채무자가 실제 대출받고자 하는 채무액에 대하여 제3자를 형식상의 주채무자로 내세우고, 금융기관도 이를 양해하여 제3자에 대하여는 채무자로서의 책임을 지우지 않을 의도하에 제3자 명의로 대출관계서류를 작성받은 경우, 제3자는 형식상의 명의만을 빌려준 자에 불과하고 그 대출계약의 실질적인 당사자는 금융기관과 실질적 주채무자이므로, 제3자 명의로 되어 있는 대출약정은 그 금융기관의 양해하에 그에 따른 채무부담의 의사 없이 형식적으로 이루어진 것에 불과하여 통정허위표시에 해당하는 무효의 법률행위이다.

대판 2002.10.11, 2001다7445
동일인에 대한 대출액 한도를 제한한 구 상호신용금고법 제12조의 적용을 회피하기 위하여 실질적인 주채무자가 실제 대출받고자 하는 채무액에 대하여 제3자를 형식상의 주채무자로 내세우고, 상호신용금고도 이를 양해하여 제3자에 대하여는 채무자로서 책임을 지우지 않을 의도 아래 제3자 명의로 대출관계서류를 작성받은 경우, 제3자는 형식상의 명의만을 빌려준 자에 불과하고 그 대출계약의 실질적인 당사자는 상호신용금고와 실질적 주채무자이므로, 제3자 명의로 되어 있는 대출약정은 상호신용금고의 양해 아래 그에 따른 채무부담의 의사 없이 형식적으로 이루어진 것에 불과하여 통정허위표시에 해당하는 무효의 법률행위이다.

 III 허위표시의 효과

1. 허위표시 효과의 개념

허위표시는 **당사자 사이**에서는 **항상 무효**이며, 제3자가 유효를 주장하는 경우에도 마찬가지이다.

대판 1996.4.26, 94다12074
(1) 상대방과 통정한 허위의 의사표시는 무효이고 누구든지 그 무효를 주장할 수 있는 것이 원칙이나, 허위표시의 당사자 및 포괄승계인 이외의 자로서 허위표시에 의하여 외형상 형성된 법률관계를 토대로 실질적으로 새로운 법률상 이해관계를 맺은 선의의 제3자에 대하여는 허위표시의 당사자뿐만 아니라 그 누구도 허위표시의 무효를 대항하지 못하고, 따라서 선의의 제3자에 대한 관계에 있어서는 허위표시도 그 표시된 대로 효력이 있다.
(2) 통정허위표시를 원인으로 한 부동산에 관한 가등기 및 그 가등기에 기한 본등기로 인하여 갑의 소유권이전등기가 말소된 후 다시 그 본등기에 터잡아 을이 부동산을 양수하여 소유권이전등기를 마친 경우, 을이 통정 허위표시자로부터 실질적으로 부동산을 양수하고 또 이

를 양수함에 있어 통정 허위표시자 명의의 각 가등기 및 이에 기한 본등기의 원인이 된 각 의사표시가 허위표시임을 알지 못하였다면, 갑은 선의의 제3자인 을에 대하여는 그 각 가등기 및 본등기의 원인이 된 각 허위표시가 무효임을 주장할 수 없고, 따라서 을에 대한 관계에서는 그 각 허위표시가 유효한 것이 되므로 그 각 허위표시를 원인으로 한 각 가등기 및 본등기와 이를 바탕으로 그 후에 이루어진 을 명의의 소유권이전등기도 유효하다는 이유로, 을이 선의라 하더라도 을에 대하여 갑이 그 부동산의 소유권자임을 주장할 수 있다고 한 원심판결을 파기한 사례.

허위표시가 성립하는 경우에도 채권자는 채권자취소권(406)을 행사할 수 있다(通判).

대판 1998.2.27, 97다50985

채무자의 법률행위가 통정허위표시인 경우에도 채권자취소권의 대상이 되고, 한편 채권자취소권의 대상으로 된 채무자의 법률행위라도 통정허위표시의 요건을 갖춘 경우에는 무효라고 할 것이다.

대판 2001.5.8, 2000다9611

허위의 근저당권에 대하여 배당이 이루어진 경우, 통정한 허위의 의사표시는 당사자 사이에서는 물론 제3자에 대하여도 무효이고 다만, 선의의 제3자에 대하여만 이를 대항하지 못한다고 할 것이므로, 배당채권자는 채권자취소의 소로써 통정허위표시를 취소하지 않았다 하더라도 그 무효를 주장하여 그에 기한 채권의 존부, 범위, 순위에 관한 배당이의의 소를 제기할 수 있다.

허위표시는 '불법원인'에 해당하지 않기 때문에 제746조는 적용되지 않으므로, 허위표시로 인하여 지급한 것이 있다면 반환청구할 수 있다. 제3자와의 관계에서 보자면, 원칙적으로 **제3자**에 대하여도 **무효**이나 **선의의 제3자**에게는 **대항할 수 없다**(108 ②).

선의(善意)는 (새로운 이해관계를 맺은 때에) 의사표시가 허위표시임을 알지 못하는 것이다. 이때 무과실은 요건이 아니다(多判). 선의에 대한 증명책임은 제3자의 악의를 주장하는 자가 부담한다.

대판 2006.3.10, 2002다1321

(1) 민법 제108조 제1항에서 상대방과 통정한 허위의 의사표시를 무효로 규정하고, 제2항에서 그 의사표시의 무효는 선의의 제3자에게 대항하지 못한다고 규정하고 있는데, 여기에서 제3자는 특별한 사정이 없는 한 선의로 추정할 것이므로, 제3자가 악의라는 사실에 관한 주장 · 입증책임은 그 허위표시의 무효를 주장하는 자에게 있다.

(2) 민법 제108조 제2항에 규정된 통정허위표시에 있어서의 제3자는 그 선의 여부가 문제이지 이에 관한 과실 유무를 따질 것이 아니다.

'**대항 못함**'이란, 선의의 제3자에 대해서는 허위표시의 무효를 주장할 수 없으므로, 결국 표시된 대로 유효하다는 뜻이다. 물론 선의의 제3자가 무효를 주장하는 것은 가능하다(多).

2. 제3자의 범위

제3자란 일반적으로는 당사자와 그 포괄승계인 이외의 자를 말하지만, 여기에서는 '허위표시를 기초로 새로운 이해관계를 맺은 자'를 말한다.

대판 1983.1.18, 82다594

민법 제108조 제2항에서 말하는 제3자는 허위표시의 당사자와 그의 포괄승계인 이외의 자 모두를 가리키는 것이 아니고 그 가운데서 허위표시행위를 기초로 하여 새로운 이해관계를 맺은 자를 한정해서 가리키는 것으로 새겨야 할 것이므로 이 사건 퇴직금 채무자인 피고는 원채권자인 소외 (갑)이 소외 (을)에게 퇴직금채권을 양도했다고 하더라도 그 퇴직금을 양수인에게 지급하지 않고 있는 동안에 위 양도계약이 허위표시란 것이 밝혀진 이상 위 허위표시의 선의의 제3자임을 내세워 진정한 퇴직금전부채권자인 원고에게 그 지급을 거절할 수 없다.

대판 2000.7.6, 99다51258

(1) 상대방과 통정한 허위의 의사표시는 무효이고 누구든지 그 무효를 주장할 수 있는 것이 원칙이나, 허위표시의 당사자와 포괄승계인 이외의 자로서 허위표시에 의하여 외형상 형성된 법률관계를 토대로 실질적으로 새로운 법률상 이해관계를 맺은 선의의 제3자에 대하여는 허위표시의 당사자뿐만 아니라 그 누구도 허위표시의 무효를 대항하지 못하는 것인바,

허위표시를 선의의 제3자에게 대항하지 못하게 한 취지는 이를 기초로 하여 별개의 법률원인에 의하여 고유한 법률상의 이익을 갖는 법률관계에 들어간 자를 보호하기 위한 것이므로, 제3자의 범위는 권리관계에 기초하여 형식적으로만 파악할 것이 아니라 허위표시행위를 기초로 하여 새로운 법률상 이해관계를 맺었는지 여부에 따라 실질적으로 파악하여야 한다.

(2) 보증인이 주채무자의 기망행위에 의하여 주채무가 있는 것으로 믿고 주채무자와 보증계약을 체결한 다음 그에 따라 보증채무자로서 그 채무까지 이행한 경우, 그 보증인은 주채무자에 대한 구상권 취득에 관하여 법률상의 이해관계를 가지게 되었고 그 구상권 취득에는 보증의 부종성으로 인하여 주채무가 유효하게 존재할 것을 필요로 한다는 이유로 결국 그 보증인은 주채무자의 채권자에 대한 채무 부담행위라는 허위표시에 기초하여 구상권 취득에 관한 법률상 이해관계를 가지게 되었다고 보아 민법 제108조 제2항 소정의 '제3자'에 해당한다고 한 사례.

제108조 제2항의 제3자에 해당하는 경우로는, 가장매매의 매수인으로부터의 양수인 또는 저당권을 설정받은 자 또는 매매계약에 의한 소유권이전청구권 보전을 위한 가등기를 취득한 자, 가장전세권에 대하여 저당권을 취득한 자, 가장저당권 실행에 있어 경락자, 가장근저당권의 양수인, 가장매매에 기한 대금채권의 양수인 또는 압류채권자, 가장양도된 목적물의 압류채권자 등이 있다. 한편 제3자에 해당하지 않는 경우로는, 대리인이나 대표기관이 허위표시를 한 경우의 본인이나 법인, 채권의 가장양도에서 추심목적의 채권양수인, 가장양수인의 일반채권자 등이 있다.

또한 제3자에 속하는지 여부에 대하여 학설의 다툼이 있는 경우들도 있다. ① 가장매매의 매수인으로부터 목적부동산을 다시 매수한 자가 제3자이려면 등기나 인도가 필요한지, ② 가장매매에 기한 손해배상청구권의 양수인이 제3자인지, ③ 채권의 가장양도에 있어서의 채무자가 제3자인지 등에 대해서 그러하다.

예제 2의 해결

(1) A와 B 사이의 매매는 허위표시이므로 무효이다(108 ①). 따라서 비록 등기가 B에게 이전되었다 하더라도 X 토지의 소유권은 여전히 A에게 있다. 그러므로 A는 B를 상대로 X 토지의 소유권이전등기의 말소를 청구할 수 있다(소유물 방해제거청구권: 214 전반).

(2) A와 B 사이의 매매가 허위표시로서 무효라 하더라도 A가 이 무효를 가지고 제3자인 C

에게 대항할 수 있는지가 문제된다. C가 (A와 B 사이의 매매가 허위표시라는 사실에 대하여) 선의라면 A는 무효를 가지고 C에게 대항할 수 없다(108 ②). 그 경우 A는 C를 상대로 소유권 이전등기의 말소를 청구할 수 없고, C의 소유권은 그대로 유지된다. 한편 C가 악의라면 A는 무효를 가지고 C에게 대항할 수 있다. 그 경우 소유권은 A에게 있으므로, A는 C를 상대로 소유권 이전등기의 말소를 청구할 수 있다.

17장 착오에 의한 의사표시

I 착오의 개념

예제 1

(1) A 회사의 미술품 경매장에 간 B는 친구를 보고 인사하기 위해 손을 들었다가 <행복한 눈물>이 낙찰되었다. A 회사는 B에게 <행복한 눈물>의 경매 대금 350억 원을 청구할 수 있는가?

(2) A는 신도시 지역의 부동산 가격이 폭등할 것이라는 정보를 입수하고 난 후 그 지역에 있는 X 아파트를 B로부터 10억 원에 구입하는 매매계약을 체결했다. 그런데 계약 직후부터 부동산 시세가 폭락하여 현재 X 아파트의 시세는 5억 원에 불과하다. A는 B를 상대로 하여 이 매매계약의 취소를 주장하며 5억 원의 반환을 청구한다. A의 청구는 타당한가?

1. 착오의 개념 규정의 어려움

의사표시 고장의 한 유형인 **착오**(錯誤)에 관해서는 제109조가 규정하고 있다.

> **제109조(착오로 인한 의사표시)** ① 의사표시는 법률행위의 내용의 중요 부분에 착오가 있는 때에는 취소할 수 있다. 그러나 그 착오가 표의자의 중대한 과실로 인한 때에는 취소하지 못한다.
>
> ② 전항의 의사표시의 취소는 선의의 제삼자에게 대항하지 못한다.

착오의 개념 규정은 총칙은 물론이고 민법 전체에서도 가장 어려운 문제 중의 하나이다. 전통적으로 착오라는 법 제도에는 매우 광범위한 사례들이 포함되어왔으므로, 그 여러 경우를 통일적으로 설명할 수 있는 단일한 개념을 찾는 것이 쉽지 않기 때문이다.

'진의(내심의 효과의사)와 표시상의 효과의사가 일치하지 않는데 그 불일치를 표의자 자신이 모르는 경우'를 착오라고 보는 입장이 있다(多). 다른 견해들도 있다. '표의자가 스스로 모른 채 사실과 일치되지 않는 인식 또는 판단을 하고 그에 의거하여 한 의사표시'라는 견해도 있고, '진의(진정으로 의도했던 의사, 즉 착오가 없었다면 가졌을 의사)와 표시의 불일치'라는 견해도 있다. '내심적 효과의사와 표시행위의 불일치'를 착오라고 하면서, 동기의 착오에는 제109조를 유추적용하자는 입장도 있다. 착오를 가장 좁게 정의하려는 입장은 광의(표의자의 관념과 실제의 무의식적인 불일치: 동기의 착오 포함)가 아닌 협의(내심적 효과의사와 표시의 무의식적인 불일치)의 착오만을 착오로 인정한다.

2. 동기의 착오

착오의 정의(定義)에 관한 학설대립의 핵심은 **동기의 착오**(의사형성 과정에 있어서의 착오)를 착오 개념에 포함시킬 것인지, 포함시킬 경우 그것을 어느 범위까지 착오로 인정할 것인지와 관련이 있다.

표시설은 동기가 표시되고 상대방이 알고 있어, 동기가 의사표시의 내용으로 되어야 착오로 인정한다. **표시불문설**은 동기의 착오를 일반적으로 인정하며, **유추적용설**은 '거래에 있어서 중요한 사람 또는 물건의 성질에 관한 착오'는 제109조를 유추적용할 수 있다고 본다. **불고려설**은 동기가 표시되었어도 착오로 인정하지 않지만, 동기를 상대방이 유발한 경우에는 신의칙상 취소를 인정한다.

판례는 원칙적으로 표시설을 따르면서, 예외적으로 "상대방에 의해 동기의 착오가 유발되었으면" 착오를 인정한다.

대판 2000.5.12, 2000다12259

동기의 착오가 법률행위의 내용의 중요 부분의 착오에 해당함을 이유로 표의자가 법률행위를 취소하려면 그 동기를 당해 의사표시의 내용으로 삼을 것을 상대방에게 표시하고 의사표시의 해석상 법률행위의 내용으로 되어 있다고 인정되면 충분하고 당사자들 사이에 별도로 그 동기를 의사표시의 내용으로 삼기로 하는 합의까지 이루어질 필요는 없지만, 그 법률행위의 내용의 착오는 보통 일반인이 표의자의 입장에 섰더라면 그와 같은 의사표시를 하지 아니하였으리라고 여겨질 정도로 그 착오가 중요한 부분에 관한 것이어야 한다.

대판 2003.11.13, 2001다33000

(…) 이는 이 사건 보증계약을 체결함에 있어서 피고에게 고지하여야 할 중요한 사항이라고 아니할 수 없고, 이를 고지하지 아니할 경우 피고로서는 제출된 도급계약서에 기재된 대로 공사대금이 지급될 것으로 믿게 될 것이니, 도급계약서와 다르게 선급금으로 지급된 것에 관하여 고지하지 아니하는 것은 묵비에 의한 기망이 된다고 할 것이므로, 그 기망에 의하여 착오에 빠진 것은 동기의 착오에 그치는 것이 아니라 법률행위의 중요 부분의 착오에 해당된다고 할 것이다.

II 착오의 유형

동기의 착오가 의사 형성에 있어서의 착오라면 나머지 착오는 '(내심적) 효과의사와 표시의 무의식적인 불일치'이며, 이것이 **본래 의미의**, 또는 **협의의 착오**이다. 이 착오는 다음과 같이 분류해볼 수 있다.

의미(내용)의 착오는 표시의 법적 의미에 대한 착오로서, 선택된 표현의 의미, 법률행위 상대방 또는 객체의 동일성, 법률효과 등에 대한 착오가 이에 해당한다. **표시행위의 착오**는 표시행위에 있어서의 착오로서, 잘못 말함, 오기(誤記), 잘못 선택 등이 이에 해당한다. **전달의 착오**는 중개자(사자[使者]나 표시기관 등)가 무의식적으로 잘못 전달하는 경우로서 표시행위의 착오의 한 유형으로 볼 수 있다. 가령 우체국이 표의자의 의사와 다른 의사를 전달한 경우이다. **상대방(수령자)의 착오**는 상대방에 의하여 의사표시의 의미가 오해되는 경우로서 이는 제109조의 착오에 해당하지 않는다.

III 착오의 요건

1. 내용의 착오

착오가 성립하려면 우선 그것이 **법률행위의 내용**의 착오여야 한다. 동기의 착오는 원칙적으로 여기에 포함되지 않으며, 일정한 경우에만 내용의 착오가 됨은 이미 앞에서 본 바 있다.

2. 중요 부분의 착오

착오는 **중요 부분**의 착오여야 한다. 중요 부분의 착오가 무엇인지에 관하여, 주관적 요건(표의자가 착오가 없었다면 의사표시하지 않을 것)과 객관적 요건(일반인의 입장)을 요구하는 입장이 있다(多). 다른 학설들도 있다. 주관적·객관적 요건 외에 상대방의 인식가능성까지 요구하는 견해, 객관적 요건만 요구하는 견해, 둘 중 하나만 있어도 중요 부분의 착오로 인정하는 견해도 있다.

판례는 대체로 다수설을 따르지만, 객관적 요건만을 언급하는 판결도 있다.

대판 1992.10.23, 92다29337

부동산매매에 있어서 시가에 관한 착오는 그 부동산을 매매하려는 의사를 결정함에 있어 그 동기의 착오에 불과할 뿐 법률행위의 중요 부분에 관한 착오라고 할 수 없다.

대판 1997.9.30, 97다26210

(1) 동기의 착오가 법률행위의 내용의 중요 부분의 착오에 해당함을 이유로 표의자가 법률행위를 취소하려면 그 동기를 당해 의사표시의 내용으로 삼을 것을 상대방에게 표시하고 의사표시의 해석상 법률행위의 내용으로 되어 있다고 인정되면 충분하고 당사자들 사이에 별도로 그 동기를 의사표시의 내용으로 삼기로 하는 합의까지 이루어질 필요는 없지만, 그 법률행위의 내용의 착오는 보통 일반인이 표의자의 입장에 섰더라면 그와 같은 의사표시를 하지 아니하였으리라고 여겨질 정도로 그 착오가 중요한 부분에 관한 것이어야 한다.

(2) 착오가 표의자의 중대한 과실로 인한 때에는 취소하지 못한다고 할 것인데, 여기서 '중대

한 과실'이라 함은 표의자의 직업, 행위의 종류, 목적 등에 비추어 보통 요구되는 주의를 현저히 결여하는 것을 의미한다.
(3) 건물에 대한 매매계약 체결 직후 건물이 건축선을 침범하여 건축된 사실을 알았으나 매도인이 법률전문가의 자문에 의하면 준공검사가 난 건물이므로 행정소송을 통해 구청장의 철거 지시를 취소할 수 있다고 하여 매수인이 그 말을 믿고 매매계약을 해제하지 않고 대금지급의무를 이행한 경우라면 매수인이 건물이 철거되지 않으리라고 믿은 것은 매매계약과 관련하여 동기의 착오라고 할 것이지만, 매수인과 매도인 사이에 매매계약의 내용으로 표시되었다고 볼 것이고, 나아가 매수인뿐만 아니라 일반인이면 누구라도 건물 중 건축선을 침범한 부분이 철거되는 것을 알았더라면 그 대지 및 건물을 매수하지 아니하였으리라는 사정이 엿보이므로, 결국 매수인이 매매계약을 체결함에 있어 그 내용의 중요 부분에 착오가 있는 때에 해당하고, 한편 매도인의 적극적인 행위에 의하여 매수인이 착오에 빠지게 된 점, 매수인이 그 건물의 일부가 철거되지 아니할 것이라고 믿게 된 경위 등 제반 사정에 비추어 보면 착오가 매수인의 중대한 과실에 기인한 것이라고 할 수 없다.

대판 1999.4.23, 98다45546

의사표시는 법률행위의 내용의 중요 부분에 착오가 있는 때에는 취소할 수 있고, 의사표시의 동기에 착오가 있는 경우에는 당사자 사이에 그 동기를 의사표시의 내용으로 삼았을 때에 한하여 의사표시의 내용의 착오가 되어 취소할 수 있는 것이며, 법률행위의 중요 부분의 착오라 함은 표의자가 그러한 착오가 없었더라면 그 의사표시를 하지 않으리라고 생각될 정도로 중요한 것이어야 하고 보통 일반인도 표의자의 처지에 섰더라면 그러한 의사표시를 하지 않았으리라고 생각될 정도로 중요한 것이어야 한다.

대판 2006.12.7, 2006다41457

(1) 착오가 법률행위 내용의 중요 부분에 있다고 하기 위하여는 표의자에 의하여 추구된 목적을 고려하여 합리적으로 판단하여 볼 때 표시와 의사의 불일치가 객관적으로 현저하여야 하고, 만일 그 착오로 인하여 표의자가 무슨 경제적인 불이익을 입은 것이 아니라면 이를 법률행위 내용의 중요 부분의 착오라고 할 수 없다.
(2) 주채무자의 차용금반환채무를 보증할 의사로 공정증서에 연대보증인으로 서명 · 날인하였으나 그 공정증서가 주채무자의 기존의 구상금채무 등에 관한 준소비대차계약[605]의 공정증서였던 경우, 소비대차계약[598]과 준소비대차계약의 법률효과는 동일하므로 공정증서가 연대보증인의 의사와 다른 법률효과를 발생시키는 내용의 서면이라고 할 수 없어 표시와

의사의 불일치가 객관적으로 현저한 경우에 해당하지 않을 뿐만 아니라, 연대보증인은 주채무자가 채권자에게 부담하는 차용금반환채무를 연대보증할 의사가 있었던 이상 착오로 인하여 경제적인 불이익을 입었거나 장차 불이익을 당할 염려도 없으므로 위와 같은 착오는 연대보증계약의 중요 부분의 착오가 아니다.

3. 중과실이 없음

표의자에게 **중대한 과실**(중과실)이 없어야 한다. 중과실은 표의자의 직업, 행위의 종류, 목적 등에 비추어 보통 베풀어야 할 **주의를 현저히 결여**한 것(추상적 중과실)이다.

대판 1992.11.24, 92다25830 · 25847

민법 제109조 제1항 단서에서 규정하고 있는 "중대한 과실"이라 함은 표의자의 직업, 행위의 종류, 목적 등에 비추어 보통 요구되는 주의를 현저하게 결여한 것을 말하는 것인바, (…) 피고로서는 먼저 위 건물에 그가 경영하고자 하는 공장의 신설이 가능한지를 관할관청에 알아보아야 할 주의의무가 있고 또 이와 같이 알아보았다면 쉽게 위 건물에 대한 공장신설허가가 불가능하다는 사실을 알 수 있었다고 보이므로, 피고가 이러한 주의의무를 다하지 아니한 채 이 사건 임대차계약을 체결한 것에는 중대한 과실이 있다고 보아야 할 것이다.

판례는 표의자의 착오를 **상대방이 알고 이용한 경우**에 표의자의 **중과실이 있더라도 취소를 허용**한다.

대판 2014.11.27, 2013다49794

민법 제109조 제1항 단서는 의사표시의 착오가 표의자의 중대한 과실로 인한 때에는 그 의사표시를 취소하지 못한다고 규정하고 있는데, 위 단서 규정은 표의자의 상대방의 이익을 보호하기 위한 것이므로, 상대방이 표의자의 착오를 알고 이를 이용한 경우에는 착오가 표의자의 중대한 과실로 인한 것이라고 하더라도 표의자는 의사표시를 취소할 수 있다.

예제 1의 해결

(1) B가 인사하기 위해 든 손이 응찰을 하기 위한 표시로 인식된 것은 전형적인 내용의 착오에 해당한다. 또한 주관적 · 객관적 현저성을 충족하므로 중요 부분의 착오에도 해당한다. 한편 경매장에서 경매가 진행되고 있는데도 손을 든 것은 보통 베풀어야 할 주의를 현저히 결여한 것으로 볼 수 있다. 즉 B의 중과실이 인정된다. 따라서 B는 착오를 이유로 이 매매를 취소할 수 없고, A는 B에게 경매 대금을 청구할 수 있다.

(2) 시세에 대한 A의 착오는 전형적인 동기의 착오에 해당한다. 따라서 표시설에 따른다면 A의 동기가 표시되고 상대방이 알고 있어, 동기가 의사표시의 내용으로 되어야 한다. 문제에서는 이 점이 불명확하다. 경우를 나누어 검토해보자. (i) 만약 A의 동기가 계약 과정 중에 표시되어 B도 알고 있었다면 동기의 착오가 내용의 착오로 인정된다. 주관적 · 객관적으로 볼 때 착오를 일으키지 않았으면 계약을 체결하지 않았을 것이므로 중요 부분의 착오에도 해당한다. A는 자신이 수집한 정보를 과신하고 투기적으로 매매를 체결했다. 이것은 일반적으로 거래에서 요구되는 주의의무를 의도적으로 기울이지 않은 것으로 볼 수 있다. 따라서 A의 중과실이 인정된다. 결론적으로 A는 이 매매계약을 착오를 이유로 취소할 수 없다. (ii) 만약 A의 동기가 계약 과정 중에 표시되지 않아서 B도 알지 못했다면 동기의 착오가 내용의 착오로 인정되지 않는다. 그렇다면 나머지 요건들은 검토할 필요도 없이, A는 이 매매계약을 착오를 이유로 취소할 수 없다.

IV 착오에 관한 판례

1. 판례가 인정하는 착오의 유형

착오에 관한 판례들을 유형별로 검토해보면 다음과 같다.

① 기명날인(서명)의 착오는 착오로서 인정된다.

② 동일성의 착오(법률행위가 관계하는 상대방, 제3자, 객체의 착오)는 원칙적으로 인정된다.

③ 성질의 착오는 법률행위가 관계하는 사람 또는 객체의 성질에 관한 착오로서 동기의 착오에 해당한다. 판례는 동기가 표시된 때에는 고려하고 있다.

④ 법률효과의 착오는 원칙적으로 착오로서 인정된다.

⑤ 계산의 착오는 먼저 그것이 어떤 유형의 착오인지에 대한 해석이 필요하다.

⑥ 표시의식이 결여된 경우 착오로서 인정된다.

대판 2005.5.27, 2004다43824

사기에 의한 의사표시란 타인의 기망행위로 말미암아 착오에 빠지게 된 결과 어떠한 의사표시를 하게 되는 경우이므로 거기에는 의사와 표시의 불일치가 있을 수 없고, 단지 의사의 형성과정, 즉 의사표시의 동기에 착오가 있는 것에 불과하며, 이 점에서 고유한 의미의 착오에 의한 의사표시와 구분되는데, 신원보증서류에 서명날인한다는 착각에 빠진 상태로 연대보증의 서면에 서명날인한 경우, 결국 위와 같은 행위는 강학상 기명날인의 착오(또는 서명의 착오), 즉 어떤 사람이 자신의 의사와 다른 법률 효과를 발생시키는 내용의 서면에, 그것을 읽지 않거나 올바르게 이해하지 못한 채 기명날인을 하는 이른바 표시상의 착오에 해당하므로, 비록 위와 같은 착오가 제3자의 기망행위에 의하여 일어난 것이라 하더라도 그에 관하여는 사기에 의한 의사표시에 관한 법리, 특히 상대방이 그러한 제3자의 기망행위 사실을 알았거나 알 수 있었을 경우가 아닌 한 의사표시자가 취소권을 행사할 수 없다는 민법 제110조 제2항의 규정을 적용할 것이 아니라, 착오에 의한 의사표시에 관한 법리만을 적용하여 취소권 행사의 가부를 가려야 한다.

대판 1968.3.26, 67다2160

본건 토지 답 1,389평을 전부 경작할 수 있는 농지인 줄 알고 매수하여 그 소유권이전등기를 마쳤으나 타인이 경작하는 부분은 인도되지 않고 있을 뿐 아니라 측량결과 약 600평이 하천을 이루고 있어 사전에 이를 알았다면 매매의 목적을 달할 수 없음이 명백하여 매매계약을 체결하지 않았을 것이므로 위 토지의 현황 경계에 관한 착오는 본건 매매계약의 중요 부분에 대한 착오라 할 것이다.

대판 1997.11.28, 97다32772, 32789

매매 중개와 계약체결의 경위 및 부동산 매매 중개업의 제반 성질에 비추어 볼 때, 매수인이 다른 점포를 매매계약의 목적물이라고 오인한 과실이 중대한 과실이라고 단정하기는 어렵고, 매수인과 매도인 쌍방을 위하여 중개행위를 한 중개업자 스스로 매매계약의 목적물을 다른 점포로 오인한 채 매수인에게 알려 준 과실을 바로 매수인 자신의 중대한 과실이라고 평가할 수도 없다.

대판 2003.4.11, 2002다70884

(1) 법률행위 내용의 중요 부분에 착오가 있다고 하기 위하여는 표의자에 의하여 추구된 목적을 고려하여 합리적으로 판단하여 볼 때 표시와 의사의 불일치가 객관적으로 현저하여야 하는바, 재건축아파트 설계용역에서 건축사 자격이 가지는 중요성에 비추어 볼 때, 재건축조합이 건축사 자격이 없이 건축연구소를 개설한 건축학 교수에게 건축사 자격이 없다는 것을 알았더라면 재건축조합만이 아니라 객관적으로 볼 때 일반인으로서도 이와 같은 설계용역계약을 체결하지 않았을 것으로 보이므로, 재건축조합 측의 착오는 중요 부분의 착오에 해당한다.

(2) 법률행위 내용의 중요 부분에 착오가 있는 때에는 그 의사표시를 취소할 수 있으나 그 착오가 표의자의 중대한 과실로 인한 때에는 취소하지 못하는 것인바, 여기서 '중대한 과실'이라 함은 표의자의 직업, 행위의 종류, 목적 등에 비추어 보통 요구되는 주의를 현저히 결여한 것을 의미한다. 설계용역계약 체결을 전후하여 건축사 자격이 없다는 것을 묵비한 채 자신이 미국에서 공부한 건축학 교수이고 '○○○건축연구소'라는 상호로 사업자등록까지 마치고 건축설계업을 하며 상당한 실적까지 올린 사람이라고 소개한 경우, 일반인의 입장에서는 그에게 당연히 건축사 자격이 있는 것으로 믿을 수밖에 없었을 것이므로, 재건축조합 측이 그를 무자격자로 의심하여 건축사자격증의 제시를 요구한다거나 건축사단체에 자격 유무를 조회하여 이를 확인하여야 할 주의의무가 있다고 볼 수는 없다고 보아 재건축조합의 착오가 중대한 과실로 인한 것이 아니라고 한 사례.

대판 2000.5.12, 2000다12259

매매대상 토지 중 20~30평가량만 도로에 편입될 것이라는 중개인의 말을 믿고 주택 신축을 위하여 토지를 매수하였고 그와 같은 사정이 계약 체결 과정에서 현출되어 매도인도 이를 알고 있었는데 실제로는 전체 면적의 약 30%에 해당하는 197평이 도로에 편입된 경우, 동기의 착오를 이유로 매매계약의 취소를 인정한 사례.

대판 1977.5.10, 76다2953

본건 토지들은 원고 시(市)에서 시행하는 북악스카이웨이 도로부지에 편입되는 토지들로서 본건 매매계약의 가격을 정함에 있어서 원고소속 공무원들이 재산가격조서를 작성할 때에 원고산하 시유재산심의회의 결의에 의하여 사정확정된 본건 토지의 평당단가 2,100원으로 기재하여야 할 것을 그 10배인 21,000원으로 오기한 것은 경솔로 인한 것이고 매매계약 체결당사자인 관리과직원도 그 계약체결을 함에 있어서 사정가격 2,100원을 21,000원으로 10

배의 가격을 오기한 것을 발견치 못하고 그냥 10배인 오기 내용대로 사정가격으로 하여 계약을 체결하였음은 일련의 경솔에 기인한 것이라고 봄이 상당하다.

대판 1981.11.10, 80다2475

법률에 관한 착오(양도소득세가 부과될 것인데도 부과되지 아니하는 것으로 오인)라도 그것이 법률행위의 내용의 중요 부분에 관한 것인 때에는 표의자는 그 의사표시를 취소할 수 있고, 또 매도인에 대한 양도소득세의 부과를 회피할 목적으로 매수인이 주택건설을 목적으로 하는 주식회사를 설립하여 여기에 출자하는 형식을 취하면 양도소득세가 부과되지 않을 것이라고 말하면서 그러한 형식에 의한 매매를 제의하여 매도인이 이를 믿고 매매계약을 체결한 것이라 하더라도 그것이 곧 사회질서에 반하는 것이라고 단정할 수 없으므로 이러한 경우에 역시 의사표시의 착오의 이론을 적용할 수 있다.

2. 판례가 착오를 인정한 경우

법원이 착오의 성립을 인정한 경우로서는 다음과 같은 것들이 있다. 즉 착오가 상대방에 의하여 유발되었거나 상대방 측으로부터 제공된 경우에는 동기의 착오라도 중요부분의 착오로 인정했다. 또한 교통사고의 피해자가 손해배상청구권을 포기하거나 부제소의 합의를 한 경우에도 착오의 성립을 인정했는데, 최근에는 합의의 해석 문제로 해결하고 있다. 가해자의 과실이 경합했는데 피해자에게만 과실이 있는 것으로 오인하고 합의한 경우에도 긍정했고, 토지의 경계에 관한 착오도 인정한 바 있다.

대판 1971.4.30, 71다399

피해자와 가해자 간에 앞으로 손해배상청구 등 행위를 하지 않겠다는 내용의 합의서를 작성한 것이 피해자가 가해자 측의 주장에 넘어가 장래에 들 치료기간, 치료비 등을 잘못 알고 한 것은 착오에 의한 의사표시로서 취소할 수 있다.

대판 2000.3.23, 99다63176

불법행위로 인한 손해배상에 관하여 가해자와 피해자 사이에 피해자가 일정한 금액을 지급받고 그 나머지 청구를 포기하기로 합의가 이루어진 때에는 그 후 그 이상의 손해가 발생하였다 하여 다시 그 배상을 청구할 수 없는 것이지만, 그 합의가 손해발생의 원인인 사고 후 얼마 지나지 아니하여 손해의 범위를 정확히 확인하기 어려운 상황에서 이루어진 것이고, 후발손해가 합의 당시의 사정으로 보아 예상이 불가능한 것으로서, 당사자가 후발손해를 예상하였더라면 사회통념상 그 합의금액으로는 화해하지 않았을 것이라고 보는 것이 상당할 만큼 그 손해가 중대한 것일 때에는 당사자의 의사가 이러한 손해에 대해서까지 그 배상청구권을 포기한 것이라고 볼 수 없으므로 다시 그 배상을 청구할 수 있다고 보아야 한다.

3. 판례가 착오를 부인한 경우

법원이 착오의 성립을 부인한 경우들도 많다. 부동산의 매매에 있어서 시가의 착오, 임야 위의 건물 등을 기부채납(寄附採納: 재산을 국가나 지자체에 무상으로 기부함)함에 있어서 임야의 소유권에 대한 착오, 토지 매매 시 토지 면적의 착오, 판결 결과에 대한 착오, 중요 부분이 되지 못하는 동기의 착오 등이 그 예이다.

대판 1992.10.23, 92다29337

부동산매매에 있어서 시가에 관한 착오는 그 부동산을 매매하려는 의사를 결정함에 있어 그 동기의 착오에 불과할 뿐 법률행위의 중요 부분에 관한 착오라고 할 수 없다.

대판 1998.2.10, 97다44737

매매대금은 매매계약의 중요 부분인 목적물의 성질에 대응하는 것이기는 하나 분량적으로 가분적인 데다가 시장경제하에서 가격은 늘 변동하는 것이어서, 설사 매매대금액 결정에 있어서 착오로 인하여 다소간의 차이가 나더라도 보통은 중요 부분의 착오로 되지 않는다. 그러나 이 사건은 정당한 평가액을 기준으로 무려 85%나 과다하게 평가된 경우로서 그 가격 차이의 정도가 현저할 뿐만 아니라, 원고는 지방자치단체로서 법령의 규정에 따라 정당하게 평가된 금액을 기준으로 협의매수를 하고 또한 협의가 성립되지 않는 경우 수용 등의 절차를 거쳐 사업에 필요한 토지를 취득하도록 되어 있다. 이러한 사정들에 비추어 볼 때, 원고 시로서는 위와 같은 동기의 착오가 없었더라면 그처럼 과다하게 잘못 평가된 금액을 기준으로 협의매수계약을 체결하지 않았으리라는 점은 명백하다. 따라서 원고의 매수대금액 결정의 동기는 이 사건 협의매수계약 내용의 중요한 부분을 이루고 있다고 봄이 상당하다.

대판 1972.3.28, 71다2193

의사표시에 착오가 있다고 하려면 법률행위를 할 당시에 실제로 없는 사실을 있는 사실 또는 실제로 있는 사실을 없는 것으로 잘못 생각하듯이 표의자의 인식과 대조사실과가 어긋나는 경우라야 할 터이므로 판결선고전에 이미 그 선고결과를 예상하고 법률행위를 하였으나 실제로 선고된 판결이 그 예상과 다르다 하더라도 이 표의자의 심리상태에 인식과 대조사실에 불일치가 있다고는 할 수 없어 착오로 다룰 수는 없다.

대판 1996.3.26, 93다55487

매수인이 부동산을 매수하면서 잔금지급 전에 그 부동산을 은행 등에 담보로 넣어 대출을 받아 잔금을 마련하기로 계획을 세우고 매도인들에게 그와 같은 자금마련 계획을 알려 잔금지급 전에 매수인이 대출을 받을 수 있도록 협조하여 주기로 약속하였다는 사실만으로, 바로 매수인이 계획하였던 대출이 제대로 이루어질 수 없는 경우에는 그 부동산을 매수하지 아니하였을 것이라는 사정을 매도인들에게 표시하였다거나 매도인들이 이러한 사정을 알고 있었다고 단정할 수는 없다 할 것이어서, 매수인이 대출을 받아 잔금을 지급하려 하였던 잔금지급 방법이나 계획이 매매계약의 내용의 중요한 부분으로 되었다고 할 수는 없다.

V 착오의 효과

착오가 인정되는 그 의사표시는 바로 무효가 되는 것이 아니라, **취소**할 수 있을 뿐이며 취소하면 그때 비로소 법률행위 시로 소급하여(처음부터) **무효**가 된다. 그러나 표의자가 취소를 하지 않으면 그 의사표시는 그대로 유효한 것이 된다.

대판 1996.12.6, 95다24982 · 24999

<u>매도인이</u> 매수인의 중도금 지급채무 불이행을 이유로 <u>매매계약을 적법하게 해제한 후</u>라도 매수인으로서는 상대방이 한 계약 해제의 효과로서 발생하는 손해배상책임을 지거나 매매계약에 따른 계약금의 반환을 받을 수 없는 불이익을 면하기 위하여 <u>착오를 이유로 한 취소권을 행사하여 매매계약 전체를 무효로 돌리게 할 수 있다</u>.

다음으로 **취소의 배제**에 관해서 살펴보자. 우선 **취소권의 포기**나 **실효**(효력 상실)가 가

능하다. 즉 제109조는 **임의규정**이다. 상대방이 착오자의 진의에 동의하는 경우에도 신의칙에 의하여 취소권은 배제된다.

> **대판 1995.3.24, 94다44620**
> 매매계약의 체결 경위 및 당시 시행되던 소득세법, 같은법시행령, 조세감면규제법, 주택건설촉진법 등 관계 규정에 의하면, 토지의 매수인이 개인인지 법인인지, 법인이라도 주택건설사업자인지 및 주택건설사업자라도 양도소득세 면제신청을 할 것인지 여부 등은 매도인이 부담하게 될 양도소득세액 산출에 중대한 영향을 미치게 되어 이 점에 관한 착오는 법률행위의 내용의 중요 부분에 관한 것이라고 할 수 있으나, 소득세법 및 같은법시행령의 개정으로 (…) 법인과의 거래에 있어서도 개인과의 거래와 마찬가지로 양도가액을 양도 당시의 기준시가에 의하도록 변경된 점에 비추어 볼 때, 매매계약의 체결에 위와 같은 착오가 있었다 하더라도 (…) 매도인은 당초 예상한 바와 같이 기준시가에 의한 양도소득세액만 부담하면 족한 것으로 확정되어 위 착오로 인한 불이익이 소멸되었으므로, 그 후 이 사건 소송계속중에 준비서면의 송달로써 한 취소의 의사표시는 신의성실의 원칙상 허용될 수 없다고 한 사례.

또한 **계약상의 담보책임**(570 이하)에 의해 취소가 배제되는지 여부도 함께 짚어볼 필요가 있다. 이에 관해서는 다음 항의 두 번째 절(VI. 2. 착오와 다른 제도와의 관계)에서 살펴보자. 일부무효 법리(137)를 유추적용하여 **일부 취소**도 가능하다(學判).

취소에는 중요한 제한이 있다. 즉 **선의의 제3자**에게는 취소를 가지고 대항하지 못한다(109 ②).

VI 착오와 관련된 기타 문제

1. 제109조의 적용범위

제109조는 모든 종류의 의사표시 내지 법률행위에 적용된다. 따라서 재단법인의 설립행위(상대방 없는 단독행위)에도 적용된다. 그러나 친족법상의 행위에는 제109조가 적용되지 않는다(通). 물론 재산행위라도 제109조가 적용되지 않는 경우가 있다. 화해계약(733), 신주인수(상 320)가 그것이다. 소송행위, 공법행위에도 제109조는 적용되지 않는다.

2. 착오와 다른 제도의 관계

(1) 착오와 사기

한 판결(대판 2005.5.27, 2004다43824 cf. 18장 II. 2)에서 법원은 **기망에 의한 동기의 착오를 사기가 아닌 착오 문제로 해결**했다. 즉 착오와 사기가 양립하는 경우는 없다는 것이다. 그러나 예외적으로 의사와 표시가 불일치하는 사기·강박도 인정하는 입장이 더 타당하다.

(2) 착오와 계약상의 담보책임

착오와 계약상의 담보책임에 관해서는 담보책임 우선설과 경합설이 대립한다. 전자에 따르면 양자가 경합하는 경우 담보책임이 우선하여 적용되고, 후자에 따르면 어느 쪽이 적용되든 상관없게 된다.

3. 쌍방의 동기의 착오

쌍방의 동기의 착오란 쌍방이 일치하여 동기의 착오에 빠진 경우를 말한다. 이 문제의 해결을 위한 학설로는 법률행위의 보충적 해석을 통하여 해결하려는 입장이 있고, 주관적 행위기초론에 따라 해결하자는 입장이 있다. 이러한 쌍방의 동기의 착오를 인정하게 되면 취소권 이외에도 계약의 수정권한, 탈퇴권(해제권, 해지권) 등을 인정하게 된다.

대판 2006.11.23, 2005다13288

계약당사자 쌍방이 계약의 전제나 기초가 되는 사항에 관하여 같은 내용으로 착오가 있고 이로 인하여 그에 관한 구체적 약정을 하지 아니하였다면, 당사자가 그러한 착오가 없을 때에 약정하였을 것으로 보이는 내용으로 당사자의 의사를 보충하여 계약을 해석할 수 있는바, 여기서 보충되는 당사자의 의사는 당사자의 실제 의사 또는 주관적 의사가 아니라 계약의 목적, 거래관행, 적용법규, 신의칙 등에 비추어 객관적으로 추인되는 정당한 이익조정 의사를 말한다.

18장 사기·강박에 의한 의사표시

I 사기·강박의 개념

예제 1

(1) A는 B가 제시한 가짜 감정서에 속아서 그가 소유한 가짜 고려청자를 진품으로 알고서 1억 원에 매수했다. A는 B를 상대로 이 계약의 취소를 주장하면서 1억 원의 반환을 청구한다. A의 청구는 타당한가?
(2) A는 조폭 B의 협박을 받아 자기 소유의 X 토지(10억 원 상당)를 C에게 5억 원에 매각하고 등기도 이전했다. 협박죄로 B가 구속되자 A는 C를 상대로 하여 이 계약의 취소를 주장하면서 X 토지 이전등기의 말소를 청구한다. A의 청구는 타당한가?
(3) [(2)의 사실관계에 더하여] 그 사이에 C는 X 토지를 이미 D에게 매각하고 이전등기도 마쳤다. A는 C와의 계약 취소를 주장하면서 D를 상대로 X 토지 이전등기의 말소를 청구한다. A의 청구는 타당한가?

의사표시의 고장에 관한 마지막 주제는 사기 · 강박에 의한 의사표시이다. 이에 관해 우리 민법은 다음과 같이 규정하고 있다.

제110조(사기, 강박에 의한 의사표시) ① 사기나 강박에 의한 의사표시는 취소할 수 있다.

사기 · 강박은 원칙적으로는 의사형성과정의 하자이므로 의사와 표시가 일치하는 상황이다. 예외적으로 의사와 표시가 불일치하는 경우에도 사기나 강박의 성립을 인정할 수 있을 것이나, 법원은 이를 인정하지 않고 있다(cf. 뒤의 대판 2005.5.27, 2004다43824). 사기·강박은 **위법행위**이기도 하다. 형사상으로 사기(형 347), 공갈(형 350), 협박·존속협박(형 283)의 죄에 해당한다. 또한 민사상으로 불법행위에 기한 손해배상(750), 법률행위의 취소(110)의 원인이 된다.

II 사기·강박에 의한 의사표시의 요건

1. 사기·강박에 의한 의사표시의 일반적 요건

사기 또는 강박에 의한 의사표시가 성립하려면 다음 요건을 만족하여야 한다.

① 기망행위(欺罔行爲) 또는 강박행위(强迫行爲)가 존재해야 한다.
② 의사표시가 존재해야 한다.
③ 기망행위 또는 강박행위와 의사표시 사이에 인과관계가 존재해야 한다.
④ 위법성이 있어야 한다.
⑤ 고의가 있어야 한다.

2. 기망행위의 경우

기망행위는 착오(동기의 착오)에 빠지게 하는 모든(적극적, 소극적) 행위(용태)이다. 침묵도 설명의무가 있는 경우에는 기망행위가 될 수 있다. **위법성**의 판단에 있어서는, 모든 기망행위가 다 위법성이 있는 것은 아니고 어느 정도는 기망행위가 허용됨을 주의하여야 한다. 이때에는 개별적 사정 및 신의칙, 거래관념을 고려하여 판단한다. 가령 매매·임대차의 경우는 위임·조합보다 정직함이 덜 요구된다.

고의는 2단계의 것이 요구된다. 즉 '기망하여 착오에 빠뜨림' 및 '착오에 기하여 구체적 의사표시를 하게 함'에 대한 고의가 모두 요구된다.

한편 앞서 제시된 요건들에 대한 **증명책임**은 취소를 주장하는 자가 부담한다.

대판 2005.5.27, 2004다43824

(1) 취소의 의사표시란 반드시 명시적이어야 하는 것은 아니고, 취소자가 그 착오를 이유로 자신의 법률행위의 효력을 처음부터 배제하려고 한다는 의사가 드러나면 족한 것이며, 취소원인의 진술 없이도 취소의 의사표시는 유효한 것이므로, 신원보증서류에 서명날인하는 것으로 잘못 알고 이행보증보험약정서를 읽어보지 않은 채 서명날인한 것일 뿐 연대보증약정을 한 사실이 없다는 주장은 위 연대보증약정을 착오를 이유로 취소한다는 취지로 볼 수 있다고 한 사례.

(2) 강학상 기명날인의 착오(또는 서명의 착오)는 (…) 이른바 표시상의 착오에 해당하므로, 비록 위와 같은 착오가 제3자의 기망행위에 의하여 일어난 것이라 하더라도 그에 관하여는 사기에 의한 의사표시에 관한 법리, 특히 상대방이 그러한 제3자의 기망행위 사실을 알았거나 알 수 있었을 경우가 아닌 한 의사표시자가 취소권을 행사할 수 없다는 민법 제110조 제2항의 규정을 적용할 것이 아니라, 착오에 의한 의사표시에 관한 법리만을 적용하여 취소권 행사의 가부를 가려야 한다.

대판 2001.5.29, 99다55601 · 55618

(1) 상가를 분양하면서 그곳에 첨단 오락타운을 조성 · 운영하고 전문경영인에 의한 위탁경영을 통하여 분양계약자들에게 일정액 이상의 수익을 보장한다는 광고를 하고, 분양계약 체결 시 이러한 광고내용을 계약상대방에게 설명하였더라도, 체결된 분양계약서에는 이러한 내용이 기재되지 않은 점과, 그 후의 위 상가 임대운영경위 등에 비추어 볼 때, 위와 같은 광고 및 분양계약 체결 시의 설명은 청약의 유인에 불과할 뿐 상가 분양계약의 내용으로 되었다고 볼 수 없고, 따라서 분양 회사는 위 상가를 첨단 오락타운으로 조성 · 운영하거나 일정한 수익을 보장할 의무를 부담하지 않는다고 한 사례.

(2) 상품의 선전 광고에 있어서 거래의 중요한 사항에 관하여 구체적 사실을 신의성실의 의무에 비추어 비난받을 정도의 방법으로 허위로 고지한 경우에는 기망행위에 해당한다고 할 것이나, 그 선전 광고에 다소의 과장 허위가 수반되는 것은 그것이 일반 상거래의 관행과 신의칙에 비추어 시인될 수 있는 한 기망성이 결여된다고 할 것이고, 또한 용도가 특정된 특수시설을 분양받을 경우 그 운영을 어떻게 하고, 그 수익은 얼마나 될 것인지와 같은 사항은 투자자들의 책임과 판단하에 결정될 성질의 것이므로, 상가를 분양하면서 그 곳에 첨단 오락타운을 조성하고 전문경영인에 의한 위탁경영을 통하여 일정 수익을 보장한다는 취지의 광고를 하였다고 하여 이로써 상대방을 기망하여 분양계약을 체결하게 하였다거나 상대방이 계약의 중요 부분에 관하여 착오를 일으켜 분양계약을 체결하게 된 것이라 볼 수 없다고 한 사례.

대판 1993.8.13, 92다52665

(1) 상품의 선전, 광고에 있어 다소의 과장이나 허위가 수반되는 것은 그것이 일반 상거래의 관행과 신의칙에 비추어 시인될 수 있는 한 기망성이 결여된다고 하겠으나, 거래에 있어서 중요한 사항에 관하여 구체적 사실을 신의성실의 의무에 비추어 비난받을 정도의 방법으로 허위로 고지한 경우에는 기망행위에 해당한다.

(2) 변칙세일은 물품구매동기에 있어서 중요한 요소인 가격조건에 관하여 기망이 이루어진 것으로서 그 사술의 정도가 사회적으로 용인될 수 있는 상술의 정도를 넘은 것이어서 위법성이 있다.

(3) 입점업체들은 주로 브랜드의 지명도가 상대적으로 낮은 영세업체와 하이패션계통의 여성의류 제조업체들로서, 고객들이 저가품보다는 고가품을, 정상판매보다는 할인판매를 선호하는 경향이 뚜렷하다는 점에 착안하여, 이미 시중에 출하된 상품의 경우에는 종전판매가격을 실제보다 높게 표시하여 할인판매를 가장한 정상판매를 기도하거나 할인율을 기망하고, 새로이 출하하는 신상품의 경우에도 당초 제품을 출하할 때부터 제조업체에서 실제로 판매를 희망하는 가격을 일단 할인판매가격으로 표시하고 여기에 제조업체가 임의로 책정한 할인율을 감안하여 역산, 도출된 가격을 위 할인판매가격과 나란히 표시함으로써 마치 위와 같이 역산, 도출된 가격이 종전판매가격 내지 정상판매가격인 것 같이 꾸며 백화점의 각 매장에 진열하고 매장의 광고대에 위 두 가격을 비교한 할인판매율을 표시함으로써, 당해 상품들이 종전에는 높은 가격으로 판매되던 것인데 할인특매기간에 한하여 특별히 대폭 할인된 가격으로 판매되는 것처럼 광고를 하고, 할인판매기간이 끝난 후에도 판매가격을 환원하지 아니하고 할인특매기간 중의 가격으로 판매를 계속하는 이른바 '변칙세일' 방법을 일종의 판매기법으로 써 왔다.

대판 2002.9.4, 2000다54406 · 54413

(1) 민법 제104조에 규정된 불공정한 법률행위는 객관적으로 급부와 반대급부 사이에 현저한 불균형이 존재하고, 주관적으로 그와 같이 균형을 잃은 거래가 피해 당사자의 궁박, 경솔 또는 무경험을 이용하여 이루어진 경우에 성립하는 것으로서, 약자적 지위에 있는 자의 궁박, 경솔 또는 무경험을 이용한 폭리행위를 규제하려는 데 그 목적이 있는바, 피해 당사자가 궁박, 경솔 또는 무경험의 상태에 있었다고 하더라도 그 상대방 당사자에게 위와 같은 피해 당사자측의 사정을 알면서 이를 이용하려는 의사, 즉 폭리행위의 악의가 없었다면 불공정 법률행위는 성립하지 않는다.

(2) [교환계약의 당사자가 목적물의 시가를 묵비한 경우 기망에 해당하는지 여부] 일반적으

로 교환계약을 체결하려는 당사자는 서로 자기가 소유하는 교환 목적물은 고가로 평가하고 상대방이 소유하는 목적물은 염가로 평가하여 보다 유리한 조건으로 교환계약을 체결하기를 희망하는 이해 상반의 지위에 있고 각자가 자신의 지식과 경험을 이용하여 최대한으로 자신의 이익을 도모할 것이 예상되기 때문에, 당사자 일방이 알고 있는 정보를 상대방에게 사실대로 고지하여야 할 신의칙상의 주의의무가 인정된다고 볼 만한 특별한 사정이 없는 한, 어느 일방이 교환 목적물의 시가나 그 가액 결정의 기초가 되는 사항에 관하여 상대방에게 설명 내지 고지를 할 주의의무를 부담한다고 할 수 없고, 일방 당사자가 자기가 소유하는 목적물의 시가를 묵비하여 상대방에게 고지하지 아니하거나 혹은 허위로 시가보다 높은 가액을 시가라고 고지하였다 하더라도 이는 상대방의 의사결정에 불법적인 간섭을 한 것이라고 볼 수 없다.

3. 강박행위의 경우

강박행위는 해악을 가하겠다고 위협하여 공포심을 일으키게 하는 행위이다. 강박의 정도가 심하여 표의자의 의사결정의 자유가 완전히 박탈됨으로써 단지 **법률행위의 외형**만이 만들어진 것에 불과한 경우에는 의사표시 자체가 존재하지 않아서 **무효**이다.

대판 2003.5.13, 2002다73708 · 73715

(1) 강박에 의한 의사표시라고 하려면 상대방이 불법으로 어떤 해악을 고지함으로 말미암아 공포를 느끼고 의사표시를 한 것이어야 한다.

(2) 강박에 의한 법률행위가 하자 있는 의사표시로서 취소되는 것에 그치지 않고 나아가 무효로 되기 위하여는, 강박의 정도가 단순한 불법적 해악의 고지로 상대방으로 하여금 공포를 느끼도록 하는 정도가 아니고, 의사표시자로 하여금 의사결정을 스스로 할 수 있는 여지를 완전히 박탈한 상태에서 의사표시가 이루어져 단지 법률행위의 외형만이 만들어진 것에 불과한 정도이어야 한다.

(3) 제반 사정을 고려하여 의무부담의 의사표시가 강박으로 인하여 의사결정을 스스로 할 수 있는 여지를 완전히 박탈당한 상태에서 이루어진 것으로 보기 어렵다고 판단한 사례.

대판 2002.12.10, 2002다56031

(1) 국가기관이 헌법상 보장된 국민의 기본권을 침해하는 위헌적인 공권력을 행사한 결과 국민이 그 공권력의 행사에 외포되어 자유롭지 못한 의사표시를 하였다고 하더라도 그 의사표

시의 효력은 의사표시의 하자에 관한 민법의 일반원리에 의하여 판단되어야 할 것이고, 그 강박행위의 주체가 국가 공권력이고 그 공권력 행사의 내용이 기본권을 침해하는 것이라고 하여 그 강박에 의한 의사표시가 항상 반사회성을 띠게 되어 당연히 무효로 된다고는 볼 수 없다.

(2) 강박에 의한 법률행위가 하자 있는 의사표시로서 취소되는 것에 그치지 않고 나아가 무효로 되기 위하여는, 강박의 정도가 단순한 불법적 해악의 고지로 상대방으로 하여금 공포를 느끼도록 하는 정도가 아니고, 의사표시자로 하여금 의사결정을 스스로 할 수 있는 여지를 완전히 박탈한 상태에서 의사표시가 이루어져 단지 법률행위의 외형만이 만들어진 것에 불과한 정도이어야 한다.

고의는 사기행위에서와 마찬가지로 2단계의 것이 요구된다. 즉 강박의 고의 및 동기화 의식이 요구된다.

위법성은 '강박행위에 의한 의사결정'의 위법성을 말한다. 수단이 위법한 경우 또는 목적(효과)이 위법한 경우가 있다고 한다(通). 수단과 목적의 결합이 부적당한 경우에도 위법성을 인정하는 견해 역시 있다.

대판 2002.12.27, 2000다47361

(1) 비진의의사표시에 있어서의 진의란 특정한 내용의 의사표시를 하고자 하는 표의자의 생각을 말하는 것이지 표의자가 진정으로 마음속에서 바라는 사항을 뜻하는 것은 아니라고 할 것이므로, 비록 재산을 강제로 뺏긴다는 것이 표의자의 본심으로 잠재되어 있었다 하여도 표의자가 강박에 의하여서나마 증여를 하기로 하고 그에 따른 증여의 의사표시를 한 이상 증여의 내심의 효과의사가 결여된 것이라고 할 수는 없다.

(2) 민법 제103조에 의하여 무효로 되는 반사회질서 행위는 법률행위의 목적인 권리 · 의무의 내용이 선량한 풍속 기타 사회질서에 위반되는 경우뿐 아니라 그 내용 자체는 반사회질서적인 것이 아니라고 하여도 법률적으로 이를 강제하거나 법률행위에 반사회질서적인 조건 또는 금전적 대가가 결부됨으로써 반사회질서적 성질을 띠게 되는 경우 및 표시되거나 상대방에게 알려진 법률행위의 동기가 반사회질서적인 경우를 포함하나, 이상의 각 요건에 해당하지 아니하고 단지 법률행위의 성립과정에 강박이라는 불법적 방법이 사용된 데에 불과한 때에는 강박에 의한 의사표시의 하자나 의사의 흠결을 이유로 효력을 논의할 수는 있을지언정 반사회질서의 법률행위로서 무효라고 할 수는 없다.

대판 2000.3.23, 99다64049

(1) 강박에 의한 의사표시라고 하려면 상대방이 불법으로 어떤 해악을 고지함으로 말미암아 공포를 느끼고 의사표시를 한 것이어야 하는바, 여기서 어떤 해악을 고지하는 강박행위가 위법하다고 하기 위하여는, 강박행위 당시의 거래관념과 제반 사정에 비추어 해악의 고지로써 추구하는 이익이 정당하지 아니하거나 강박의 수단으로 상대방에게 고지하는 해악의 내용이 법질서에 위배된 경우 또는 어떤 해악의 고지가 거래관념상 그 해악의 고지로써 추구하는 이익의 달성을 위한 수단으로 부적당한 경우 등에 해당하여야 한다.

(2) 갑이 자신이 최대주주이던 A 금융회사로 하여금 실질상 자신 소유인 B 회사에 부실대출을 하도록 개입하였다고 판단한 A 금융회사의 새로운 경영진이 갑에게 위 대출금채무를 연대보증하지 않으면 갑 소유의 C 회사에 대한 어음대출금을 회수하여 부도를 내겠다고 위협하여 갑이 법적 책임 없는 위 대출금채무를 연대보증한 경우, 강박에 의한 의사표시에 해당하지 않는다고 한 사례.

대판 1997.3.25, 96다47951

(1) 지역사회에서 상당한 사회적 지위와 명망을 가지고 있는 자가 유부녀와 통정한 후 상간자의 배우자로부터 고소를 당하게 되면 자신의 사회적 명예가 실추되고 구속될 여지도 있어 다소 궁박한 상태에 있었다고 볼 수는 있으나 상간자의 배우자가 상대방의 그와 같은 처지를 적극적으로 이용하여 폭리를 취하려 하였다고 볼 수 없는 경우, 고소를 하지 않기로 합의하면서 금 170,000,000원의 약속어음공정증서를 작성한 행위가 불공정한 법률행위에 해당한다고 볼 수 없다고 한 원심판결을 수긍한 사례.

(2) 일반적으로 부정행위에 대한 고소 · 고발은 그것이 부정한 이익을 목적으로 하는 것이 아닌 때에는 정당한 권리행사가 되어 위법하다고 할 수 없는 것인바, 이 사건에서 피고가 ○○시의 약사회장으로 있던 원고를 간통으로 고소하지 않기로 하는 등의 대가로 무려 금 170,000,000원의 합의금을 받게 되었다고 하여, 피고가 부정한 이익을 목적으로 위법한 강박행위를 하였다고 볼 수 없다.

대판 1992.12.24, 92다25120

(1) 법률행위 취소의 원인이 될 강박이 있다고 하기 위하여서는 표의자로 하여금 외포심(畏怖心: 두려워하는 마음)을 생기게 하고 이로 인하여 법률행위 의사를 결정하게 할 고의로서 불법으로 장래의 해악을 통고할 경우라야 할 것이다.

(2) 일반적으로 부정행위에 대한 고소, 고발은 그것이 부정한 이익을 목적으로 하는 것이 아닌

때에는 정당한 권리행사가 되어 위법하다고 할 수 없을 것이다. 물론 부정한 이익의 취득을 목적으로 하는 경우에는 위법한 강박행위가 되는 경우가 있을 것이며, 목적이 정당하다고 하더라도 그 행위나 수단 등이 부당한 때에는 위법성이 있는 경우가 있을 수 있다.

III 사기·강박에 의한 의사표시의 효과

1. 취소가능성

제3자가 사기나 강박을 행한 경우는 제110조 제2항이 규율한다.

제110조(사기, 강박에 의한 의사표시) ② 상대방있는 의사표시에 관하여 제삼자가 사기나 강박을 행한 경우에는 상대방이 그 사실을 알았거나 알 수 있었을 경우에 한하여 그 의사표시를 취소할 수 있다.

상대방의 선의, 악의 및 과실 유무는 행위(의사표시) 당시를 기준으로 판단한다. 또한 **제3자**의 범위를 판단할 때 상대방의 대리인 등 상대방과 동일시할 수 있는 자는 제3자가 아니라고 본다(判). 제3자에 해당하지 않는 예로는 간접대리의 본인, 허수아비행위의 배후조종자, 대리상, 은행의 출장소장(은행이 소비대주인 소비대차에서) 등이 있다. 반면 제3자에 해당하는 예로는 담보제공자에 대하여 사기·강박을 행한 채무자, 제3자를 위한 계약의 수익자 등이 있다.

대판 1998.1.23, 96다41496
의사표시의 상대방이 아닌 자로서 기망행위를 하였으나 민법 제110조 제2항에서 정한 제3자에 해당되지 아니한다고 볼 수 있는 자란 그 의사표시에 관한 상대방의 대리인 등 상대방과 동일시할 수 있는 자만을 의미하고, 단순히 상대방의 피용자이거나 상대방이 사용자책임을 져야 할 관계에 있는 피용자에 지나지 않는 자는 상대방과 동일시할 수는 없어 이 규정에서 말하는 제3자에 해당한다.

대판 1999.2.23, 98다60828 · 60835

(1) 상대방 있는 의사표시에 관하여 제3자가 사기나 강박을 한 경우에는 상대방이 그 사실을 알았거나 알 수 있었을 경우에 한하여 그 의사표시를 취소할 수 있으나, 상대방의 대리인 등 상대방과 동일시할 수 있는 자의 사기나 강박은 제3자의 사기 · 강박에 해당하지 아니한다.

(2) 은행의 출장소장이 어음할인을 부탁받자 그 어음이 부도날 경우를 대비하여 담보조로 받아두는 것이라고 속이고 금전소비대차 및 연대보증 약정을 체결한 후 그 대출금을 자신이 인출하여 사용한 사안에서, 위 출장소장의 행위는 은행 또는 은행과 동일시할 수 있는 자의 사기일 뿐 제3자의 사기로 볼 수 없으므로, 은행이 그 사기사실을 알았거나 알 수 있었을 경우에 한하여 위 약정을 취소할 수 있는 것은 아니라고 본 사례.

대판 1997.12.26, 96다44860

(1) 사기를 이유로 한 법률행위의 취소로써 대항할 수 없는 민법 제110조 제3항 소정의 제3자라 함은 사기에 의한 의사표시의 당사자 및 포괄승계인 이외의 자로서 사기에 의한 의사표시를 기초로 하여 새로운 법률원인으로써 이해관계를 맺은 자를 의미한다.

(2) 부동산의 양도계약이 사기에 의한 의사표시에 해당하는 경우에 있어서는 공시 방법인 소유권이전등기를 마친 기망행위자와 사이에 새로운 법률원인을 맺어 이해관계를 갖게 된 자만이 민법 제110조 제3항 소정의 제3자에 해당한다고 할 수 없다.

(3) 갑이 을과의 교환계약에 의하여 취득한 토지를 병이 갑으로부터 전득하고 자신의 앞으로 바로 소유권이전등기를 마쳤다면, 병은 을이 해제되었다고 주장하는 위 '교환계약으로부터 생긴 법률적 효과를 기초로 하여 새로운 이해관계를 가졌을 뿐 아니라 등기를 마침으로써 완전한 권리를 취득한 자'이므로 민법 제548조 제1항 단서 소정의 제3자에 해당한다.

대판 1975.12.23, 75다533

사기에 의한 법률행위의 의사표시를 취소하면 취소의 소급효로 인하여 그 행위의 시초부터 무효인 것으로 되는 것이요 취소한 때에 비로소 무효로 되는 것이 아니므로 취소를 주장하는 자와 양립되지 아니하는 법률관계를 가졌던 것이 취소 이전에 있었든가 이후에 있었던가는 가릴 필요 없이 사기에 의한 의사표시 및 그 취소사실을 몰랐던 모든 제3자에 대하여는 그 의사표시의 취소를 대항하지 못한다고 보아야 할 것이고 이는 거래안전의 보호를 목적으로 하는 민법 제110조 제3항의 취지에도 합당한 해석이 된다.

2. 취소의 효과

취소하면 법률행위는 처음부터 무효였던 것으로 된다(141). 이 취소는 선의의 제3자에게 대항하지 못한다(110 ③). 다만 제3자가 취소의 효과를 인정할 수는 있다.

제110조(사기, 강박에 의한 의사표시) ③ 전2항의 의사표시의 취소는 선의의 제삼자에게 대항하지 못한다.

대판 1997.12.26, 96다44860

(1) 사기를 이유로 한 법률행위의 취소로써 대항할 수 없는 민법 제110조 제3항 소정의 제3자라 함은 사기에 의한 의사표시의 당사자 및 포괄승계인 이외의 자로서 사기에 의한 의사표시를 기초로 하여 새로운 법률원인으로써 이해관계를 맺은 자를 의미한다.

(2) 부동산의 양도계약이 사기에 의한 의사표시에 해당하는 경우에 있어서는 공시 방법인 소유권이전등기를 마친 기망행위자와 사이에 새로운 법률원인을 맺어 이해관계를 갖게 된 자만이 민법 제110조 제3항 소정의 제3자에 해당한다고 할 수 없다.

19장 의사표시의 효력 발생

I 도달주의와 발신주의의 원칙과 예외

의사의 표시로부터 상대방이 수령하여 그것을 이해할 때까지의 과정은 4단계, 즉 의사의 표백(表白), 발신(發信), 수령(受領), 요지(了知)로 파악할 수 있다.

의사표시의 효력 발생에 관해서는 **도달주의**가 원칙이며, 예외적으로 **발신주의**가 인정된다.

> **제111조**(의사표시의 효력발생시기) ① 상대방이 있는 의사표시는 상대방에게 도달한 때에 그 효력이 생긴다.
> ② 의사표시자가 그 통지를 발송한 후 사망하거나 제한능력자가 되어도 의사표시의 효력에 영향을 미치지 아니한다.

도달주의의 예외로서 우리 민법이 인정하고 있는 경우는 다음과 같다. 즉 제15조(제한능력자의 상대방이 확답을 촉구하였을 때 기간 내에 확답을 발송하지 않으면 그 행위를 추인한 것으로 됨), 제71조(총회의 소집은 1주간 전에 그 회의의 목적사항을 기재한 통지를 발함), 제131조(무권대리인의 상대방의 최고), 제455조(승낙여부의 최고), 제531조(격지자 간의 계약은 승낙의 통지를 발송한 때에 성립)가 그러하다.

II 의사표시 도달의 개념

도달의 의미에 대해서는 학설의 대립이 있다. **요지상태설**(了知狀態說)은 의사표시가 상대방의 영역에 진입하는 것만으로 부족하고, 상대방이 의사표시의 내용을 알 수 있는 상태가 필요하다고 본다(多判). 한편 **진입설**(進入說)은 의사표시가 객관적으로 상대방의 영역 내에 진입했는지 여부로 판단하고, 상대방이 의사표시의 내용을 알았는지 여부는 기한 내에 도착했는가의 문제로 보는 입장을 취한다(少).

대판 1983.8.23, 82다카439

(1) 채권양도의 통지와 같은 준법률행위[그중에서 관념/사실의 통지에 해당]의 도달은 의사표시와 마찬가지로 사회관념상 채무자가 통지의 내용을 알 수 있는 객관적 상태에 놓여졌을 때를 지칭하고, 그 통지를 채무자가 현실적으로 수령하였거나 그 통지의 내용을 알았을 것까지는 필요하지 않다.

(2) 채권양도의 통지서가 들어 있는 우편물을 채무자의 가정부가 수령한 직후 한 집에 거주하고 있는 통지인인 채권자가 그 우편물을 바로 회수해 버렸다면 그 우편물의 내용이 무엇인지를 그 가정부가 알고 있었다는 등의 특별한 사정이 없었던 이상 그 채권양도의 통지는 사회관념상 채무자가 그 통지내용을 알 수 있는 객관적 상태에 놓여 있는 것이라고 볼 수 없으므로 그 통지는 피고에게 도달되었다고 볼 수 없을 것이다.

대판 1997.11.25, 97다31281

(1) 채권양도의 통지는 채무자에게 도달됨으로써 효력을 발생하는 것이고, 여기서 도달이라 함은 사회관념상 채무자가 통지의 내용을 알 수 있는 객관적 상태에 놓여졌다고 인정되는 상태를 지칭한다고 해석되므로, 채무자가 이를 현실적으로 수령하였다거나 그 통지의 내용을 알았을 것까지는 필요로 하지 않는다.

(2) 우편법 소정의 규정에 따라 우편물이 배달되었다고 하여 언제나 상대방 있는 의사표시의 통지가 상대방에게 도달하였다고 볼 수는 없으며, 등기우편물에 기재된 사무소에서 본인의 사무원임을 확인한 후 우편물을 교부하였다는 우편집배원의 진술이나 우편법 등의 규정을 들어 그 등기우편물의 수령인을 본인의 사무원 또는 고용인으로 추정할 수는 없다.

(3) 채권양도통지서가 채무자의 주소나 사무소가 아닌 동업자의 사무소에서 그 신원이 분명치 않은 자에게 송달된 경우에는 사회관념상 채무자가 통지의 내용을 알 수 있는 객관적 상

태에 놓여졌다고 인정할 수 없다.

III 의사표시 도달의 효과

도달에 대한 증명책임은 표의자가 부담한다. 따라서 불착(不着)이나 연착(延着)의 경우 표의자의 불이익으로 돌아간다.

대판 1992.3.27, 91누3819
우편법 등 관계 규정의 취지에 비추어 볼 때 우편물이 등기취급의 방법으로 발송된 경우 반송되는 등의 특별한 사정이 없는 한 그 무렵 수취인에게 배달되었다고 보아야 한다.

대판 2000.10.27, 2000다20052
재건축조합을 탈퇴한다는 의사표시가 기재된 내용증명 우편물이 발송되고 달리 반송되지 아니하였다면 특별한 사정이 없는 한 이는 그 무렵에 송달되었다고 봄이 상당하다.

대판 2002.7.26, 2000다25002
내용증명우편이나 등기우편과는 달리, 보통우편의 방법으로 발송되었다는 사실만으로는 그 우편물이 상당기간 내에 도달하였다고 추정할 수 없고 송달의 효력을 주장하는 측에서 증거에 의하여 도달사실을 입증하여야 한다.

철회는 아직 효력을 발생하고 있지 않은 의사표시를 종국적으로 효력이 발생하지 않게 하거나(cf. 527), 일단 발생한 의사표시의 효력을 장래를 향하여 소멸시키는 표의자의 일방적 행위(7, 16, 134, 1108, 1110)로서 의사표시의 도달 전(또는 늦어도 동시)에만 가능하다.

대판 1994.8.9, 94다14629
근로자가 사직원을 제출하여 근로계약의 해지를 청약하는 경우 그에 대한 사용자의 승낙의사가 형성되어 그 승낙의 의사표시가 근로자에게 도달하기 이전에는 청약의 의사표시를 철회할 수 있으나, 근로자와 사용자가 근로계약을 해지시키기로 합의하였다면 합의 시에 근로자의 근로계약해지의 청약의 의사표시에 대하여 사용자의 승낙의사가 확정적으로 형성·표시되어 해지의사의 합치가 있었다고 할 것이므로 이러한 경우 어느 일방 당사자가 임의로 이를 철회할 수는 없고, 이는 근로자와 사용자가 합의 시 특별히 근로계약관계를 일정기간 경과 후 종료키로 약정하였다고 하여도 마찬가지이다.

IV 의사표시의 수령능력

제112조(**제한능력자에 대한 의사표시의 효력**) 의사표시의 상대방이 의사표시를 받은 때에 제한능력자인 경우에는 의사표시자는 그 의사표시로써 대항할 수 없다. 다만, 그 상대방의 법정대리인이 의사표시가 도달한 사실을 안 후에는 그러하지 아니하다.

수령능력이란 타인의 의사표시의 내용을 이해하는 능력을 말한다. 원래 수령능력은 행위능력보다는 능력의 정도가 낮아도 인정될 수 있다. 그러나 우리 민법은 모든 제한능력자는 의사표시의 수령제한능력자라고 본다. 물론 행위능력이 인정되는 제한능력자는 수령능력도 인정된다.

의사표시의 공시송달

의사표시의 도달이 불가능한 상황에 대비하여 **공시송달**(公示送達) 제도가 마련되어 있다.

제113조(**의사표시의 공시송달**) 표의자가 과실없이 상대방을 알지 못하거나 상대방의 소재를 알지 못하는 경우에는 의사표시는 민사소송법 공시송달의 규정에 의하여 송달할 수 있다.

공시송달은 법원사무관 등이 송달할 서류를 보관하고 그 사유를 법원게시판에 게시하거나, 그 밖에 대법원규칙이 정하는 방법에 따라서 하여야 한다(민소 195).

표의자의 과실 유무의 증명에 대해서는 표의자가 증명책임을 부담한다는 견해와 상대방이 부담한다는 견해가 대립한다.

대결 2003.12.12, 2003마1694

제1심에서 원고가 공시송달신청을 하면서 제출한 소명자료와 그 동안의 송달 결과, 특히 법정경위 작성의 송달불능보고서의 내용을 종합하면 민사소송법 제194조가 규정하는 공시송달의 요건인 '당사자의 주소 등 또는 근무장소를 알 수 없는 경우'에 해당한다고 볼 여지가 충분함에도 위 공시송달 신청에 대하여는 아무런 결정을 하지 아니한 채 주소보정 흠결을 이유로 소장각하명령을 한 경우, 항고심으로서는 소장 부본 송달상의 흠결 보정에 관하여 선결문제가 되는 공시송달신청의 허부에 대하여도 함께 판단하여 제1심 재판장의 소장 각하명령의 당부를 판단하였어야 함에도 불구하고 이에 이르지 아니한 채 원고가 최종의 주소보정명령에 따른 주소보정조치를 취하지 아니한 이상 제1심 재판장의 소장각하명령에 위법이 있다고 할 수 없다는 이유 설시만으로 항고를 배척한 것은 위법하다고 한 사례.

5부

법률행위의 기타 문제

법률행위와 관련해서 몇 가지 문제가 더 있다. 5부에서는 내가 직접 법률행위를 하지 않고 다른 사람을 시켜서 대신 의사표시를 하게 한 경우(대리)에 대해서 보고, 대리가 제대로 이루어지지 않은 경우(무권대리)에 대해서도 공부한다. 이어서 법률행위를 보다 다채롭게 만들 수 있는 방법인 조건과 기한에 대해 본 후, 시간의 간격을 의미하는 기간을 민법이 어떻게 규율하고 있는지 살펴본다. 끝으로 일정한 기간 동안 권리를 행사하지 않으면 그 권리가 소멸하게 되는 제도인 소멸시효에 대해서도 공부한다.

20장 유권대리

I 대리 서론

1. 대리의 개념

대리는 타인(대리인)이 본인의 이름으로 법률행위를 하거나(**능동대리**) 의사표시를 수령함으로써(**수동대리**) 그 **법률효과가 직접 본인에게 발생**하는 제도이다.

> **第114條(대리행위의 효력)** ① 대리인이 그 권한내에서 본인을 위한 것임을 표시한 의사표시는 직접 본인에게 대하여 효력이 생긴다.
> ② 전항의 규정은 대리인에게 대한 제삼자의 의사표시에 준용한다.

2. 대리의 본질

이에 관한 고전적 견해로는 본인행위설, 대리인행위설, 공동행위설 등이 있다. 우리 민법학계의 학설을 보면 대리인행위설, 통합요건설, 행위·규율 분리설 등이 있다. 결국 이러한 학설들의 차이는 본인과 대리인 중에서 누구를 행위 당사자로 보느냐와 관련이 있다. 그런데 우리 민법은 **대리인행위설**을 기초로 하는 것으로 보인다(cf. 116 ①).

3. 대리의 인정 범위

대리는 의사표시를 하는 것(능동대리)은 물론이고 의사표시를 수령하는 것(수동대리)도 가능하다. 그러나 사실행위나 불법행위의 대리는 불가능하다. 대리는 그 핵심 개념에 **의사표시**를 포함하고 있기 때문이다.

마찬가지의 이유로 현실의 인도는 물론이고 간이인도, 점유개정, 목적물반환청구권의 양도의 경우에도 대리는 인정되지 않는다(학설대립 있음). 대리를 부인하는 입장에서는 대리인이 아닌 점유보조자나 점유매개자를 통하여 본인이 점유를 취득하는 것으로 구성한다. 준법률행위의 경우에도 (의사표시가 아니므로) 원칙적으로는 대리가 가능하지 않다. 그러나 의사의 통지 및 관념의 통지에는 대리규정이 유추적용될 수 있다.

끝으로, 모든 의사표시에 대하여 대리가 허용되는 것은 아니다. 아예 **대리가 허용되지 않는 행위**(대리에 친하지 않은 행위)들이 있다. 신분상의 법률행위(혼인, 이혼, 인지, 유언 등)가 그러하다. 다만 13세 미만자의 입양의 경우에는 법정대리인이 13세 미만자를 대신하여 입양의 승낙을 해야 한다(869 ②). 신분행위에 대한 대리행위는 무효이며 추인으로도 유효로 되지 않는다. 단, 부양청구권 등 재산행위에는 대리가 인정된다.

4. 대리와 구별되는 제도

다음의 제도들을 대리와 혼동하지 않도록 주의하여야 한다.

① **간접대리**는 간접대리인이 자신의 이름으로 법률행위를 하고, 그 법률효과 역시 간접대리인에게 귀속한다. 위탁매매업(상 101: "자기명의로써 타인의 계산으로 물건 또는 유가증권의 매매를 영업으로 하는 자")이 그 예이다.

② (법인의) **대표**는 (본인과 별개인) 대리인과는 달리 법인과 동일시된다. 그러나 대리와 비슷한 점이 많아서 대리에 관한 규정이 준용된다(59 ②).

③ **사자**(使者)는 의사표시를 직접 하는 것이 아니고 의사표시의 전달·표시만을 하는 사람이다. 따라서 의사표시의 하자 유무 또는 특정한 사정을 아는지에 대해서는 본인이 표준이 된다(대리의 경우에는 대리인이 표준이 됨: 116 ①).

④ **간접점유**(194)란 직접점유자의 점유를 통하여 간접점유자가 점유하는 것을 말하

는데, 점유는 법률행위가 아닌 사실상의 지배이므로 대리와는 관계가 없다.

⑤ **이행보조자**(391)는 채무자가 채무의 이행을 위하여 사용하는 사람으로, 채무자의 이행을 보조하거나 채무자를 대신하여 이행한다. 결국 대리와 경제적으로는 유사한 부분도 있지만 법적으로는 거리가 먼 개념이다.

⑥ **재산관리인**에는 부재자의 재산관리인, 상속재산관리인, 유언집행자, 신탁재산관리인 등이 있는데, 이들 역시 경제적으로는 대리와 겹치는 부분이 있지만 개념적으로는 전혀 다른 제도들이다.

5. 대리의 종류

대리의 종류를 파악하기 위해서는 우선 **임의대리**와 **법정대리**를 구별하는 것이 중요하다. 이것은 대리권의 발생원인이 본인의 의사인지 법률 규정인지에 따른 것이다. 또, **능동대리**(적극대리: 114 ①)와 **수동대리**(소극대리: 114 ②)의 구별은 의사표시를 하느냐 받느냐에 따른 것이다.

유권대리와 **무권대리**의 구별도 중요하다. 이것은 대리인으로서 행동하는 자가 대리권을 가지는지 여부에 따른 것이다. 무권대리는 다시 **표현대리**(수권을 표시했으나 실은 수권이 없는 경우인 제125조, 대리권의 범위를 넘은 경우인 제126조, 대리권이 소멸한 경우인 제129조)와 **협의의 무권대리**(대리권이 아예 없었던 경우인 제130조)로 나뉜다.

6. 대리성립의 요건

대리가 성립하기 위해서는 다음과 같은 요건들을 갖추어야 한다. 즉, ① **허용가능성**('대리에 친한 행위'), ② 대리인의 유효한 **의사표시**, ③ **대리권**의 범위 내에서(법률 또는 수권행위로 부여), ④ **현명**(顯名: '본인의 이름으로' 한 의사표시)이 그것이다.

①과 ②에 대해서는 더 언급할 것이 없으므로 지금부터는 ③과 ④에 관하여 보자.

II 대리권

1. 대리권의 개념

대리권이란 타인(대리인)이 본인의 이름으로 의사표시를 하거나 의사표시를 받음으로써 직접 본인에게 법률효과를 발생시키는 법률상의 지위 또는 자격(자격설: 多)이다.

대리권은 발생 원인에 따라 법정대리권과 임의대리권으로 나뉜다. **법정대리권**은 발생원인이 법률의 규정, 지정권자의 지정행위, 법원의 선임행위 등인 경우이다. 가령 부부(일상가사대리권: 827), 친권자(911, 920), 지정미성년후견인(931), 선임미성년후견인(932), 유언집행자(1093, 1094), 부재자재산관리인(23, 24), 성년후견인(936), 상속재산관리인(1023 ②), 유언집행자(1096) 등이 법정대리인에 해당한다. **임의대리권**의 발생원인은 수권행위이다. 항을 바꾸어 수권행위에 관해서 자세히 살펴보자.

2. 수권행위

(1) 수권행위의 개념

수권행위는 본인이 대리인에게 대리권을 수여하는 행위이다. 그 성질에 관해서는 상대방 있는 단독행위라는 견해(多)와 계약이라는 견해(少)가 대립한다.

(2) 독자성과 무인성

수권행위의 **독자성**은 일반적으로 인정된다. 즉 수권행위는 본인과 대리인 사이의 '내부적 법률관계'(eg. 위임, 고용)에 수반하는 것이 보통이나, 개념적으로는 구별된다(通判).

원인된 법률관계와 수권행위의 관계에 관해서는 학설이 대립한다. **무인설**(無因說)은 대리의 '원인된 법률관계'(원인행위)가 실효(失效)되어도 수권행위는 유효하다는 입장(少判)이다. 반면 **유인설**(有因說)은 원인행위가 실효하면 수권행위도 함께 실효한다는 입장(多)이다. 그 밖에 내부적 · 외부적 수권 구별설도 있다.

판례는 무인설의 입장을 취하고 있다.

대판 1962.5.24, 4294민상251, 252

위임과 대리권수여는 별개의 독립된 행위로서 위임은 위임자와 수임자 간의 내부적인 채권채무관계를 말하고 대리권은 대리인의 행위의 효과가 본인에게 미치는 대외적 자격을 말하는 것이므로 위임계약에 대리권수여가 수반되는 일은 있으나 위임계약만으로는 그 효력은 위임자와 수임자 이외에는 미치는 것이 아니므로 구 민법 제655조의 취지는 위임종료의 사유는 이를 상대방에 통지하거나 상대방이 이를 안 때가 아니면 위임자와 수임자 간에는 위임계약에 의한 권리의무관계가 존속한다는 취지에 불과하고 대리권관계와는 아무런 관계가 없는 것이다.

대판 1987.4.28, 86다카1802

(1) 구 변호사법(법률 제2654호) 제48조는 강제법규로서 같은 법조에서 규정하고 있는 이익취득을 목적으로 하는 법률행위는 그 자체가 반사회적 성질을 띠게 되어 사법적 효력도 부정된다.

(2) 변호사 아닌 자 갑이 소송당사자인 을로부터 소송사건을 떠맡아 을을 대리하여 갑의 비용과 책임하에 소송대리인을 선임하는 등의 일체의 소송수행을 하여 을을 승소시켜 주고 그 대가로서 소송물의 일부를 양도받기로 하는 내용의 양도약정이 변호사법에 저촉되어 무효라 하더라도 그 무효는 그 대가 약정부분에 한정된다 할 것이고, 그 대가 약정부분이 아닌 소송대리인 선임권한 위임부분까지 무효로 볼 수는 없으므로 갑이 변호사보수금을 현실적으로 지급하지 아니하였다면 을로서는 갑이 위 약정에 따라 을의 이름으로 선임한 변호사에 대하여 그 보수금의 지급채무를 여전히 부담하고 있다 할 것이다.

대판 1995.7.14, 94다40147

(1) 도박채무 부담행위 및 그 변제약정은 민법 제103조의 선량한 풍속 기타 사회질서에 위반되어 무효.

(2) 무효는 변제약정의 이행행위에 해당하는 위 부동산을 제3자에게 처분한 대금으로 도박채무의 변제에 충당한 부분에 한정되고, 위 변제약정의 이행행위에 직접 해당하지 아니하는 부동산 처분에 관한 대리권을 도박 채권자에게 수여한 행위 부분까지 무효라고 볼 수 없음.

(3) 위와 같은 사정을 알지 못하는 거래 상대방인 제3자가 도박 채무자로부터 그 대리인인 도박 채권자를 통하여 위 부동산을 매수한 행위까지 무효가 된다고 할 수는 없음.

위 판결의 원심(유인설에 입각)**: 제주지법 1994.7.15, 93나1152**

(1) B(도박채무자)가 A(도박채권자)에게 이 부동산의 처분권한을 위임하고 그 처분대가로써 위 도박채무의 변제에 충당하기로 한 행위는 선량한 풍속 기타 사회질서에 위반한 사항을 내용으로 하는 행위로서 무효.

(2) 이에 터잡아 이루어진, A가 B를 대리하여 한 C(선의의 제3자)와의 매매계약은 무권대리행위로서 무효.

(3) 무권리자인 C로부터 부동산을 양수한 D 회사 역시 그 소유권을 취득할 수 없다.

(3) 수권행위의 실효

예를 들어 본인과 대리인이 위임계약을 하면서 본인이 대리인에게 수권행위를 하였고, 대리인이 그 대리권에 기하여 대리행위를 한 경우를 생각해보자. 수권행위가 실효할 경우 대리행위의 효력은 어떻게 될까?

대리인의 사유로 인하여 수권행위가 실효하는 예로서 대리인이 제한능력자인 경우를 생각해보면, 수권행위가 실효하는 것은 수권행위를 계약으로 보는 견해(계약설)에서만 문제될 수 있다. **단독행위설**에 따를 경우 단독행위인 수권행위의 상대방인 대리인이 제한능력자이거나, 대리인의 의사표시에 흠이 있더라도 본인이 하는 단독행위인 수권행위의 효력에 아무런 영향을 끼칠 수 없기 때문이다.

그런데 **계약설**을 취하는 견해는 대리인이 제한능력자인 경우만을 다루면서, 수권계약이 제한능력자에게 불이익을 주지 않으므로 피성년후견인을 제외하고는 수권행위를 취소할 수 없다고 한다. 결국 계약설이 예정하는 이런 상황이 발생하기도 어렵거니와, 그런 상황이 발생했다 하더라도 계약설은 수권행위가 그대로 유효하다고 함으로써 이 논의 자체를 무의미하게 만들고 있다.

한편 대리인 또는 본인의 사유로 내부관계 발생행위가 실효하는 예로서 대리인 또는 본인이 제한능력자인 것을 이유로 하여 내부관계 발생행위를 한 경우, 즉 앞 예의 위임계약을 취소한 경우를 생각해보자. 그 경우 수권행위 및 대리행위의 효력은 어떻게 될까? 물론 이 문제는 주로 대리인이 제한능력자인 경우와 관련하여 논의된다.

유인설(多)에 따르면, 원인행위가 실효하면 수권행위도 실효하게 된다. 따라서 대리행위는 대리권 없이 한 것이 되어 무권대리가 된다. 그러나 이때 유인설은 거래의 안전 또는 제117조나 제129조를 원용하여 대리권은 장래를 향해서만 소멸하는 것으로 한다. 즉 기왕의 대리행위는 유효하다고 하거나 표현대리로 해결한다. **무인설**(少)에 따르면 내부관계 발생행위가 실효해도 수권행위는 그대로 유효하고, 따라서 대리행위 역시 유효하다. 즉 기왕의 대리행위는 그대로 유효하고, 대리권은 장래를 향해 소멸할 뿐이다(123 1문). 결국 유인설을 따르거나 무인설을 따르거나에 상관없이, 기왕의 대리행위는 효력을 유지하고 다만 장래를 향해 대리권은 소멸한다.

마지막으로 **본인의 사유**로 수권행위가 실효하는 예로서 본인이 제한능력자여서 수권행위를 취소한 경우를 생각해보자. 이에 대해서는 여러 학설이 있다. 수권행위가 취소되면 대리권은 소급적으로 소멸하고 대리행위는 무권대리가 된다는 견해가 있다. 반면 대리행위가 이미 이루어진 경우에는 거래의 안전을 위하여 소급효를 제한하자는 입장도 있다. 또한 거래안전을 이유로 대리행위 후의 소급적 취소는 원칙적으로 부인하면서 예외적으로 취소를 인정하는 견해도 있으며, 대리행위는 무권대리가 된다고 하면서 상대방 보호는 개별 규정 또는 무권대리에 대한 보호규정(131~135)에 의한다고 하는 견해도 있다.

(4) 수권행위의 방식

수권행위는 **불요식행위**로서 방식에 제한이 없다. 구두, 서면, 명시적·묵시적 수권행위 모두 가능하다. 보통은 **위임장**을 수여하는 식으로 수권행위가 이루어진다. 위임장의 특수한 형태로 **백지위임장**(대리인의 성명 등이 공란)도 있다.

대리행위가 요식행위인 경우 수권행위도 요식이어야 하는지에 대해서는, 그럴 필요가 없다는 불요식행위설과 제한적 요식행위설이 대립한다.

3. 대리권의 범위

대리권의 범위를 보자면, 법정대리권은 법률의 규정에 따라, 임의대리권은 수권행위의 해석에 따라 결정된다.

대판 1991.2.12, 90다7364

법률행위에 의하여 수여된 대리권은 그 원인된 법률관계의 종료에 의하여 소멸하는 것이므로 특별한 다른 사정이 없는 한 부동산을 매수할 권한을 수여받은 대리인에게 그 부동산을 처분할 대리권도 있다고 볼 수 없다.

권한이 정해져 있지 않거나 불명확한 경우에는 제118조가 기준이 된다.

제118조(대리권의 범위) 권한을 정하지 아니한 대리인은 다음 각호의 행위만을 할 수 있다.
1. 보존행위
2. 대리의 목적인 물건이나 권리의 성질을 변하지 아니하는 범위에서 그 이용 또는 개량하는 행위

제118조의 내용을 한마디로 요약하자면, **관리행위(보존행위, 이용·개량행위)**는 가능하고 **처분행위**는 가능하지 않다는 것이다. 여기서 보존행위는 재산의 현상을 유지하기 위한 행위(eg. 소멸시효 중단)를 말한다. 그리고 이용·개량행위는 재산으로부터 수익을 도모하거나(eg. 이자부 금전대여), 사용가치·교환가치를 증가시키는 행위(eg. 무이자의 금전대여를 이자부로)를 말하며, 이는 대리의 목적(물건·권리)의 성질이 불변하는 범위 내에서만 가능하다.

4. 대리권의 제한

(1) 자기계약(자기대리, 상대방대리)과 쌍방대리

자기계약은 대리인이 본인을 대리하면서 동시에 상대방으로서 계약을 체결하는 경우이고, **쌍방대리**는 대리인이 양쪽 당사자를 대리하여 혼자서 계약을 체결하는 경우이다. 본인의 이익 보호를 위해 자기계약과 쌍방대리는 **원칙적으로 금지**된다.

제124조(자기계약, 쌍방대리) 대리인은 본인의 허락이 없으면 본인을 위하여 자기와 법률행위를 하거나 동일한 법률행위에 관하여 당사자쌍방을 대리하지 못한다. 그러나 채무의 이행은 할 수 있다.

단 자기계약이나 쌍방대리가 **예외적으로 허용**되는 경우가 있다. 본인의 허락이 있거나 채무의 이행이거나 특칙이 있는 때에 그러하다. 제124조에 대한 **특칙**으로서는 친권

자의 이해상반행위(921), 후견인의 피후견인 권리양수(951), 법인대표의 이익상반행위(64), 상법상의 자기거래(상 199, 269, 398) 등이 있다.

> **상 제199조(사원의 자기거래)** 사원은 다른 사원 과반수의 결의가 있는 때에 한하여 자기 또는 제삼자의 계산으로 회사와 거래를 할 수 있다. 이 경우에는 민법 제124조의 규정을 적용하지 아니한다.

자기계약 · 쌍방대리의 금지는 법정대리와 임의대리 모두에 적용된다. 그럼 자기계약 · 쌍방대리 금지를 위반한 경우 그 대리행위의 효과는 어떠한가? **무권대리**(130)가 되므로 원칙적으로는 본인에 대하여 **효력이 없다**. 다만 본인이 추인하면 유효한 것으로 된다. 한편 상대방에 대한 무권대리인의 책임을 규정하는 제135조가 적용되는지에 대해서는 인정설과 부정설이 있다.

(2) 공동대리

공동대리는 여러 명의 대리인이 공동으로만 대리할 수 있는 것(한 명이라도 불참하면 안 됨)을 말한다. 따라서 공동대리는 일종의 **대리권 제한**이 된다. 그런데 우리 민법은 공동대리가 아니라 **단독대리**를 **원칙**으로 하고 있다.

> **제119조(각자대리)** 대리인이 수인인 때에는 각자가 본인을 대리한다. 그러나 법률 또는 수권행위에 다른 정한 바가 있는 때에는 그러하지 아니하다.

공동대리의 제약이 있는 경우에도 수동대리에서는 단독대리로 할 수 있다(多). '공동'의 의미에 관해서는 공동의 의사결정이라는 견해(多)와 공동의 표시행위라는 견해(少)가 대립한다. 공동대리의 제한을 위반하면 권한을 넘은 무권대리가 된다(通).

5. 대리권의 남용

대리권의 남용이란 대리인이 본인의 이익이나 의사에 반하여 자기 또는 제3자의 이익을 위한 배임적(背任的) 대리행위를 하는 경우이다.

이 문제의 해결을 위하여 **제107조 제1항 단서 유추적용설**(通判)은 상대방이 대리인의 배임적 의도를 알았거나 알 수 있었을 때에는 대리행위를 무효로 한다. 한편 **신의칙설**(권리남용설)은 상대방의 권리행사가 신의칙에 반하는 경우(악의·중과실 요구)에는 대리행위의 효력을 부인한다. 대리권부인설(무권대리설)은 상대방이 선의·무과실이 아니면 무권대리가 된다고 한다.

다수의 판결들은 **통설**의 입장을 따르고 있다.

대판 1999.1.15, 98다39602

(1) 진의 아닌 의사표시가 대리인에 의하여 이루어지고 그 대리인의 진의가 본인의 이익이나 의사에 반하여 자기 또는 제3자의 이익을 위한 배임적인 것임을 그 상대방이 알았거나 알 수 있었을 경우에도 민법 제107조 제1항 단서의 유추해석상 그 대리인의 행위에 대하여 본인은 아무런 책임을 지지 않는다고 보아야 하고, 그 상대방이 대리인의 표시의사가 진의 아님을 알았거나 알 수 있었는가의 여부는 표의자인 대리인과 상대방 사이에 있었던 의사표시 형성 과정과 그 내용 및 그로 인하여 나타나는 효과 등을 객관적인 사정에 따라 합리적으로 판단하여야 한다.

(2) 예금자가 같은 교회 신도인 신용협동조합 이사장에게 신용협동조합에 예탁하여 달라면서 여러 번에 걸쳐 돈을 맡겼는데, 그 이사장이 예탁금으로서의 입금절차를 밟지 아니하고 자신이 경영하던 회사들의 운영자금으로 유용하고, 그에 대한 이자는 자신의 돈으로 신용협동조합의 금리보다 높은 이율로 계산하여 지급하면서, 위 예금자에게는 마치 예탁금 입금이 된 양 신용협동조합이 업무전산화를 한 이후에는 사용하지 않는 수기식 정기예탁금 증서를 작성하여 교부한 경우, 위 예금자로서는 통상의 주의를 기울였다면 위 신용협동조합 이사장의 예금계약 체결의 의사표시가 진의가 아니라는 것을 알 수 있었으므로, 위 예금자와 신용협동조합 사이의 예금계약이 성립되지 않았다고 본 사례.

(3) 신용협동조합 이사장이 타인으로부터 예금 명목으로 교부받은 돈을 정상적으로 입금시키지 아니하고 자신의 필요에 따라 임의로 유용한 경우, 이사장의 이러한 행위는 외형적·객관적으로 보아 신용협동조합 이사장으로서의 직무행위와 관련을 가지는 행위라 할 것이므로 신용협동조합은 이사장의 불법행위로 인한 손해를 배상할 책임이 있다고 한 사례.

대판 2004.3.26, 2003다34045

대표이사의 대표권한 범위를 벗어난 행위라 하더라도 그것이 회사의 권리능력의 범위 내에 속한 행위이기만 하면 대표권의 제한을 알지 못하는 제3자가 그 행위를 회사의 대표행위라고 믿은 신뢰는 보호되어야 하고, 대표이사가 대표권의 범위 내에서 한 행위는 설사 대표이사가 회사의 영리목적과 관계없이 자기 또는 제3자의 이익을 도모할 목적으로 그 권한을 남용한 것이라 할지라도 일단 회사의 행위로서 유효하고, 다만 그 행위의 상대방이 대표이사의 진의를 알았거나 알 수 있었을 때에는 회사에 대하여 무효가 되는 것이며, 이는 민법상 법인의 대표자가 대표권한을 남용한 경우에도 마찬가지이다.

대판 2021.4.15, 2017다253829

주식회사의 대표이사가 상법 제393조 제1항에서 정한 '중요한 자산의 처분 및 양도, 대규모 재산의 차입 등의 행위'에 관하여 이사회의 결의를 거치지 않고 한 거래행위는 무효이지만, 거래 상대방이 이사회 결의가 없었다는 점을 알지 못하였거나 알지 못한 데에 중대한 과실이 없다면 상법 제389조 제3항, 제209조 제2항에 따라 보호된다(대법원 2021. 2. 18. 선고 2015다45451 전원합의체 판결 참조). 한편 주식회사의 대표이사가 회사의 영리목적과 관계없이 자기 또는 제3자의 이익을 도모할 목적으로 그 권한을 행사하였다면 이는 대표권을 남용한 행위가 되고, 그 거래행위의 상대방이 대표이사의 진의를 알았거나 알 수 있었을 때에는, 그 거래행위는 회사에 대하여 무효가 된다(대법원 1997. 8. 29. 선고 97다18059 판결 등 참조). 이러한 대표권 남용에 관한 법리는 앞서 본 대표권 제한에 관한 법리와 양립할 수 있다. 즉 대표이사가 대표권 제한을 위반하여 한 거래행위가 상법 제209조 제2항에 의해 유효한 경우에 해당하더라도 그 거래행위가 대표권을 남용한 행위로서 상대방이 그러한 대표이사의 진의를 알았거나 알 수 있었다면 회사에 대하여 무효가 될 수 있다.

다음 판결들은 **신의칙설**의 입장을 보여준다.

대판 1987.10.13, 86다카1522

(1) 회사도 법인인 이상 그 권리능력이 정관으로 정한 목적에 의하여 제한됨은 당연하나 정관에 명시된 목적 자체에는 포함되지 않는 행위라 할지라도 목적수행에 필요한 행위는 회사의 목적범위 내의 행위라 할 것이고 그 목적수행에 필요한 행위인가의 여부는 문제된 행위가 정관기재의 목적에 현실적으로 필요한 것이었던가 여부를 기준으로 판단할 것이 아니라 그 행위의 객관적 성질에 비추어 추상적으로 판단할 것이다.

(2) 주식회사의 대표이사가 그 대표권의 범위내에서 한 행위는 설사 대표이사가 회사의 영리목적과 관계없이 자기 또는 제3자의 이익을 도모할 목적으로 그 권한을 남용한 것이라 할지라도 일응 회사의 행위로서 유효하고 다만 그 행위의 상대방이 그와 같은 정을 알았던 경우

에는 그로 인하여 취득한 권리를 회사에 대하여 주장하는 것이 신의칙에 반하므로 회사는 상대방의 악의를 입증하여 그 행위의 효과를 부인할 수 있을 뿐이다.

대판 2016.8.24, 2016다222453

주식회사의 대표이사가 대표권의 범위 내에서 한 행위는 설사 대표이사가 회사의 영리 목적과 관계없이 자기 또는 제3자의 이익을 도모할 목적으로 권한을 남용한 것이라도 일응 회사의 행위로서 유효하다. 그러나 행위의 상대방이 그와 같은 사정을 알았던 경우에는 그로 인하여 취득한 권리를 회사에 대하여 주장하는 것이 신의칙에 반하므로 회사는 상대방의 악의를 입증하여 행위의 효과를 부인할 수 있다.

6. 대리권의 소멸

(1) 임의대리와 법정대리에 공통으로 적용되는 사유

대리권의 소멸과 관련하여 그것이 임의대리와 법정대리에 공통으로 적용되는 사유는 제127조가 규정한다.

제127조(대리권의 소멸사유) 대리권은 다음 각 호의 어느 하나에 해당하는 사유가 있으면 소멸된다.

1. 본인의 사망
2. 대리인의 사망, 성년후견의 개시 또는 파산

(2) 개별적 적용 사유

대리권 소멸이 임의대리에만 적용되는 사유는 제128조가 규정한다.

제128조(임의대리의 종료) 법률행위에 의하여 수여된 대리권은 전조의 경우외에 그 원인된 법률관계의 종료에 의하여 소멸한다. 법률관계의 종료전에 본인이 수권행위를 철회한 경우에도 같다.

위임(委任)에 관해서는 별도의 규정들이 있다.

제690조(사망, 파산 등과 위임의 종료) 위임은 당사자 한쪽의 사망이나 파산으로 종료된다. 수임인이 성년후견개시의 심판을 받은 경우에도 이와 같다.

제691조(위임종료시의 긴급처리) 위임종료의 경우에 급박한 사정이 있는 때에는 수임인, 그 상속인이나 법정대리인은 위임인, 그 상속인이나 법정대리인이 위임사무를 처리할 수 있을 때까지 그 사무의 처리를 계속하여야 한다. 이 경우에는 위임의 존속과 동일한 효력이 있다.

제692조(위임종료의 대항요건) 위임종료의 사유는 이를 상대방에게 통지하거나 상대방이 이를 안 때가 아니면 이로써 상대방에게 대항하지 못한다.

(3) 소멸 사유에 관한 학설대립

본인의 사망은 소멸 사유이지만 여기에는 다음의 예외가 있다. 즉 기초적 내부관계가 존속하거나(cf. 691) 상행위의 위임인 경우(상 50)에 대리권은 소멸하지 않는다. 본인이 사망하는 경우에도 대리권이 소멸하지 않도록 하는 특약의 효력에 대해서는 유효설(多)과 무효설, 절충설이 있다.

대리인의 사망도 소멸 사유이지만 다음과 같은 경우에 논란이 있다. 우선 대리인의 사망에도 불구하고 기초적 내부관계가 존속하는 경우 대리권이 존속하는지에 대해서는 긍정설(多)과 부정설이 대립한다. 위임의 경우에는 긍정하면서 고용·조합의 경우에는 부인하는 견해도 있다. 또한 상속인이 대리권을 승계하도록 하는 대리권 승계특약이 유효한지에 대해서는 유효설(多)과 무효설이 대립한다.

대리인의 성년후견 개시 또는 파산도 소멸 사유이다. 주의할 점은 피성년후견인과 파산자도 대리인이 될 수 있다는 점이다. 그러나 누구라도 대리인이 된 후 성년후견 개시의 심판·파산선고를 받으면 대리권이 소멸한다.

(4) 임의대리권의 소멸 사유

임의대리권은 **원인관계**(기초적 내부관계)가 **소멸**하면 동시에 소멸한다. 그러나 제128조 제1문은 **임의규정**이다. 수권행위의 철회로도 임의대리권은 소멸하지만, 제128조 제2문 역시 **임의규정**이다.

본인이 파산한 경우 임의대리권이 소멸하는지에 대해서는 당연소멸설(690 유추, cf. 구

파산법 56, 38조 6호), 그리고 파산으로 원인관계가 종료(위임: 690, 128)하면 대리권도 소멸하므로 파산에 의하여 임의대리권이 소멸하는 것으로 할 필요가 없다는 견해가 있다. 다만 후자의 견해에 따르더라도, 고용, 조합, 도급의 경우(663, 717, 674)에는 본인의 파산 시 당연히 원인관계가 소멸하지 않음을 주의해야 한다.

III 대리행위

1. 현명주의

(1) 현명주의의 개념

현명주의(顯名主義)란 대리행위가 성립하려면 '본인을 위한 것'임을 표시하여 의사표시하여야 한다는 원칙(114 ①)을 말한다. **'본인을 위한 것'**이란 본인의 이익을 위해서라는 게 아니라, **본인에게 법률효과를 귀속**시키려는 의도('본인의 이름으로')를 말한다. 현명의 성질에 대해서는 의사표시라는 견해와 관념의 통지라는 견해가 있다.

현명의 방식에는 제한이 없다. 보통은 'A의 대리인 B'와 같이 표시하게 된다. 대리인의 이름을 반드시 사용해야 하는 것은 아니고 본인을 알 수 있기만 하면 된다. 본인을 특정할 필요가 있는지에 대해서는 불필요설과 필요설이 있다. 대리인이 마치 본인인 것처럼 본인의 이름을 사용한 경우에는 그 유효성을 긍정한다(通).

대판 1982.5.25, 81다1349, 81다카1209

매매위임장을 제시하고 매매계약을 체결하는 자는 특단의 사정이 없는 한 소유자를 대리하여 매매행위하는 것이라고 보아야 하고 매매계약서에 대리관계의 표시없이 그 자신의 이름을 기재하였다고 해서 그것만으로 그 자신이 매도인으로서 타인물(他人物: 타인 소유의 물건)을 매매한 것이라고 볼 수는 없다.

대판 1963.5.9, 63다67

대리인은 대리인임을 표시하여 의사표시를 하여야 하는 것이 아니고 본인 명의로도 할 수 있다.

대판 1974.6.11, 74다165

"갑"이 임대차계약을 체결함에 있어서 임차인 명의를 원고 명의로 하기는 하였으나 "갑"의 이름이 원고인 것 같이 행세하여 계약을 체결함으로써 피고는 "갑"과 원고가 동일인인 것으로 알고 계약을 맺게 되었다면 설사 "갑"이 원고를 위하여 하는 의사로서 위 계약을 체결하였다 하더라도 위 계약의 효력은 원고에게 미치지 않는다.

수동대리의 경우에는 상대방이 본인에 대한 의사표시임을 표시하는 것이 현명의 의미이다.

(2) 현명하지 않은 행위의 효력

현명하지 않은 행위의 효력은 제115조가 규율한다.

제115조(본인을 위한 것임을 표시하지 아니한 행위) 대리인이 본인을 위한 것임을 표시하지 아니한 때에는 그 의사표시는 자기를 위한 것으로 본다. 그러나 상대방이 대리인으로서 한 것임을 알았거나 알 수 있었을 때에는 전조 제1항의 규정을 준용한다.

그런데 수동대리의 경우에는 제115조가 적용되지 않고, 의사표시의 해석으로 유효 여부를 결정하게 된다. **현명주의의 예외**로는 **상행위**(상 48: 기업활동의 비개인성)가 있다. 민법상 대리인 개인을 중요하게 보지 않는 거래(특정의 영업주를 상대로 하는 거래, 행위의 상대방이 누구든지 그 개별성이 중요하지 않은 거래)에 대해서는 예외 인정설과 예외 부정설이 있다.

상 제48조(대리의 방식) 상행위의 대리인이 본인을 위한 것임을 표시하지 아니하여도 그 행위는 본인에 대하여 효력이 있다. 그러나 상대방이 본인을 위한 것임을 알지 못한 때에는 대리인에 대하여도 이 이행의 청구를 할 수 있다.

2. 타인의 명의를 사용한 법률행위

타인의 명의를 사용한 법률행위란 대리인으로서 행위한다는 표시를 하지 않고서 자기 자신을 위하여 행위한다고 하면서 타인의 명의를 사용하여 법률행위를 하는 경우를 말한다. 이것은 대리행위와 구별되지만, 그렇다고 해서 자신의 이름으로 하는 법률행위도 아니다. 먼저 **대리의사가 있는 경우**에는 대리인이 본인의 명의를 사용했더라도 유효한 대리행위로 인정한다(通). **대리의사가 없는 경우**로는 **명의모용**(名義冒用: 임의로 명의 사용), **명의차용**(名義借用: 타인의 허락하에 명의 사용), **명의신탁**(名義信託: 등기부의 명의는 수탁자로 하고 실질적인 소유권은 신탁자가 보유) 등이 있다. 그런데 이런 행위를 행위자 자신의 행위라고 보아야 할 경우가 있고 명의인의 행위라고 보아야 할 경우가 있다. 전자의 경우에는 대리가 문제되지 않지만, 후자의 경우에는 대리에 해당하거나 대리와 유사하므로 대리에 관한 규정이 적용되거나 유추적용될 수 있다.

이 문제에 관한 종래의 학설을 보면, 대리인에게 대리의사가 있는 한 유효한 대리행위로 인정하는 견해(多) 그리고 수권행위에 기한 대리인의 법률행위는 유효라는 입장(少)이 있다. 이 학설들은 타인의 명의를 사용한 법률행위 일반에 대해서가 아니라, 대리의사가 있는 경우 또는 수권행위가 있는 경우에 대해서만 다루고 있다.

반면 **타인 명의 사용에 관한 일반 이론**을 정립하려는 입장에 따르면, 핵심은 그 법률행위의 당사자가 행위자와 명의인 중 누구인지를 법률행위 해석의 일반 원칙에 따라 결정하는 것이다. 즉 먼저 **자연적 해석**을 시도하고 그것이 가능하지 않으면 **규범적 해석**을 동원한다. 규범적 해석에 있어서는 행위자의 내적 의사가 중요하지 않다. 해석의 결과 법률행위의 당사자가 행위자인 것으로 결정되면, 대리행위가 아니어서 명의인에게는 아무런 효과가 발생하지 않으며 명의인은 추인도 할 수 없다. 반면 명의인이 당사자인 것으로 인정되면 대리행위가 된다. 따라서 대리권이 있으면 유권대리이고, 대리권이 없으면 무권대리가 된다.

판례는 다음의 대판 1995.9.29, 94다4912부터 이 일반이론을 따르고 있다.

대판 1995.9.29, 94다4912

(1) 타인의 이름을 임의로 사용하여 계약을 체결한 경우에는 누가 그 계약의 당사자인가를 먼저 확정하여야 할 것으로서, 행위자 또는 명의인 가운데 누구를 당사자로 할 것인지에 관하여 행위자와 상대방의 의사가 일치한 경우에는 그 일치하는 의사대로 행위자의 행위 또는 명의자의 행위로서 확정하여야 할 것이지만, 그러한 일치하는 의사를 확정할 수 없을 경우에는 계약의 성질, 내용, 체결 경위 및 계약체결을 전후한 구체적인 제반 사정을 토대로 상대방이 합리적인 인간이라면 행위자와 명의자 중 누구를 계약 당사자로 이해할 것인가에 의하여 당사

자를 결정하고, 이에 터잡아 계약의 성립 여부와 효력을 판단함이 상당함.

(2) 갑이 계속적 거래로 인한 병에 대한 채무를 담보하기 위하여 을의 명의를 도용하여 보험계약을 체결한 후 그 거래대금을 체불함으로써 보험자가 병에게 보험금을 지급한 경우, 그 보험계약을 무효로 보아 보험자의 부당이득 반환청구를 인용한 사례.

(3) 갑이 마치 자신이 을인 것처럼 행세하여 원고와 계약을 체결하였으므로 원고는 갑이 을인 줄로만 알고 이 사건 보험계약을 체결하기에 이른 것이라 할 것이어서 원고와 갑 사이에 갑을 이 사건 보험계약의 당사자로 하기로 하는 의사의 일치가 없었음.

(4) 객관적으로 볼 때 원고는 갑이 제출한 청약서상에 보험계약자로 되어 있는 을을 보험계약의 상대 당사자인 주채무자로 인식하여 그와 이 사건 계약을 체결하는 것으로 알았으리라고 인정됨.

앞 판결의 원심: 서울민사지판 1993.11.25, 93나33042

(1) 갑이 을의 명의를 모용하여 이 사건 보험계약을 체결한 이상 이는 을에 대한 관계에 있어서는 무효라 할 것이나 그러한 사실만으로는 보험계약이 갑에 대한 관계에 있어서도 무효라고는 할 수 없음.

(2) 이 사건 보험계약의 당사자는 원고와 갑이며 이 사건 보험계약이 담보하는 보험사고도 갑이 피고와의 사이에 체결한 대리점계약상의 영업보증금의 지급불이행임.

(3) 피고는 원고와 갑 사이에 유효하게 체결된 보험계약에 따라 위 보험금을 지급받았음.

대판 1998.3.13, 97다22089

(1) 계약을 체결하는 행위자가 타인의 이름으로 법률행위를 한 경우에 행위자 또는 명의인 가운데 누구를 계약의 당사자로 볼 것인가에 관하여는, 우선 행위자와 상대방의 의사가 일치한 경우에는 그 일치한 의사대로 행위자 또는 명의인을 계약의 당사자로 확정해야 하고, 행위자와 상대방의 의사가 일치하지 않는 경우에는 그 계약의 성질 · 내용 · 목적 · 체결 경위 등 그 계약 체결 전후의 구체적인 제반 사정을 토대로 상대방이 합리적인 사람이라면 행위자와 명의자 중 누구를 계약 당사자로 이해할 것인가에 의하여 당사자를 결정하여야 한다.

(2) 지입차주(持入車主: 대외적으로는 지입회사가 자동차를 소유하는 것으로 하면서 실질적으로 자동차를 소유하는 사람)가 지입회사의 승낙하에 지입회사 명의로 지입차량의 할부구입계약 및 그 할부대금의 지급보증을 위한 할부판매보증보험계약을 체결하면서 그 할부대금을 완전히 자신이 부담하기로 하였다면 그 내심의 의사는 자신이 계약 당사자가 될 의사였을지 모르지만, 상대방인 자동차회사 및 보험회사에 대하여는 지입회사의 승낙하에 그 명의를 사용하였을 뿐

만 아니라 그 상대방 회사로서도 지입관계를 알면서 보증보험계약을 체결하였다고 볼 만한 아무런 사정이 없는 이상, 그 보증보험계약의 당사자는 지입회사라고 본 사례.

(3) [구상채무의 면제 약정에 관한 부분] 다른 특별한 사정이 없는 한, 피고는 이 사건 보증보험계약으로 인한 구상채무의 주채무자로서 연대보증인인 원고의 변제에 따른 구상에 응하여야 할 의무가 있음.

(4) 원고, 피고 및 갑 사이에서는 보증보험계약으로 인한 구상금 채무의 최종 부담자가 갑으로서 그가 최종적으로 부담하여야 할 구상금 채무를 연대보증한 것이고, 따라서 피고에 대하여는 위 연대보증책임의 이행으로 인한 구상권을 행사하지 않기로 약정한 것으로 보아야 함.

(5) [불법행위에 기한 손해배상에 관한 부분] 자동차 운송사업자가 구 자동차운수사업법 제26조를 위반하여 타인으로 하여금 그 명의로 자동차 운송사업을 경영하게 하는 행위는 위법함.

(6) 원고가 이 사건 구상금 채무를 변제한 것은 위와 같은 자동차 지입이라는 위법행위로 말미암은 것이 아니라, 원고가 그 스스로의 의사에 기하여 체결한 보증보험계약으로 인한 구상금 채무의 연대보증계약으로 말미암은 것이 분명하므로, 원고가 구상금 채무를 변제하기 위하여 한 출재는 갑과 피고 사이의 위와 같은 위법행위와 인과관계 있는 손해라고 할 수 없음.

3. 대리행위의 흠

(1) 대리인을 기준으로 함

대리에 있어서 의사표시의 당사자는 대리인이므로 의사표시의 요건은 **대리인을 기준**으로 하여 판단한다. 대리행위의 흠 때문에 생기는 **효과**(무효·취소)는 물론 **본인에게 귀속**한다.

제116조(대리행위의 하자) ① 의사표시의 효력이 의사의 흠결, 사기, 강박 또는 어느 사정을 알았거나 과실로 알지 못한 것으로 인하여 영향을 받을 경우에 그 사실의 유무는 대리인을 표준하여 결정한다.

대판 2002.10.22, 2002다38927

대리인에 의하여 법률행위가 이루어진 경우 그 법률행위가 민법 제104조의 불공정한 법률행위에 해당하는지 여부를 판단함에 있어서 경솔과 무경험은 대리인을 기준으로 하여 판단하고, 궁박은 본인의 입장에서 판단하여야 한다.

대판 1998.2.27, 97다45532

대리인이 본인을 대리하여 매매계약을 체결함에 있어서 매매대상 토지에 관한 저간의 사정을 잘 알고 그 배임행위에 가담하였다면, 대리행위의 하자 유무는 대리인을 표준으로 판단하여야 하므로, 설사 본인이 미리 그러한 사정을 몰랐거나 반사회성을 야기한 것이 아니라고 할지라도 그로 인하여 매매계약이 가지는 사회질서에 반한다는 장애사유가 부정되는 것은 아니다.

대리인이 상대방과 통정하여 배임적 행위를 한 경우, 본인의 선의·악의와 무관하게 그 법률행위는 허위표시로서 무효이고, 본인은 제3자가 아니므로 보호가 불가능하다. 이러한 배임적 행위의 경우에 대한 학설은 유효설(본인에 대하여 유효), 무효설(본인에 대하여 무효 주장 가능), 상대적 무효설(본인에 대해 무효, 제3자는 108 ② 적용하여 선의의 제3자 보호), 신의칙설(본인은 무효 주장 가능, 상대방은 불가) 등이 있다.

(2) 본인이 악의인 경우

대리의 경우 법률효과는 직접 본인에게 생기므로 대리인이 선의일지라도 본인이 악의인 경우에는 본인을 보호할 필요가 없다는 것을 제116조 제2항이 규정하고 있다.

제116조(대리행위의 하자) ② 특정한 법률행위를 위임한 경우에 대리인이 본인의 지시에 좇아 그 행위를 한 때에는 본인은 자기가 안 사정 또는 과실로 인하여 알지 못한 사정에 관하여 대리인의 부지를 주장하지 못한다.

제116조 제2항을 법정대리에 적용할지에 대해서는 긍정설과 부정설이 대립한다. 부정설은 제한능력자 보호를 위한 것이다. 제116조 제2항을 의사의 흠결·착오·사기·강박에 유추적용하자는 견해도 있으나, 반대설이 타당하다.

4. 대리인의 능력

대리인이 제한능력을 이유로 대리행위를 취소하지 못함을 제117조가 규정한다.

제117조(대리인의 행위능력) 대리인은 행위능력자임을 요하지 아니한다.

제117조가 **법정대리**에도 적용되는지 여부와 관련해서는, 제한능력자가 법정대리인이 되지 못하도록 하는 특별규정들(친권자[910, 948], 후견인[937], 유언집행자[1098])이 있다. 하지만 특별규정이 없는 경우 제117조를 적용할 것인지(eg. 피한정후견인, 피성년후견인의 친권 행사)에 대해서는 긍정설과 부정설이 팽팽히 대립하고 있다.

한편 피성년후견인이 대리인이 될 수 있는지에 대해서는 부정설과 긍정설(多)이 있다.

IV 대리의 효과

1. 본인에게 법률효과 발생

대리인이 대리권에 기하여 한 **법률행위**의 효과는 **본인에게 직접 발생**한다(114). 법률효과가 일단 대리인에게 발생했다가 본인에게 이전되는 것이 아니다. 그렇지만 대리인이 **불법행위**를 한 경우에는 그 효과가 본인이 아니라 **대리인에게 발생**한다.

2. 본인의 능력

대리의 경우에는 본인이 의사표시를 하는 것이 아니므로 본인이 의사능력이나 행위능력을 가질 필요는 없고 권리능력만 있으면 된다. 다만 임의대리의 경우 본인이 수권행위를 하기 위해서는 행위능력이 있어야 한다.

V 복대리

1. 복대리의 개념

복대리(復代理)는 **복대리인**(復代理人)에 의한 대리이다. 복대리인은 대리인이 본인을 위하여 선임한 대리인으로, 복대리인을 선임할 수 있는 권한을 복임권(復任權)이라 하고, 복대리인 선임행위를 복위행위라고 한다.

> **第123条(복대리인의 권한)** ① 복대리인은 그 권한내에서 본인을 대리한다.
> ② 복대리인은 본인이나 제삼자에 대하여 대리인과 동일한 권리의무가 있다.

복대리인은 사자(使者)나 보조자(補助者)가 아닌 **대리인**이다. 대리인이 자기의 이름으로 선임하는데, 본인 이름으로 선임한 경우는 본인의 대리인이다. 즉 복대리인은 **본인의 대리인**이지 대리인의 대리인이 아니다. 따라서 복임행위의 법적 성질은 대리권의 병존적 설정행위로 볼 수 있다(多).

2. 복임권

복임권은 법률규정에 의해 인정되는 대리인의 권능이다(多). 임의대리인지 법정대리인지에 따라서 복임권의 유무·범위에는 큰 차이가 있다. **임의대리인**은 당사자의 의사에 의해 선임되면 사임 역시 자유롭다. 따라서 원칙적으로는 복임권이 인정되지 않는다. 임의대리인의 복임권은 예외적으로만, 즉 ① 본인의 승낙이 있거나, ② 부득이한 사유가 있는 때에만 인정된다(120). 여기서 '부득이한 사유'란 본인의 승낙이 불가능하거나 사임(辭任)이 불가능한 사정을 말한다(通).

> **第120条(임의대리인의 복임권)** 대리권이 법률행위에 의하여 부여된 경우에는 대리인은 본인의 승낙이 있거나 부득이한 사유있는 때가 아니면 복대리인을 선임하지 못한다.

임의대리인이 제120조를 위반하여 한 복임행위는 무효이다. 즉 그러한 복대리인의 대리행위는 무권대리이다. 그 경우 표현대리가 성립하는지에 대해서는 긍정설(判)과 부정설이 있다.

임의대리인이 복대리인을 선임한 경우의 책임에 대해서는 제121조가 규정한다.

> **第121条(임의대리인의 복대리인선임의 책임)** ① 전조의 규정에 의하여 대리인이 복대리인을 선

임한 때에는 본인에게 대하여 그 선임감독에 관한 책임이 있다.

② 대리인이 본인의 지명에 의하여 복대리인을 선임한 경우에는 그 부적임 또는 불성실함을 알고 본인에게 대한 통지나 그 해임을 태만한 때가 아니면 책임이 없다.

다음으로 **법정대리인**은 법률 규정에 의하여 선임되며, 일단 선임된 이후에는 사임이 거의 어렵다. 따라서 복임권이 폭넓게 인정된다.

제122조(법정대리인의 복임권과 그 책임) 법정대리인은 그 책임으로 복대리인을 선임할 수 있다 그러나 부득이한 사유로 인한 때는 전조 제1항에 정한 책임만이 있다.

21장 무권대리

I 무권대리의 개념

(광의의) **무권대리**는 대리권 없이 행한 대리행위(나머지 요건은 갖추어야 함)이다. 이 중에서 무권대리를 대리인이 한 데에 대하여 본인에게도 책임이 있는 경우, 즉 대리권을 주었다고 본인이 상대방에게 표시했으나 실은 수권(授權)이 없는 경우(125), 일단 주어졌던 대리권이 소멸한 경우(129), 주어진 대리권의 범위를 넘어서 대리행위가 행해진 경우(126)에는 본인이 대리행위에 대하여 책임을 지며 이를 **표현대리**(表見代理: '표견대리'로 읽는 것이 맞다는 견해도 있음)라고 한다. 표현대리가 성립하지 않는 나머지 경우는 **협의의 무권대리**(130)라고 하며, 본인에게 추인할 수 있는 선택권을 부여한 후 본인이 추인을 하지 않으면 대리인이 책임을 지도록 한다.

표현대리의 법적 성질에 관한 학설을 보면, **무권대리**임에도 불구하고 법이 본인에게 책임을 부여하는 것이라는 **외관책임설**(무권대리설)이 있다(多判). 그 밖에 표현대리는 독자적 대리유형(유권·무권대리의 중간)이라는 견해와 표현대리는 유권대리의 아종(亞種)이라는 견해가 있다.

II 제125조의 표현대리

1. 제125조의 표현대리의 요건

본인이 대리권 수여의 표시를 했고 표시된 대리권 범위 내에서 대리행위가 행해졌는데 실제로는 대리권이 없었던 경우가 제125조의 표현대리이다. 또한 대리행위는 통지받은 상대방과 이루어져야 하고, 상대방은 선의·무과실이어야 한다.

제125조(대리권수여의 표시에 의한 표현대리) 제삼자에 대하여 타인에게 대리권을 수여함을 표시한 자는 그 대리권의 범위내에서 행한 그 타인과 그 제삼자간의 법률행위에 대하여 책임이 있다. 그러나 제삼자가 대리권 없음을 알았거나 알 수 있었을 때에는 그러하지 아니하다.

요건을 정리하면 다음과 같다.

① 대리권 수여를 표시(통지)하는 방법에는 제한이 없다. 백지위임장의 경우는 표시(多) 또는 수권행위(少)로 이해되고, 직명(職名)·명의(名義)의 사용은 표시(判) 또는 수권행위로 이해된다. 대리권 수여 표시의 법적 성질에 대해서는 관념의 통지라고 본다(多). 그 밖에 의사의 통지라는 견해와 수권행위라는 견해가 있다.

대판 2001.8.21, 2001다31264
민법 제125조가 규정하는 대리권 수여의 표시에 의한 표현대리는 본인과 대리행위를 한 자 사이의 기본적인 법률관계의 성질이나 그 효력의 유무와는 관계가 없이 어떤 자가 본인을 대리하여 제3자와 법률행위를 함에 있어 본인이 그 자에게 대리권을 수여하였다는 표시를 제3자에게 한 경우에 성립하는 것이고, 이때 서류를 교부하는 방법으로 민법 제125조 소정의 대리권 수여의 표시가 있었다고 하기 위하여는 본인을 대리한다고 하는 자가 제출하거나 소지하고 있는 서류의 내용과 그러한 서류가 작성되어 교부된 경위나 형태 및 대리행위라고 주장하는 행위의 종류와 성질 등을 종합하여 판단하여야 할 것이다.

대판 2001.2.9, 99다48801
금융기관의 직원이 고객관리차원에서 장기간 고객의 예금을 파출수납(派出收納)의 방법으로 입금 및 인출하여 오던 중 고객으로부터 예금인출 요구를 받지 않았음에도 불구하고 인출을 요구받아 파출업무를 수행하는 것처럼 가장하여 금융기관의 영업부 직원에게 구두로 출금을 요구하여 돈을 받은 후 고객 몰래 인장을 찍어 둔 인출청구서에 고객의 서명을 위조하여 위 영업부 직원에게 교부하는 방법으로 여러 차례에 걸쳐 금원을 인출한 경우, 파출수납의 방법에 의한 예금 입 · 출금은 금융기관 직원 자신의 직무를 수행하는 것에 불과하고, 고객이 직원에게 예금 입 · 출금과 관련한 대리권을 수여하였다거나 그 수여의 의사를 표시한 것으로 볼 수는 없다고 하여 표현대리의 법리를 인정하지 않은 원심의 판단을 수긍한 사례.

② 대리인으로서 행위하는 자(무권대리인)에게 대리권이 없어야 한다.

③ 대리인으로서 행위하는 자가 **표시된 대리권의 범위 내**에서 대리행위를 했어야 한다. 이 범위를 넘어서 대리행위를 한 경우에는 제126조의 표현대리가 된다.

④ 대리권 수여의 통지를 받은 상대방과의 사이에 대리행위가 이루어졌어야 한다.

⑤ 상대방은 선의 · 무과실이어야 한다(125 단). 증명책임은 본인이 부담한다. 즉 본인이 상대방의 악의나 과실을 증명하지 못하면 표현대리의 책임을 지게 된다.

⑥ 제125조는 법정대리에는 적용되지 않는다(多).

대판 1984.11.13, 84다카1024

저당권설정계약 당시 소외 (갑)이 원고의 인감증명서와 인감도장만을 소지하였을 뿐 대리인으로서는 의당 제시될 것이 통상적으로 기대되는 원고 명의의 등기권리증을 소지하지 않았고 또 피고는 원고가 같은 시내의 국민학교 교장으로 재직하고 있는 것을 알고 있었으므로 피고로서는 위 소외인의 대리권에 대하여 의심을 가지고 직접 원고 본인에게 상대방의 대리권의 존부를 확인하는 등으로 좀더 적절한 조사를 하였어야 할 것이니 피고가 이 경우에 막연히 위 소외인 등의 말만 믿고 저당권설정계약을 체결하였다면 피고는 대리인을 상대로 저당권을 설정함에 있어 마땅히 하여야 할 주의를 다하지 못한 과실이 있다고 할 것이다.

2. 제125조의 표현대리의 효과

표현대리가 성립하면 **무권대리의 효과가 본인에게 귀속**한다(125 본).

대판(전) 1983.12.13, 83다카1489

유권대리에 있어서는 본인이 대리인에게 수여한 대리권의 효력에 의하여 법률효과가 발생하는 반면 표현대리에 있어서는 대리권이 없음에도 불구하고 법률이 특히 거래상대방 보호와 거래안전유지를 위하여 본래 무효인 무권대리행위가 된다고 하여 무권대리의 성질이 유권대리로 전환되는 것은 아니므로, 양자의 구성요건 해당사실, 즉 주요사실은 다르다고 볼 수밖에 없으니 유권대리에 관한 주장 속에 무권대리에 속하는 표현대리의 주장이 포함되어 있다고 볼 수 없다.

과실상계(396)는 적용되지 않음을 주의하여야 한다. 표현대리는 법이 일정한 경우 본인에게 유권대리와 같은 책임을 부과하는 제도이므로, 상대방의 과실 여부에 따라 본인의 책임이 감경되어서는 안 되기 때문이다.

상대방이 표현대리를 주장하지 않는 한 본인 쪽에서 표현대리의 성립을 주장할 수 없다. 이것은 어디까지나 상대방 보호를 위한 제도이기 때문이다. 상대방이 표현대리를 주장할 때에는 무권대리인 및 표현대리에 해당하는 무권대리행위를 특정하여야 한다.

무권대리에 관한 규정(130~135)이 적용되는지 여부에 대해서는 제135조를 제외하고 나머지를 적용하자는 견해가 타당하다. 그 밖에 모두 적용하자는 견해, 아무것도 적용하면 안 된다는 견해(114 적용)도 있다. 표현대리가 성립하여 본인이 손해를 입은 경우에 본인은 무권대리인을 상대로 채무불이행이나 불법행위를 이유로 손해배상을 청구할 수 있다.

III 제126조의 표현대리

1. 제126조의 표현대리의 요건

이 표현대리는 대리권을 가진 대리인이 그 대리권의 범위를 벗어나서 대리행위를 한 경우에 성립한다. 즉, ① **기본대리권**이 존재해야 하고, ② **권한을 넘은 대리행위**가 있어야 하며, ③ **정당한 이유**가 존재(상대방의 선의·무과실: 多判)해야 한다.

제126조(**권한을 넘은 표현대리**) 대리인이 그 권한외의 법률행위를 한 경우에 제삼자가 그 권한이 있다고 믿을 만한 정당한 이유가 있는 때에는 본인은 그 행위에 대하여 책임이 있다.

요건은 다음과 같다.

① **기본대리권**이 존재해야 한다. 전혀 대리권이 없는 경우 제126조의 표현대리는 성립하지 않는다. 권한을 넘은 대리행위가 기본대리권과 관계가 없어도 무방하다. 즉 기본대리권이 권한을 벗어난 행위와 비슷하거나 같은 종류일 필요가 없다. 그러나 기본대리권의 성격·범위는 다른 요건인 정당한 이유의 판정에 있어서 큰 비중을 차지한다.

대판 1992.5.26, 91다32190

(1) 증권회사의 직원이 아니면서도 사실상 투자상담사의 역할을 하는 자에게 유가증권 매매의 위탁 권유 등과 관련하여 증권회사를 대리하여 예탁금을 수령하거나 위탁매매계약을 체결할 권한이 있고 또 그것이 증권업계의 일반적인 관행이라고 볼 수 없다고 한 사례.

(2) 민법 제126조의 표현대리가 성립하기 위하여는 무권대리인에게 법률행위에 관한 기본대리권이 있어야 하는바, 증권회사로부터 위임받은 고객의 유치, 투자상담 및 권유, 위탁매매약정실적의 제고 등의 업무는 사실행위에 불과하므로 이를 기본대리권으로 하여서는 권한초과의 표현대리가 성립할 수 없다.

② **대리권의 범위를 초과**한 대리행위여야 한다. 또한 제125조 또는 제129조의 표현대리가 성립하는 범위를 넘어서 대리행위를 한 경우, 즉 통지된 대리권의 범위를 벗어나서 혹은 이미 소멸한 대리권의 범위를 벗어나서 대리행위가 행해진 경우에도 제126조 표현대리의 성립이 인정된다(多判). 엄격하게 논리적으로 보면 제126조가 유추적용되는 것이라고 할 수 있다.

③ **정당한 이유**가 존재(상대방의 선의무과실: 多判)해야 한다. '정당한 이유'의 의미는 선의·무과실로 이해된다(多判). 한편 대리권 수여를 정당화할 객관적 사정이라는 견해도 있다. 판단 시기는 대리행위 당시이다(多判).

증명책임의 부담에 대해서는 학설의 다툼이 있다. 본인이 증명해야 한다는 견해, 상대방이 증명해야 한다는 견해(判), 그리고 선의는 상대방이, 과실은 본인이 증명해야 한다는 견해가 있다.

대판 2009.5.28, 2008다56392

민법 제125조의 표견대리에 해당하여 본인에게 대리행위의 직접의 효과가 귀속하기 위하여는 대리행위의 상대방이 대리인으로 행위한 사람에게 실제로는 대리권이 없다는 점에 대하여 선의일 뿐만 아니라 무과실이어야 함은 같은 조 단서에서 명백하고, 이는 민법 제126조 또는 제129조에서 정하는 표견대리에 있어서도 다를 바 없다.

대판 2009.2.26, 2007다30331

민법 제126조에서 말하는 권한을 넘은 표현대리의 효과를 주장하려면 자칭 대리인이 본인을 위한다는 의사를 명시 또는 묵시적으로 표시하거나 대리의사를 가지고 권한 외의 행위를 하는 경우에 상대방이 자칭 대리인에게 대리권이 있다고 믿고 그와 같이 믿는 데 정당한 이유가 있을 것을 요건으로 하는 것인바, 여기서 정당한 이유의 존부는 자칭 대리인의 대리행위가 행하여질 때에 존재하는 모든 사정을 객관적으로 관찰하여 판단한다.

제126조의 표현대리가 **법정대리**의 경우에도 적용되는지가 문제된다. 가령 법정대리인이 후견감독인의 동의 없이 대리행위를 하는 경우(cf. 950)나 부부의 일상가사대리권에서 그렇다. 학설은 다투어지는데, 긍정설(多判), 부정설, 제한긍정설(원칙적 인정, 예외적으로 제한능력자 보호 인정)이 있다.

부부의 일상가사대리권에 대해서도 학설의 대립이 있다. 긍정설은 일상가사대리권을 법정대리권으로 보고 이것을 기본대리권으로 하여 제126조 표현대리의 성립을 인정한다(多判). 이 입장에 의하면 일상가사의 범위에 속한다고 믿을 정당한 이유의 판단이 중요하다. 한편 일상가사대리권을 일종의 대표 또는 묵시적 수권행위로 이해하는 견해도 있는데, 이에 따르면 제126조의 적용이 대체로 부인된다.

2. 제126조의 표현대리의 효과

효과에 있어서는 제125조의 표현대리와 같다. 한편 양적으로 분할될 수 있는 행위의 경우에, 즉 일부는 대리권의 범위 내에서 대리행위가 이루어졌고 일부는 범위를 벗어나서 행하여진 때에는 일부무효의 법리(137)를 적용하여 수여받은 대리권의 범위에서는 대리행위가 유효하다고 본다.

대판 1987.9.8, 86다카754

을이 위 수권의 범위를 넘어 위 담보부동산에 관하여 병을 채무자로, 갑을 물상보증인으로 하고 그 피담보최고액을 금 1억 3000만 원으로 하여 근저당권설정계약을 체결한 경우에 있어서는 위 근저당권설정행위가 무권대리행위에 해당한다 할지라도 갑이 차용을 부탁한 금 2,000만 원의 한도내에서는 을이 수여받은 대리권의 범위 내에 속하는 것이므로 위 근저당권설정계약은 위 금 2,000만 원을 담보하는 범위 내에서는 을의 대리행위에 의하여 본인인 갑에게 그 효력을 미치는 유효한 것이라고 보아야 할 것이다.

IV 제129조의 표현대리

1. 제129조의 표현대리의 요건

이 표현대리는 대리권을 가지고 있던 자가 그 대리권이 소멸한 후 대리행위를 한 경우에 성립한다.

제129조(대리권소멸후의 표현대리) 대리권의 소멸은 선의의 제삼자에게 대항하지 못한다. 그러나 제삼자가 과실로 인하여 그 사실을 알지 못한 때에는 그러하지 아니하다.

요건은 다음과 같다.

① **존재하던 대리권이 소멸**하여야 한다. 즉 처음부터 대리권이 없었으면 이 표현대리는 성립할 수 없다. 또한 상대방이 과거에 대리인과 거래한 적이 있어야 한다(判; 반대설 있음).

대판 1998.5.29, 97다55317

표현대리의 법리는 거래의 안전을 위하여 어떠한 외관적 사실을 야기한 데 원인을 준 자는 그 외관적 사실을 믿음에 정당한 사유가 있다고 인정되는 자에 대하여는 책임이 있다는 일반적인 권리외관 이론에 그 기초를 두고 있는 것인 점에 비추어 볼 때, 대리인이 대리권 소멸 후 직접 상대방과 사이에 대리행위를 하는 경우는 물론 대리인이 대리권 소멸 후 복대리인을 선임하여 복대리인으로 하여금 상대방과 사이에 대리행위를 하도록 한 경우에도, 상대방이 대리권 소멸 사실을 알지 못하여 복대리인에게 적법한 대리권이 있는 것으로 믿었고 그와 같이 믿은 데 과실이 없다면 민법 제129조에 의한 표현대리가 성립할 수 있다.

② **소멸한 대리권 범위 내**의 대리행위여야 한다. 소멸한 대리권의 범위를 넘어선 경우에는 제129조가 아니라 제126조가 문제된다.

대판 1973.7.30, 72다1631

민법 제129조는 제3자가 대리인의 대리권이 소멸하기 전에 대리인과 거래한 일이 있는 등으로 대리권을 가진 자에게 여전히 대리권이 있다고 여겨 그와 거래를 한 사정이 있는 경우에 적용된다고 해석함이 그 법조의 정신으로 미루워[올바른 맞춤법: 미루어] 상당하다 할 것이며, 이 법리는 동조와 민법 제126조가 얽힌 경우에 있어서도 또한 같다 할 것이다.

대판 1979.3.27, 79다234

민법 제126조에서 말하는 권한을 넘은 표현대리는 현재에 대리권을 가진 자가, 그 권한을 넘은 경우에 성립하는 것이지, 현재에 아무런 대리권도 가지지 아니한 자가, 본인을 위하여 한 어떤 대리행위가 과거에 이미 가졌던 대리권을 넘은 경우에까지 성립하는 것은 아니라고 할 것이고, 한편 과거에 가졌던 대리권이 소멸되어 민법 제129조에 의하여, 표현대리로 인정되는 경우에, 그 표현대리의 권한을 넘는 대리행위가 있을 때에는 민법 제126조에 의한 표현대리가 성립할 수 있다.

③ 상대방이 선의·무과실이어야 한다. 즉 상대방은 대리인이 대리권을 가지는 것으로 믿었거나 그와 같이 믿은 데에 과실이 없어야 한다. 증명책임에 대해서는 학설이 나뉜다. 본인이 부담한다는 견해가 있고, 선의는 상대방이, 과실은 본인이 입증해야 한다는 절충적 견해도 있는데, 후자가 타당한 것으로 생각된다.

제129조를 법정대리에도 적용할 수 있는지에 대해서는 긍정설(判)과 제한적 긍정설(제한능력자 보호를 위해서는 적용 부정)이 있다.

2. 제129조의 표현대리의 효과

효과에 있어서는 제125조의 표현대리와 같다.

 협의의 무권대리

1. 협의의 무권대리의 개념

무권대리 중 표현대리가 성립하지 않는 경우가 **협의**(좁은 의미)**의 무권대리**이다. 협의의 무권대리의 효과는 대리행위가 계약인지 단독행위인지에 따라 달라진다.

2. 계약의 무권대리

(1) 본인에 대한 효과

무권대리로 한 계약의 경우에 그 효력은 이른바 **유동적 무효** 상태가 된다. 즉 본인이 추인을 하느냐, 또는 추인을 거절하느냐에 따라서 유효·무효가 결정된다.

> **제130조**(무권대리) 대리권 없는 자가 타인의 대리인으로 한 계약은 본인이 이를 추인하지 아니하면 본인에 대하여 효력이 없다.

(2) 본인의 추인권

추인의 법적 성질은 상대방 있는 단독행위이다. 이것은 사후의 대리권 수여가 아니며, 일종의 **형성권**이다. 추인의 방법은 제한이 없다. 명시적으로는 물론이고 묵시적으로도 가능하다. 추인의 상대방은 무권대리인(132: 상대방이 알아야 효력 발생) 또는 상대방(즉시 효력 발생)이다.

추인에는 소급효가 인정되지만(133 본), 다른 의사표시가 있거나 제3자의 권리를 해하는 경우에는 예외로 한다(133 단).

제3자 보호의 예

제133조 단서의 제3자 보호가 추인의 효력보다 우선한다. 예를 들어 동일한 채권을 무권대리인과 본인이 차례로 각각 다른 자에게 양도한 경우를 생각해보자. 두 양수인이 모두 대항요건을 갖춘 경우, 본인이 추인을 하더라도 본인으로부터 채권을 양수한 자가 우선한다(추인보다 배타적 효력을 갖춘 제3자가 우선). 한 양수인만 대항요건을 갖춘 경우에는 대항요건을 갖춘 양수인이 권리를 취득하고, 둘 다 대항요건을 못 갖춘 경우에는 배타적 효력(여기서는 채권양도의 대항요건)을 먼저 갖추는 자가 우선한다.

본인은 추인을 하지 않고 내버려둘 수도 있지만 적극적으로 거절할 수도 있다. 그 방법과 상대방은 추인의 경우와 같다(132).

(3) 무권대리인과 본인 지위의 혼동

혼동(混同)이란 두 사람이 서로 다른 법적 지위를 각각 가지고 있다가 그중 한 사람이 다른 사람의 지위 역시 가지게 되는 경우를 말한다. 가령 무권대리인으로서 법률행위를 했다가 나중에 그 무권대리인이 본인의 지위를 승계(eg. 상속)하는 경우 무권대리행위가 당연히 유효하게 되는지, 즉 추인을 거절할 수 없는지가 혼동의 문제이다. 또한 무권대리인이 본인을 상속한 경우에 대해서는 당연유효설, 공동상속 예외인정설(상속인 전원의 추인 요구), 신의칙설 등의 견해가 있다. 본인이 무권대리인을 상속한 경우에 대해서는 당연유효설과 거절가능설(多)이 있다.

대판 1994.9.27, 94다20617

대리권한 없이 타인의 부동산을 매도한 자가 그 부동산을 상속한 후 소유자의 지위에서 자신의 대리행위가 무권대리로 무효임을 주장하여 등기의 말소를 청구하거나 부동산의 점유로 인한 부당이득금의 반환을 구하는 것은 금반언의 원칙이나 신의성실의 원칙에 반하여 허용될 수 없다.

대판 1992.4.28, 91다30941

갑이 부 소유의 부동산에 관하여 부의 생전에 자신의 단독명의로 소유권이전등기를 마칠 의도로 그 등기방법을 을과 상의하다가 을이 일단 자기 앞으로 소유권이전등기를 마쳤다가 이를 넘겨 가라는 권유를 하여 부의 인감도장을 가지고 나와 을 명의로 소유권이전등기를 마쳤는데, 을이 이를 기화로 다시 병 명의로 소유권이전등기를 하여 준 경우 갑이 부 몰래 을에게 소유권이전등기를 하여 준 행위가 명의신탁계약의 무권대리행위로 법률상 평가될 수 있더라도 을이 그 대리권 없음을 알았다고 보여 위 명의신탁계약은 갑의 부에 대한 관계에서뿐만 아니라 갑에 대한 관계에서도 아무런 효력을 발생할 수 없는 것임이 명백하므로 갑이 그 후 부의 권리의무를 상속받았다고 하여 을 명의의 위 소유권이전등기가 갑의 상속분 범위 내에서 실체적 권리관계에 부합하는 유효한 등기로 전환되는 것은 아니라 할 것이고, 원인무효인 을 명의의 소유권이전등기가 경료된 데 대하여 갑에게도 책임이 있음은 부정할 수 없다고 하겠지만, 갑이 원인무효인 그 등기를 기초로 하여 경료된 병 명의의 소유권이전등기의 말소를 청구하는 것이 곧바로 금반언의 법칙이나 신의성실의 원칙에 어긋나는 것이라고 단정할 수는 없다고 한 사례.

(4) 상대방에 대한 효과

계약의 무권대리 시 상대방 보호를 위하여 **최고권**과 **철회권**이 인정된다.

제131조(상대방의 최고권) 대리권없는 자가 타인의 대리인으로 계약을 한 경우에 상대방은 상당한 기간을 정하여 본인에게 그 추인여부의 확답을 최고할 수 있다. 본인이 그 기간내에 확답을 발하지 아니한 때에는 추인을 거절한 것으로 본다.

제134조(상대방의 철회권) 대리권없는 자가 한 계약은 본인의 추인이 있을 때까지 상대방은 본인이나 그 대리인에 대하여 이를 철회할 수 있다. 그러나 계약당시에 상대방이 대리권 없음을 안 때에는 그러하지 아니하다.

(5) 무권대리인의 상대방에 대한 책임

무권대리에 대하여 본인의 추인이 없을 경우에는 **무권대리인이 상대방에 대하여 책임을 진다.** 이것은 무과실 책임이며 법정책임이다.

제135조(상대방에 대한 무권대리인의 책임) ① 다른 자의 대리인으로서 계약을 맺은 자가 그 대리권을 증명하지 못하고 또 본인의 추인을 받지 못한 경우에는 그는 상대방의 선택에 따라 계약을 이행할 책임 또는 손해를 배상할 책임이 있다.
② 대리인으로서 계약을 맺은 자에게 대리권이 없다는 사실을 상대방이 알았거나 알 수 있었을 때 또는 대리인으로서 계약을 맺은 사람이 제한능력자일 때에는 제1항을 적용하지 아니한다.

(6) 책임 발생의 요건

요건은 다음과 같다. ① 무권대리인의 대리행위이고, ② 무권대리인이 대리권을 증명하지 못하고(135 ①: 증명책임은 무권대리인), ③ 상대방이 선의 · 무과실(135 ②: 증명책임은 무권대리인)이고, ④ 본인의 추인이 없고(135 ①), ⑤ 표현대리가 성립하지 않고, ⑥ 상대방이 철회권을 행사하지 않고, ⑦ 무권대리인은 행위능력자(135 ②)여야 한다.

무권대리인의 과실은 필요하지 않다.

(7) 책임의 내용

무권대리인은 (상대방의 선택에 따라) **계약의 이행** 또는 **손해배상**을 하여야 한다(135 ①). 이행 책임은 본인의 이행과 같은 내용이며 이행이익의 배상이다. 두 책임 중의 선택에 대해서는 **선택채권**의 규정(380 이하)이 적용된다.

소멸시효는 '유권대리라면 상대방이 본인에게 가졌을 청구권의 성질'에 따라 결정된다.

> **대판 1965.8.24, 64다1156**
>
> 타인의 대리인으로 계약을 한 자가 그 대리권을 증명하지 못하고 또 본인의 추인을 얻지 못한 때에는 상대방의 선택에 좇아 계약의 이행 또는 손해배상의 책임이 있는 것인바 이 상대방이 가지는 계약이행 또는 손해배상청구권의 소멸시효는 그 선택권을 행사할 수 있는 때로부터 진행한다 할 것이고 또 선택권을 행사할 수 있는 때라고 함은 대리권의 증명 또는 본인의 추인을 얻지 못한 때라고 할 것이다.

3. 단독행위의 무권대리

단독행위의 무권대리는 **절대무효가 원칙**이나, 여기에는 예외가 인정된다(136). 일단 상대방 없는 단독행위는 항상 절대무효이다. 상대방 있는 단독행위도 원칙적으로 무효이며, 예외적으로 "행위 당시에 상대방이 대리인이라 칭하는 자의 대리권 없는 행위에 동의하거나 그 대리권을 다투지 아니한 때에 한하여"(136조 1문) 계약의 무권대리에 대해서 적용되는 제130~135조의 규정들이 준용된다.

22장 법률행위의 조건과 기한

I 법률행위 부관의 개념

법률행위의 **부관**(附款)이란 법률행위의 효과를 제한하기 위하여 덧붙는 부수적 약관 또는 약정이다. 이것은 법률행위의 내용의 일부이며, 별개의 법률행위가 아니다. 부관에는 민법상의 부관과 행정법상의 부관이 있다. 전자로는 (총칙에서 규율하는) 조건, 기한, 부담(eg. 부담부 증여[561], 부담부 유증[1088])이 있으며, 후자로는 조건, 기한, 부담, 취소권의 유보, 법률효과의 일부배제 등이 있다.

법률행위의 요소

- 본질적 요소(essentialia negotii = substantia): 법률행위가 성립하기 위해 필수적인 요소(당사자 의사로도 배제하지 못함, eg. 매매대금, 목적물).
- 자연적 요소(naturalia negotii): 법률행위에 자연스럽게(전형적으로) 부가되는 요소(통상 추정됨. 특약에 의해서만 변경 · 배제, eg. 매도인의 담보책임).
- 우연적(부가적) 요소(accidentalia negotii): 법률행위에 우연히 부가되는 요소(특별히 부가하지 않으면 법률행위의 요소가 아님, eg. 조건, 기한, 부담).

민법상의 부관에 해당하는 조건, 기한, 부담은 다음과 같이 구별된다. 즉 **조건**은 법률행위 효력의 발생 · 소멸을 장래의 발생이 불확실한 사실에 의존하게 하는 부관이다. **기한**은 법률행위 효력의 발생 · 소멸 또는 채무의 이행시기를 장래의 발생이 확실한 사실

(특정한 시점)에 의존하게 하는 부관이며, **부담**은 법률행위의 당사자에게 일정한 작위나 부작위 의무를 부과(부담이 부과된 자의 의사에 성취가 좌우되므로, 객관적 사태에 의존하는 조건과 다름)하는 부관이다.

부관은 당사자들이 법률행위를 보다 자유롭게 조절할 수 있게 함으로써 법에 **역동성**을 부여한다.

II 조건

1. 조건의 개념

조건은 법률행위의 효력의 발생 또는 소멸을 장래의 **불확실한 사실**에 의존하게 하는 부관이다. 이것은 법률효과의 발생 또는 소멸에 관한 것이지 성립에 관한 것은 아니다. **조건사실**(조건성취 여부를 결정하는 미래의 사실)은 실현 여부가 불확실한 장래의 사실이어야 한다. 과거의 사실, 미래의 실현 여부가 확실한 사실은 조건 사실이 아니다. 또한 당사자의 의사로 부가한 것이므로 법정조건(法定條件: 법률이 요구하는 요건)과는 다르다.

법률행위가 조건부인지에 대한 증명책임은 조건의 존재를 주장하는 자가 부담한다.

예제 1

B의 여동생인 C는 A의 경리직원으로 근무했는데, A의 자금을 횡령했다는 혐의로 조사를 받게 되었고, A는 B와의 사이에, "C의 횡령금 금액의 일부로서 8,000만 원을 변제하고 대신 C는 선처를 받기로" 약정하고(각서에 "변제하고 선처를 받기로 한다."는 문구 포함), 위 약정을 공증하면서 위 약속이 지켜지지 않을 때에는 C에 대한 어떠한 형사처벌도 감수하기로 합의했다. 그 후 A는 B와 C가 약정금을 변제하지 않고 도주하려 한다고 판단하여 C를 정식으로 고소했다. 그 후 C는 업무상 횡령죄로 기소되어 징역 1년의 실형을 선고받고, 이 형이 확정되었다. A는 B에 대하여 이 사건 약정에 따른 금원의 지급을 구할 수 있는가?

대판 2003.5.13, 2003다10797

(1) 조건은 법률행위의 효력의 발생 또는 소멸을 장래의 불확실한 사실의 성부에 의존케 하

는 법률행위의 부관으로서 당해 법률행위를 구성하는 의사표시의 일체적인 내용을 이루는 것이므로, 의사표시의 일반원칙에 따라 조건을 붙이고자 하는 의사, 즉 조건의사와 그 표시가 필요하며, 조건의사가 있더라도 그것이 외부에 표시되지 않으면 법률행위의 동기에 불과할 뿐이고 그것만으로는 법률행위의 부관으로서의 조건이 되는 것은 아니다.

(2) 甲(갑)이 乙(을)에게 丙(병)의 횡령금 중 일부를 지급하기로 한 약정은 甲이 丙의 오빠로서 丙이 乙에 대하여 부담하는 부당이득반환 또는 손해배상 채무 중 일부를 대신 변제한다는 취지이고, 그러한 약정을 하는 甲의 내심에는 丙이 처벌받지 않기를 바라는 동기 이외에 丙이 실제로 처벌을 받는 경우에는 위 약정 자체가 무효라는 조건의사까지 있었을지도 모르지만, 그것만으로는 丙의 선처를 조건으로 한 조건부 약정이 이루어졌다고 단정할 수 없고, 각서의 기재 내용과 그 작성 당시의 상황 및 상대방인 乙의 의사 등 제반 사정에 비추어 보면 위 약정 자체의 효력이 乙의 정식 고소나 丙의 처벌이라는 사실의 발생만으로 당연히 소멸된다는 의미의 조건이 쌍방의 합의에 따라 위 약정에 붙어 있다고는 볼 수 없으며, 오히려 위 각서 중 “변제하고 선처를 받기로 한다.”라는 문구는 甲과 丙이 위 약정을 예정대로 이행하면 丙이 선처를 받을 수 있도록 乙이 협조한다는 취지에 불과한 것으로 보인다고 한 사례.

예제 1의 해결

A의 B에 대한 8,000만 원 지급 청구에 대하여, B는 금전 지급 약정이 조건부로 이루어졌으며 조건이 성취되지 않았다고 항변하고 있다. 이 약정이 조건부라는 것에 대한 증명책임은 조건의 존재를 주장하는 B에게 있다. B가 이를 증명하지 못하면 이 약정은 조건이 없는 것으로 되므로, A는 B에게 약정금의 지급을 청구할 수 있다.

2. 조건의 종류

조건의 가장 중요한 종류는 **정지조건**(停止條件)과 **해제조건**(解除條件)이다. **정지조건**은 법률행위의 효력 발생을 조건 사실에 의존하게 하는 부관이고, **해제조건**은 법률행위의 효력 소멸을 조건 사실에 의존하게 하는 부관이다.

조건 사실이 현재 상태의 변경이냐 불변경이냐에 따라서 **적극조건**과 **소극조건**이 구분된다. 조건 사실이 당사자의 의사와 관계가 있는지에 따라서는 **수의조건**(隨意條件: 이는 다시 순수 수의조건, 단순 수의조건으로 구분)과 **비수의**(非隨意)**조건**(우성[偶成]조건, 혼성[混成]조건으로 구분)으로 구분된다.

한편 **가장조건**(假裝條件)은 외견상은 조건이지만 진정한 의미의 조건이 아닌 경우이다. 여기에는 다음의 것들이 해당한다. **법정조건**(法定條件)은 법률상의 효력발생 요건(eg. 관할청의 허가: 사립학교법 28)이다. **기성조건**(旣成條件: 151 ②)은 조건 사실이 이미 성립된 것으로, 정지조건이면 조건 없는 법률행위가 되고 해제조건이면 무효가 된다. **불법조건**(不法條件: 151 ①)은 법률행위 전부를 무효로 만든다. **불능조건**(不能條件: 151 ③)의 경우 정지조건이면 무효가 되고 해제조건이면 조건 없는 법률행위가 된다.

> **제151조(불법조건, 기성조건)** ① 조건이 선량한 풍속 기타 사회질서에 위반한 것인 때에는 그 법률행위는 무효로 한다.
> ② 조건이 법률행위의 당시 이미 성취한 것인 경우에는 그 조건이 정지조건이면 조건없는 법률행위로 하고 해제조건이면 그 법률행위는 무효로 한다.
> ③ 조건이 법률행위의 당시에 이미 성취할 수 없는 것인 경우에는 그 조건이 해제조건이면 조건없는 법률행위로 하고 정지조건이면 그 법률행위는 무효로 한다.

3. 조건을 붙일 수 없는 행위

조건을 붙일 수 없음이 명문으로 규정된 경우(상계: 493 ①)도 있지만, 그렇지 않더라도 법률행위 효과의 확정적 발생 또는 존속이 요구되는 경우에는 조건을 붙일 수 없다. 가령 가족법상의 행위(혼인, 이혼, 인지, 입양, 파양, 상속의 승인 및 포기, 예외: 유언 1073 ②), 어음행위 · 수표행위(그러나 어음의 부단순보증[不單純保證]은 가능함), 단독행위(상계, 취소, 추인, 해제, 해지 등. 예외: 상대방의 동의, 채무면제, 유증 등) 등이 그러하다.

조건을 붙일 수 없는 행위에 조건을 붙인 경우 명문규정(eg. 어음 12 ①)이 있으면 그에 따르고, 그렇지 않으면 일부무효 법리로 해결한다.

> **대판 1970.9.29, 70다1508**
> 계약당사자의 일방이 상대방에게 대하여 일정한 기간을 정하여 그 기간 내에 이행이 없을 때에는 계약을 해제하겠다는 의사표시를 한 경우에는 위의 기간경과로 그 계약은 해제된 것으로 해석하여야 할 것이다.

예제 2

B(대한민국) 산하의 수사본부가 탈옥수인 C를 수배하면서, "1998년 7월 21일부터 검거 시까지 제보로 검거되었을 때에 소정의 절차를 거쳐 신고인 또는 제보자에게 현상금 5,000만 원을 지급한다."는 내용의 현상광고를 했다. A는 1999년 1월 8일 익산 시내 호프집에서 C를 발견하고, 같은 날 익산경찰서 역전파출소에 C의 소재를 제보했다. 제보를 받은 역전파출소는 10여 명이 출동하여 같은 날 호프집에서 C를 붙잡아 형사기동대 차량에 C를 태워 역전파출소로 데려갔다. C는 형사기동대 차량이 역전파출소 앞에 도착하여 그 차에서 내리는 순간 감시하던 경찰관을 밀치고 도주했다. A는 B에게 현상광고보수금을 청구할 수 있는가?

대판 2000.8.22, 2000다3675

(1) 민법 제675조의 현상광고라 함은, 광고자가 어느 행위를 한 자에게 일정한 보수를 지급할 의사를 표시하고 이에 응한 자가 그 광고에 정한 행위를 완료함으로써 그 효력이 생기는 것으로서, 그 광고에 정한 행위의 완료에 조건이나 기한을 붙일 수 있다.

(2) '검거'라 함은, 수사기관이 범죄의 예방 · 공안의 유지 또는 범죄수사상 혐의자로 지목된 자를 사실상 일시 억류하는 것으로서, 반드시 형사소송법상의 현행범인의 체포 · 긴급체포 · 구속 등의 강제처분만을 의미하지는 아니하고 그보다는 넓은 개념이라고 보아야 한다.

(3) 경찰이 탈옥수 신창원을 수배하면서 "제보로 검거되었을 때에 신고인 또는 제보자에게 현상금을 지급한다."는 내용의 현상광고를 한 경우, 현상광고의 지정행위는 신창원의 거처 또는 소재를 경찰에 신고 내지 제보하는 것이고 신창원이 '검거되었을 때'는 지정행위의 완료에 조건을 붙인 것인데, 제보자가 신창원의 소재를 발견하고 경찰에 이를 신고함으로써 현상광고의 지정행위는 완료되었고, 그에 따라 경찰관 등이 출동하여 신창원이 있던 호프집 안에서 그를 검문하고 나아가 차량에 태워 파출소에까지 데려간 이상 그에 대한 검거는 이루어진 것이므로, 현상광고상의 지정행위 완료에 붙인 조건도 성취되었다고 본 사례.

예제 2의 해결

현상광고를 단독행위로 보는 견해를 따른다면, B의 현상광고는 지정행위("신고 또는 제보")를 완료한 자에게 보수를 지급하겠다는, 불특정 다수인에 대한 광고자 B의 일방적 의사표시이다. 그런데 이 지정행위에는 '만약 검거된다면'이라는 조건이 붙어 있었다. 그래서 이 조건이 성취되었는지가 문제된다. 그런데 A가 지정행위(경찰에 C를 신고)를 완료한 후 경찰관 등이 C를 차량에 태워 파출소까지 데려간 이상 일단 검거는 이루어졌다. 즉 조건은 성취되었다. 이후에 C가 다시 도주했다는 사실이 이미 성취된 조건에 영향을 주지는 못한다. 결국 A는 B에게 현상금의 지급을 청구할 수 있다.

4. 반신의적 조건 성취·불성취

조건의 **성취·불성취**란 조건사실의 실현·불실현이 확정되는 것을 말한다. **조건의 부당한 불성취**가 있을 경우 조건 성취의 주장이 가능하다(150 ①). 성취의 주장은 형성권이다(多). 조건성취의 시점은 반신의행위가 없었으면 조건이 성취되었을 시점이다(通判). 또, **조건의 부당한 성취**가 있으면 조건 불성취의 주장이 가능하다(150 ②).

제150조(조건성취, 불성취에 대한 반신의행위) ① 조건의 성취로 인하여 불이익을 받을 당사자가 신의성실에 반하여 조건의 성취를 방해한 때에는 상대방은 그 조건이 성취한 것으로 주장할 수 있다.
② 조건의 성취로 인하여 이익을 받을 당사자가 신의성실에 반하여 조건을 성취시킨 때에는 상대방은 그 조건이 성취하지 아니한 것으로 주장할 수 있다.

대판 1998.12.22, 98다42356
(1) 상대방이 하도급 받은 부분에 대한 공사를 완공하여 준공필증을 제출하는 것을 정지조건으로 하여 공사대금채무를 부담하거나 위 채무를 보증한 사람은 위 조건의 성취로 인하여 불이익을 받을 당사자의 지위에 있다고 할 것이므로, 이들이 위 공사에 필요한 시설을 해주지 않았을 뿐만 아니라 공사장에의 출입을 통제함으로써 위 상대방으로 하여금 나머지 공사를 수행할 수 없게 하였다면, 그것이 고의에 의한 경우만이 아니라 과실에 의한 경우에도 신의성실에 반하여 조건의 성취를 방해한 때에 해당한다고 할 것이므로, 그 상대방은 민법 제150조 제1항의 규정에 의하여 위 공사대금채무자 및 보증인에 대하여 그 조건이 성취된 것으로 주장할 수 있다고 한 사례.
(2) 조건의 성취로 인하여 불이익을 받을 당사자가 신의성실에 반하여 조건의 성취를 방해한 경우, 조건이 성취된 것으로 의제되는 시점은 이러한 신의성실에 반하는 행위가 없었더라면 조건이 성취되었으리라고 추산되는 시점이다.

5. 조건부 법률행위의 효력

(1) 조건 성취의 확정 전

민법은 조건부 권리에 대하여도 일정한 보호를 부여한다. 우선 조건의 성취로 생길 이익의 침해는 금지되며, 침해 시에는 손해배상책임이 발생한다.

제148조(**조건부권리의 침해금지**) 조건 있는 법률행위의 당사자는 조건의 성부(成否)가 미정(未定)한 동안에 조건의 성취로 인하여 생길 상대방의 이익을 해하지 못한다.

또한 조건부 권리도 처분·상속·보존 또는 담보로 할 수 있다.

제149조(**조건부권리의 처분 등**) 조건의 성취가 미정한 권리의무는 일반규정에 의하여 처분, 상속, 보존 또는 담보로 할 수 있다.

대판 1992.5.22, 92다5584
해제조건부증여로 인한 부동산소유권이전등기를 마쳤다 하더라도 그 해제조건이 성취되면 그 소유권은 증여자에게 복귀한다고 할 것이고, 이 경우 당사자 간에 별단의 의사표시가 없는 한 그 조건성취의 효과는 소급하지 아니하나, 조건성취 전에 수증자가 한 처분행위는 조건성취의 효과를 제한하는 한도 내에서는 무효라고 할 것이고, 다만 그 조건이 등기되어 있지 않는 한 그 처분행위로 인하여 권리를 취득한 제3자에게 위 무효를 대항할 수 없다.

(2) 조건 성취의 확정 후

조건의 성취·불성취가 확정되면 그에 따라 법률행위의 **효력이 확정**된다. 조건 성취의 증명책임은 이익을 얻는 자가 진다.

조건성취의 **소급효**는 정지조건이든 해제조건이든 **원칙적으로 부인**된다. 당사자의 의사로 소급효를 인정하는 것은 무방하지만, 그 경우에도 제3자의 권리를 해치지는 못한다.

제147조(**조건성취의 효과**) ① 정지조건있는 법률행위는 조건이 성취한 때로부터 그 효력이 생긴다.
② 해제조건 있는 법률행위는 조건이 성취한 때로부터 그 효력을 잃는다.

③ 당사자가 조건성취의 효력을 그 성취전에 소급하게 할 의사를 표시한 때에는 그 의사에 의한다.

대판 1983.4.12, 81다카692

정지조건부 법률행위에 있어서 조건이 성취되었다는 사실은 이에 의하여 권리를 취득하고자 하는 측에서 그 입증책임이 있다 할 것이므로, 정지조건부 채권양도에 있어서 정지조건이 성취되었다는 사실은 채권양도의 효력을 주장하는 자에게 그 입증책임이 있다.

III 기한

1. 기한의 개념

기한은 법률행위의 효력의 발생·소멸 또는 채무의 이행을 장래의 **발생이 확실한 사실**(특정한 시점)에 의존하게 하는 부관이다. **기한사실**은 발생이 확실한 장래의 사실 자체를 말한다.

2. 기한의 종류

시기(始期)는 효력의 발생·채무이행을, **종기**(終期)는 효력의 소멸을 기한 사실에 의존하게 하는 기한이다. **확정기한·불확정기한**은 기한사실의 발생시기가 확정되어 있는지에 따른 구분이다.

예제 3

1986년 7월 26일 B는 A에게 점포를 임대하기로 계약을 체결하고 A로부터 보증금으로 800만 원을 수령했다. 1986년 10월 6일에 A와 B는 앞의 임대차계약을 합의해제하면서 앞의 800만 원은 "위 점포가 타인에게 분양 또는 임대되는 때"에 반환하기로 했다. 그런데 이 점포가 타인에게 분양 또는 임대되지 않은 채로 1년 5개월이 지났다. A는 B에게 앞의 800만 원의 반환을 청구할 수 있는가?

대판 1989.6.27, 88다카10579

당사자가 불확정한 사실이 발생한 때를 이행기한으로 정한 경우에 있어서 그 사실이 발생한 때는 물론 그 사실의 발생이 불가능하게 된 때에도 이행기한은 도래한 것으로 보아야 한다.

예제 3의 해결

A와 B 사이의 보증금 반환약정에 "위 점포가 타인에게 분양 또는 임대되는 때"라는 기한이 붙어 있으므로, 이 기한이 성취되었는지에 대한 증명책임은 A에게 있다. 그런데 판례에 따르면 기한사실의 발생이 불가능하게 된 때에 그 기한사실은 발생한 것으로 의제된다. 당사자가 조건이 아니라 기한을 약정에 부가했다는 것은 그 기한사실이 불확정한 미래에 반드시 발생한다는 것을 전제한 것이기 때문이다. 발생 자체가 불확실한 경우에는 기한이 아니라 조건을 부가했을 것이다. 결론적으로 기한부 보증금 반환약정의 기한이 도래한 것으로 볼 수 있으므로 A는 B에게 800만 원의 반환을 청구할 수 있다.

3. 기한부 법률행위의 효력

(1) 기한 도래 전

조건부 법률행위에서와 마찬가지로 기한부 법률행위도 보호를 받으며 처분 등이 가능하다.

제154조(기한부권리와 준용규정) 제148조와 제149조의 규정은 기한있는 법률행위에 준용한다.

(2) 기한 도래 후

기한이 도래하면 **시기부** 법률행위는 효력이 발생하고 **종기부** 법률행위는 효력이 상실된다.

제152조(기한도래의 효과) ① 시기 있는 법률행위는 기한이 도래한 때로부터 그 효력이 생긴다.

② 종기 있는 법률행위는 기한이 도래한 때로부터 그 효력을 잃는다.

(3) 기한의 이익

기한의 이익이란 기한이 도래하지 않음으로써 당사자가 받는 이익(**채무자를 위한 것**으로 **추정**됨)이다. 또한 기한의 이익은 포기할 수 있다.

제153조(**기한의 이익과 그 포기**) ① 기한은 채무자의 이익을 위한 것으로 추정한다.
② 기한의 이익은 이를 포기할 수 있다. 그러나 상대방의 이익을 해하지 못한다.

제388조가 정한 사유 및 채무자의 파산, 당사자의 특약이 있는 경우 채무자는 **기한의 이익을 상실**한다. 따라서 채권자의 청구가 있는 때로부터 지체책임을 지게 된다.

제388조(**기한의 이익의 상실**) 채무자는 다음 각호의 경우에는 기한의 이익을 주장하지 못한다.
1. 채무자가 담보를 손상, 감소 또는 멸실하게 한 때
2. 채무자가 담보제공의 의무를 이행하지 아니한 때

「채무자 회생 및 파산에 관한 법률」 제425조(**기한부채권의 변제기도래**) 기한부채권은 파산선고 시에 변제기에 이른 것으로 본다.

23장 기간

Ⅰ 기간의 개념

기간(期間)이란 어느 시점에서 어느 시점까지 계속된 시간적 간격(eg. 544 본)을 의미한다.

혼동되는 개념

- 기한(期限): 장래의 특정한 시점에 법률행위를 관련시키는 부관(eg. 387)
- 기일(期日): (특히 소송상의) 일정한 행위를 하도록 되어 있는 날(eg. 변론기일, 증거조사기일) 또는 일정한 법률상의 효과가 발생 · 소멸하는 날(eg. 어음법 85)
- 시기(時期): 일정한 행위를 하는 시점(기일처럼 일정한 날을 특정하는 것이 아니고 '때'에 가까움 eg. 603 ①)
- 시기(始期): 법률행위의 효력 발생 또는 채무이행의 시기(時期)와 관련된 기한(反: 종기)

Ⅱ 기간의 계산

우리 민법은 제155~161조에서 기간에 관한 문제를 규율한다.

제155조(본장의 적용범위) 기간의 계산은 법령, 재판상의 처분 또는 법률행위에 다른 정한 바가 없으면 본장의 규정에 의한다.

제156조(**기간의 기산점**) 기간을 시, 분, 초로 정한 때에는 즉시로부터 기산한다.

제157조(**기간의 기산점**) 기간을 일, 주, 월 또는 연으로 정한 때에는 기간의 초일은 산입하지 아니한다. 그러나 그 기간이 오전 영시로부터 시작하는 때에는 그러하지 아니하다.

제158조(**나이의 계산과 표시**) 나이는 출생일을 산입하여 만(滿) 나이로 계산하고, 연수(年數)로 표시한다. 다만, 1세에 이르지 아니한 경우에는 월수(月數)로 표시할 수 있다.

제159조(**기간의 만료점**) 기간을 일, 주, 월 또는 연으로 정한 때에는 기간말일의 종료로 기간이 만료한다.

제160조(**역에 의한 계산**) ① 기간을 주, 월 또는 연으로 정한 때에는 역에 의하여 계산한다.
② 주, 월 또는 연의 처음으로부터 기간을 기산하지 아니하는 때에는 최후의 주, 월 또는 연에서 그 기산일에 해당한 날의 전일로 기간이 만료한다.
③ 월 또는 연으로 정한 경우에 최종의 월에 해당일이 없는 때에는 그 월의 말일로 기간이 만료한다.

제161조(**공휴일 등과 기간의 만료점**) 기간의 말일이 토요일 또는 공휴일에 해당한 때에는 기간은 그 익일[다음날]로 만료한다.

예제 4

A는 2024년 11월 15일에 B 도서관에서 책 한 권을 대출했다. B 도서관에서 1개월 이내에 책을 반납하도록 정하고 있다면 A는 이 책을 언제까지 반납해야 할까?

예제 4의 해결

초일은 산입하지 않으므로(157) 30일의 기간에 11월 15일은 포함되지 않는다. 11월 16일부터 1개월을 계산하면 "최후의 주, 월 또는 연에서 그 기산일에 해당한 날의 전일로 기간이 만료"(160 ①)하므로, 12월 15일에 1개월의 대출기간이 만료한다. 따라서 원래는 12월 15일 자정까지 반납하면 되지만(159), 보통은 도서관 이용시간이 끝나기 전에 반납해야 할 것이다.

예제 5

A는 2005년 9월 15일 오후 2시 30분에 출생했다. 그가 성년이 되는 시점은 언제인가?

예제 5의 해결

만 19세로 성년이 되므로(4), 출생한 지 19년이 되는 시점에 성년이 된다. 연령의 계산에는 출생일을 산입하므로(158) 기산일은 2005년 9월 15일이다. 따라서 19년 후인 2024년에서 기산일에 해당한 날의 전일로 기간이 만료하므로(160 ②), 9월 14일의 만료로 기간이 만료한다(159). 따라서 2024년 9월 14일 24시, 즉 생일인 9월 15일 0시에 성년이 된다.

예제 6

A는 2004년 5월 31일 B에게 철근 1억 5천만 원 상당을 판매하고, 같은 날 세금계산서 및 발행인 A, 지급인 B, 지급장소 부산은행 안락동 지점으로 된 액면금 1억 5,000만 원의 환어음을 발행했다. A는 2004년 6월 30일 자신의 거래은행인 외환은행에 이 환어음의 추심을 의뢰했고, 이에 따라 외환은행은 2004년 7월 1일 부산은행에 이 환어음을 제시했다. 그런데 「한국은행 총액한도 대출관련 기업구매자금대출 취급세칙」 제6조 제3항에 따르면 "환어음 또는 판매대금추심의뢰서는 판매업체가 세금계산서 등의 발급일로부터 30일 이내에 추심의뢰하거나 전송한 것이어야 한다."고 규정하고 있다. 그렇다면 이 환어음은 발급일로부터 30일을 도과하여 추심의뢰 되었을까?

이 사건 환어음은 세금계산서 발행일인 2004년 5월 31일부터 31일이 되는 같은 해 6월 30일 추심의뢰되었다. 6월 30일은 초일인 5월 31일을 산입하지 않을 경우 30일째에 해당하는데, 추심의뢰의 기간 계산에 관하여 초일이 산입되는지에 관해서는 다음의 두 규정이 문제된다.

> **「한국은행 총액한도 대출관련 기업구매자금대출 취급세칙」 제6조** ③ 환어음 또는 판매대금추심의뢰서는 판매업체가 세금계산서 등의 발급일로부터 30일 이내에 추심의뢰하거나 전송한 것이어야 한다.

「환어음정보교환규약 시행세칙」 제25조 이 세칙에 의한 기간의 계산에는 초일을 산입한다.

즉 취급세칙 제6조 제3항에 시행세칙 제25조가 적용되는지가 문제된다. 그런데 이와 관련하여 한국은행 총재는 2000년 8월 4일 기업구매자금대출 취급과 관련한 업무취급방법에 관하여 공문을 발송했는데, 그 내용 중 제3항 '기업구매자금대출관련 기간계산방법'에서는 "취급세칙 제4조(융자시기) 및 제6조(환어음의 조건) 제3항에서 정한 기간은 초일 산입에 의한 역일로 계산한다."고 하고 있었다.

다음의 판결에서 대법원은 앞의 공문의 입장과 마찬가지로, 이 문제에 있어서 민법상 **초일 불산입의 원칙에 대한 예외**를 인정했다.

대판 2007.8.23, 2006다62942

(1) 민법 제157조는 "기간을 일, 주, 월 또는 년으로 정한 때에는 기간의 초일은 산입하지 아니한다"고 규정하여 초일 불산입을 원칙으로 정하고 있으나, 민법 제155조에 의하면 법령이나 법률행위 등에 의하여 위 원칙과 달리 정하는 것도 가능하다.

(2) 취급세칙은 제6조 제3항 소정의 환어음 등의 추심의뢰기한 30일의 기간 계산에 관하여 민법상 초일 불산입의 원칙에 대한 예외를 규정한 것으로 봄이 상당하다.

(3) 이 사건 환어음은 초일을 산입하여 계산할 때 세금계산서 발급일로부터 30일을 도과하여 추심의뢰됨.

예제 6의 해결

이 사건 환어음의 추심의뢰 기간 계산에 관해서는, 위에서 언급한 관련 규정들에 따를 때 초일이 산입되는 것이 타당하다. 따라서 이 환어음은 발급일로부터 30일을 이미 도과하여 추심의뢰되었다.

24장 소멸시효의 개념과 요건

I 시효의 개념

시효 제도는 일정한 사실이 계속되면 그것을 권리로 인정하는 법률상의 제도이다. 여기에는 **취득시효**(무권리자가 권리를 취득함: 245 이하)와 **소멸시효**(권리자가 권리를 상실함)가 있다.

대판(전) 1976.11.6, 76다148
시효제도는 일정기간 계속된 사회질서를 유지하고 시간의 경과로 인하여 곤난하게[올바른 맞춤법: 곤란하게] 되는 증거·보전으로부터의 구제 내지는 자기권리를 행사하지 않고 소위 권리 위에 잠자는 자는 법적 보호에서 이를 제외하기 위하여 규정된 제도라 할 것인 바 (…) 부동산 매수인이 그 목적물을 인도받아서 이를 사용수익하고 있는 경우에는 그 매수인을 권리 위에 잠자는 것으로 볼 수도 없고 (…) 매수인의 등기청구권은 다른 채권과는 달리 소멸시효에 걸리지 않는다고 해석함이 타당하다.

대판(전) 1992.3.31, 91다32053
(1) 시효제도의 존재이유는 영속된 사실상태를 존중하고 권리 위에 잠자는 자를 보호하지 않는다는 데에 있고 특히 소멸시효에 있어서는 후자의 의미가 강하므로, 권리자가 재판상 그 권리를 주장하여 권리 위에 잠자는 것이 아님을 표명한 때에는 시효중단사유가 되는바, 이러한 시효중단사유로서의 재판상의 청구에는 그 권리 자체의 이행청구나 확인청구를 하는 경우만이 아니라, 그 권리가 발생한 기본적 법률관계에 관한 확인청구를 하는 경우에도 그 법

률관계의 확인청구가 이로부터 발생한 권리의 실현수단이 될 수 있어 권리 위에 잠자는 것이 아님을 표명한 것으로 볼 수 있을 때에는 그 기본적 법률관계에 관한 확인청구도 이에 포함된다고 보는 것이 타당하다.

(2) 일반적으로 위법한 행정처분의 취소, 변경을 구하는 행정소송은 사권을 행사하는 것으로 볼 수 없으므로 사권에 대한 시효중단사유가 되지 못하는 것이나, 다만 오납한 조세에 대한 부당이득반환청구권을 실현하기 위한 수단이 되는 과세처분의 취소 또는 무효확인을 구하는 소는 그 소송물이 객관적인 조세채무의 존부확인으로서 실질적으로 민사소송인 채무부존재확인의 소와 유사할 뿐 아니라, 과세처분의 유효 여부는 그 과세처분으로 납부한 조세에 대한 환급청구권의 존부와 표리관계에 있어 실질적으로 동일 당사자인 조세부과권자와 납세의무자 사이의 양면적 법률관계라고 볼 수 있으므로, 위와 같은 경우에는 과세처분의 취소 또는 무효확인청구의 소가 비록 행정소송이라고 할지라도 조세환급을 구하는 부당이득반환청구권의 소멸시효중단사유인 재판상 청구에 해당한다고 볼 수 있다.

[반대의견] 오납금환급청구권의 경우 그 환급청구권의 이행청구나 확인청구를 구하는 경우만이 아니라 과세처분의 취소 또는 무효확인을 구하는 행정소송의 제기가 환급청구권의 소멸시효를 중단시키는 재판상 청구에 해당한다고 해석하는 것은 타당하지 아니하다.

II 제척기간

1. 제척기간의 의의

제척기간(除斥期間 또는 예정기간)은 일정한 권리에 대해 법이 예정하는 존속기간이다. 제척기간을 두는 목적은 그 권리와 관련된 법률관계를 신속하게 확정하기 위함이다. 제척기간은 주로 형성권에 있어서 문제되지만 청구권도 해당되는 경우가 있다.

대판 1995.11.10, 94다22682, 22699

(1) 매매의 일방예약에서 예약자의 상대방이 매매예약 완결의 의사표시를 하여 매매의 효력을 생기게 하는 권리, 즉 매매예약의 완결권은 일종의 형성권으로서 당사자 사이에 그 행사기간을 약정한 때에는 그 기간 내에, 그러한 약정이 없는 때에는 그 예약이 성립한 때로부터 10년 내에 이를 행사하여야 하고, 그 기간을 지난 때에는 예약 완결권은 제척기간의 경과로 인하여 소멸한다.

(2) 제척기간은 권리자로 하여금 당해 권리를 신속하게 행사하도록 함으로써 법률관계를 조속히 확정시키려는 데 그 제도의 취지가 있는 것으로서, 소멸시효가 일정한 기간의 경과와 권리의 불행사라는 사정에 의하여 권리 소멸의 효과를 가져오는 것과는 달리 그 기간의 경과 자체만으로 곧 권리 소멸의 효과를 가져오게 하는 것이므로 그 기간 진행의 기산점은 특별한 사정이 없는 한 원칙적으로 권리가 발생한 때이고, 당사자 사이에 매매예약 완결권을 행사할 수 있는 시기를 특별히 약정한 경우에도 그 제척기간은 당초 권리의 발생일로부터 10년간의 기간이 경과되면 만료되는 것이지 그 기간을 넘어서 그 약정에 따라 권리를 행사할 수 있는 때로부터 10년이 되는 날까지로 연장된다고 볼 수 없다.

[앞 판결의 사실관계]

1980년 5월 1일: 원고와 피고 사이에 피고 소유 토지에 관하여 대금 1,000만 원에 매매의 예약을 체결.

1980년 5월 13일: 원고 앞으로 위 매매예약을 원인으로 한 소유권이전청구권 보전의 가등기 경료.

1980년 8월 19일: 원고와 피고 사이에 위 예약 완결권을 1985년 3월 26일부터 행사하기로 합의.

1992년 8월 6일: 원고가 소장 부본의 송달에 의하여 완결권 행사.

[원고의 주장] 예약완결권의 제척기간은 1985년 3월 26일로부터 진행하여 10년이 되는 1995년 3월 25일에야 만료.

[피고의 주장] 예약일인 1980년 5월 1일부터 10년이 되는 1990년 5월 1일이 도과함으로써 그 제척기간이 경과.

대결 2003.8.11, 2003스32

민법 제1019조 제3항의 기간은 한정승인신고의 가능성을 언제까지나 남겨둠으로써 당사자 사이에 일어나는 법적 불안상태를 막기 위하여 마련한 제척기간이고, 경과규정인 개정 민법 (2002.1.14. 법률 제6591호) 부칙 제3항 소정의 기간도 제척기간이라 할 것이며, 한편 <u>제척기간은 불변기간이 아니어서 그 기간을 지난 후에는 당사자가 책임질 수 없는 사유로 그 기간을 준수하지 못하였더라도 추후에 보완될 수 없다</u>.

대판 2015.1.29, 2013다215256

제척기간은 권리자로 하여금 해당 권리를 신속하게 행사하도록 함으로써 법률관계를 조속히 확정시키려는 데 제도의 취지가 있는 것으로서, 기간의 경과 자체만으로 곧 권리 소멸의 효과를 가져오게 하는 것이다.

2. 제척기간과 권리의 행사 방법

권리자가 제척기간 내에 어떠한 행위를 하여야 하는지에 대해서는 학설의 다툼이 있다. **출소기간설**(出訴期間說: 多)은 재판상의 행사를 요구한다. 한편 재판 외의 행사도 가능하다는 견해 및 청구권에 관한 제척기간의 경우 재판상의 행사가 필요하다는 견해도 있다.

판례는 원칙적으로 재판상 또는 재판 외에서 권리를 행사할 수 있다고 하고, 예외적으로 출소기간으로 보는 경우도 있다.

대판 1985.11.12, 84다카2344

민법 제582조, 제580조 소정의 매도인의 하자담보책임에 관한 매수인의 권리행사기간은 재판상 또는 재판외의 권리행사기간이고 재판상 청구를 위한 출소기간은 아니라고 함이 당원의 판례인바(1964. 4. 21. 선고 63다691 판결 참조), 현재 이와 같은 견해를 변경할 필요를 느끼지 않는다.

대판 2002.4.26, 2001다8097 · 8103

민법 제204조 제3항과 제205조 제2항에 의하면 점유를 침탈당하거나 방해를 받은 자의 침탈자 또는 방해자에 대한 청구권은 그 점유를 침탈당한 날 또는 점유의 방해행위가 종료된 날로부터 1년 내에 행사하여야 하는 것으로 규정되어 있는데, 여기에서 제척기간의 대상이 되는 권리는 형성권이 아니라 통상의 청구권인 점과 점유의 침탈 또는 방해의 상태가 일정한 기간을 지나게 되면 그대로 사회의 평온한 상태가 되고 이를 복구하는 것이 오히려 평화질서의 교란으로 볼 수 있게 되므로 일정한 기간을 지난 후에는 원상회복을 허용하지 않는 것이 점유제도의 이상에 맞고 여기에 점유의 회수 또는 방해제거 등 청구권에 단기의 제척기간을 두는 이유가 있는 점 등에 비추어 볼 때, 위의 제척기간은 재판 외에서 권리행사하는 것으로 족한 기간이 아니라 반드시 그 기간 내에 소를 제기하여야 하는 이른바 출소기간으로 해석함이 상당하다.

제척기간이 경과했는지 여부는 직권조사 사항이다.

대판 1996.9.20, 96다25371

민법 제146조는 취소권은 추인할 수 있는 날로부터 3년 내에 행사하여야 한다고 규정하고 있는바, 이때의 3년이라는 기간은 일반 소멸시효기간이 아니라 제척기간으로서 제척기간이 도과하였는지 여부는 당사자의 주장에 관계없이 법원이 당연히 조사하여 고려하여야 할 사항이다.

3. 소멸시효와의 비교

구분 / 항목	제척기간	소멸시효
권리 소멸	○	○
소급효	×	○(167)
주장 필요	×	○
중단	×	○(168)
이익 포기	×	○(184)

4. 제척기간과 소멸시효 기간의 판별

판별(判別: 판단하여 구별함) 기준으로 될 수 있는 것은 법조문에서 '시효로 인하여'라는 문구를 사용했는지의 여부(사용했으면 소멸시효 기간, 그렇지 않았으면 제척기간)이겠지만, 권리의 성질이나 규정의 취지 등을 고려하여 실질적으로 판단해야 한다. 논란이 되는 예로서는 도품 · 유실물의 반환청구(250), 불법행위의 손해배상청구(766 ②), 상속의 승인 · 포기의 취소(1024 ② 단), 유류분반환청구(1117) 등이 있다.

제척기간의 예를 보면, 먼저 제소기간에 해당하는 경우로는 제406조 ②항(채권자취소권), 제819 · 823조(혼인 취소의 소), 제841 · 842조(재판상 이혼청구), 제847조 ①항 · 제848조 ②항 · 제851조(친생부인의 소), 제861조(인지 취소), 제862조(인지 이의의 소), 제864조(인지이의 또는 인지청구의 소), 제865조 ②항(다른 사유를 원인으로 한 친생자관계존부확인의 소), 제891~896조(입양취소청구권의 소멸), 제907조(재판상 파양청구), 제999조(상속회복청구의 소) 등이 있다. 다음으로 재판 외 행사 기간의 예로는 제146조(법률행위의 취소권), 제253조(유실물 소유자의 권리), 제254조(매장물 소유자의 권리), 제556조 ②항(증여계약의 해제권),

제573 · 575조 ③항 · 제582조(매도인의 담보책임), 제617조(사용대차의 경우 손해배상청구권과 비용상환청구권), 제670 · 671조 ②항(수급인의 담보책임), 제839조의2 ③(재산분할청구권), 제1011조(다른 공동상속인의 양수권), 제1057조의2 ②항(특별연고자의 상속재산분여청구권) 등이 있다.

III 소멸시효의 요건

1. 소멸시효의 요건

소멸시효에 의하여 권리가 소멸하기 위해서는, ① 권리가 소멸시효에 걸리는 것이어야 하고, ② 권리자가 권리를 행사할 수 있음에도 불구하고 권리를 행사하지 않아야 하며, ③ 권리 불행사 상태가 일정기간(소멸시효기간) 계속되어야 한다.

2. 소멸시효에 걸리는 권리

제162조(채권, 재산권의 소멸시효) ① 채권은 10년간 행사하지 아니하면 소멸시효가 완성한다.
② 채권 및 소유권 이외의 재산권은 20년간 행사하지 아니하면 소멸시효가 완성한다.

(1) 소유권, 비재산권

소유권은 항구적 권리이므로 소멸시효에 걸리지 않는다. 또한 비재산권(非財產權)인 **가족권, 인격권**도 소멸시효에 걸리지 않는다.

(2) 물권

점유권은 사실 상태에 기초하므로 시효의 문제가 발생하지 않는다. **담보물권**은 피담보채권에 부종(附從)하므로 따로 소멸시효가 문제되지는 않는다. 용익물권인 **지상권**과 **지역권**은 20년의 소멸시효에 걸릴 수 있다. **전세권**은 최장 존속기간이 10년이므로(312 ①) 문제가 되지 않는다.

(3) 등기청구권

등기청구권을 **채권적 청구권**으로 보는 견해에 따르면 10년의 소멸시효에 걸리게 된다. 그러나 판례는 부동산 매수인이 그 목적물을 인도받아 이를 사용수익하고 있는 경우 매수인의 등기청구권에 대한 소멸시효를 부인한다.

대판(전) 1976.11.6, 76다148

시효제도의 존재이유에 비추어 보아 부동산 매수인이 그 목적물을 인도받아서 이를 사용수익하고 있는 경우에는 그 매수인을 권리 위에 잠자는 것으로 볼 수도 없고 또 매도인 명의로 등기가 남아 있는 상태와 매수인이 인도받아 이를 사용수익하고 있는 상태를 비교하면 매도인 명의로 잔존하고 있는 등기를 보호하기보다는 매수인의 사용수익상태를 더욱 보호하여야 할 것이므로 그 매수인의 등기청구권은 다른 채권과는 달리 소멸시효에 걸리지 않는다고 해석함이 타당하다(다수의견).

나아가 판례는 부동산의 매수인이 그 부동산을 다른 사람에게 처분하고 점유를 승계하여준 경우에도, 이전등기청구권의 소멸시효는 진행하지 않는다고 한다.

대판(전) 1999.3.18, 98다32175

(1) 시효제도는 일정 기간 계속된 사회질서를 유지하고 시간의 경과로 인하여 곤란해지는 증거보전으로부터의 구제를 꾀하며 자기 권리를 행사하지 않고 소위 권리 위에 잠자는 자는 법적 보호에서 이를 제외하기 위하여 규정된 제도라 할 것인바, 부동산에 관하여 인도, 등기 등의 어느 한 쪽만에 대하여서라도 권리를 행사하는 자는 전체적으로 보아 그 부동산에 관하여 권리 위에 잠자는 자라고 할 수 없다 할 것이므로, 매수인이 목적 부동산을 인도받아 계속 점유하는 경우에는 그 소유권이전등기 청구권의 소멸시효가 진행하지 않는다.

(2) 부동산의 매수인이 그 부동산을 인도받은 이상 이를 사용 · 수익하다가 그 부동산에 대한 보다 적극적인 권리 행사의 일환으로 다른 사람에게 그 부동산을 처분하고 그 점유를 승계하여 준 경우에도 그 이전등기청구권의 행사 여부에 관하여 그가 그 부동산을 스스로 계속 사용 · 수익만 하고 있는 경우와 특별히 다를 바 없으므로 위 두 어느 경우에나 이전등기청구권의 소멸시효는 진행되지 않는다고 보아야 한다.

[반대의견] 점유의 상실원인이 무엇이든지 간에 점유 상실 시점으로부터 그 이전등기청구권의 소멸시효가 진행한다고 봄이 상당하다.

(4) 물권적 청구권

물권적 청구권이 소멸시효에 걸리는지에 대해서는 긍정설, 부정설, 제한적 긍정설이 있다. 판례는 물권적 청구권이 **소유권에 기한 경우 소멸시효의 적용을 부정**한다.

대판 1982.7.27, 80다2968

매매계약이 합의해제된 경우에도 매수인에게 이전되었던 소유권은 당연히 매도인에게 복귀하는 것이므로 합의해제에 따른 매도인의 원상회복청구권은 소유권에 기한 물권적 청구권이라고 할 것이고 이는 소멸시효의 대상이 되지 아니한다.

대판 1979.2.13, 78다2412

채권담보의 목적으로 이루어지는 부동산 양도담보의 경우에 있어서 그 부동산의 등기명의가 양도담보권자 앞으로 되어 있다 할지라도 그 실질적 소유권은 양도담보권설정자에게 남아 있다고 할 것이므로 피담보채무가 변제된 이후에 설정자가 행사하는 등기청구권은 위 실질적 소유권에 기한 물권적청구권으로서 따로이 시효소멸되는 것은 아니다.

(5) 형성권

형성권의 행사기간은 **제척기간**이다(通). 법률이 제척기간을 명확하게 규정하지 않은 경우에 그 기간을 어떻게 할 것인지에 대해서는 10년설, 20년설, 채권관계설, 기초 법률관계설 등의 견해가 있다. 판례는 매매예약의 완결권 및 대물변제예약의 완결권의 경우 **10년의 제척기간**에 걸린다고 한다.

형성권의 행사에 의해 발생한 권리의 행사기간에 대해서는 제척기간 내 행사설과 별도진행설이 있다.

대판 1992.7.28, 91다44766 · 44773

민법 제564조가 정하고 있는 매매의 일방예약에서 예약자의 상대방이 매매완결의 의사를 표시하여 매매의 효력을 생기게 하는 권리(이른바 예약완결권)는 일종의 형성권으로서 당사자 사이에 그 행사기간을 약정한 때에는 그 기간 내에, 그러한 약정이 없는 때에는 예약이 성립한 때부터 10년 내에 이를 행사하여야 하고 위 기간을 도과한 때에는 상대방이 예약목적물인 부동산을 인도받은 경우라도 예약완결권은 제척기간의 경과로 인하여 소멸된다.

대판 1997.6.27, 97다12488

대물변제예약 완결권은 일종의 형성권으로 당사자 사이에 그 행사기간을 약정한 때에는 그 기간 내에, 그러한 약정이 없는 때에는 그 권리가 발생한 때로부터 10년 내에 이를 행사하여야 하고, 이 기간을 도과한 때에는 예약 완결권은 제척기간의 경과로 인하여 소멸한다.

대판 1991.2.22, 90다13420

환매권의 행사로 발생한 소유권이전등기청구권은 위 기간 제한과는 별도로 환매권을 행사한 때로부터 일반채권과 같이 민법 제162조 소정의 10년의 소멸시효 기간이 진행되는 것이지, 위 제척기간 내에 이를 행사하여야 하는 것은 아니다.

3. 소멸시효의 기산점

(1) 소멸시효 기산점의 원칙

소멸시효의 기산점은 "권리를 행사할 수 있는 때"(166 ①)이다.

第166條(소멸시효의 기산점) ① 소멸시효는 권리를 행사할 수 있는 때로부터 진행한다.

② 부작위를 목적으로 하는 채권의 소멸시효는 위반행위를 한 때로부터 진행한다.

권리를 행사할 수 있음은 권리를 행사하는 데 **법률상의 장애**(eg. 기한의 미도래, 조건의 불성취 등)가 없는 것을 의미하며, **사실상의 장애**는 상관없다.

대판(전) 1992.3.31, 91다32053

(1) 소멸시효는 객관적으로 권리가 발생하여 그 권리를 행사할 수 있는 때로부터 진행하고 그 권리를 행사할 수 없는 동안만은 진행하지 않는바, '권리를 행사할 수 없는' 경우라 함은 그 권리행사에 법률상의 장애사유, 예컨대 기간의 미도래나 조건불성취 등이 있는 경우를 말하는 것이고, 사실상 권리의 존재나 권리행사가능성을 알지 못하였고 알지 못함에 과실이 없다고 하여도 이러한 사유는 법률상 장애사유에 해당하지 않는다.

(2) 과세처분의 하자가 중대하고 명백하여 당연무효에 해당하는 여부를 당사자로서는 현실적으로 판단하기 어렵다거나, 당사자에게 처음부터 과세처분의 취소소송과 부당이득반환청구소송을 동시에 제기할 것을 기대할 수 없다고 하여도 이러한 사유는 법률상 장애사유가 아니라 사실상의 장애사유에 지나지 않는다.

대판 1981.6.9, 80다316

지방자치단체에 대한 손실보상청구권 또는 손해배상청구권의 소멸시효는 권리자가 그 권리가 있음을 알지 못하였다 하여도 동 청구권이 발생된 날부터 진행하고, 동 소멸시효기간은 지방재정법 제53조에 의하여 5년이다.

대판 2007.8.23, 2007다28024 · 28031

건물에 관한 소유권이전등기청구권에 있어서 그 목적물인 건물이 완공되지 아니하여 이를 행사할 수 없었다는 사유는 법률상의 장애사유에 해당한다.

(2) 개별 권리의 경우

확정기한부 채권은 기한이 도래한 때에 소멸시효가 진행한다. 그런데 쌍무계약이어서 **동시이행의 항변권**(536 ①)을 행사할 수 있는 경우에는 주의해야 한다. 채무자가 동시이행의 항변권을 행사할 수 있다면, 채무자는 자신의 이행을 거절하여도 이행지체에 빠지지 않는다. 그런데 채권자의 입장에서는 이행을 제공하기만 하면 언제든지 채무자의 동시이행의 항변권을 무력화시킬 수 있기 때문에, 자신의 채권을 행사하는 데 있어서 법률상의 장애가 있다고 볼 수 없다. 따라서 동시이행의 항변권이 존재한다는 사실과 무관하게 원래의 이행기부터 채권의 소멸시효는 진행한다.

대판 1993.12.14, 93다27314

점포의 임대차 청약을 하면서 청약금을 지급하고 점포에 입주하여 점유하였으나 임대차계약의 체결이 거절된 경우 점포임대차 청약금반환채권이 점포명도의무와 동시이행 관계에 있다 하더라도 청약금반환의무자는 청약자로부터 점포명도의무의 이행제공을 받을 때까지 청약금의 지급을 거절할 수 있는데 지나지 아니하므로 청약금반환채권은 청약에 대한 거절이 확정된 때[=청약금반환채무의 이행기] 이후부터 소멸시효가 진행한다.

기한의 유예가 있는 경우에는 유예한 이행기일부터 다시(즉 시효기간이 0이 되어 처음부터) 진행한다. 가령 원래의 시효기간이 10년인데 9년이 경과한 상태에서 기한 유예가 있었다면, 변경된 이행기가 도래한 시점부터 다시 10년의 시효기간이 시작된다. 이것은 '시효의 중단'이 인정되기 때문이다(상세한 내용은 25장 I. 참조).

대판 2017.4.13, 2016다274904

민법 제166조는 "소멸시효는 권리를 행사할 수 있는 때로부터 진행한다."라고 규정하고 있으므로, 기한이 있는 채권의 소멸시효는 이행기가 도래한 때부터 진행하지만, 이행기가 도래한 후 채권자와 채무자가 기한을 유예하기로 합의한 경우에는 유예된 때로 이행기가 변경되어 소멸시효는 변경된 이행기가 도래한 때부터 다시 진행한다. 이와 같은 기한 유예의 합의는 명시적으로뿐만 아니라 묵시적으로도 가능한데, 계약상의 채권관계에서 어떠한 경우에 기한 유예의 묵시적 합의가 있다고 볼 것인지는 계약의 체결경위와 내용 및 이행경과, 기한 유예가 채무자의 이익이나 추정적 의사에 반하는지 여부 등 제반 사정을 종합적으로 고려해서 판단하여야 한다.

불확정기한부 채권은 기한이 객관적으로 도래한 때(cf. 지체책임: 채무자가 기한도래를 안 때, 387 ①)에, 기한을 정하지 않은 채권은 권리가 발생한 때(cf. 지체책임: 이행청구 시, 387 ②)에 소멸시효가 진행한다.

정지조건부 채권은 조건이 성취된 때에 소멸시효가 진행한다.

대판 2009.12.24, 2007다64556

소멸시효는 권리를 행사할 수 있는 때로부터 진행하고, 여기서 권리를 행사할 수 있는 때라 함은 권리행사에 법률상의 장애가 없는 때를 말하므로, 정지조건부 권리에 있어서 조건 미성취의 동안은 권리를 행사할 수 없어 소멸시효가 진행되지 아니한다.

유예기간이 필요한 권리의 경우는 다음과 같다. 청구 또는 해지통고를 하고 일정기간이나 상당한 기간이 경과한 후에 청구할 수 있는 권리는 상당한 기간(정해진 유예기간)이 경과한 때부터 소멸시효가 진행한다(通).

선택채권(380)의 경우에는 선택권을 행사할 수 있는 때부터 소멸시효가 진행한다.

대판 1963.8.22, 63다323

무권대리인이 대리권을 증명하지 못하고 본인의 추인도 얻지 못한 경우 상대방의 계약이행청구권이나 손해배상청구권의 소멸시효는 그 선택권을 행사할 수 있을 때부터 진행한다.

제380조(선택채권) 채권의 목적이 수개의 행위 중에서 선택에 좇아 확정될 경우에 다른 법률

의 규정이나 당사자의 약정이 없으면 선택권은 채무자에게 있다.

채무불이행으로 인한 손해배상청구권의 소멸시효는 채무불이행의 시점부터 진행한다.

대판 2005.1.14, 2002다57119

채무불이행으로 인한 손해배상청구권의 소멸시효는 채무불이행 시로부터 진행한다.

대판 2005.9.15, 2005다29474

소유권이전등기 말소등기의무의 이행불능으로 인한 전보배상청구권의 소멸시효는 말소등기의무가 이행불능 상태에 돌아간 때로부터 진행된다.

불법행위로 인한 손해배상청구권에 관해서는 특별규정(766)이 있다.

第766條(손해배상청구권의 소멸시효) ① 불법행위로 인한 손해배상의 청구권은 피해자나 그 법정대리인이 그 손해 및 가해자를 안 날로부터 3년간 이를 행사하지 아니하면 시효로 인하여 소멸한다.

② 불법행위를 한 날로부터 10년을 경과한 때에도 전항과 같다.

부작위채권의 경우에는 위반행위를 한 때(166 ②)부터 소멸시효가 진행한다.

기한의 이익을 상실한 채무의 경우, 기한의 이익 상실사유가 발생한 때로부터 소멸시효가 진행한다. 판례는 기한이익 상실 특약을, 채권자의 의사행위가 있어야 이행기가 도래하는 것 그리고 그렇지 않은 것의 두 가지로 나누어서 각각 소멸시효의 진행을 달리 판단한다.

대판 1997.8.29, 97다12990

기한이익 상실의 특약은 그 내용에 의하여 일정한 사유가 발생하면 채권자의 청구 등을 요함이 없이 당연히 기한의 이익이 상실되어 이행기가 도래하는 것으로 하는 것(정지조건부 기한이익 상실의 특약)과 일정한 사유가 발생한 후 채권자의 통지나 청구 등 채권자의 의사행위를 기다려 비로소 이행기가 도래하는 것으로 하는 것(형성권적 기한이익 상실의 특약)의 두 가지로 대별할 수 있고, 이른바 형성권적 기한이익 상실의 특약이 있는 경우에는 그 특약은 채권자의 이익을 위한 것으로서 기한이익의 상실 사유가 발생하였다고 하더라도 채권자가 나머지 전액을 일시에 청구할 것인가 또는 종래대로 할부변제를 청구할 것인가를 자유로이 선택할 수 있으므로, 이와 같은 기한이익 상실의 특약이 있는 할부채무에 있어서는 1회의 불이행이 있더라도 각 할부금에 대해 그 각 변제기의 도래 시마다 그때부터 순차로 소멸시효가 진행하고 채권자가 특히 잔존 채무 전액의 변제를 구하는 취지의 의사를 표시한 경우에 한하여 전액에 대하여 그때부터 소멸시효가 진행한다.

(3) 소멸시효의 기산점과 변론주의

다음의 판결은 **소멸시효의 기산일**을 **변론주의**(辯論主義)의 원칙에 따라 **당사자가 주장하는 기산일**을 기준으로 하고 있다.

대판 1995.8.25, 94다35886

소멸시효의 기산일은 채무의 소멸이라고 하는 법률효과 발생의 요건에 해당하는 소멸시효 기간 계산의 시발점으로서 소멸시효 항변의 법률요건을 구성하는 구체적인 사실에 해당하므로 이는 변론주의의 적용 대상이고, 따라서 본래의 소멸시효 기산일과 당사자가 주장하는 기산일이 서로 다른 경우에는 변론주의의 원칙상 법원은 당사자가 주장하는 기산일을 기준으로 소멸시효를 계산하여야 하는데, 이는 당사자가 본래의 기산일보다 뒤의 날짜를 기산일로 하여 주장하는 경우는 물론이고 특별한 사정이 없는 한 그 반대의 경우에 있어서도 마찬가지이다.

변론주의

당사자가 수집하여 변론에서 제출한 소송자료만을 재판의 기초로 삼아야 한다는 민사소송법의 원칙이다.

따라서 앞의 판결에 따르면, 가령 적법한 소멸시효 기산일이 6월 1일인데 당사자가 7월 1일이 기산일이라고 주장한 경우 법원은 7월 1일을 기준으로 하여 시효기간을 계산해야 한다. 그렇게 되면 이 당사자는 올바른 시효 완성일보다 1개월 늦게 시효가 완성되는 불이익을 입겠지만, 변론주의에 의하여 그 불이익을 감수하게 될 것이다. 한편 반대로 당사자가 5월 1일이 기산일이라고 주장한 경우 (올바른 기산일은 6월 1일이므로) 법원은 이 항변이 이유없다고 판단하게 될 것인데, 변론주의의 원칙상 당사자가 이러한 불이익을 감수해야 한다는 것이 앞의 판결의 입장이다.

4. 소멸시효 기간

(1) 일반채권

보통의 채권, 즉 **민사채권**에는 **10년**의 시효기간이 적용된다(162 ①).

(2) 상사채권

상행위로 생긴 채권, 즉 **상사채권**에는 **5년**의 시효기간이 적용된다(상 64).

상 제64조(상사시효) 상행위로 인한 채권은 본법에 다른 규정이 없는 때에는 5년간 행사하지 아니하면 소멸시효가 완성한다. 그러나 다른 법령에 이보다 단기의 시효의 규정이 있는 때에는 그 규정에 의한다.

대판 1966.6.28, 66다790

상행위로 인한 채권의 소멸시효에 관하여도 다른 법령에 상사시효보다 단기의 시효의 규정이 있는 때에는 그 규정에 의하는 것이므로 본건 채권이 1년 단기시효에 의하여 소멸되는 것이라면 상사시효에 관한 규정을 적용할 것이 아니라 민법상 1년의 단기시효의 규정을 적용하여야 한다.

그렇다면 어떤 행위가 상행위인지가 문제된다. 상법은 경제활동 중에서 우선 22 가지의 행위(매매, 임대차 등)를 열거한 후 이러한 행위를 영업으로 하는 것을 상행위라고 하며(46), 이를 **기본적 상행위**라고 부른다.

상 제46조(기본적 상행위) 영업으로 하는 다음의 행위를 상행위라 한다. 그러나 오로지 임금을 받을 목적으로 물건을 제조하거나 노무에 종사하는 자의 행위는 그러하지 아니하다.

1. 동산, 부동산, 유가증권 기타의 재산의 매매
2. 동산, 부동산, 유가증권 기타의 재산의 임대차
3. 제조, 가공 또는 수선에 관한 행위

(…)

22. 신용카드, 전자화폐 등을 이용한 지급결제 업무의 인수

그런데 상행위는 상법 제46조에서 열거된 행위들만으로 제한되는 것은 아니다. 그래서 상법 제47조는 제46조를 보충하여 상행위를 일반적으로 정의하고 있다. 이렇게 제47조에 의하여 상행위로 인정되는 경우를 **보조적 상행위**라고 부른다.

상 제47조(보조적 상행위) ① 상인이 영업을 위하여 하는 행위는 상행위로 본다.
② 상인의 행위는 영업을 위하여 하는 것으로 추정한다.

상법 제47조를 읽다 보면 자연스럽게 누가 **상인**인가 하는 의문이 생긴다. 이에 관하여 상법은 기본적으로는 다음과 같이 상인을 정의하는데(상 4), 이러한 상인을 **당연상인**이라고 부른다.

상 제4조(상인-당연상인) 자기명의로 상행위를 하는 자를 상인이라 한다.

그런데 상인의 범위는 이것으로 제한되지 않는다. 다음의 경우(상 5)에는 비록 상행위를 하지 않더라도 상인으로 의제된다. 이러한 상인을 **의제상인**이라고 부른다. 특히 **회사**의 경우에는 상행위를 하지 않더라도 **상인으로 의제**된다.

상 제5조(동전-의제상인) ① 점포 기타 유사한 설비에 의하여 상인적 방법으로 영업을 하는 자는 상행위를 하지 아니하더라도 상인으로 본다.
② 회사는 상행위를 하지 아니하더라도 전항과 같다.

끝으로 상사시효의 적용과 관련하여 꼭 알아야 할 것이 있다. 거래 당사자 중에서 한쪽의 행위가 상행위에 해당하면 전원에 대하여 상법이 적용되고, 그래서 상사시효가 적용된다. 이처럼 당사자 한쪽에 대해서만 상행위에 해당하는 행위를 **일방적 상행위**라고 한다.

상 제3조(일방적 상행위) 당사자중 그 1인의 행위가 상행위인 때에는 전원에 대하여 본법을 적용한다.

가령 A는 상인이 아닌 일반인이고 B는 은행이라고 할 때, A가 은행으로부터 대출을 받게 되면 그 대출금 채권에 대해서는 상사시효가 적용된다. 은행은 상인이고 금융거래는 상행위에 해당하며(상 제46조 제8호), 일방적 상행위(당사자 중 한쪽의 행위가 상행위)여도 전원에 대하여 상법이 적용되기 때문이다.

주의할 점은, 양 당사자가 모두 상인이고 그들이 상행위를 한 경우 그 상행위로부터 발생한 채권에는 상사시효가 적용되지만, 그 법률관계로부터 발생한 다른 채권(eg. 부당이득반환채권)에 대하여 상사채권인지 민사채권인지는 구체적으로 검토해보아야 한다는 사실이다. 가령 다음 판결을 보자.

대판 2012.5.10, 2012다4633

임대인 甲(갑) 주식회사와 임차인 乙(을) 주식회사 사이에 체결된 건물임대차계약이 종료되었는데도 乙 회사가 임차건물을 무단으로 점유 · 사용하자 甲 회사가 乙 회사를 상대로 부당이득반환을 구한 사안에서, 乙 회사는 甲 회사에 대하여 임차건물의 점유 · 사용으로 인한 차임 상당의 부당이득금을 반환할 의무가 있는데, 주식회사인 甲 회사, 乙 회사 사이에 체결된 임대차계약은 상행위에 해당하지만 계약기간 만료를 원인으로 한 부당이득반환채권은 법률행위가 아닌 법률규정에 의하여 발생하는 것이고, 발생 경위나 원인 등에 비추어 상거래 관계에서와 같이 정형적으로나 신속하게 해결할 필요성이 있는 것도 아니므로, 특별한 사정이 없는 한 10년의 민사소멸시효가 적용된다고 한 사례.

(3) 3년의 단기소멸채권

3년의 **단기소멸시효**에 해당하는 채권은 다음과 같다.

제163조(3년의 단기소멸시효) 다음 각호의 채권은 3년간 행사하지 아니하면 소멸시효가 완성한다.

1. 이자, 부양료, 급료, 사용료 기타 1년이내의 기간으로 정한 금전 또는 물건의 지급을 목적으로 한 채권
2. 의사, 조산사, 간호사 및 약사의 치료, 근로 및 조제에 관한 채권
3. 도급받은 자, 기사 기타 공사의 설계 또는 감독에 종사하는 자의 공사에 관한 채권
4. 변호사, 변리사, 공증인, 공인회계사 및 법무사에 대한 직무상 보관한 서류의 반환을 청구하는 채권

5. 변호사, 변리사, 공증인, 공인회계사 및 법무사의 직무에 관한 채권
6. 생산자 및 상인이 판매한 생산물 및 상품의 대가
7. 수공업자 및 제조자의 업무에 관한 채권

대판 2018.2.28, 2016다45779

민법 제163조 제1호는 이자, 부양료, 급료, 사용료 기타 1년 이내의 기간으로 정한 금전 또는 물건의 지급을 목적으로 한 채권은 3년간 행사하지 아니하면 소멸시효가 완성한다고 규정하고 있다. 이는 기본 권리인 정기금채권에 기하여 발생하는 지분적 채권의 소멸시효를 정한 것으로서, 여기서 '1년 이내의 기간으로 정한 채권'이란 1년 이내의 정기로 지급되는 채권을 말한다.

대판 2007.2.22, 2005다65821

민법 제163조 제1호에서 3년의 단기소멸시효에 걸리는 것으로 규정한 '1년 이내의 기간으로 정한 채권'이란 1년 이내의 정기로 지급되는 채권을 말하는 것으로서 1개월 단위로 지급되는 집합건물의 관리비채권은 이에 해당한다고 할 것이다.

우리가 보통 **연체이자**라고 부르는 것의 법적 성질은 이자가 아니라 **지연손해금**이다. 이자는 금전 또는 기타 대체물의 사용대가로서 지급되는 금전 또는 기타의 대체물이고, 연체이자는 금전채무의 이행지체로 인하여 발생하는 손해배상금이기 때문이다. 따라서 연체이자는 제163조 제1호에서 말하는 '이자'에 해당하지 않으며, 그러므로 3년의 단기 소멸시효가 적용되지 않고, 원본채권에 대한 소멸시효 기간이 동일하게 적용된다.

대판 1998.11.10, 98다42141

금전채무의 이행지체로 인하여 발생하는 지연손해금은 그 성질이 손해배상금이지 이자가 아니며, 민법 제163조 제1호가 규정한 '1년 이내의 기간으로 정한 채권'도 아니므로 3년간의 단기소멸시효의 대상이 되지 아니한다.

대판 2008.3.14, 2006다2940

은행이 영업행위로서 한 대출금에 대한 변제기 이후의 지연손해금은 그 원본채권과 마찬가지로 상행위로 인한 채권으로서 5년의 소멸시효를 규정한 상법 제64조가 적용된다.

예제 1

A는 B에게 건축자재를 계속적으로 공급하여왔으나 B는 외상대금 700만 원을 자기의 건축공사가 적자였다는 이유로 갚지 않았다. 이 외상대금의 최종거래가 있었던 것은 2년 6개월 전이지만 3년 전에 공급한 건축자재도 있는데, A의 외상대금청구권의 소멸시효 기산점은 어느 시점으로 보아야 하는가?

예제 1의 해결

생산자 및 상인이 판매한 생산물 및 상품의 대가에 대한 채권은 3년의 소멸시효에 해당한다(163조 6호). 그런데 소멸시효는 권리를 행사할 수 있는 때로부터 진행하므로(166 ①), 계속적 물품공급계약에 기하여 발생한 외상대금채권은 원칙적으로 개별 거래로 인한 각 채권이 발생한 때로부터 개별적으로 진행한다고 보아야 한다.

대판 1992.1.21, 91다10152

계속적 물품공급계약에 기하여 발생한 외상대금채권은 특별한 사정이 없는 한 발생한 때로부터 3년이 경과함으로써 소멸시효가 완성된다고 볼 것이지 거래 종료일부터 기산하여야 한다고 할 수 없다.

대판 2007.1.25, 2006다68940

계속적 물품공급계약에 기하여 발생한 외상대금채권은 특별한 사정이 없는 한 개별 거래로 인한 각 외상대금채권이 발생한 때로부터 개별적으로 소멸시효가 진행하는 것이지 거래종료일부터 외상대금채권 총액에 대하여 한꺼번에 소멸시효가 기산한다고 할 수 없는 것이고, 각 개별 거래 시마다 서로 기왕의 미변제 외상대금에 대하여 확인하거나 확인된 대금의 일부를 변제하는 등의 행위가 없었다면, 새로이 동종 물품을 주문하고 공급받았다는 사실만으로는 기왕의 미변제 채무를 승인한 것으로 볼 수 없다.

(4) 1년의 단기소멸채권

1년의 **단기소멸시효**에 해당하는 채권은 다음과 같다.

제164조(**1년의 단기소멸시효**) 다음 각호의 채권은 1년간 행사하지 아니하면 소멸시효가 완성

한다.

1. 여관, 음식점, 대석(貸席: 돈을 받고 빌려주는 좌석), 오락장의 숙박료, 음식료, 대석료, 입장료, 소비물의 대가 및 체당금(替當金)의 채권

2. 의복, 침구, 장구 기타 동산의 사용료의 채권

3. 노역인, 연예인의 임금 및 그에 공급한 물건의 대금채권

4. 학생 및 수업자의 교육, 의식(衣食) 및 유숙(留宿: 남의 집에 묵음)에 관한 교주(校主: 학교의 주인, 즉 설립자 또는 경영자), 숙주(塾主: '의숙(義塾)', 즉 공익을 위하여 의연금을 모아 세운 교육기관의 주인), 교사의 채권

제164조 제1호의 '체당금'의 의미

'체당금(替當金)'이라는 용어는 다양한 의미로 쓰인다. ① **국어사전**에는 '남이 할 일을 대신 맡아 하고 그 대가로 받는 돈'이라고 되어 있다. ② **노동법**과 관련해서는, 사업주에 대한 파산선고의 결정 등의 사유로 인하여 퇴직한 근로자가 지급받지 못한 임금 · 퇴직금 등의 지급을 청구하면 고용노동부장관이 그 근로자의 최근 3개월의 임금과 3년간의 퇴직금 등을 사업주를 대신하여 지급하는 것을 말한다. 2021년 관련 법의 개정으로 '대지급금'으로 용어가 바뀌었다(cf. 임금채권보장법 7 ①). ③ **상법**과 관련해서는, '나중에 상환받기로 하고 다른 사람의 채무를 변제하기 위하여 금전을 지출하는 것'이다(cf. 상 55 ②: "상인이 그 영업범위 내에서 타인을 위하여 금전을 체당[替當]하였을 때에는 체당한 날 이후의 법정이자를 청구할 수 있다.").

그렇다면 민법 제164조 제1호의 체당금은 앞의 의미 중에서 어떤 것에 해당할까? 상법에서의 체당금을 말하는 것이라고 생각된다. 가령 여관의 손님에게 택배의 배송이 착불로 이루어진 경우, 손님이 부재 중인 상황에서 주인이 손님 대신 배송료를 지급했다면 이 배송료에 해당하는 금전이 바로 체당금이다. 주인은 손님에게 이 체당금 및 그 법정이자를 청구할 수 있는데(상 55 ②), 이 체당금 채권의 소멸시효는 민법 제164조 제1호에 따르면 1년이다.

대판 1976.9.28, 76다1839

민법 제164조 제2호에서 말하는 기타 동산의 사용료의 채권이라 함은 의복, 침구, 장구의 사용료 채권과 같이 일상생활에서 빈번하게 생기는 극히 단기의 동산 임대차로 인한 임료채권과 같은 것을 말하는 것이고, 본 건과 같이 영업을 위하여 약 2개월에 걸친 중기의 임대차에 기한 사용료를 청구하는 채권은 이에 해당하지 아니한다.

(5) 불법행위로 인한 손해배상청구권

불법행위로 인한 손해배상청구권에 관해서는 제766조가 규정하며, 손해 및 가해자를 안 날로부터 3년, 불법행위 시로부터 10년인데 두 기간 중 먼저 만료되는 것에 의하여 권리가 소멸한다. 미성년자에 대한 성적 침해로 인한 손해배상청구권은 피해자가 성년이 될 때까지는 진행하지 않는다.

第766条(손해배상청구권의 소멸시효) ① 불법행위로 인한 손해배상의 청구권은 피해자나 그 법정대리인이 그 손해 및 가해자를 안 날로부터 3년간 이를 행사하지 아니하면 시효로 인하여 소멸한다.
② 불법행위를 한 날로부터 10년을 경과한 때에도 전항과 같다.
③ 미성년자가 성폭력, 성추행, 성희롱, 그 밖의 성적(性的) 침해를 당한 경우에 이로 인한 손해배상청구권의 소멸시효는 그가 성년이 될 때까지는 진행되지 아니한다.

(6) 판결 등으로 확정된 권리의 경우

확정판결이 있었던 때로부터 **새롭게 10년**이 진행한다.

第165条(판결 등에 의하여 확정된 채권의 소멸시효) ① 판결에 의하여 확정된 채권은 단기의 소멸시효에 해당한 것이라도 그 소멸시효는 10년으로 한다.
② 파산절차에 의하여 확정된 채권 및 재판상의 화해, 조정 기타 판결과 동일한 효력이 있는 것[청구의 인락조서(認諾調書: 원고의 청구가 이유있다는 것을 피고가 인정하는 내용을 기재한 조서), 확정된 지급명령(支給命令: 금전 · 대체물 · 유가증권의 지급을 목적으로 하는 채권에 대하여 신속하게 분쟁을 해결하는 절차)]에 의하여 확정된 채권도 전항과 같다.
③ 전2항의 규정은 판결확정 당시에 변제기가 도래하지 아니한 채권에 적용하지 아니한다.

第178条(중단후에 시효진행) ② 재판상의 청구로 인하여 중단한 시효는 전항의 규정에 의하여 재판이 확정된 때로부터 새로이 진행한다.

대판 1986.11.25, 86다카1569

민법 제165조가 판결에 의하여 확정된 채권, 판결과 동일한 효력이 있는 것에 의하여 확정된 채권은 단기의 소멸시효에 해당한 것이라도 그 소멸시효는 10년으로 한다고 규정하는 것은 당해 판결 등의 당사자 사이에 한하여 발생하는 효력에 관한 것이고 채권자와 주채무자 사이의 판결 등에 의해 채권이 확정되어 그 소멸시효가 10년으로 되었다 할지라도 위 당사자 이외의 채권자와 연대보증인 사이에 있어서는 위 확정판결 등은 그 시효기간에 대하여는 아무런 영향도 없고 채권자의 연대보증인의 연대보증채권의 소멸시효기간은 여전히 종전의 소멸시효기간에 따른다.

25장 소멸시효의 중단, 정지, 효력

I 소멸시효의 중단

1. 소멸시효의 중단사유

소멸시효의 중단사유로는 청구, 압류, 가압류, 가처분, 승인이 있다.

제168조(**소멸시효의 중단사유**) 소멸시효는 다음 각호의 사유로 인하여 중단된다.

1. 청구
2. 압류 또는 가압류, 가처분
3. 승인

(1) 청구

제168조에서 말하는 청구는 일반적인 의미(사법상의 권리를 재판상 또는 재판 외에서 실행하는 행위)가 아니라 다음의 것들만을 가리키는 '한정된 의미'로 이해해야 한다. 즉 **재판상의 청구**(소를 제기하는 것: 170), **파산절차 참가**(파산재단 참가를 위하여 채권을 신고하는 것: 171, 파산법 201), **지급명령**(172), **화해를 위한 소환**(173), **임의출석**(173)이 청구에 해당한다.

대판 1979.2.13, 78다1500 · 1501

민법 제168조 제1항에 규정된 시효중단사유인 청구라 함은 시효의 목적인 사법상의 권리를 재판상 및 재판외에서 실행하는 행위를 말하므로 공법상의 구제수단으로서의 행정소송 따위는 위에서 본 재판상의 청구라 할 수 없다.

대판(전) 1993.12.21, 92다47861

민법 제 168조 제1호, 제170조 제1항에서 시효중단사유의 하나로 규정하고 있는 재판상의 청구라 함은, 통상적으로는 권리자가 원고로서 시효를 주장하는 자를 피고로 하여 소송물인 권리를 소의 형식으로 주장하는 경우를 가리키지만, 이와 반대로 시효를 주장하는 자가 원고가 되어 소를 제기한 데 대하여 피고로서 응소하여 그 소송에서 적극적으로 권리를 주장하고 그것이 받아들여진 경우도 마찬가지로 이에 포함되는 것으로 해석함이 타당하다.

대판 2010.8.26, 2008다42416 · 42423

응소행위로 인한 시효중단의 효력은 피고가 현실적으로 권리를 행사하여 응소한 때에 발생한다. 한편, 권리자인 피고가 응소하여 권리를 주장하였으나 그 소가 각하되거나 취하되는 등의 사유로 본안에서 그 권리주장에 관한 판단 없이 소송이 종료된 경우에도 민법 제170조 제2항[재판상의 청구와 시효중단]을 유추적용하여 그때부터 6월 이내에 재판상의 청구 등 다른 시효중단조치를 취하면 응소 시에 소급하여 시효중단의 효력이 있는 것으로 봄이 상당하다.

대판(전) 1992.3.31, 91다32053

(1) 시효제도의 존재이유는 영속된 사실상태를 존중하고 권리 위에 잠자는 자를 보호하지 않는다는 데에 있고 특히 소멸시효에 있어서는 후자의 의미가 강하므로, 권리자가 재판상 그 권리를 주장하여 권리 위에 잠자는 것이 아님을 표명한 때에는 시효중단사유가 되는바, 이러한 시효중단사유로서의 재판상의 청구에는 그 권리 자체의 이행청구나 확인청구를 하는 경우만이 아니라, 그 권리가 발생한 기본적 법률관계에 관한 확인청구를 하는 경우에도 그 법률관계의 확인청구가 이로부터 발생한 권리의 실현수단이 될 수 있어 권리 위에 잠자는 것이 아님을 표명한 것으로 볼 수 있을 때에는 그 기본적 법률관계에 관한 확인청구도 이에 포함된다고 보는 것이 타당하다.

(2) 일반적으로 위법한 행정처분의 취소, 변경을 구하는 행정소송은 사권을 행사하는 것으로 볼 수 없으므로 사권에 대한 시효중단사유가 되지 못하는 것이나, 다만 오납한 조세에 대한 부당이득반환청구권을 실현하기 위한 수단이 되는 과세처분의 취소 또는 무효확인을 구하는 소는 그 소송물이 객관적인 조세채무의 존부확인으로서 실질적으로 민사소송인 채무부존재확인의 소와 유사할 뿐 아니라, 과세처분의 유효 여부는 그 과세처분으로 납부한 조세에 대

한 환급청구권의 존부와 표리관계에 있어 실질적으로 동일 당사자인 조세부과권자와 납세의무자 사이의 양면적 법률관계라고 볼 수 있으므로, 위와 같은 경우에는 과세처분의 취소 또는 무효확인청구의 소가 비록 행정소송이라고 할지라도 조세환급을 구하는 부당이득반환청구권의 소멸시효중단사유인 재판상 청구에 해당한다고 볼 수 있다.

대판 1999.3.12, 98다18124

형사소송은 피고인에 대한 국가형벌권의 행사를 그 목적으로 하는 것이므로, 피해자가 형사소송에서 소송촉진등에관한특례법에서 정한 배상명령을 신청한 경우를 제외하고는 단지 피해자가 가해자를 상대로 고소하거나 그 고소에 기하여 형사재판이 개시되어도 이를 가지고 소멸시효의 중단사유인 재판상의 청구로 볼 수는 없다.

소송촉진 등에 관한 특례법 제25조(배상명령) ① 제1심 또는 제2심의 형사공판 절차에서 다음 각 호의 죄[eg. 상해, 중상해, 특수상해, 상해치사 등] 중 어느 하나에 관하여 유죄판결을 선고할 경우, 법원은 직권에 의하여 또는 피해자나 그 상속인(이하 "피해자"라 한다)의 신청에 의하여 피고사건의 범죄행위로 인하여 발생한 직접적인 물적(物的) 피해, 치료비 손해 및 위자료의 배상을 명할 수 있다.

대판(전) 2018.10.18, 2015다232316

(1) 종래 대법원은 시효중단사유로서 재판상의 청구에 관하여 반드시 권리 자체의 이행청구나 확인청구로 제한하지 않을 뿐만 아니라, 권리자가 재판상 그 권리를 주장하여 권리 위에 잠자는 것이 아님을 표명한 것으로 볼 수 있는 때에는 널리 시효중단사유로서 재판상의 청구에 해당하는 것으로 해석하여 왔다. 이와 같은 법리는 이미 승소 확정판결을 받은 채권자가 그 판결상 채권의 시효중단을 위해 후소를 제기하는 경우에도 동일하게 적용되므로, 채권자가 전소로 이행청구를 하여 승소 확정판결을 받은 후 그 채권의 시효중단을 위한 후소를 제기하는 경우, 후소의 형태로서 항상 전소와 동일한 이행청구만이 시효중단사유인 '재판상의 청구'에 해당한다고 볼 수는 없다.
(2) 시효중단을 위한 이행소송은 다양한 문제를 야기한다. 그와 같은 문제들의 근본적인 원인은 시효중단을 위한 후소의 형태로 전소와 소송물이 동일한 이행소송이 제기되면서 채권자가 실제로 의도하지도 않은 청구권의 존부에 관한 실체 심리를 진행하는 데에 있다. 채무자는 그와 같은 후소에서 전소 판결에 대한 청구이의사유를 조기에 제출하도록 강요되고 법원은 불필요한 심리를 해야 한다. 채무자는 이중집행의 위험에 노출되고, 실질적인 채권의 관

리 · 보전비용을 추가로 부담하게 되며 그 금액도 매우 많은 편이다. 채권자 또한 자신이 제기한 후소의 적법성이 10년의 경과가 임박하였는지 여부라는 불명확한 기준에 의해 좌우되는 불안정한 지위에 놓이게 된다.

(3) 위와 같은 종래 실무의 문제점을 해결하기 위해서, 시효중단을 위한 후소로서 이행소송 외에 전소 판결로 확정된 채권의 시효를 중단시키기 위한 조치, 즉 '재판상의 청구'가 있다는 점에 대하여만 확인을 구하는 형태의 '새로운 방식의 확인소송'이 허용되고, 채권자는 두 가지 형태의 소송 중 자신의 상황과 필요에 보다 적합한 것을 선택하여 제기할 수 있다고 보아야 한다.

재판상 청구의 당사자는 채권자 또는 그 채권을 행사할 권능을 가진 자(eg. 채권자대위권[404]을 행사하는 채권자[시효 중단이 문제되는 채권의 채권자에 대해 다른 채권을 가지고 있는 채권자])이다.

대판 1963.11.28, 63다654

재판상의 청구가 시효중단의 사유가 되려면 그 청구가 채권자 또는 그 채권을 행사할 권능을 가진 자[반대말: 무권리자]에 의하여 이루어져야 한다.

재판상의 청구가 **시효중단**의 효력을 발생하는 **시기**는 **소를 제기한 때**이다.

민소 제265조(소제기에 따른 시효중단의 시기) 시효의 중단 또는 법률상 기간을 지킴에 필요한 재판상 청구는 소를 제기한 때 또는 제260조제2항[피고의 경정] · 제262조제2항[청구의 변경] 또는 제264조제2항[중간확인의 소]의 규정에 따라 서면을 법원에 제출한 때에 그 효력이 생긴다.

소송이 이송된 경우, 소제기에 따른 시효중단 시기는 **이송한 법원에 처음 소가 제기된 때**를 기준으로 한다.

대판 2007.11.30, 2007다54610

대법원은, 이송결정이 확정된 때에는 소송은 처음부터 이송받은 법원에 계속된 것으로 보므로(민사소송법 제40조 제1항) 소송을 이송한 경우에 있어서 법률상 기간의 준수 여부는 소송이 이송된 때가 아니라 이송한 법원에 소가 제기된 때를 기준으로 하여야 한다고 판시한 바 있고(대법원 1984. 2. 28. 선고 83다카1981 전원합의체 판결), 한편 민사소송법 제265조는 소제기에 따른 시효중단 및 법률상 기간 준수의 효력발생시기에 관하여 동일하게 규정하고 있으므로 소송이 이송된 경우 법률상 기간 준수 여부의 판단 기준시기에 관하여 위 판결이 취하고 있는 견해는 소멸시효의 중단에 관하여도 그대로 적용되어야 할 것이다.

재판상의 청구를 했으나 원고가 승소하지 못하고 소송이 종료된 경우, 즉 소송이 **소송의 각하**(소가 소송요건을 갖추지 못하여 본안재판에 들어가지 않고 바로 소송을 종료시킴), **기각**(신청의 내용을 종국재판에서 이유 없다고 배척) 또는 **취하**(제기한 소의 일부·전부를 원고가 철회함)된 경우에는 **시효중단의 효력이 발생하지 않는다.**

제170조(재판상의 청구와 시효중단) ① 재판상의 청구는 소송의 각하, 기각 또는 취하의 경우에는 시효중단의 효력이 없다.
② 전항의 경우에 6월내에 재판상의 청구, 파산절차참가, 압류 또는 가압류, 가처분을 한 때에는 시효는 최초의 재판상 청구로 인하여 중단된 것으로 본다.

최고(催告: 채권자에게 채무자에 대한 채무의 이행을 청구하는 의사의 통지: 174)의 경우에는 시효가 중단되기는 하지만, **6개월 이내**에 앞에서 언급한 **청구에 해당하는 조치**를 하여야 한다.

제174조(최고와 시효중단) 최고는 6월내에 재판상의 청구, 파산절차참가, 화해를 위한 소환, 임의출석, 압류 또는 가압류, 가처분을 하지 아니하면 시효중단의 효력이 없다.

대판 2003.5.13, 2003다16238
소멸시효 중단사유의 하나로서 민법 제174조가 규정하고 있는 최고는 채무자에 대하여 채무이행을 구한다는 채권자의 의사통지(준법률행위)로서, 이에는 특별한 형식이 요구되지 아니할 뿐 아니라 행위 당시 당사자가 시효중단의 효과를 발생시킨다는 점을 알거나 의욕하지 않았다 하더라도 이로써 권리 행사의 주장을 하는 취지임이 명백하다면 최고에 해당하는 것으로 보아야 할 것이므로 (…)

권리자 보호를 위하여 판례는 **최고**를 매우 넓게 해석한다. 가령 **소송고지**(민소 84)에도 최고의 효력이 인정된다.

> **민소 제84조(소송고지의 요건)** ① 소송이 법원에 계속된 때에는 당사자는 참가할 수 있는 제3자에게 소송고지(訴訟告知)를 할 수 있다.

> **대판 2015.5.14, 2014다16494**
> 소송고지의 요건이 갖추어진 경우에 소송고지서에 고지자가 피고지자에 대하여 채무의 이행을 청구하는 의사가 표명되어 있으면 민법 제174조에 정한 시효중단사유로서의 최고의 효력이 인정된다. 나아가 시효중단제도는 제도의 취지에 비추어 볼 때 기산점이나 만료점을 원권리자를 위하여 너그럽게 해석하는 것이 바람직하고, 소송고지에 의한 최고는 보통의 최고와는 달리 법원의 행위를 통하여 이루어지는 것이므로 만일 법원이 소송고지서의 송달사무를 우연한 사정으로 지체하는 바람에 소송고지서의 송달 전에 시효가 완성된다면 고지자가 예상치 못한 불이익을 입게 된다는 점 등을 고려하면, 소송고지에 의한 최고의 경우에는 민사소송법 제265조를 유추 적용하여 당사자가 소송고지서를 법원에 제출한 때에 시효중단의 효력이 발생한다.

또한 민사집행법상의 **재산명시신청**(채무자의 재산을 명시해줄 것을 관할법원에 신청하는 절차: 민집 61 이하)에도 최고의 효력이 인정된다.

> **대판 2012.1.12, 2011다78606**
> 채권자가 확정판결에 기한 채권의 실현을 위하여 채무자에 대하여 민사집행법상 재산명시신청을 하고 그 결정이 채무자에게 송달되었다면 거기에 소멸시효 중단사유인 '최고'로서의 효력만이 인정되므로, 재산명시결정에 의한 소멸시효 중단의 효력은, 그로부터 6월 내에 다시 소를 제기하거나 압류 또는 가압류, 가처분을 하는 등 민법 제174조에 규정된 절차를 속행하지 아니하는 한, 상실된다.

예제 1

A는 2년 11개월 전 아파트 건축공사현장에서 잘못 설치된 공작물로 입하여 3층에서 떨어지며 허리부상을 당했다. 입원치료를 받고 퇴원하면서 A는 산재보상금을 받았으나, 보상

금이 적다고 생각되어서 B 건설회사를 상대로 손해배상청구를 하려고 한다. A의 청구는 가능한가?

예제 1의 해결

불법행위로 인한 손해배상청구권은 손해 및 가해자를 안 날로부터 3년, 불법행위를 한 날로부터 10년의 기간 중 먼저 만료되는 것에 의하여 권리가 소멸한다(766).
소멸시효의 중단사유로는 재판상 청구나 압류, 가압류, 가처분 등의 절차가 있으며, 즉시 그러한 법적 절차를 실행할 수 없다면 먼저 최고(eg. 내용증명우편으로 손해배상을 청구하는 내용을 통지함)를 하여 임시로 시효를 중단시킬 수 있다.
최고에 의한 시효 중단의 경우에는 최고를 한 때(eg. 내용증명우편이 상대방에게 도달한 날)로부터 6개월 내에 재판상의 청구 등의 조치를 취하지 않으면 시효중단의 효력이 없다(174).
따라서 이 예제의 경우 소멸시효의 만료가 1개월밖에 남지 않은 상황이므로, A는 먼저 B 건설회사를 상대로 손해배상청구의 최고를 한 후 그로부터 6개월 이내에 재판상 청구나 압류, 가압류, 가처분 등의 조치를 취하여야 한다.

(2) 압류, 가압류, 가처분

압류(押留)는 확정판결 기타의 집행권원에 기하여 행하는 강제집행의 첫 단계로서, 채무자의 재산의 처분을 금지하는 것이다. **가압류**(假押留)와 **가처분**(假處分)은 장래의 강제집행의 불능과 곤란을 예방하기 위한 강제집행 보전수단(일반적으로는 **보전처분**이라고 함)이다.

제175조(압류, 가압류, 가처분과 시효중단) 압류, 가압류 및 가처분은 권리자의 청구에 의하여 또는 법률의 규정에 따르지 아니함으로 인하여 취소된 때에는 시효중단의 효력이 없다.

제176조(압류, 가압류, 가처분과 시효중단) 압류, 가압류 및 가처분은 시효의 이익을 받은 자에 대하여 하지 아니한 때에는 이를 그에게 통지한 후가 아니면 시효중단의 효력이 없다.

보전처분: 가압류와 가처분

가압류는 금전채권 또는 금전으로 환산할 수 있는 채권(eg. 매매대금, 대여금, 어음금, 수표금, 양수금, 공사대금, 임료, 손해배상청구권 등)에 관한 장래의 집행을 보전하기 위해, 미리 채무자의 재산에 대해 처분을 금지하는 것이다. 만약 가압류 없이 소송을 진행한다면 채무자(피고)가 재산을 모두 처분해버릴 수 있기 때문에 원고는 승소해도 판결의 집행을 할 수 없을 것이다.

가처분은 금전채권이 아닌 청구권(eg. 부동산소유권이전 · 말소등기청구권, 소유물반환청구권, 매매목적물인도청구권, 임차물인도청구권 등)에 대하여 처분을 금지하는 것이다. 여기에는 ① 다툼의 대상에 대한 가처분, 즉 현재상황의 유지를 명령하는 것(eg. 점유이전금지 가처분[물건 인도소송]), 그리고 ② 임시의 지위를 정하기 위한 가처분, 즉 다툼 있는 권리관계에 대한 본안재판이 끝날 때까지 현저한 손해 또는 급박한 위험의 방지를 위해 잠정적으로 발령하는 것(eg. 직무 집행정지 가처분, 건축공사중지 가처분, 업무방해금지 가처분 등)이 있다.

압류와 가압류, 가처분 등에 의하여 **시효**가 **중단되는 시기**는 **명령을 신청한 때**이다.

대판 2017.4.7, 2016다35451

(1) 민법 제168조 제2호에서 가압류를 시효중단사유로 정하고 있지만, 가압류로 인한 시효중단의 효력이 언제 발생하는지에 관해서는 명시적으로 규정되어 있지 않다.

(2) 민사소송법 제265조에 의하면, 시효중단사유 중 하나인 '재판상의 청구'(민법 제168조 제1호, 제170조)는 소를 제기한 때 시효중단의 효력이 발생한다. 이는 소장 송달 등으로 채무자가 소 제기 사실을 알기 전에 시효중단의 효력을 인정한 것이다. 가압류에 관해서도 위 민사소송법 규정을 유추적용하여 '재판상의 청구'와 유사하게 가압류를 신청한 때 시효중단의 효력이 생긴다고 보아야 한다. '가압류'는 법원의 가압류명령을 얻기 위한 재판절차와 가압류명령의 집행절차를 포함하는데, 가압류도 재판상의 청구와 마찬가지로 법원에 신청을 함으로써 이루어지고(민사집행법 제279조), 가압류명령에 따른 집행이나 가압류명령의 송달을 통해서 채무자에게 고지가 이루어지기 때문이다.

(3) 가압류를 시효중단사유로 규정한 이유는 가압류에 의하여 채권자가 권리를 행사하였다고 할 수 있기 때문이다. 가압류채권자의 권리행사는 가압류를 신청한 때에 시작되므로, 이 점에서도 가압류에 의한 시효중단의 효력은 가압류신청을 한 때에 소급한다.

예제 2

A는 B에게 금 1,000만 원을 빌려주었으나 B가 이를 갚지 않고 있어 대여금청구소송을 제기하여 승소판결을 받았다. 하지만 사정상 그 집행을 미루다가 10년이 다 된 시점에서 집행관에게 강제집행을 위임했으나, B 소유의 재산이 없어 강제집행이 불능으로 되었다. 현

재 판결의 시효기간 10년이 1개월밖에 남지 않았는데, 판결의 효력을 연장시킬 방법은 무엇인가?

예제 2의 해결

'강제집행을 했다'고 한 것은 최소한 압류결정이 집행개시되었음을 의미한다. 집행절차를 개시했으나 압류할 물건이 없어서 집행불능으로 된 경우에도 시효중단의 효력은 생기며, 집행절차가 종료된 시점부터 다시 10년간의 시효가 새롭게 진행된다.

대판 2000.4.25, 2000다11102

민법 제168조에서 가압류를 시효중단사유로 정하고 있는 것은 가압류에 의하여 채권자가 권리를 행사하였다고 할 수 있기 때문인데 가압류에 의한 집행보전의 효력이 존속하는 동안은 가압류채권자에 의한 권리행사가 계속되고 있다고 보아야 할 것이므로 가압류에 의한 시효중단의 효력은 가압류의 집행보전의 효력이 존속하는 동안은 계속된다.

(3) 승인

승인은 시효의 이익을 받을 당사자(eg. 채무자)가 시효의 완성으로 권리를 상실하게 될 자(eg. 채권자)에게 권리의 존재를 인정한다고 표시하는 것이다.

예제 3

A는 11년 전 5월 B에게 금 500만 원을 이자 없이 빌려주고 같은 해 12월 말일 변제받기로 했으나, 변제기로부터 3년 후 300만 원만 지급받고 잔액 200만 원은 현재까지 받지 못하고 있던 중, 그동안 행방을 감추었던 B의 소재를 알게 되어 재판을 청구하려고 한다. A의 잔액 200만 원 채권에 대해 B는 소멸시효를 주장할 수 있는가?

대판 2018.4.24, 2017다205127

소멸시효 중단사유인 승인은 시효이익을 받을 당사자인 채무자가 소멸시효의 완성으로 권리를 상실하게 될 자 또는 그 대리인에게 권리가 존재함을 인식하고 있다는 뜻을 표시함으로써 성립한다. 표시의 방법은 아무런 형식을 요구하지 않고, 명시적이든 묵시적이든 상관없다. 묵시적인 승인의 표시는 채무자가 채무의 존재와 액수를 인식하고 있음을 전제로 상대방으로 하여금 채무자가 채무를 인식하고 있음을 표시를 통해 추단하게 할 수 있는 방법으로 하면 충분하다.

대판 2013.2.28, 2011다21556
소멸시효 중단사유로서의 채무승인은 시효이익을 받는 당사자인 채무자가 소멸시효의 완성으로 채권을 상실하게 될 자에 대하여 상대방의 권리 또는 자신의 채무가 있음을 알고 있다는 뜻을 표시함으로써 성립하는 이른바 관념의 통지로 여기에 어떠한 효과의사가 필요하지 않다. 이에 반하여 시효완성 후 시효이익의 포기가 인정되려면 시효이익을 받는 채무자가 시효의 완성으로 인한 법적인 이익을 받지 않겠다는 효과의사가 필요하기 때문에 시효완성 후 소멸시효 중단사유에 해당하는 채무의 승인이 있었다 하더라도 그것만으로는 곧바로 소멸시효 이익의 포기라는 의사표시가 있었다고 단정할 수 없다.

승인은 **승인을 할 만한 권한이 있는 자**(eg. 시효이익을 받을 자 또는 그 대리인)가 하여야 하지만, 상대방의 권리에 관한 **처분의 능력**이나 **권한**이 있을 필요는 없다. 승인의 상대방은 권리자 또는 그 대리인이다.

제177조(승인과 시효중단) 시효중단의 효력있는 승인에는 상대방의 권리에 관한 처분의 능력이나 권한있음을 요하지 아니한다.

승인은 소멸시효의 진행이 개시된 이후, **시효완성 전에만 가능**하다. **시효완성 이후**에는 **시효이익의 포기만이 가능**하다.

대판 2001.11.9, 2001다52568
소멸시효의 중단사유로서의 승인은 시효이익을 받을 당사자인 채무자가 그 권리의 존재를 인식하고 있다는 뜻을 표시함으로써 성립하는 것이므로 이는 소멸시효의 진행이 개시된 이후에만 가능하고 그 이전에 승인을 하더라도 시효가 중단되지는 않는다고 할 것이고, 또한 현존하지 아니하는 장래의 채권을 미리 승인하는 것은 채무자가 그 권리의 존재를 인식하고서 한 것이라고 볼 수 없어 허용되지 않는다고 할 것이다.

승인에 의한 시효중단의 효력은 **승인의 통지가 상대방에게 도달하는 때**에 발생한다.

대판 1995.9.29, 95다30178

채권 시효 중단사유로서의 승인은 시효이익을 받을 당사자인 채무자가 그 시효의 완성으로 권리를 상실하게 될 자 또는 그 대리인에 대하여 그 권리가 존재함을 인식하고 있다는 뜻을 표시함으로써 성립한다고 할 것이며, 이때 그 표시의 방법은 아무런 형식을 요구하지 아니하고, 또한 명시적이건 묵시적이건 불문한다 할 것이나, 승인으로 인한 시효중단의 효력은 그 승인의 통지가 상대방에게 도달하는 때에 발생한다.

예제 3의 해결

B에 대한 대여금채권의 소멸시효기간은 10년인데, 채무의 일부변제도 소멸시효의 중단사유에 해당하는지가 문제된다. 시효의 중단사유인 승인(168조 3호)에는 특별한 방식이 요구되지 않으며 명시적 · 묵시적으로 할 수 있다. 가령 일부변제, 담보의 제공, 면책적 채무인수, 기한유예의 청구 등은 묵시의 승인이 된다.
따라서 시효완성 전에 채무의 일부를 변제한 경우에는 그 액수에 관하여 다툼이 없는 한 채무승인으로서의 효력이 있어 시효중단의 효과가 발생한다. 따라서 예제 3의 경우 300만 원을 변제받은 때로부터 10년이 경과되어야 소멸시효가 완성된다.

대판 1980.5.13, 78다1790

동일 당사자 간의 계속적인 금전거래로 인하여 수 개의 금전채무가 있는 경우에 채무의 일부 변제는 채무의 일부로서 변제한 이상 그 채무 전부에 관하여 시효중단의 효력을 발생하는 것으로 보아야 하고 동일 당사자 간에 계속적인 거래관계로 인하여 수 개의 금전채무가 있는 경우에 채무자가 전 채무액을 변제하기에 부족한 금액을 채무의 일부로 변제한 때에는 특별한 사정이 없는 한 기존의 수 개의 채무 전부에 대하여 승인을 하고 변제한 것으로 보는 것이 상당하다.

2. 시효중단의 효력

소멸시효가 중단되면 그때까지 경과한 시효기간은 산입하지 않고 **중단사유가 종료한 때**로부터 **다시 시효기간의 계산이 시작**된다. 따라서 중단사유가 **청구**(eg. 재판상 청구)인 경우에는 **재판이 확정된 때**로부터, **압류·가압류·가처분**인 경우에는 이들 **절차가 끝났을 때**로부터, **승인**인 경우에는 **승인이 상대방에게 도달한 때**로부터 시효가 다시 기산된다.

제178조(중단후에 시효진행) ① 시효가 중단된 때에는 중단까지에 경과한 시효기간은 이를 산입하지 아니하고 중단사유가 종료한 때로부터 새로이 진행한다.
② 재판상의 청구로 인하여 중단한 시효는 전항의 규정에 의하여 재판이 확정된 때로부터 새로이 진행한다.

대판 2000.4.25, 2000다11102
(1) 민법 제168조에서 가압류를 시효중단사유로 정하고 있는 것은 가압류에 의하여 채권자가 권리를 행사하였다고 할 수 있기 때문인데 가압류에 의한 집행보전의 효력이 존속하는 동안은 가압류채권자에 의한 권리행사가 계속되고 있다고 보아야 할 것이므로 가압류에 의한 시효중단의 효력은 가압류의 집행보전의 효력이 존속하는 동안은 계속된다.
(2) 민법 제168조에서 가압류와 재판상의 청구를 별도의 시효중단사유로 규정하고 있는데 비추어 보면, 가압류의 피보전채권에 관하여 본안의 승소판결이 확정되었다고 하더라도 가압류에 의한 시효중단의 효력이 이에 흡수되어 소멸된다고 할 수 없다.

시효중단의 효력은 **당사자 및 그 승계인 사이에서만 생긴다.** 당사자는 중단행위 관여자를 의미하지, 시효 대상인 권리나 청구권의 당사자를 뜻하지 않는다. 또 승계인은 당사자로부터 시효중단된 권리를 중단효과 발생 이후에 승계한 자(eg. 특정·포괄승계인)이다.

제169조(시효중단의 효력) 시효의 중단은 당사자 및 그 승계인간에만 효력이 있다.

민법은 제169조에 대한 **예외**를, **지역권**(295, 296), **연대채무**(416, 421)와 같이 여러 경우에 인정하고 있다.

제295조(취득과 불가분성) ① 공유자의 1인이 지역권을 취득한 때에는 다른 공유자도 이를 취득한다.
② 점유로 인한 지역권취득기간의 중단은 지역권을 행사하는 모든 공유자에 대한 사유가 아니면 그 효력이 없다.

제296조(**소멸시효의 중단, 정지와 불가분성**) 요역지가 수인의 공유인 경우에 그 1인에 의한 지역권소멸시효의 중단 또는 정지는 다른 공유자를 위하여 효력이 있다.

제416조(**이행청구의 절대적 효력**) 어느 연대채무자에 대한 이행청구는 다른 연대채무자에게도 효력이 있다.

제421조(**소멸시효의 절대적 효력**) 어느 연대채무자에 대하여 소멸시효가 완성한 때에는 그 부담부분에 한하여 다른 연대채무자도 의무를 면한다.

보증채무의 시효중단과 관련해서도 **예외**가 인정된다(440). 가령 주채무자에게 소를 제기하여 시효가 중단되면, 보증인에게 따로 시효중단 조치를 하지 않아도 보증인에 대해서도 시효중단의 효력이 발생한다. 그러나 보증인에게 소를 제기하여 시효를 중단시켰다 하더라도 주채무자에게 따로 시효중단 조치를 취하지 않는다면 시효중단의 효력이 주채무자에게는 발생하지 않는다. 그래서 주채무자에 대한 시효가 진행하여 시효가 완성되었다면, 비록 보증인에 대해서 시효가 중단되었다 하더라도 보증채무의 부종성(주채무와 운명을 함께하는 종속적 성질) 때문에 주채무와 보증채무는 함께 소멸한다(cf. 다음의 판결).

제440조(**시효중단의 보증인에 대한 효력**) 주채무자에 대한 시효의 중단은 보증인에 대하여 그 효력이 있다.

대판 2002.5.14, 2000다62476
보증채무에 대한 소멸시효가 중단되었다고 하더라도 이로써 주채무에 대한 소멸시효가 중단되는 것은 아니고, 주채무가 소멸시효 완성으로 소멸된 경우에는 보증채무도 그 채무 자체의 시효중단에 불구하고 부종성에 따라 당연히 소멸된다.

압류, 가압류, 가처분과 관련해서도 주의해야 하는 **예외** 규정(176)이 있다. 이에 따르면, 가령 채권자가 물상보증인의 재산에 대하여 압류를 한 경우 주채무자에게 이 사실에 대한 통지를 하지 않으면 시효중단의 효력은 물상보증인에게만 발생하고 주채무자에게는 발생하지 않는다.

제176조(압류, 가압류, 가처분과 시효중단) 압류, 가압류 및 가처분은 시효의 이익을 받은 자에 대하여 하지 아니한 때에는 이를 그에게 통지한 후가 아니면 시효중단의 효력이 없다.

II 소멸시효의 정지

소멸시효가 **정지**(停止)되면 일정 기간 소멸시효가 완성되지 않지만, 중단과 달리 시효기간이 새롭게 시작하지는 않는다. **6개월의 정지**는 제한능력자(179), 부부 사이의 권리(180), 상속재산에 관한 권리(181)를 위하여 인정된다.

제179조(제한능력자의 시효정지) 소멸시효의 기간만료 전 6개월 내에 제한능력자에게 법정대리인이 없는 경우에는 그가 능력자가 되거나 법정대리인이 취임한 때부터 6개월 내에는 시효가 완성되지 아니한다.

제180조(재산관리자에 대한 제한능력자의 권리, 부부 사이의 권리와 시효정지) ① 재산을 관리하는 아버지, 어머니 또는 후견인에 대한 제한능력자의 권리는 그가 능력자가 되거나 후임 법정대리인이 취임한 때부터 6개월 내에는 소멸시효가 완성되지 아니한다.
② 부부 중 한쪽이 다른 쪽에 대하여 가지는 권리는 혼인관계가 종료된 때부터 6개월 내에는 소멸시효가 완성되지 아니한다.

제181조(상속재산에 관한 권리와 시효정지) 상속재산에 속한 권리나 상속재산에 대한 권리는 상속인의 확정, 관리인의 선임 또는 파산선고가 있는 때로부터 6월내에는 소멸시효가 완성하지 아니한다.

1개월의 정지는 천재(天災) 기타 사변(事變)에 의한 정지이다(182).

제182조(천재 기타 사변과 시효정지) 천재 기타 사변으로 인하여 소멸시효를 중단할 수 없을 때에는 그 사유가 종료한 때로부터 1월내에는 시효가 완성하지 아니한다.

III 소멸시효의 효력

1. 소멸시효 완성의 효과

소멸시효 완성의 효과에 대해서는 학설이 대립한다. **상대적 소멸설**(少)은 시효의 완성으로 권리가 당연히 소멸하지 않는다고 한다. 따라서 시효의 이익을 받을 자가 상대방에게 권리의 소멸을 주장하여 등기의 말소를 청구해서 등기가 말소된 때 비로소 권리는 소멸하게 된다. **절대적 소멸설**(多)은 시효의 완성으로 권리가 당연히 소멸한다고 한다.

판례는 다수설을 따르고 있지만, **변론주의** 때문에 **소송에서 시효의 완성을 주장해야** 하며 소멸시효에 의해 직접 이익을 받는 자만 주장할 수 있다고 한다.

> **대판 1979.2.13, 78다2157**
> 당사자의 원용이 없어도 시효완성의 사실로서 채무는 당연히 소멸되는 것이고 (대법원 1966. 1. 31. 선고 65다2445 판결 참조) 다만 변론주의의 원칙상 소멸시효의 이익을 받을 자가 그것을 포기하지 않고 실제 소송에 있어서 권리를 주장하는 자에 대항하여 시효소멸의 이익을 받겠다는 뜻을 항변을 하지 않는 이상 그 의사에 반하여 재판할 수 없을 뿐이다.

2. 소멸시효의 소급효

소멸시효가 완성하면 그 권리는 기산일에 소급하여 소멸한 것으로 된다. 그러므로 이자채권의 경우 기산일 이후의 이자지급 의무가 없게 된다.

> **제167조(소멸시효의 소급효)** 소멸시효는 그 기산일에 소급하여 효력이 생긴다.

소급효에 대한 **예외**는 **상계**(相計: 492)의 경우이다.

> **제495조(소멸시효완성된 채권에 의한 상계)** 소멸시효가 완성된 채권이 그 완성전에 상계할 수 있었던 것이면 그 채권자는 상계할 수 있다.

3. 시효이익의 포기

소멸시효 이익의 포기란 소멸시효로 발생하는 법률상 이익을 받지 않겠다는 일방적 **의사표시**이다.

대판 1998.2.27, 97다53366
시효완성의 이익 포기의 의사표시를 할 수 있는 자는 시효완성의 이익을 받을 당사자 또는 대리인에 한정된다고 할 것이고, 그 밖의 제3자가 시효완성의 이익 포기의 의사표시를 하였다 하더라도 이는 시효완성의 이익을 받을 자에 대한 관계에서 아무 효력이 없다.

소멸시효의 이익은 **시효가 완성하기 전**에는 **미리 포기하지 못하지만, 시효가 완성된 후**에는 **자유롭게 포기**할 수 있다.

第184조(시효의 이익의 포기 기타) ① 소멸시효의 이익은 미리 포기하지 못한다.
② 소멸시효는 법률행위에 의하여 이를 배제, 연장 또는 가중할 수 없으나 이를 단축 또는 경감할 수 있다.

포기자가 시효완성을 모르고 승인한 뒤 급부한 경우에는 **도의관념에 적합한 비채변제**(744)가 되므로, 포기자는 급부한 것을 부당이득을 이유로 반환청구할 수 없다.

대판 1992.5.22, 92다4796
갑의 을에 대한 대여금채무가 이미 시효기간이 도과한 상태에 있었으나, 갑은 을 등 채권자들의 빚 독촉을 피하여 수년 간 잠적하여 있다가 갑의 소재를 알아낸 을이 병 등을 대동하고 갑을 찾아가 채무변제를 요구하자, 갑은 다른 채권자들이 많이 있기 때문에 을에 대한 채무만을 변제하기는 곤란하다고 변명하면서 좀 더 참아 줄 것을 요청하였고, 이에 을이 사실은 위 대여금이 병 등의 돈이라고 둘러대면서 갑에 대한 채권을 병 등에게 양도하겠다고 하자 갑이 을의 갑에 대한 채권 금 50,000,000원을 병에게 양도한다는 내용으로 작성된 채권양도서에 입회인으로 서명날인까지 하였다면 갑은 소멸시효완성 후에 을에 대한 채무를 승인한 것이고, 시효완성 후 채무를 승인한 때에는 채무자는 시효완성의 사실을 알고 그 이익을 포기한 것이라 추정할 수 있다고 한 사례.

채무자가 시효 완성 후에 **시효이익을 포기**하면 그때부터 **새롭게 소멸시효가 진행**한다.

대판 2013.5.23, 2013다12464

(1) 원금채무에 관하여는 소멸시효가 완성되지 아니하였으나 이자채무에 관하여는 소멸시효가 완성된 상태에서 채무자가 채무를 일부 변제한 때에는 액수에 관하여 다툼이 없는 한 원금채무에 관하여 묵시적으로 승인하는 한편 이자채무에 관하여 시효완성의 사실을 알고 그 이익을 포기한 것으로 추정되며, 채무자의 변제가 채무 전체를 소멸시키지 못하고 당사자가 변제에 충당할 채무를 지정하지 아니한 때에는 민법 제479조, 제477조에 따른 법정변제충당의 순서[비용, 이자, 원본]에 따라 충당되어야 한다.

(2) 채무자가 소멸시효 완성 후에 채권자에 대하여 채무 일부를 변제함으로써 시효의 이익을 포기한 경우에는 그때부터 새로이 소멸시효가 진행한다.

주된 권리(eg. 원본채권)에 대한 시효완성의 효과는 **종된 권리**(eg. 이자채권)에 대해서도 미친다.

제183조(종속된 권리에 대한 소멸시효의 효력) 주된 권리의 소멸시효가 완성한 때에는 종속된 권리에 그 효력이 미친다.

6부

권리의 주체와 객체

권리의 주체란 권리를 행사하는 존재인 사람을 말한다. 민법의 사람에는 자연인과 법인이 있다. 자연인과 관련해서는 권리능력, 주소, 부재, 실종 등의 주제를 살펴보고, 법인과 관련해서는 법인이 어떻게 설립되는지, 언제 법인이 한 행위로 인정되는지 등의 문제를 검토한다. 끝으로 권리의 객체 중에서는 총칙에서 규정되고 있는 물건을 공부한다.

26장 자연인의 권리능력

I 능력

1. (법적) 능력의 종류

권리능력은 권리와 의무의 주체가 될 수 있는 일반적·추상적인 자격(의무능력 포함)이다. **의사능력**은 자기 행위의 법률효과를 합리적으로 예견할 수 있는 정신적 능력이며, **행위능력**은 혼자서 완전·유효한 법률행위를 할 수 있는 지위 또는 자격(의사능력의 객관적 획일화)이다. **책임능력**은 법률행위에서의 의사능력에 상응하는, 불법행위에 있어서 자기 행위의 책임을 인식할 수 있는 능력을 가리킨다.

2. (민법상) 권리능력자

권리능력자(인격자)는 권리능력이 부여된 존재로서 우리 민법은 이를 인(人)이라 한다. **인**(권리능력자)에는 **자연인**과 **법인**이 있다. 자연인은 살아 있는 사람을 말하며, 민법상의 법인은 권리능력이 인정된 사단과 재단이다.

3. 권리능력과 행위능력의 구별

권리능력은 권리의 주체가 될 수 있는 지위 또는 자격으로서 추상적 가능성이다. 한편 **행위능력**은 법률행위를 할 수 있는 지위 또는 자격으로서 (획일화된 기준에 따른) 실제적 지위이다. 권리능력 평등의 원칙(3, 헌 10)에 따라 살아 있는 모든 인간은 평등하게 권리능력을 가진다.

II 권리능력의 시기(始期)

1. 권리능력 시기의 원칙

모든 인간은 출생한 때로부터 권리능력을 취득한다.

제3조(권리능력의 존속기간) 사람은 생존한 동안 권리와 의무의 주체가 된다.

출생의 기준에 대해서는 **진통설**(형법), 일부노출설, **전부노출설**(민법), 독립호흡설 등이 있다. 출생에 관하여 **가족관계등록부**(구 호적부)**에 기재된 사항**에는 **추정력**이 인정되나 반증이 가능하다.

대판 1994.6.10, 94다1883
호적에 기재된 사항은 일응 진실에 부합하는 것이라는 추정을 받는다 할 것이나, 그 기재에 반하는 증거가 있거나, 그 기재가 진실이 아니라고 볼 만한 특별한 사정이 있는 때에는 그 추정을 번복할 수 있다.

판례는 친생자가 아닌 자녀에 대하여 **출생신고**를 한 경우, 그 출생신고는 무효이지만 **입양신고**로서의 효력을 인정한다(일종의 **무효행위의 전환** cf. 138).

대판(전) 1977.7.26, 77다492
당사자 사이에 양친자 관계를 창설하려는 명백한 의사가 있고 기타 입양의 성립요건이 모두 구비된 경우에는 요식성을 갖춘 입양신고 대신 친생자 출생신고가 있다 하더라도 입양의 효력이 있다.

제138조(**무효행위의 전환**) 무효인 법률행위가 다른 법률행위의 요건을 구비하고 당사자가 그 무효를 알았더라면 다른 법률행위를 하는 것을 의욕하였으리라고 인정될 때에는 다른 법률행위로서 효력을 가진다.

2. 태아의 권리능력

태아는 수태 후 사람의 체내에서 발육되고 있는 생명체(인공수정란의 경우 착상 후)이다. 태아의 권리능력에 대한 **입법주의**를 보면, 모든 법률관계에 대하여 **일반적 보호**를 부여하는 입장(스위스, 로마) 그리고 중요한 법률관계에 대해서만 **개별적 보호**를 부여하는 입장(독일, 프랑스, 일본)으로 나뉜다. 우리 **민법은 개별주의**의 입장으로서, 일정한 경우에 한하여 태아의 권리능력을 인정한다.

(1) 불법행위로 인한 손해배상의 청구

태아는 부모의 생명침해에 대한 위자료(752), 자신에 대한 불법행위에 대하여 이미 출생한 것으로 본다(762). 부모의 생명침해에 대한 재산적 손해는 상속규정에 의한다(1000 ③: 多判).

제752조(**생명침해로 인한 위자료**) 타인의 생명을 해한 자는 피해자의 직계존속, 직계비속 및 배우자에 대하여는 재산상의 손해없는 경우에도 손해배상의 책임이 있다.

제762조(**손해배상청구권에 있어서의 태아의 지위**) 태아는 손해배상의 청구권에 관하여는 이미 출생한 것으로 본다.

(2) 상속

상속, 대습상속(代襲相續)에 있어서 태아는 직계비속으로서 상속인·대습상속인이 된다.

제1000조(**상속의 순위**) ① 상속에 있어서는 다음 순위로 상속인이 된다

1. 피상속인의 직계비속
2. 피상속인의 직계존속
3. 피상속인의 형제자매

4. 피상속인의 4촌 이내의 방계혈족

② 전항의 경우에 동순위의 상속인이 수인인 때에는 최근친을 선순위로 하고 동친등의 상속인이 수인인 때에는 공동상속인이 된다.

③ 태아는 상속순위에 관하여는 이미 출생한 것으로 본다.

제1001조(대습상속) 전조 제1항 제1호와 제3호의 규정에 의하여 상속인이 될 직계비속 또는 형제자매가 상속개시전에 사망하거나 결격자가 된 경우에 그 직계비속이 있는 때에는 그 직계비속이 사망하거나 결격된 자의 순위에 갈음하여 상속인이 된다.

(3) 유증, 사인증여

태아도 **유증**을 받을 수 있다. **사인증여**에 관해서는 인정설과 부정설이 대립한다.

제1064조(유언과 태아, 상속결격자) 제1000조 제3항, 제1004조의 규정은 수증자에 준용한다.

제562조(사인증여) 증여자의 사망으로 인하여 효력이 생길 증여에는 유증에 관한 규정을 준용한다.

(4) 유류분

태아는 직계비속으로서 유류분권을 가진다.

제1118조(준용규정) 제1001조[대습상속], 제1008조[특별수익자의 상속분], 제1010조[대습상속분]의 규정은 유류분에 이를 준용한다.

제1112조(유류분의 권리자와 유류분) 상속인의 유류분은 다음 각호에 의한다.

1. 피상속인의 직계비속은 그 법정상속분의 2분의 1
2. 피상속인의 배우자는 그 법정상속분의 2분의 1
3. 피상속인의 직계존속은 그 법정상속분의 3분의 1
4. 피상속인의 형제자매는 그 법정상속분의 3분의 1

(5) 기타

태아의 **인지청구권**(863)과 **수증능력**(증여를 받을 수 있는 능력)에 있어서 태아의 권리능력을 인정할지에 대해서는 긍정설과 부정설(判)이 대립한다.

제858조(포태중인 자의 인지) 부는 포태중에 있는 자에 대하여도 이를 인지할 수 있다.

제863조(인지청구의 소) 자와 그 직계비속 또는 그 법정대리인은 부 또는 모를 상대로 하여 인지청구의 소를 제기할 수 있다.

제554조(증여의 의의) 증여는 당사자일방이 무상으로 재산을 상대방에 수여하는 의사를 표시하고 상대방이 이를 승낙함으로써 그 효력이 생긴다.

대판 1982.2.9, 81다534

(1) 현행 민법이 태아의 권리능력에 관하여 개별주의를 취하고 있는 것과 마찬가지로 이 사건 증여행위가 있은 당시에 시행되던 조선민사령에 의한 의용 민법이나 구관습(이하 구법이라 약칭한다) 아래에서도 태아에게는 일반적으로 권리능력이 인정되지 아니하고 손해배상청구권(위 의용 민법 제721조 참조) 또는 상속(당원 1949. 4. 9. 선고 4281민상 제197 판결 참조) 등 특별한 경우에 한하여 제한된 권리능력을 인정하였을 따름이었으며 증여에 관하여는 태아의 수증능력을 인정하는 구법상 근거가 없다.

(2) 더우기[올바른 맞춤법: 더욱이] 증여는 구법 하에서도 증여자와 수증자 간의 계약으로서 수증자의 승낙을 요건으로 하는 것이므로 태아에 대한 증여에 있어서도 태아의 수증행위가 필요한 것인바, 구법하에서 개별적으로 태아의 권리능력이 인정되는 경우에도 그 권리능력은 태아인 동안에는 없고 살아서 출생하면 문제된 사건의 시기까지 소급하여 그때에 출생한 것과 같이 법률상 간주되었던 것이므로(위 당원 판결 참조), 태아인 동안에는 법정대리인이 있을 수 없고, 따라서 법정대리인에 의한 수증행위도 불가능한 것이어서 증여와 같은 쌍방행위가 아닌 손해배상청구권의 취득이나 상속 또는 유증의 경우를 유추하여 태아의 수증능력을 인정할 수 없는 것이다.

3. 권리능력 취득의 법적 구성

권리능력 취득의 법적 구성에 관하여는 학설이 대립한다. **정지조건설**(判)은 태아가 출생하면 취득의 효과가 소급(인격소급설)한다고 하고, **해제조건설**은 사산(死産) 시 소급하여 효과가 소멸(제한적 인격설)한다고 한다. 양 학설의 차이는 법정대리인(또는 재산관리인)에 의한 태아의 권리의 관리·보존을 인정할 것인지 여부이다. 정지조건설은 태아의 법정대리인을 인정하지 않고, 해제조건설은 법정대리인을 인정한다.

대판 1976.9.14, 76다1365

(1) 태아가 특정한 권리에 있어서 이미 태어난 것으로 본다는 것은 살아서 출생한 때에 출생 시기가 문제의 사건의 시기까지 소급하여 그때에 태아가 출생한 것과 같이 법률상 보아 준다고 해석하여야 상당하므로 그가 모체와 같이 사망하여 출생의 기회를 못 가진 이상 배상청구권을 논할 여지 없다.

(2) 법정해제조건설(제한적 인격설)에 따른다고 하더라도 태아가 사산과 같은 경우인 본건에 있어서는 결론은 달라지지 아니한다.

4. 외국인의 권리능력

외국인은 대한민국의 국적을 가지지 않은 자(외국국적자, 무국적자)이다. 외국인에 대하여도 내국인과 동등하게 권리능력이 인정되는 **평등주의**(헌 6 ②)가 민법에도 그대로 타당하다. 다만 예외적으로 외국인의 권리능력이 부정되거나(선박법 2), 제한되는 경우(상호주의: 특허법 25)가 있다.

한국 국민이 한국 국적을 상실하면 그때부터 한국 국민으로서의 권리를 누릴 수 없다(국적법 18 ①). 한국 국민이었을 때 취득한 것으로 양도할 수 있는 것은 3년 내에 한국 국민에게 양도해야 하고(국적법 18 ②), 토지를 계속 보유하고자 하는 경우에는 6개월 이내에 보유 신고를 해야 한다(외국인토지법 6).

III 권리능력의 종기(終期)

1. 사망의 기준

권리능력의 소멸 원인은 **사망**으로서, 사망으로 인하여 여러 법률효과가 발생한다. 사망시기의 기준은 **호흡과 혈액순환의 영구적 멈춤**이다(通). 한편 장기 등 이식에 관한 법률은 **뇌사설**을 따르고 있다.

사망신고는 신고의무자가 1개월 이내에 하여야 하는데, 의사의 사망진단서 또는 시체검안서 또는 사망의 사실을 증명할 만한 서면을 첨부하여야 하며(가족관계등록법 84①), 제때 하지 않으면 과태료(동법 122)가 부과된다.

2. 사망의 증명 곤란

사망의 여부나 사망 시기를 정확히 증명·확정하기 어려운 경우를 대비하여 다음의 제도들이 마련되어 있다.

(1) 동시사망의 추정

특히 상속에서의 불합리한 결과를 방지하기 위하여 민법은 동시사망 추정 제도를 두고 있다.

> **제30조(동시사망)** 2인 이상이 동일한 위난으로 사망한 경우에는 동시에 사망한 것으로 추정한다.

동시사망에 관한 입법의 태도를 보면 다음과 같다. 로마법, 프랑스 민법은 자연적으로 생존했을 경우의 사망 순서에 따르도록 한다(이른바 **생존의 추정**: 가령 부모는 자녀보다 먼저 사망하는 것으로 추정됨). 반면 독일 실종법, 스위스 민법, 일본 민법은 **동사(同死)의 추정**을 하도록 하며, 우리 **민법은 이 입장**을 따른다. 우리 민법과 대조되는 로마법의 입장은 다음 사례를 보면 잘 알 수 있다.

> **트리포니누스(Tryphoninus) D. 34,5,9,1 (토론집 제21권)**
> 전쟁에서 아버지가 아들과 함께 사망했고 어머니가 아들이 나중에 죽었다고 주장하면서 아들의 재산을 소유물 반환청구하고, 친척들은 아들이 먼저 죽었다는 이유로 아버지의 재산을 소유물 반환청구했던 경우에 신황[神皇, divus: 사망한 황제를 가리키는 말] 하드리아누스[Hadrianus, 117~138 재위]는 아버지가 먼저 죽었다고 믿었다.

동시사망의 추정은 **의제가 아니다**. 따라서 추정은 **반증**(反證: 반대증명)에 의하여 **번복**될 수 있다.

추정(推定)과 의제(擬制), 간주(看做)

추정은 반증을 허용하지만 의제(擬制)는 반증을 불허한다(법률이 정한 효력이 당연히 발생). 민법은 의제를 '…으로 본다'로 표현한다. 간주(看做)는 의제의 일본식 표현이므로, 되도록 이 용어를 사용하지 않는 것이 좋다.

법원은 동시사망의 추정에 대한 **반증**은 **매우 충분하고 명백**할 것을 요구한다.

대판 1998.8.21, 98다8974

민법 제30조에 의하면, 2인 이상이 동일한 위난으로 사망한 경우에는 동시에 사망한 것으로 추정하도록 규정하고 있는바, 이 추정은 법률상 추정으로서 이를 번복하기 위하여는 동일한 위난으로 사망하였다는 전제사실에 대하여 법원의 확신을 흔들리게 하는 반증을 제출하거나 또는 각자 다른 시각에 사망하였다는 점에 대하여 법원에 확신을 줄 수 있는 본증을 제출하여야 하는데, 이 경우 사망의 선후에 의하여 관계인들의 법적 지위에 중대한 영향을 미치는 점을 감안할 때 충분하고도 명백한 입증이 없는 한 위 추정은 깨어지지 아니한다고 보아야 한다.

제30조를 다른 경우에도 유추적용할 수 있을지에 대하여, 2인 이상이 각기 다른 위난으로 사망한 경우 혹은 1인은 사망 시기가 확정이나 다른 1인은 불확정인 경우에 대한 유추적용을 인정하는 견해가 있다(多). 한편 이를 부인하는 견해도 있다(少). 시체 검안(檢案)에 의해 사망시기가 추정되는 경우 제30조를 유추적용할지 여부에 대해서는 긍정설과 부정설이 있다.

동시사망의 추정과 대습상속과 본위상속 문제와 관련해서는 다음의 흥미로운 판결(이른바 KAL기 괌 추락사건)이 있다.

대판 2001.3.9, 99다13157

원래 대습상속제도는 대습자의 상속에 대한 기대를 보호함으로써 공평을 꾀하고 생존 배우자의 생계를 보장하여 주려는 것이고, 또한 동시사망 추정규정도 자연과학적으로 엄밀한 의미의 동시사망은 상상하기 어려운 것이나 사망의 선후를 입증할 수 없는 경우 동시에 사망한 것으로 다루는 것이 결과에 있어 가장 공평하고 합리적이라는 데에 그 입법 취지가 있는 것인바, 상속인이 될 직계비속이나 형제자매(피대습자)의 직계비속 또는 배우자(대습자)는 피대습자가 상속개시 전에 사망한 경우에는 대습상속을 하고, 피대습자가 상속개시 후에 사망한 경우에는 피대습자를 거쳐 피상속인의 재산을 본위상속을 하므로 두 경우 모두 상속을 하는데, 만일 피대습자가 피상속인의 사망, 즉 상속개시와 동시에 사망한 것으로 추정되는 경우에만 그 직계비속 또는 배우자가 본위상속과 대습상속의 어느 쪽도 하지 못하게 된다면 동시사망 추정 이외의 경우에 비하여 현저히 불공평하고 불합리한 것이라 할 것이고, 이는 앞서 본 대습상속제도 및 동시사망 추정규정의 입법 취지에도 반하는 것이므로, 민법 제1001조의 '상속인이 될 직계비속이 상속개시 전에 사망한 경우'에는 '상속인이 될 직계비속이 상속개시와 동시에 사망한 것으로 추정되는 경우'도 포함하는 것으로 합목적적으로 해석함이 상당하다.

제1003조(배우자의 상속순위) ① 피상속인의 배우자는 제1000조 제1항 제1호와 제2호의 규정에 의한 상속인이 있는 경우에는 그 상속인과 동순위로 공동상속인이 되고 그 상속인이 없는 때에는 단독상속인이 된다.
② 제1001조의 경우에 상속개시전에 사망 또는 결격된 자의 배우자는 동조의 규정에 의한 상속인과 동순위로 공동상속인이 되고 그 상속인이 없는 때에는 단독상속인이 된다.

(2) 인정사망

인정사망(認定死亡)은 재난으로 인한 사망의 경우 관공서의 사망통보에 의하여 가족관계등록부에 사망의 기록을 하는 제도로서 매우 **강한 사망추정적 효과**를 가진다. 인정사망자가 생존한 경우 실종선고 취소 규정(29)을 유추적용할지에 대해서는 긍정설과 부정설이 있다.

「가족관계의 등록 등에 관한 법률」 제87조(재난 등으로 인한 사망) 수해, 화재나 그 밖의 재난으로 인하여 사망한 사람이 있는 경우에는 이를 조사한 관공서는 지체 없이 사망지의 시 · 읍 · 면의 장에게 통보하여야 한다. 다만, 외국에서 사망한 때에는 사망자의 등록기준지의 시 · 읍 · 면의 장에게 통보하여야 한다.

동법 제16조(등록부의 기록절차) 등록부는 신고, 통보, 신청, 증서의 등본, 항해일지의 등본 또는 재판서에 의하여 기록한다.

(3) 실종선고

실종선고는 일정한 요건을 갖추면 실종자에 대하여 실종선고를 함으로써 사망한 것으로 의제하는 제도이다. 상세한 내용은 27장 III.에서 다룬다.

> **제28조**(실종선고의 효과) 실종선고를 받은 자는 전조의 기간이 만료한 때에 사망한 것으로 본다.

27장 주소, 부재, 실종

I 주소

사람이 살고 있거나 활동하는 장소가 법률관계에 있어서 일정한 역할을 하는 경우가 있다. 주민등록지, 법률행위지, 주소 등이 그 예이다. 민법은 이 중에서 주소와 거소에 관하여 규정하고 있다.

1. 주소의 개념

주소는 **생활의 근거되는 곳**이다.

> **제18조(주소)** ① 생활의 근거되는 곳을 주소로 한다.
> ② 주소는 동시에 두 곳 이상 있을 수 있다.

주소를 결정하는 표준에 관한 입법주의를 보면, 형식적 표준을 기준으로 하는지 실질적 생활관계를 기준으로 하는지에 따라 형식주의와 실질주의로 나뉘고, 정주(定住)의 사실 이외에 정주의 의사도 요구하는지 여부에 따라 의사주의와 객관주의로 나뉘며, 복수의 주소를 인정하는지 여부에 따라 단일주의와 복수주의로 나뉜다. 우리 민법의 입장은 **실질주의, 객관주의, 복수주의**이다.

2. 주소의 역할

(1) 주소의 역할에 대한 민법 규정

주소의 역할에 대한 법규정을 보면, 부재 및 실종의 표준(22, 27), 법인의 주소(36 등), 변제의 장소(467 ②), 상속개시의 장소(998) 등에서 문제된다.

> **제467조(변제의 장소)** ② 전항의 경우에 특정물인도 이외의 채무변제는 채권자의 현주소에서 하여야 한다. 그러나 영업에 관한 채무의 변제는 채권자의 현영업소에서 하여야 한다.

> **제998조(상속개시의 장소)** 상속은 피상속인의 주소지에서 개시한다.

(2) 주소의 역할에 대한 민법 이외의 규정

민법 이외의 규정에서는 어음행위의 장소(어음법 제2조 3호 등), 재판관할의 표준(민소 3 등) 등에서 주소의 역할이 문제된다.

3. 거소, 현재지, 가주소

(1) 거소

거소(居所)는 상당한 기간 계속하여 거주하는 장소이나, 장소와의 밀접도가 주소보다 못한 경우이다.

> **제19조(거소)** 주소를 알 수 없으면 거소를 주소로 본다.

> **제20조(거소)** 국내에 주소 없는 자에 대하여는 국내에 있는 거소를 주소로 본다.

(2) 현재지

현재지는 거소보다도 장소와의 밀접도가 더 낮은 경우이다.

(3) 가주소

가주소(假住所)는 어느 행위에 관하여 당사자의 의사로 편이를 위해 장소를 설정한 경우이다. 그 행위에 관하여는 이를 주소로 보지만, 생활의 실질과 무관하므로 엄밀한 의미에서 주소는 아니다.

> **제21조(가주소)** 어느 행위에 있어서 가주소를 정한 때에는 그 행위에 관하여는 이를 주소로 본다.

4. 유사 개념

(1) 주민등록지

30일 이상 거주할 목적으로 시장·군수 또는 구청장의 관할구역 안에 주소 또는 거소('거주지')를 가진 자('주민')가 주민등록법의 규정에 의하여 등록한 장소(cf. 주민등록법 6 ①)를 주민등록지라 한다. 즉 **공법관계에서의 주소**(동법 23)이다.

(2) 등록기준지

등록기준지는 민법 개정으로 사라진 본적(本籍) 개념을 대치(cf. 가족관계등록법 9 ②, 10, 가족관계등록규칙 4)하는 개념이다.

II 부재

1. 부재자 제도의 취지

(1) 부재의 개념

부재(不在)는 어떤 자가 '종래의 주소나 거소를 떠난'(22 ①) 상태이다. 이러한 경우에 우리 민법은 그 사람 본인 또는 이해관계인을 보호하기 위한 제도로서 두 가지를 마련하고 있다. 즉 그 사람이 아직 살아 있는 것으로 생각되는 경우에는 **부재자 재산관리** 제도를, 그 사람이 생사불명인 경우에는 **실종선고** 제도를 두고 있다. 따라서 민법상의 **부**

재자는 단순한 부재 상태에 더하여 재산관리의 필요성이 있는 자이다(通判). 이때 부재자의 생사가 반드시 불분명할 필요는 없다. 생존이 분명한 자도 부재자일 수 있고, 생사가 불분명한 경우에도 실종선고를 받기 전에는 부재자이다.

부재자는 자연인에 한하며, 법인에 대해서는 인정되지 않는다. 또한 제한능력자의 경우에도 부재자에 관한 규정이 적용되지 않는다. 법정대리인이 재산관리를 할 것이기 때문이다. 부재자의 재산관리는 가정법원의 전속관할 사항이다. 부재자의 재산관리에 관한 총칙의 규정은 가족법상의 재산관리에도 준용된다(918, 1023 등).

(2) 재산관리의 방법

재산관리 방법의 경우 민법은 부재자가 **직접 관리인을 선임**한 경우와 **그렇지 않은 경우**에 대하여 상당히 다르게 규율한다. 즉 직접 관리인을 선임한 경우에는 부재자의 의사를 최대한 존중하여 법이 덜 개입하고, 관리인을 선임하지 않은 경우에는 법이 적극적으로 개입한다. 지금부터는 이 두 경우를 나누어 설명하기로 한다.

2. 부재자 자신이 관리인을 선임하지 않은 경우

(1) 가정법원의 재산관리처분

부재자가 재산관리인을 선임하지 않은 경우 가정법원은 이해관계인이나 검사의 청구에 의하여 재산관리에 필요한 처분을 하여야 한다. **이해관계인**은 부재자의 재산관리에 법률상의 이해관계를 가진 자(eg. 부재자의 채권자, 보증인, 추정상속인, 배우자)이며, **사실상의 이해관계인**(eg. 친구, 사실혼배우자)은 배제된다. 가정법원의 처분 중 가장 중요한 것은 **재산관리인의 선임**이고, 그 밖에 경매에 의한 **부재자의 재산매각**도 할 수 있다.

> **제22조(부재자의 재산의 관리)** ① 종래의 주소나 거소를 떠난 자가 재산관리인을 정하지 아니한 때에는 법원은 이해관계인이나 검사의 청구에 의하여 재산관리에 관하여 필요한 처분을 명하여야 한다. 본인의 부재중 재산관리인의 권한이 소멸한 때에도 같다.

(2) 법원에 의해 선임된 재산관리인

가정법원이 선임한 재산관리인은 일종의 **법정대리인**이며 수임인(受任人)과 동일한 의무를 부담한다. 재산관리인은 언제든지 사임(辭任)할 수 있고, 법원도 항상 개임(改任)할 수 있다. **재산관리인의 권한**(25조 1문)을 보면, **관리행위**(보존·이용·개량)는 단독으로 할 수 있고, **처분행위**는 법원의 허가를 받아서 해야 한다. 법원의 허가 없는 처분행위는 무효이다. 그러나 부재자가 임의대리인으로서 관리인을 둔 경우에는 그 내부관계에 따른다(118의 제한을 받지 않음).

> **제25조(관리인의 권한)** 법원이 선임한 재산관리인이 제118조에 규정한 권한을 넘는 행위를 함에는 법원의 허가를 얻어야 한다. 부재자의 생사가 분명하지 아니한 경우에 부재자가 정한 재산관리인이 권한을 넘는 행위를 할 때에도 같다.

> **제118조(대리권의 범위)** 권한을 정하지 아니한 대리인은 다음 각호의 행위만을 할 수 있다.
> 1. 보존행위
> 2. 대리의 목적인 물건이나 권리의 성질을 변하지 아니하는 범위에서 그 이용 또는 개량하는 행위

(3) 재산관리인의 의무와 권리

재산관리인의 의무는 **수임인**과 동일(cf. 681)하다. 중요한 의무로는 재산목록 작성(24 ①), 재산보존을 위해 법원이 명하는 처분 수행(24 ②), 법원이 명하는 담보의 제공(26 ①)이 있다.

재산관리인의 권리로는 보수청구권(26 ②)이 있다. 또한 재산관리를 위해 지출한 필요비, 그 이자의 반환, 과실 없이 받은 손해의 배상 등을 청구할 수 있다(688, 24 ④).

(4) 재산관리처분명령의 취소

부재자가 재산관리인을 정하지 않아서 법원이 재산관리에 필요한 처분을 명령한 후, 부재자 본인이 재산관리인을 정하면 법원은 처분명령을 취소하여야 한다(22 ②). 더이상 법원이 개입할 필요가 없기 때문이다.

> **제22조(부재자의 재산의 관리)** ② 본인이 그 후에 재산관리인을 정한 때에는 법원은 본인, 재산관리인, 이해관계인 또는 검사의 청구에 의하여 전항의 명령[재산관리에 필요한 처분 명령]을 취소하여야 한다.

법원이 **처분명령**을 **취소**해야 하는 경우는, ① 본인이 스스로 그 재산을 관리하게 된 때, ② 본인의 사망이 분명하게 되거나 실종선고가 있는 때, ③ 관리할 재산이 더 이상 남아 있지 아니한 때이다(가사소송규칙 50). ①의 경우에는 법원이 개입할 필요가 없기 때문이고, ②의 경우에는 본인이 사망했으므로 더 이상 부재자가 아니기 때문이며, ③의 경우에는 관리할 재산 자체가 존재하지 않기 때문이다.

> **가사소송규칙 제50조**(처분의 취소) 사건본인이 스스로 그 재산을 관리하게 된 때 또는 그 사망이 분명하게 되거나 실종선고가 있는 때 또는 관리할 재산이 더 이상 남아 있지 아니한 때에는 가정법원은 사건본인 또는 이해 관계인의 청구에 의하여 그 명한 처분을 취소하여야 한다.

그런데 **법원이 이미 명령한 재산관리처분**은 처분취소 심판이 있기 전에는 그 효력을 잃지 않는다. 따라서 법원이 이미 부재자의 재산관리인을 선임했다면 부재자의 사망에도 불구하고 법원의 선임 결정이 취소될 때까지 재산관리인의 권한은 소멸하지 않는다.

> **대판 1971.3.23, 71다189**
> 법원이 선임한 부재자의 재산관리인은 그 부재자의 사망이 확인된 후라 할지라도 위 선임결정이 취소되지 않는 한 그 관리인으로서의 권한이 소멸되는 것은 아니다.

따라서 취소 전에 재산관리인이 적법한 권한 범위 내에서 한 행위는 유효하며, 부재자가 사망한 경우 그 효력은 부재자의 상속인에게 미친다.

> **대판 1975.6.10, 73다2023**
> 부재자재산관리인이 권한초과행위의 허가를 받고 그 선임결정이 취소되기 전에 위 권한에 의하여 이뤄진 행위는 부재자에 대한 실종선고기간이 만료된 후에 이뤄졌다고 하더라도 유효한 것이고 그 재산관리인의 적법한 권한행사의 효과는 이미 사망한 부재자의 재산상속인에게 미친다.

처분명령을 취소하더라도 여기에는 **소급효가 없다**.

대판 1970.1.27, 69다719

법원에 의하여 일단 부재자의 재산관리인 선임결정이 있었던 이상, 가령 부재자가 그 이전에 사망하였음이 위 결정후에 확실하여졌다 하더라도 법에 정하여진 절차에 의하여 결정이 취소되지 않는 한 선임된 부재자재산관리인의 권한이 당연히는 소멸되지 아니한다 함이 당원의 판례로 하는 견해이며 위 결정 이후에 이르러 취소된 경우에도 그 취소의 효력은 장래에 향하여서만 생기는 것이며 그간의 그 부재자재산관리인의 적법한 권한행사의 효과는 이미 사망한 그 부재자의 재산상속인에게 미친다 할 것이다.

다만 소송 수행과 관련해서는, 부재자에 대한 실종선고가 확정되거나 사망한 경우에는 재산관리인으로서 지위가 종료되므로 적법한 소송수계(訴訟受繼: 소송당사자의 지위를 상속인 등이 물려받음 cf. 민소 233)가 있을 때까지 소송절차가 중단된다는 것이 판례의 입장이다.

대판 1987.3.24, 85다카1151

부재자의 재산관리인에 의하여 소송절차가 진행되던 중 부재자 본인에 대한 실종선고가 확정되면 그 재산관리인으로서의 지위는 종료되는 것이므로 상속인 등에 의한 적법한 소송수계가 있을 때까지는 소송절차가 중단된다.

3. 부재자가 관리인을 선임한 경우

부재자가 관리인을 선임한 경우에 대한 원칙은 민법이나 법원이 **가능하면 불개입**하는 것이다. 부재자가 선임한 재산관리인은 수임인이며 임의대리인이고, 구체적 권한은 당사자의 계약(680 이하)으로 결정된다. 제118조는 계약으로 권한을 확정하지 않은 경우에만 적용된다. 단 예외적으로 재산관리인의 권한이 본인의 부재중에 소멸한 때에는 관리인이 처음부터 선임되지 않은 경우처럼(22 ① 제2문) 다루어진다. 또한 부재자의 생사가 불분명한 경우에도 법원이 재산관리인을 개임하거나(23, 가사소송규칙 41) 감독할 수 있다.

제23조(관리인의 개임) 부재자가 재산관리인을 정한 경우에 부재자의 생사가 분명하지 아니한 때에는 법원은 재산관리인, 이해관계인 또는 검사의 청구에 의하여 재산관리인을 개임할 수 있다.

> **제24조**(관리인의 직무) ③ 부재자의 생사가 분명하지 아니한 경우에 이해관계인이나 검사의 청구가 있는 때에는 법원은 부재자가 정한 재산관리인에게 전2항의 처분[재산목록 작성, 재산보존을 위하여 필요한 처분]을 명할 수 있다.

> **제26조**(관리인의 담보제공, 보수) ③ 전2항의 규정[담보 제공, 보수 지급]은 부재자의 생사가 분명하지 아니한 경우에 부재자가 정한 재산관리인에 준용한다.

III 실종

1. 실종의 개념과 요건

실종은 생사불명 지속 시 일정한 요건하에 사망한 것과 같은 효과를 부여하는 제도로서 가정법원의 전속관할 사항이다. 요건은, ① 부재자의 생사 불명, ② 실종기간의 경과(보통실종: 5년, 특별실종: 1년), ③ 청구권자의 청구, ④ 공시최고(公示催告)이다.

민법은 네 가지의 **특별실종**(전쟁실종, 선박실종, 항공기실종, 위난실종)을 언급하고 있는데, 이 중 앞의 세 가지는 위난실종에 포함되는 예를 특별히 열거한 것이다. 따라서 열거되지 않은 다른 위난의 경우(지진, 화재 등)도 모두 특별실종에 포함된다.

> **제27조**(실종의 선고) ① 부재자의 생사가 5년간 분명하지 아니한 때에는 법원은 이해관계인이나 검사의 청구에 의하여 실종선고를 하여야 한다. [보통실종]
> ② 전지에 임한 자, 침몰한 선박중에 있던 자, 추락한 항공기중에 있던 자 기타 사망의 원인이 될 위난을 당한 자의 생사가 전쟁종지후 또는 선박의 침몰, 항공기의 추락 기타 위난이 종료한 후 1년간 분명하지 아니한 때에도 제1항과 같다. [특별실종]

보통실종의 경우 생존이 입증되는 최후 시기가 기산점이 되고, **특별실종**의 경우 위난 종료 시(전쟁 종지, 선박 침몰 등)가 기산점이 된다. 한편 실종기간이 경과한 후에 비로소 실종선고를 청구할 수 있는지에 대해서는 긍정설과 부정설이 대립한다. 청구의 이해관계인은 법률상 이해관계를 가지는 자로서, 사실상의 이해관계인은 배제된다.

대결 1986.10.10, 86스20

(1) 민법 제27조의 실종선고를 청구할 수 있는 이해관계인이라 함은 부재자의 법률상 사망으로 인하여 직접적으로 신분상 또는 경제상의 권리를 취득하거나 의무를 면하게 되는 사람만을 뜻한다.

(2) 부재자의 자매로서 제2순위 상속인에 불과한 자는 부재자에 대한 실종선고의 여부에 따라 상속지분에 차이가 생긴다고 하더라도 이는 부재자의 사망 간주시기에 따른 간접적인 영향에 불과하고 부재자의 실종선고 자체를 원인으로 한 직접적인 결과는 아니므로 부재자에 대한 실종선고를 청구할 이해관계인이 될 수 없다.

2. 실종의 효과

(1) 사망의제의 개념

실종선고가 이루어지면 **사망이 의제**(擬制)되므로 이 효과를 뒤집으려면 반증이 아니라 **실종선고의 취소**가 필요하다.

第28조(실종선고의 효과) 실종선고를 받은 자는 전조의 기간이 만료한 때에 사망한 것으로 본다.

(2) 사망의제의 시기

사망한 것으로 되는 시기는 **실종기간 만료 시점**(28)이다.

대판 1982.9.14, 82다144

소외 망인이 1951.7.2 사망하였으며, 그의 장남인 소외 (갑)은 1970.1.30 서울가정법원의 실종선고에 의하여 소외 망인 사망 이전인 1950.8.1 생사 불명기간 만료로 사망 간주된 사실이 인정되는 사안에 있어서 소외 (갑)은 소외 망인의 사망 이전에 사망한 것으로 간주되었으므로 소외 망인의 재산상속인이 될 수 없다고 한 원심의 판단은 실종선고로 인하여 사망으로 간주되는 시기에 관하여 실종 기간 만료시기설을 취하는 우리 민법하에서는 정당하다.

(3) 사망의제의 범위

사망의제의 범위는 **종래의 주소를 중심으로 하는 실종기간 만료 시의 사법적**(私法的) **법**

률관계이다. 따라서 새로운 주소에서의 법률관계, 복귀 후에 종래의 주소에서 맺은 법률관계에는 영향이 없다. 실종선고는 실종자의 권리능력을 박탈하는 제도는 아니므로 그 효력이 제한되기 때문이다. 또한 공법상의 관계에는 영향이 없고, 사법적 법률관계인 재산관계와 가족관계 모두에 사망의 효과가 생긴다.

3. 생존의 의제와 추정

(1) 실종선고를 받은 경우

실종선고를 받은 경우의 생존 의제 및 추정과 관련해서는 실종기간 만료 시까지 생존으로 의제된다는 견해(判)와 실종기간 만료 시까지 생존으로 추정된다는 견해가 대립한다.

(2) 실종선고를 받지 않은 경우

실종선고를 받지 않은 경우라면 실종기간 만료 시까지 생존으로 추정하고 이후는 사망으로 추정한다는 견해, 기간에 관계없이 생존으로 추정한다는 견해, 추정은 없고 사실문제로 해결하자는 견해(判)가 있다.

대판 1989.1.31, 87다카2954

(1) 갑판원이 시속 30노트 정도의 강풍이 불고 파도가 5~6미터 가량 높게 일고 있는 등 기상조건이 아주 험한 북태평양의 해상에서 어로작업 중 갑판 위로 덮친 파도에 휩쓸려 찬 바다에 추락하여 행방불명이 되었다면 비록 시신이 확인되지 않았다 하더라도 그 사람은 그 무렵 사망한 것으로 확정함이 우리의 경험칙과 논리칙에 비추어 당연하다.

(2) 수난, 전란, 화재 기타 사변에 편승하여 타인의 불법행위로 사망한 경우에 있어서는 위에서 본 확정적인 증거의 포착이 손쉽지 않음을 예상하여 법은 인정사망, 위난실종선고 등의 제도와 그밖에도 보통실종선고제도도 마련해 놓고 있으나 그렇다고 하여 위와 같은 자료나 제도에 의함이 없는 사망사실의 인정을 수소법원이 절대로 할 수 없다는 법리는 없는 것이다.

4. 실종선고의 취소

(1) 실종선고의 취소

사망의제의 효과를 뒤집기 위해서는 생환(生還)으로는 부족하고 **실종선고의 취소**가 요구된다.

(2) 실종선고 취소의 요건

다음 요건이 갖추어지면 법원은 반드시 실종선고를 취소하여야 한다(29).

① 증명: 다음 세 가지 중의 하나에 대한 증명이 있어야 한다. 즉 실종자가 생존하고 있거나, 실종기간 만료 시와는 다른 시기에 사망했거나, 실종기간 기산점 이후에 생존했다는 증명이다.
② 청구: 청구권자는 본인, 이해관계인, 검사이다.

실종선고 취소 시 공시최고(公示催告)는 불필요하다.

5. 실종선고 취소의 효과

(1) 실종선고 취소의 원칙적 효과

실종선고가 취소되면 모든 법률관계가 선고 이전으로 환원(**소급효**)한다(29 ① 본).

> **제29조(실종선고의 취소)** ① 실종자의 생존한 사실 또는 전조의 규정과 상이한 때에 사망한 사실의 증명이 있으면 법원은 본인, 이해관계인 또는 검사의 청구에 의하여 실종선고를 취소하여야 한다. 그러나 실종선고후 그 취소전에 선의로 한 행위의 효력에 영향을 미치지 아니한다.

(2) 실종선고 취소의 예외적 효과

실종선고 취소가 이루어지더라도 **소급효가 제한**되는 경우가 있다. 즉 수익자나 전득자가 실종선고 후 그 취소 전에 선의로 한 행위는 유효하다(29 ① 단). 실종선고를 믿고서 행위한 자(eg. 배우자, 상속인 등)를 보호하기 위해서이다. 여기서 선의란 실종선고가 사실에 반함을 알지 못하는 것이다.

① 단독행위: 행위자가 선의이면 그 단독행위는 유효이다. 단독행위의 상대방이 악의이면 악의의 수익자로서 책임을 진다는 견해도 있으나 설득력이 없다.

② **재산상의 계약**: 이에 대해서는 **쌍방선의설**(多), 상대적 효력설(신분행위에만 쌍방의 선의 요구), 절대적 효력설(최초의 양수인만 선의 요구)의 다툼이 있다. 주의할 것은, 어느 한 단계에서 양 당사자가 선의여서 일단 그 계약이 유효한 것으로 되면 그 이후에는 악의인 전득자가 있더라도 여전히 유효하다고 보아야 한다는 점이다(일종의 하자의 치유).

③ **잔존배우자의 재혼**: 역시 학설의 다툼이 있지만, **쌍방선의설**(多)에 따른다면 재혼의 당사자가 모두 선의이면 그 혼인은 유효하므로 구 혼인관계는 부활하지 못한다. 하지만 일방 또는 쌍방이 악의이면 전혼(前婚)이 부활하여 후혼(後婚)은 중혼(重婚)으로서 취소가 가능하다(810, 818).

(3) 실종자의 재산반환청구

실종선고를 직접 원인으로 하여 재산을 취득한 자는 그가 **선의이든 악의이든** 상관없이, 재산을 아직 보유하고 있으면 그것을 반환해야 한다. 이미 재산을 처분했으면 그 처분 자체는 유효하지만 보유하고 있는 대가는 부당이득으로서 반환해야 한다.

실종선고를 직접 원인으로 재산을 취득한 자에는 상속인, 수유자(受遺者), 생명보험 수익자, 사인증여의 수증자 등이 해당한다. 이들은 선의이면 현존이익만을 반환하고, 악의이면 받은 이익에 이자를 붙여 반환해야 하며 손해가 있으면 배상도 하여야 한다.

제29조(실종선고의 취소) ② 실종선고의 취소가 있을 때에 실종의 선고를 직접원인으로 하여 재산을 취득한 자가 선의인 경우에는 그 받은 이익이 현존하는 한도에서 반환할 의무가 있고 악의인 경우에는 그 받은 이익에 이자를 붙여서 반환하고 손해가 있으면 이를 배상하여야 한다.

28장 법인 서설 및 설립

I 법인 서론

법인(法人)이란 독립된 권리의무의 주체로서의 자격이 인정되어 있는 단체이다. 법인이라는 제도의 존재 이유는 여러 가지가 있다. 우선 구성원이나 재산출연자와 법인을 별도의 법적 주체로 할 수 있다. 또한 법인의 재산과 그 구성원의 개인재산을 구별함으로써 책임을 분리할 수 있다.

그런데 구성원과 법인의 책임을 구별한다는 이러한 법인 제도의 목적을 남용하는 경우도 있다. 그래서 판례는 회사가 외형적으로는 법인의 형식을 갖추었지만 신의성실 원칙에 어긋나는 목적(채무면탈 등)을 추구하는 경우에는 **법인격을 부인**하고 있다.

대판 2001.1.19, 97다21604

[법인격 부인론의 요건과 효과] 회사가 외형상으로는 법인의 형식을 갖추고 있으나 이는 법인의 형태를 빌리고 있는 것에 지나지 아니하고 그 실질에 있어서는 완전히 그 법인격의 배후에 있는 타인의 개인기업에 불과하거나 그것이 배후자에 대한 법률적용을 회피하기 위한 수단으로 함부로 쓰여지는 경우에는, 비록 외견상으로는 회사의 행위라 할지라도 회사와 그 배후자가 별개의 인격체임을 내세워 회사에게만 그로 인한 법적 효과가 귀속됨을 주장하면서 배후자의 책임을 부정하는 것은 신의성실의 원칙에 위반되는 법인격의 남용으로서 심히 정의와 형평에 반하여 허용될 수 없고, 따라서 회사는 물론 그 배후자인 타인에 대하여도 회사의 행위에 관한 책임을 물을 수 있다고 보아야 한다.

대판 2004.11.12, 2002다66892

기존회사가 채무를 면탈할 목적으로 기업의 형태·내용이 실질적으로 동일한 신설회사를 설립하였다면, 신설회사의 설립은 기존회사의 채무면탈이라는 위법한 목적달성을 위하여 회사제도를 남용한 것이므로, 기존회사의 채권자에 대하여 위 두 회사가 별개의 법인격을 갖고 있음을 주장하는 것은 신의성실의 원칙상 허용될 수 없다 할 것이어서 기존회사의 채권자는 위 두 회사 어느 쪽에 대하여서도 채무의 이행을 청구할 수 있다.

법인의 종류는 여러 가지가 있을 수 있으나, 우리 민법이 규율하는 법인은 **사단법인**과 **재단법인**의 두 가지이다. 사단법인은 일정한 목적하에 결합한 사람의 단체이고, 재단법인은 일정한 목적에 제공된 재산의 집합으로서의 단체이다.

법인의 본질에 관해서는 법인의제설, 법인실재설(判), 논의무용설 등이 있다.

대판 1978.2.28, 77누155

법인은 하나의 실재로서 (…) 기관에 의하여 독자의 행위를 할 수 있는 실재체(이다).

II 법인 아닌 사단과 재단

1. 법인 아닌 사단과 재단의 개념

단체 중에는 법인의 실질을 갖추고 있으면서도 법인이 아닌 것들이 많이 있다. 민법의 법인으로 되기 위해 거쳐야 하는 주무관청의 허가 등 복잡한 절차를 원하지 않기 때문이고, 행정기관의 규제나 감독을 꺼리기 때문이며, 또는 법인이 되기 위한 절차를 완료하지 못했기 때문이다. 이러한 단체를 **법인 아닌 사단과 재단** 또는 **권리능력 없는 사단과 재단**이라 한다.

민법의 법인에 관한 규정이 법인 아닌 사단과 재단에 당연히 적용되지는 않는다. 민법 기타의 법률이 이들에 관하여 약간의 규정을 두고 있을 뿐이다.

2. 법인 아닌 사단(비법인사단)

(1) 법인 아닌 사단의 개념

사단의 실질을 갖추었으나 법인이 아닌 단체를 **법인 아닌 사단**이라고 하며, 권리능력 없는 사단, 인격 없는 사단이라고도 부른다. 대표적인 예로는 **종중, 교회**, 동·리, 부락 등이 있다.

(2) 법인 아닌 사단의 성립요건

법인 아닌 사단이 성립하려면 단체로서의 조직을 갖추어야 하고, 운영에 관한 정관이나 규칙이 있어야 한다.

대판 1999.1.29, 98다33512

법인 아닌 사단이나 재단도 대표자 또는 관리인이 있으면 민사소송의 당사자가 될 수 있으므로, 자연부락이 그 부락 주민을 구성원으로 하여 고유목적을 가지고 의사결정기관과 집행기관인 대표자를 두어 독자적인 활동을 하는 사회조직체라면 비법인사단으로서의 권리능력 내지 당사자능력을 가진다.

(3) 법인 아닌 사단과 조합의 구별

법인 아닌 **사단**과 **조합**은 단체성의 강약에 의해 구별된다. 사단에서는 단체가 구성원의 개성을 초월하고, 조합에서는 구성원의 개성이 더 중요하다(구성원 간의 계약관계: 703). 어쨌든 양자의 구별에 있어서는 명칭이 아니라 실질이 더 중요하다. 가령 농업협동조합, 축산업협동조합 등은 조합이 아니라 사단이다.

대판 1992.7.10, 92다2431

(1) <u>민법상의 조합과 법인격은 없으나 사단성이 인정되는 비법인사단을 구별함에 있어서는 일반적으로 그 단체성의 강약을 기준으로 판단</u>하여야 하는바, 조합은 2인 이상이 상호 간에 금전 기타 재산 또는 노무를 출자하여 공동사업을 경영할 것을 약정하는 계약관계에 의하여 성립하므로(민법 제703조) 어느 정도 단체성에서 오는 제약을 받게 되는 것이지만 구성원의 개인성이 강하게 드러나는 인적 결합체인 데 비하여 비법인사단은 구성원의 개인성과는 별개로 권리의무의 주체가 될 수 있는 독자적 존재로서의 단체적 조직을 가지는 특성이 있다

하겠는데 민법상 조합의 명칭을 가지고 있는 단체라 하더라도 고유의 목적을 가지고 사단적 성격을 가지는 규약을 만들어 이에 근거하여 의사결정기관 및 집행기관인 대표자를 두는 등의 조직을 갖추고 있고, 기관의 의결이나 업무집행방법이 다수결의 원칙에 의하여 행해지며, 구성원의 가입, 탈퇴 등으로 인한 변경에 관계없이 단체 그 자체가 존속되고, 그 조직에 의하여 대표의 방법, 총회나 이사회 등의 운영, 자본의 구성, 재산의 관리 기타 단체로서의 주요사항이 확정되어 있는 경우에는 비법인사단으로서의 실체를 가진다고 할 것이다.

(2) 비법인사단인 선어중매조합의 대표자의 위임에 따른 어음행위로 인한 어음금의 지급책임이 독립한 권리의무의 주체인 위 조합에게 귀속되는 것이지 그 구성원들이 이를 부담하는 것은 아니라고 한 사례.

(4) 법인 아닌 사단 관련 규정 및 유추적용

법인 아닌 사단 관련 규정은 다음과 같이 몇 개만 있을 뿐이다. 따라서 나머지 문제는 학설·판례에 의해 해결되어야 한다.

제275조(물건의 총유) ① 법인이 아닌 사단의 사원이 집합체로서 물건을 소유할 때에는 총유로 한다.

민소 제52조(법인이 아닌 사단 등의 당사자능력) 법인이 아닌 사단이나 재단은 대표자 또는 관리인이 있는 경우에는 그 사단이나 재단의 이름으로 당사자가 될 수 있다.

부동산등기법 제26조(법인 아닌 사단 등의 등기신청) ① 종중(宗中), 문중(門中), 그 밖에 대표자나 관리인이 있는 법인 아닌 사단(社團)이나 재단(財團)에 속하는 부동산의 등기에 관하여는 그 사단이나 재단을 등기권리자 또는 등기의무자로 한다.

사단법인에 관한 규정 중에서 **법인격을 전제로 하지 않는 것들**은 법인 아닌 사단에 유추적용된다(學判). 가령 총회의 소집과 결의, 대표자의 업무집행 등에 관한 규정은 유추적용되고, 법인의 등기, 임시이사, 청산인 등에 관한 규정은 유추적용되지 않는다. 이사의 대표권 제한에 관한 제60조도 (등기할 방법이 없으므로) 유추적용이 불가능하다.

(5) 사단의 내·외부관계

사단의 **내부관계**에 대해서는 일차적으로 사단의 정관에 의하고, 정관에 해당 규정이 없으면 사단법인의 규정이 유추적용된다. 한편 **외부관계**에 대해서는 대표자가 있으면 소송능력이 인정된다. 능력 및 대표에 대해서는 사단법인의 규정이 유추적용된다.

(6) 재산의 귀속

민법은 법인 아닌 사단의 재산 소유는 **총유**(總有)로 하고 있다(275). 총유는 단체(사원총회)가 관리·처분권을 가지고, 각 공동소유자(사원)는 사용·수익권(지분권, 분할청구권 없음)을 가지는 공동소유 형태이다. 재산귀속관계의 공시방법을 보면, 비법인사단도 자기 명의로 등기를 할 수 있다(부동산등기법 26 ①). 법인 아닌 사단의 채무 역시 총유적으로 구성원들에게 귀속한다. 이것을 총사원(總社員)의 **준총유**(準總有)라고 한다. 따라서 채무에 대한 책임은 오직 사단재산이 지며, 구성원은 고유재산으로 책임질 필요가 없다(通).

> **제278조(준공동소유)** 본절의 규정은 소유권 이외의 재산권에 준용한다. 그러나 다른 법률에 특별한 규정이 있으면 그에 의한다.

(7) 종중(宗中)

종중은 "공동선조의 분묘수호와 제사 및 종원 상호 간의 친목 등을 목적으로 하여 구성되는 자연발생적인 종족집단"으로, 특별한 성립행위 없이 관습상 당연히 성립한다.

> **대판(전) 2005.7.21, 2002다1178**
> 종중이란 공동선조의 분묘수호와 제사 및 종원 상호간의 친목 등을 목적으로 하여 구성되는 자연발생적인 종족집단이다.

종중의 구성을 보면, 동선조(同先祖) 그리고 성과 본을 같이하는 후손은 성별의 구별 없이 성년이 되면 당연히 그 구성원이 된다. 종래 대법원은 종중 구성원의 자격을 성년 남자만으로 제한하는 관습법을 인정했지만, (31장 II. 3에서 다루는) 대판(전) 2005.7.21, 2002다1178 이후로는 성별의 구별 없이 성년이 되면 당연히 종중의 구성원이 되도록 했다. 종중 소유의 재산은 종중원의 총유에 속한다.

(8) 교회

교회의 법적 성질은 **법인 아닌 사단**이다. 지(支)교회는 소속 교단과 독립된 법인이 아닌 사단이고, 교단은 종교적 내부관계에 있어서 지교회의 상급단체에 불과하다. 법인에 관한 규정 중에서 법인격을 전제로 하지 않는 규정들은 교회에 유추적용된다. 교회의 재산은 구성원의 총유(구성원은 사용·수익·관리처분에 관한 의결 참여)에 속한다. 다음은 교회 분열 시 교회 재산의 귀속 문제에 관하여 대법원이 종전의 입장을 변경한 중요한 판결이다.

대판(전) 2006.4.20, 2004다37775

(1) 우리 민법이 사단법인에 있어서 구성원의 탈퇴나 해산은 인정하지만 사단법인의 구성원들이 두 개의 법인으로 나뉘어 각각 독립한 법인으로 존속하면서 종전 사단법인에 귀속되었던 재산을 소유하는 방식의 사단법인의 분열은 인정하지 아니한다. 그 법리는 법인 아닌 사단에 대하여도 동일하게 적용되며, 법인 아닌 사단의 구성원들의 집단적 탈퇴로써 사단이 두 개로 분열되고 분열되기 전 사단의 재산이 분열된 각 사단의 구성원들에게 각각 총유적으로 귀속되는 결과를 초래하는 형태의 법인 아닌 사단의 분열은 허용되지 않는다. 교회가 법인 아닌 사단으로서 존재하는 이상, 그 법률관계를 둘러싼 분쟁을 소송적인 방법으로 해결함에 있어서는 법인 아닌 사단에 관한 민법의 일반 이론에 따라 교회의 실체를 파악하고 교회의 재산 귀속에 대하여 판단하여야 하고, 이에 따라 법인 아닌 사단의 재산관계와 그 재산에 대한 구성원의 권리 및 구성원 탈퇴, 특히 집단적인 탈퇴의 효과 등에 관한 법리는 교회에 대하여도 동일하게 적용되어야 한다. 따라서 교인들은 교회 재산을 총유의 형태로 소유하면서 사용·수익할 것인데, 일부 교인이 교회를 탈퇴하여 그 교회 교인으로서의 지위를 상실하게 되면 탈퇴가 개별적인 것이든 집단적인 것이든 이와 더불어 종전 교회의 총유 재산의 관리처분에 관한 의결에 참가할 수 있는 지위나 그 재산에 대한 사용·수익권을 상실하고, 종전 교회는 잔존 교인들을 구성원으로 하여 실체의 동일성을 유지하면서 존속하며 종전 교회의 재산은 그 교회에 소속된 잔존 교인들의 총유로 귀속됨이 원칙이다. 그리고 교단에 소속되어 있던 지교회의 교인들의 일부가 소속 교단을 탈퇴하기로 결의한 다음 종전 교회를 나가 별도의 교회를 설립하여 별도의 대표자를 선정하고 나아가 다른 교단에 가입한 경우, 그 교회는 종전 교회에서 집단적으로 이탈한 교인들에 의하여 새로이 법인 아닌 사단의 요건을 갖추어 설립된 신설 교회라 할 것이어서, 그 교회 소속 교인들은 더 이상 종전 교회의 재산에 대한 권리를 보유할 수 없게 된다.

(2) 특정 교단에 가입한 지교회가 교단이 정한 헌법을 지교회 자신의 자치규범으로 받아들였

다고 인정되는 경우에는 소속 교단의 변경은 실질적으로 지교회 자신의 규약에 해당하는 자치규범을 변경하는 결과를 초래하고, 만약 지교회 자신의 규약을 갖춘 경우에는 교단변경으로 인하여 지교회의 명칭이나 목적 등 지교회의 규약에 포함된 사항의 변경까지 수반하기 때문에, 소속 교단에서의 탈퇴 내지 소속 교단의 변경은 사단법인 정관변경에 준하여 의결권을 가진 교인 2/3 이상의 찬성에 의한 결의를 필요로 하고, 그 결의요건을 갖추어 소속 교단을 탈퇴하거나 다른 교단으로 변경한 경우에 종전 교회의 실체는 이와 같이 교단을 탈퇴한 교회로서 존속하고 종전 교회 재산은 위 탈퇴한 교회 소속 교인들의 총유로 귀속된다.

3. 법인 아닌 재단

(1) 법인 아닌 재단의 개념

법인 아닌 재단은 재단법인과 같은 실질은 가지고 있으면서도 법인격을 갖추지 않은 단체이다. 인격 없는 재단, 권리능력 없는 재단이라고도 한다. 육영회, 장학재단 등이 그 예이다.

(2) 법인 아닌 재단의 요건

법인 아닌 재단의 요건으로는 일정한 목적을 위하여 출연(出捐)된 이른바 목적재산(目的財産)이 있어야 하고, 관리기구를 갖추어야 한다. 따라서 사적(私的) 소유재산을 채권자나 기타 제3자 보호를 위해 다른 재산과 구별 취급하는 경우, 즉 파산재단, 각종의 재단저당의 목적이 되는 재단, 한정승인을 한 상속재산 등은 법인 아닌 재단이 아니다.

(3) 법인 아닌 재단의 법률관계

법인 아닌 재단의 법률관계를 보면, 소송과 강제집행에 있어서는 재단법인과 마찬가지로 **당사자능력**이 인정된다(민소 52). 또한 **등기능력**도 인정된다(부동산등기법 26). 법인 아닌 재단의 채무는 재단에 귀속하며, 재단의 재산으로만 책임을 진다.

대판 1964.6.2, 63다856

법인격 없는 재단이라 할지라도 그것이 일정한 재산을 중심으로 하여 사실상 사회생활상의 하나의 단위를 이루는 조직을 가지는 경우에는 법률상 특수한 사회적 작용을 부담하는 하나의 독립적 존재가 될 수 있는 것이다.

대판 1962.5.10, 4294행상102

법인 아닌 사단 또는 재단으로서 민사소송법상 당사자능력을 가질 경우에는 소송상 법인 아닌 사단 또는 재단 그 자체가 권리의무의 주체로 취급된다 할 것이므로 만일 이와 같은 사단 또는 재단이 민사소송법상 당사자능력이 있으되 사법상 또는 공법상 권리의 주체가 될 수 없다 하면 소송법상 당사자능력을 인정할 아무런 실익이 없는 것이며 결국 당사자능력 그 자체도 부여될 수 없는 결과가 될 것이다.

III 법인의 종류

공법인(公法人)과 **사법인**(私法人)은 설립이나 관리에 국가의 공권력이 관여하는지 여부에 따른 구분이다. 또한 **영리법인**과 **비영리법인**은 경제적 이익의 추구를 목적으로 하는지에 따른 구분으로, 민법은 비영리법인만을 규율한다. **사단법인**과 **재단법인**의 구분은 법인의 주체가 사람의 단체(사단)인지 출연된 재산(재단)인지에 따른 것이다. 사단은 비영리사단(민법의 규율)과 영리사단(eg. 상법상의 회사)이 모두 가능하다. 재단은 모두 비영리 법인이고, 영리법인은 모두 사단이다.

제32조(비영리법인의 설립과 허가) 학술, 종교, 자선, 기예, 사교 기타 영리 아닌 사업을 목적으로 하는 사단 또는 재단은 주무관청의 허가를 얻어 이를 법인으로 할 수 있다.

제39조(영리법인) ① 영리를 목적으로 하는 사단은 상사회사설립의 조건에 좇아 이를 법인으로 할 수 있다.
② 전항의 사단법인에는 모두 상사회사에 관한 규정을 준용한다.

상 제169조(회사의 의의) 이 법에서 “회사”란 상행위나 그 밖의 영리를 목적으로 하여 설립한 법인을 말한다.

상 제170조(회사의 종류) 회사는 합명회사, 합자회사, 유한책임회사, 주식회사와 유한회사의 5종으로 한다.

IV 법인의 설립

1. 법인 설립의 입법주의

법인의 설립에 관한 입법주의로는 **자유설립주의**와 **법정주의**(法定主義)가 대립한다. 전자는 단체가 일정한 실질만 갖추면 법인으로 인정하자는 입장이고, 후자는 법률규정에 의해서만 법인이 설립될 수 있도록 보다 엄격한 요건을 요구하는 입장이다. 우리 **민법은 법정주의**를 채택하고 있다.

제31조(법인성립의 준칙) 법인은 법률의 규정에 의함이 아니면 성립하지 못한다.

법정주의의 종류

법정주의 요건의 엄격성 정도에 따라 다음 다섯 가지로 나뉜다.

- 준칙주의: 법률이 정한 요건만 갖추면 허가나 인가 없이 당연히 성립할 수 있도록 하는 입장(eg. 상법상의 회사, 노동조합)이다.
- 허가주의: 행정관청의 허가가 필요하다는 입장(eg. 민법상의 법인, 학교법인, 의료법인)이다.
- 인가주의: 행정관청의 인가가 필요(요건을 갖추면 반드시 인가)하다는 입장(eg. 법무법인, 상공회의소, 각종의 조합)이다.
- 특허주의: 그 법인의 설립을 위하여 특별법의 제정이 필요한 경우(eg. 국책은행, 공사)이다.
- 강제주의: 법인의 설립을 국가가 강제(허가나 인가도 요구)하는 경우(eg. 의사회, 변호사회, 변리사회, 공인회계사회, 약사회)이다.

행정법상의 허가와 인가

행정법에서는 이 용어들의 의미가 앞서 설명한 법정주의에서의 의미와 차이가 있음에 주의해야 한다. 결론부터 말하자면, 민법에서 말하는 '허가'는 행정법상의 '인가'에 해당한다.

- 허가: 법령에 의해 일반적으로 금지된 행위를 행정기관이 특정한 경우에 허용하는 것이다(eg. 건축허가). 허가는 적법요건(위반행위는 처벌되나 당연히 무효가 되지는 않음)이다.
- 인가: 행정기관이 제3자의 행위를 보충하여 그 법적 효력을 완성시키는 것이다(eg. 학교설립허가). 인가는 효력요건(위반행위는 당연히 처벌되지는 않으나 그 행위는 무효)이다.
- 특허: 행정기관이 특정인을 위해 능력, 자격, 권리, 법률관계 등을 설정하는 것이다(eg. 광업

허가).

- 면허: 허가 또는 특허이다.

대판(전) 1996.5.16, 95누4810

(1) 민법 제45조와 제46조에서 말하는 재단법인의 정관변경 "허가"는 법률상의 표현이 허가로 되어 있기는 하나, 그 성질에 있어 법률행위의 효력을 보충해 주는 것이지 일반적 금지를 해제하는 것이 아니므로, 그 법적 성격은 인가라고 보아야 한다.

(2) 인가는 기본행위인 재단법인의 정관변경에 대한 법률상의 효력을 완성시키는 보충행위로서, 그 기본이 되는 정관변경 결의에 하자가 있을 때에는 그에 대한 인가가 있었다 하여도 기본행위인 정관변경 결의가 유효한 것으로 될 수 없으므로 기본행위인 정관변경 결의가 적법 유효하고 보충행위인 인가처분 자체에만 하자가 있다면 그 인가처분의 무효나 취소를 주장할 수 있지만, 인가처분에 하자가 없다면 기본행위에 하자가 있다 하더라도 따로 그 기본행위의 하자를 다투는 것은 별론으로 하고 기본행위의 무효를 내세워 바로 그에 대한 행정청의 인가처분의 취소 또는 무효확인을 소구할 법률상의 이익이 없다.

2. 비영리 사단법인의 설립

비영리 사단법인의 설립 요건은 다음의 네 가지이다.

(1) 목적의 비영리성

'학술, 종교, 자선, 기예, 사교 기타 영리 아닌 사업'을 목적으로 해야 한다(32).

(2) 설립행위: 정관작성

정관(定款)이란 법인의 근본규칙이다. 사단법인을 설립하기 위해서는 2인 이상의 설립자가 정관을 정하여 이를 서면에 기재하고 기명날인하여야 한다(40). 참고로 재단법인은 1인 이상의 설립자, 주식회사는 1인 이상의 발기인(cf. 상 288)이 요구된다. 정관작성의 법적 성격을 보면, 민법이 일정한 방식과 내용을 요구하므로(40) 요식행위이다. 또한 법률행위로서의 성질에 대해서는 합동행위설(通)과 계약설의 다툼이 있다.

사단법인 설립행위에는 쌍방대리 금지(124)가 적용되지 않는다. 즉 설립자 중에서 한 사람이 다른 설립자의 의사표시를 대리할 수 있다. 허위표시에 관한 제108조의 적용에 대해서는 긍정설과 부정설이 있다.

정관의 기재사항 중에는 반드시 포함되어야 하는 필요적 기재사항과 그렇지 않은 임의적 기재사항이 있다. 그런데 임의적 기재사항이라 하더라도 일단 기재되면 필요적 기재사항과 마찬가지의 효력을 가지며, 변경될 때에도 정관변경절차를 거쳐야 한다. 사단법인 정관의 필요적 기재사항은 제40조가 정하고 있다.

제40조(**사단법인의 정관**) 사단법인의 설립자는 다음 각호의 사항을 기재한 정관을 작성하여 기명날인하여야 한다.

1. 목적
2. 명칭
3. 사무소의 소재지
4. 자산에 관한 규정
5. 이사의 임면에 관한 규정
6. 사원자격의 득실에 관한 규정
7. 존립시기나 해산사유를 정하는 때에는 그 시기 또는 사유

(3) 주무관청의 허가

주무관청은 법인이 목적으로 하는 사업을 관리하는 행정관청이다. 법인의 목적이 둘 이상인 경우 어느 행정관청의 허가가 필요한지에 대해서는, 모든 관청의 허가가 필요하다는 견해(多)와 주된 사업을 관할하는 관청의 허가만 있으면 된다는 견해, 어느 하나의 허가만 있으면 된다는 견해가 있다. 허가의 성질에 대해서는, **자유재량행위**이며 행정소송이 불가능하다는 입장(多判)과 설립요건을 갖추면 반드시 허가해야 하고 불허가에 대해서는 행정소송이 가능하다는 견해가 있다.

(4) 설립등기

주된 사무소의 소재지에서 설립등기를 하면 법인이 성립한다.

제33조(**법인설립의 등기**) 법인은 그 주된 사무소의 소재지에서 설립등기를 함으로써 성립한다.

3. 설립 중의 사단법인

법인의 설립과정을 보면, ① 우선 설립자(발기인) 간에 설립목적의 법률관계가 체결된다. 이것을 **설립자**(발기인) **조합**이라고 한다. ② 이어서 정관작성 등 설립행위가 있게 되는데, 이것이 **설립 중의 법인**이다. ③ 끝으로 주무관청의 허가 및 설립등기를 마치면 법인이 성립한다.

설립자 조합은 민법상의 조합(703)이다. 법인 설립을 위한 준비행위에 대해서는 조합 자체가 책임을 지며, 정관 작성 후 최초의 구성원이 확정되면 설립자 조합이 이제 **설립 중의 사단법인**으로 된다. 이때까지는 아직 **법인 아닌 사단**이다(通). 설립 중의 법인의 행위는 후에 성립한 법인의 행위로 된다.

법인에 귀속되는 행위의 범위에 대해서는, 모든 행위가 법인에 귀속된다는 견해와 목적범위 내의 행위만 법인에 귀속된다는 견해가 대립한다. 판례는 법인의 설립 자체를 위한 행위에 대해서만 법인에 책임을 부과한다.

대판 1998.5.12, 97다56020

(1) 설립 중의 회사는 정관이 작성되고 발기인이 적어도 1주 이상의 주식을 인수하였을 때 비로소 성립한다.

(2) 설립 중의 회사로서의 실체가 갖추어지기 이전에 발기인이 취득한 권리의무는 구체적인 사정에 따라 발기인 개인 또는 발기인 조합에 귀속되는 것으로서, 이들에게 귀속된 권리의무를 설립 후의 회사에 귀속시키기 위하여는 양수나 계약자 지위인수 등의 특별한 이전행위가 있어야 한다.

대판 1965.4.13, 64다1940

피고조합은 그 조합원의 가구의 공동생산, 공동가공, 공동소비를 목적으로 하여 설립된 조합인 바 피고조합이 설립되기 전의 설립 중인 피고조합 발기인들이 관청에서 하는 부당한 가구 등의 도급수의계약체결을 방지하는 데 공동노력하기로 하고 그에 필요한 비용을 차입한 금원은 특별한 사정이 없는 한 설립 중인 위 조합의 설립 자체를 위한 비용이라고 볼 수 없는 것을 그 조합의 목적사업을 위한 비용이라 하여 설립 후의 조합에 변제할 책임이 있다고 판단하였음은 설립 중인 법인의 행위에 대하여서의 설립 후의 법인의 책임에 관한 법리를 오해한 위법이 있다고 할 것이다.

대판 2000.1.28, 99다35737

(1) 설립 중의 회사가 성립하기 위해서는 정관이 작성되고 발기인이 적어도 1주 이상의 주식을 인수하였을 것을 요건으로 한다.

(2) 발기인 중 1인이 회사의 설립을 추진 중에 행한 불법행위가 외형상 객관적으로 설립 후 회사의 대표이사로서의 직무와 밀접한 관련이 있다고 보아 회사의 불법행위책임을 인정한 사례.

4. 비영리 재단법인의 설립

비영리 재단법인 역시 다음의 네 가지의 요건을 갖추면 성립한다.

(1) 목적의 비영리성

비영리 사단법인의 경우와 마찬가지로, 비영리 재단법인을 설립할 때에도 영리 아닌 사업을 목적으로 해야 한다.

(2) 설립행위: 정관작성 및 재산출연

사단법인에서와는 달리, 재단법인의 설립행위에는 정관작성 외에 **재산출연**(財産出捐)도 필요하다. 설립행위의 법적 성질은 **요물적**(要物的: 재산출연이 있어야 하므로) **요식행위**(서면에 일정 사항을 기재해야 하므로)이다. **단독행위**인지 여부에 대해서는 긍정설(多判)이 있고, 양도계약이라는 견해도 있다. 설립자가 2인 이상인 경우는 **단독행위의 경합**이라고 이해된다.

정관의 작성에 있어서는 사단법인의 경우와 대체로 같지만, 필요적 기재사항에서 사원자격의 득실에 관한 규정 그리고 법원의 존립시기나 해산사유가 제외되어 있다는 점(43)을 주의해야 한다.

제43조(재단법인의 정관) 재단법인의 설립자는 일정한 재산을 출연하고 제40조 제1호 내지 제5호의 사항을 기재한 정관을 작성하여 기명날인하여야 한다.

또한 필요적 기재사항 중에서 가장 중요한 '목적'과 '자산에 관한 규정'이 정해져 있으면 나머지 부분은 보충이 가능하다(이른바 **정관의 보충**).

제44조(재단법인의 정관의 보충) 재단법인의 설립자가 그 명칭, 사무소 소재지 또는 이사임면의 방법을 정하지 아니하고 사망한 때에는 이해관계인 또는 검사의 청구에 의하여 법원이 이를 정한다.

재산출연은 생전처분 또는 유언으로 할 수 있다. 이는 무상행위로서 증여 및 유증과 유사하다. 따라서 재단법인을 생전처분으로 설립할 때에는 증여에 관한 규정이, 유언으로 설립할 때에는 유증에 관한 규정이 **준용**된다.

제47조(증여, 유증에 관한 규정의 준용) ① 생전처분으로 재단법인을 설립하는 때에는 증여에 관한 규정[554조 이하]을 준용한다.
② 유언으로 재단법인을 설립하는 때에는 유증에 관한 규정[1074조 이하]을 준용한다.

출연재산이 법인에 귀속하는 시기에 관해서는 논란이 있다. 법인이 성립되는 때는 설립등기 시(33)이다. 또한 유언의 효력 발생 시기는 유언자의 사망 시(1073)이다. 따라서 제48조에 따르면 생전처분의 경우에는 법인의 설립등기 시, 유언에 의한 경우에는 유언자(출연자)의 사망 시에 출연재산이 법인에 귀속하게 된다.

제48조(출연재산의 귀속시기) ① 생전처분으로 재단법인을 설립하는 때에는 출연재산은 법인이 성립된 때로부터 법인의 재산이 된다.
② 유언으로 재단법인을 설립하는 때에는 출연재산은 유언의 효력이 발생한 때로부터 법인에 귀속한 것으로 본다.

그런데 우리 민법은 물권변동에 관하여 **성립요건주의**(成立要件主義: 물권행위 외에 등기 또는 인도라는 공시방법까지 갖추어야 물권변동이 일어나도록 함)를 취하고 있어서, 부동산 양도(讓渡: 법률행위에 의한 물권변동)의 경우에는 등기(186)를, 동산 양도의 경우에는 인도(引渡: 188)를 하여야만 물권변동이 일어난다.

제186조(부동산물권변동의 효력) 부동산에 관한 법률행위로 인한 물권의 득실변경은 등기(登記)하여야 그 효력이 생긴다.

제187조(등기를 요하지 아니하는 부동산물권취득) 상속, 공용징수, 판결, 경매 기타 법률의 규정에 의한 부동산에 관한 물권의 취득은 등기를 요하지 아니한다. 그러나 등기를 하지 아니하면 이를 처분하지 못한다.

제188조(동산물권양도의 효력, 간이인도) ① 동산에 관한 물권의 양도는 그 동산을 인도(引渡)하여야 효력이 생긴다.

그런데 이때 제48조에서 정하고 있는 출연재산 귀속의 시기와 제186~188조에서 정하고 있는 물권변동의 시기 사이에 차이가 생긴다. 따라서 이 충돌을 어떻게 해결할지가 문제된다. 이에 관해서는 학설의 다툼이 있다. 먼저 제48조보다 제186 · 188조의 적용을 우선시하는 입장이 있다(少). 이에 따르면 제48조에 의해서는 채권적 청구권만 발생한다. 한편 제48조가 제187조에서 말하는 '기타 법률의 규정'이라고 보는 입장도 있다(多). 이에 따르면 등기 없이도 제48조가 정하는 시기에 법인으로 재산이 귀속한다.

판례는 다수설도 소수설도 아닌 독자적인 견해를 채택하고 있다. 즉 출연자와 법인 사이에는 법인설립 시 법인으로 출연재산이 귀속하지만, 제3자에게 대항하기 위해서는 등기가 필요하다고 한다.

대판(전) 1979.12.11, 78다481 · 482

재단법인을 설립함에 있어서 출연재산은 그 법인이 성립된 때로부터 법인에 귀속된다는 민법 제48조의 규정은 출연자와 법인과의 관계를 상대적으로 결정하는 기준에 불과하여 출연재산이 부동산인 경우에도 출연자와 법인 사이에는 법인의 성립 외에 등기를 필요로 하는 것은 아니지만, 제3자에 대한 관계에 있어서, 출연행위는 법률행위이므로 출연재산의 법인에의 귀속에는 부동산의 권리에 관한 것일 경우 등기를 필요로 한다.

대판 1993.9.14, 93다8054

유언으로 재단법인을 설립하는 경우에도 제3자에 대한 관계에서는 출연재산이 부동산인 경우는 그 법인에의 귀속에는 법인의 설립 외에 등기를 필요로 하는 것이므로, 재단법인이 그와 같은 등기를 마치지 아니하였다면 유언자의 상속인의 한 사람으로부터 부동산의 지분을 취득하여 이전등기를 마친 선의의 제3자에 대하여 대항할 수 없다.

대판 1999.7.9, 98다9045

재단법인에 대한 출연자와 법인과의 관계에 있어서 그 출연행위에 터잡아 법인이 성립되면 그로써 출연재산은 민법 제48조에 의하여 법인 성립시에 법인에게 귀속되어 법인의 재산이 되는 것이고, 출연재산이 부동산인 경우에 있어서도 위 양 당사자 간의 관계에 있어서는 법인의 성립 외에 등기를 필요로 하는 것은 아니라 할지라도, 재단법인의 출연자가 착오를 원인으로 취소를 한 경우에는 출연자는 재단법인의 성립 여부나 출연된 재산의 기본재산인 여부와 관계없이 그 의사표시를 취소할 수 있다.

출연재산이 채권인 경우, 지명채권(指名債權: 채권자가 정해져 있는 채권으로서 민법상의 일반적인 채권)은 채권양도에 특별한 요건이 필요하지 않으므로(cf. 450: 양도통지와 승낙은 대항요건에 불과함) 제48조에 따라 출연재산 귀속시기를 결정해도 문제가 없다. 지시채권(指示債券: 증서에 기재된 채권자 또는 그가 지시한 자에게 변제하여야 하는 채권)과 무기명채권(無記名債券: 특정의 채권자를 지정함이 없이 증권의 소지인에게 변제하여야 하는 증권적 채권)의 경우에 대해서는 학설의 다툼이 있다. 제48조를 우선 적용해야 한다는 견해(48을 508, 523의 예외규정으로 봄)가 있고, 반대로 제508 · 523조를 우선 적용해야 한다는 견해도 있다.

제508조(지시채권의 양도방식) 지시채권은 그 증서에 배서하여 양수인에게 교부하는 방식으로 양도할 수 있다.

제523조(무기명채권의 양도방식) 무기명채권은 양수인에게 그 증서를 교부함으로써 양도의 효력이 있다.

대판 1984.9.11, 83누578

(1) 출연자가 자기의 채권을 사단법인의 목적재산으로 일단 출연한 이상 그 채권은 재단법인에 귀속되는 것이고 당사자가 그 채권에 대한 평가액을 설사 영으로 계산하고 있다 하더라도 당사자의 평가액 여하에 따라 출연의 효과가 좌우되는 것은 아니라고 할 것이며, 다만 그 채권이 변제 기타 사유로 이미 소멸하여 존재하지 아니하거나, 회수가 불가능한 것이어서 실질적 재산가치가 전혀 없는 것이다.

(2) 유언으로 재단법인을 설립하는 경우, 출연재산은 유언의 효력이 발생한때 즉 출연자가

사망한 때로부터 법인에 귀속되므로 출연재산은 상속인의 상속재산에 포함되지 않는 것으로서 재산상속인의 출연재산에 포함되지 않는 것으로서 재산상속인의 출연재산 처분행위는 무권한자(無權限者)의 행위가 될 수밖에 없다.

(3) 주무관청의 허가 및 설립등기

비영리 재단법인의 설립 요건으로서 주무관청의 허가 및 설립등기와 관련한 내용은 사단법인의 경우와 같다.

29장 법인의 능력 및 기타 문제

I 법인의 능력

1. 법인 능력의 특수성

법인의 능력은 자연인의 경우와는 근본적으로 차이가 있다. **자연인**의 경우에는 모든 살아 있는 인간에게 권리능력이 평등하게 인정되며, 각자 인정되는 권리능력에도 아무런 차이가 없다. 하지만 **법인**의 경우에는 법으로 인정한 범위 내에서만 일정한 단체에 대하여 권리능력이 인정될 뿐이다.

행위능력과 **불법행위능력** 역시 법인에 대해서는 자연인과 상당히 다르게 인정된다. 즉 자연인에게 있어서 행위능력 제도는 주로 제한능력자를 보호하기 위한 것이라면, 법인에게 있어서 행위능력은 '어떤 범위에서 누가 법인의 행위를 할 수 있느냐?'의 문제이다. 법인의 불법행위능력 역시 그 핵심은 '누구의 어떤 행위에 대하여 법인 자신이 배상책임을 지느냐?'이다. 요컨대 법인의 능력에 관한 근본 문제는 '어떤 경우에 법인의 행위로 볼 수 있는지'를 확인하는 것이다.

법인의 능력에 관한 규정은 원칙적으로 민법의 비영리법인뿐만 아니라 모든 법인에 적용된다.

2. 권리능력

제34조(법인의 권리능력) 법인은 법률의 규정에 좇아 정관으로 정한 목적의 범위내에서 권리와 의무의 주체가 된다.

(1) 성질에 의한 제한

법인은 자연인이 아니므로 생명권, 친권, 육체상의 자유권 등 육체를 가진 인간만이 가질 수 있는 권리들을 가질 수 없다. 상속을 받을 수도 없지만(cf. 1000~1004), 포괄적 유증은 가능하므로 실질적으로는 상속인의 지위를 누릴 수 있다(1078). 또한 법인의 명예가 훼손된 경우 법인의 손해배상청구권도 인정된다.

(2) 법률에 의한 제한

법인의 권리능력을 일반적으로 제한하는 법률은 없지만 개별 규정들이 있다(81, 상 173, 채무자 회생 및 파산에 관한 법률 328 등).

제81조(청산법인) 해산한 법인은 청산의 목적범위내에서만 권리가 있고 의무를 부담한다.

제173조(권리능력의 제한) 회사는 다른 회사의 무한책임사원이 되지 못한다.

(3) 정관으로 정한 목적에 의한 제한

민법은 정관으로 정한 목적의 범위 내에서만 법인의 **권리능력**을 인정한다(通). 하지만 이것을 권리능력의 제한으로 보지 않고 행위능력의 제한으로 보는 견해도 있다. 여기서 '**목적의 범위 내**'의 의미는 '목적에 위반하지 않는 범위 내'로 이해되는데(多), '목적을 달성하는 데 필요한 범위 내'로 보는 입장도 있다(少). 결국 다수설은 법인의 권리능력의 제한을 최소한으로 하려는 입장이며, 이것이 더 타당하다.

판례는 다수설과 유사하게, 목적범위 내의 행위는 '목적을 수행하는 데 있어서 직접 또는 간접으로 필요한 행위'라고 한다.

대판 1987.9.8, 86다카1349

회사도 법인인 이상 그 권리능력이 정관으로 정한 목적에 의하여 제한됨은 당연하나 정관에 명시된 목적 자체에는 포함되지 않는 행위라 할지라도 목적수행에 필요한 행위는 회사의 목적범위 내의 행위라 할 것이고 그 목적수행에 필요한 행위인가의 여부는 문제된 행위가 정관기재의 목적에 현실적으로 필요한 것이었던가의 여부를 기준으로 판단할 것이 아니라 그 행위의 객관적 성질에 비추어 추상적으로 판단할 것이다.

대판 2009.12.10, 2009다63236

회사의 권리능력은 회사의 설립근거가 된 법률과 회사의 정관상의 목적에 의하여 제한되나 그 목적범위 내의 행위라 함은 정관에 명시된 목적 자체에 국한되는 것이 아니라 그 목적을 수행하는 데 있어 직접, 간접으로 필요한 행위는 모두 포함되고 목적수행에 필요한지의 여부는 행위의 객관적 성질에 따라 판단할 것이고 행위자의 주관적, 구체적 의사에 따라 판단할 것은 아니다.

3. 법인의 행위능력

법인은 **권리능력**이 있는 모든 범위 안에서 **행위능력**을 가진다(通). 법인의 대표기관이 법인의 행위능력 범위 안에서 행위를 하는 때에는 법인의 행위로 인정된다. **대표**는 본인과 대리인의 관계보다 훨씬 밀접하나, **대리에 관한 규정이 준용**된다. 대표기관으로는 이사 기타 대표자(eg. 임시이사, 특별대리인, 직무대행자, 청산인)가 있다.

제59조(이사의 대표권) ② 법인의 대표에 관하여는 대리에 관한 규정을 준용한다.

대판 1978.2.28, 77누155

법인은 하나의 실재로서 고유의 의사에 따라 대표기관에 의하여 행동하는 주체이므로 법인은 독자의 의사를 지니고 이로써 의사를 결정하고 법적 효력이 있는 행위를 하기 위한 기관을 가졌다고 하는 것이 법인에 행위능력이 있다는 것이 되나니, 이와 같이 법인은 기관에 의하여 독자의 행위를 할 수 있는 실재체이므로 기관의 행위는 즉 법인 자체의 행위가 되고, 다만 법인의 기관은 법인의 목적범위 내의 행위여야 된다는 제한이 있을 따름이다.

4. 법인의 불법행위능력

제35조(법인의 불법행위능력) ① 법인은 이사 기타 대표자가 그 직무에 관하여 타인에게 가한 손해를 배상할 책임이 있다. 이사 기타 대표자는 이로 인하여 자기의 손해배상책임을 면하지 못한다.

② 법인의 목적범위외의 행위로 인하여 타인에게 손해를 가한 때에는 그 사항의 의결에 찬성하거나 그 의결을 집행한 사원, 이사 및 기타 대표자가 연대하여 배상하여야 한다.

(1) 제35조의 입법 취지

제35조의 입법 취지에 대해서는, 법인실재설에 따르면 당연한 규정이라는 견해와 정책적 규정이라는 견해가 있다. 판례는 전자의 견해에 가깝다.

(2) 제35조의 적용 범위

제35조는 민법상의 모든 법인에 적용된다. 상법상의 회사에 대해서는 특별규정(상 210, 389)이 있다. 또한 제35조는 권리능력 없는 사단에도 유추적용된다. 대표기관이 아닌 피용자의 가해행위에는 제756조가 적용되어 법인은 사용자 책임을 지게 되는데, 이것은 법인 자신의 불법행위에 대한 책임이 아니라 피용자의 불법행위에 대한 '대위책임'(일정한 경우 타인의 불법행위에 대하여 부담하는 책임)이다.

상 제210조(손해배상책임) 회사를 대표하는 사원이 그 업무집행으로 인하여 타인에게 손해를 가한 때에는 회사는 그 사원과 연대하여 배상할 책임이 있다.

상 제389조(대표이사) ③ 제208조제2항, 제209조, 제210조와 제386조의 규정은 대표이사에 준용한다.

대판 2009.11.26, 2009다57033

민법 제35조 제1항은 "법인은 이사 기타 대표자가 그 직무에 관하여 개인에게 가한 손해를 배상할 책임이 있다"고 규정하고 있고, 민법 제756조 제1항은 "타인을 사용하여 어느 사무에 종사하게 한 자는 피용자가 그 사무집행에 관하여 제3자에게 가한 손해를 배상할 책임이 있다"고 규정하고 있다. 따라서 법인에 있어서 그 대표자가 직무에 관하여 불법행위를 한 경우에는 민법 제35조 제1항에 의하여, 법인의 피용자가 사무집행에 관하여 불법행위를 한 경우에는 민법 제756조 제1항에 의하여 각기 손해배상책임을 부담한다.

(3) 법인의 불법행위 성립의 요건

법인의 불법행위책임이 인정되려면 다음의 요건을 충족해야 한다(35 ① 1문).

① **대표기관의 행위**: 대표기관으로는 이사, 임시이사, 특별대리인, 직무대행자, 청산인이 있다. 따라서 대표권 없는 이사, 사원총회, 감사, 이사에 의해 선임된 대리인(지배인, 임의대리인)과 같이 대표권이 없는 자들의 행위에 대해서는 법인의 책임이 부인된다.

② **직무에 관한 행위**: '외형상 직무수행행위로 볼 수 있는 행위'뿐만 아니라 '직무행위와 사회관념상 견련성을 가지는 행위'도 직무에 관한 행위에 포함된다(通判). 따라서 보통은 제34조의 "정관으로 정한 목적의 범위 내"의 행위와 일치하게 된다.

대판 1975.8.19, 75다666

학교법인의 대표자가 교육시설의 확장 등 학교의 정상적인 유지 운영을 위하여 금원을 차용하고 수표를 발행하는 행위는 피고 법인대표자의 직무행위라 할 것이고 또 이는 법인의 사무집행에 관한 행위로서의 객관적인 외형을 갖추었다 할 것이므로 법인은 위 대표자가 타인으로부터 금원을 차용하고 수표를 발행함에 있어 사립학교법 16조 및 28조가 정하는 이사회의 결의를 거치지 아니하고 감독관청의 허가를 받지 않은 잘못으로 인하여 타인이 입은 손해를 불법행위자로서 배상할 의무가 있고, 금원을 법인에게 대여함에 있어서 사립학교법이 정하는 절차를 거쳤는지 여부를 알아보지 아니한 과실이 있는 금원 대여자는 과실책임을 진다.

대판 1990.3.23, 89다카555

상호신용금고의 대표이사인 갑이 을로부터 일정한 금원을 예탁금으로 입금처리하여 줄 것을 의뢰받고 당시 공동대표이사인 병의 개인자금을 조달할 목적으로 위 금원을 차용하면서도 외관상으로만 위 금원을 위 금고의 차입금으로 입금처리 하는 양 가장하여 을을 속이고 실제로는 차입금원장 등 장부에도 기장하지 아니한 채 위 금고용차입금증서가 아닌 병 개인명의로 발행된 약속어음을 을에게 교부하여 주었다면 이는 실질적으로는 갑의 개인적인 융통행위로서 위 금고의 차용행위로서는 무효라 하겠으나 그의 행위는 위 금고 대표이사로서의 직무와 밀접한 관련이 있을 뿐만 아니라 외형상으로는 위 금고 대표이사의 직무범위 내의 행위로 보아야 할 것이고 을의 처지에서도 위 금고와의 거래로 알고 있었던 것이므로 위 금고는 그 대표이사 갑의 직무에 관한 불법행위로 인하여 을이 입은 손해를 배상할 책임이 있다.

대판 2004.2.27, 2003다15280

(1) 법인이 그 대표자의 불법행위로 인하여 손해배상의무를 지는 것은 그 대표자의 직무에 관한 행위로 인하여 손해가 발생한 것임을 요한다 할 것이나, 그 직무에 관한 것이라는 의미는 행위의 외형상 법인의 대표자의 직무행위라고 인정할 수 있는 것이라면 설사 그것이 대표자 개인의 사리를 도모하기 위한 것이었거나 법령의 규정에 위배된 것이었다 하더라도 위의 직무에 관한 행위에 해당한다고 보아야 한다.

(2) 토지구획정리조합의 대표자가 구획정리사업 시공회사의 원활한 자금 운용 등을 위하여 시공회사의 채무를 연대보증하였으나 조합원총회 등의 결의를 거치지 아니함으로써 연대보증행위가 무효로 된 경우, 민법 제35조 제1항에 의하여 조합의 불법행위책임을 인정한 사례.

③ **일반 불법행위 요건**(750): 가해행위, 고의 · 과실, 책임능력, 위법성, 손해 발생(가해행위와의 인과관계 포함)이라는 요건을 갖추어야 한다.

④ **직무행위 여부에 대한 상대방의 악의·중과실이 없음**: 학설은 악의 · 중과실의 경우 법인의 불법행위 책임을 부정하는 견해 그리고 악의인 경우에만 법인의 불법행위 책임을 부정하는 견해가 있다. 판례는 악의 · 중과실을 고려한다.

대판 2004.3.26, 2003다34045

법인의 대표자의 행위가 직무에 관한 행위에 해당하지 아니함을 피해자 자신이 알았거나 중대한 과실로 인하여 알지 못한 경우에는 법인에게 손해배상책임을 물을 수 없다고 할 것이고, 여기서 중대한 과실이라 함은 거래의 상대방이 조금만 주의를 기울였더라면 대표자의 행위가 그 직무권한 내에서 적법하게 행하여진 것이 아니라는 사정을 알 수 있었음에도 만연히 이를 직무권한 내의 행위라고 믿음으로써 일반인에게 요구되는 주의의무에 현저히 위반하는 것으로 거의 고의에 가까운 정도의 주의를 결여하고, 공평의 관점에서 상대방을 구태여 보호할 필요가 없다고 봄이 상당하다고 인정되는 상태를 말한다.

(4) 법인의 불법행위 성립의 효과

제35조는 법인의 불법행위가 성립하는 경우와 그렇지 않은 경우에 따라 불법행위의 효과를 구분한다.

① **법인의 불법행위가 성립**하는 경우(35 ① 1문): 앞서 제시된 요건을 갖추면 법인은 피해자에게 손해를 배상하여야 한다. 배상의 범위에 대해서는 손해배상에 관한 일반원칙이 적용된다. 여기서 법인의 불법행위 책임은 법인의 **사용자책임**(756)과 구별된다. 전자는 법인 자신의 불법행위에 대한 책임이고, 후자는 불법행위자의 사용자이기 때문에 지는 책임이다. 따라서 제35조의 책임은 사용자책임과는 달리, 선임·감독에 주의를 다한 경우(cf. 756 ① 단)에도 면책되지 않는다.

대판 1978.3.14, 78다132

(…) 피고 법인의 대표자였던 위 소외 A에 의한 본건 차용행위가 원심이 인정한 바와 같은 불법행위가 된다면 이는 민법 제35조에 의하여 피고법인 자체의 불법행위가 되는 것으로서, 비록 배상책임이 있다는 점에서는 같다 할지라도 민법 제756조 소정의 사용자의 배상책임과는 그 성질이 다르다고 할 것이므로 (…)

법인의 책임과 더불어 대표기관 개인도 책임을 지는 것은 피해자 보호라는 정책적 고려 때문이다(多). 법인이 피해자에게 먼저 배상을 한 경우, 법인은 대표기관 개인을 상대로 구상권을 행사할 수 있다.

② **법인의 불법행위가 불성립하는 경우**(750, 35 ②): 이때에는 대표기관만 책임을 진다. 단 피해자 보호를 위하여 책임을 지는 자의 범위를, "그 사항의 의결에 찬성하거나 그 의결을 집행한 사원, 이사 및 기타 대표자"(35 ②)로 확대하고 있다.

5. 대표권의 남용

대표권의 남용이란 대표기관이 법인의 목적범위 내에서 그리고 대표권의 범위 내에서 법인의 이름으로 법률행위를 했으나, 사적인 이익을 위해 그것을 한 경우를 말한다.

이에 관한 학설을 보면, 우선 **제107조 제1항 단서를 유추적용**하자는 견해(多判)가 있다. 즉 이러한 남용의 경우도 대표행위가 원칙적으로 유효하나, 상대방이 그 사정을 알았거나 알 수 있었을 경우에는 무효로 한다는 것이다. **신의칙설**(**권리남용설**)은 상대방이 악의 또는 중과실인 경우 대표행위를 무효로 한다는 입장이다(이런 입장의 판결도 있음). 또한 이것을 제126조의 표현대리 문제로 파악하는 대표권 부인설도 있다.

대판 1997.8.29, 97다18059

(1) 일반적으로 주식회사 대표이사는 회사의 권리능력의 범위 내에서 재판상 또는 재판 외의 일체의 행위를 할 수 있고, 이러한 대표권 그 자체는 성질상 제한될 수 없는 것이지만 대외적인 업무 집행에 관한 결정 권한으로서의 대표권은 법률의 규정에 의하여 제한될 뿐만 아니라 회사의 정관, 이사회의 결의 등의 내부적 절차 또는 내규 등에 의하여 내부적으로 제한될 수 있으며, 이렇게 대표권한이 내부적으로 제한된 경우에는 그 대표이사는 제한 범위 내에서만 대표권한이 있는 데 불과하게 되는 것이지만 그렇더라도 그 대표권한의 범위를 벗어난 행위, 다시 말하면 대표권의 제한을 위반한 행위라 하더라도 그것이 회사의 권리능력의 범위 내에 속한 행위이기만 하다면 대표권의 제한을 알지 못하는 제3자는 그 행위를 회사의 대표행위라고 믿는 것이 당연하고 이러한 신뢰는 보호되어야 한다.

(2) 주식회사의 대표이사가 그 대표권의 범위 내에서 한 행위는 설사 대표이사가 회사의 영리목적과 관계없이 자기 또는 제3자의 이익을 도모할 목적으로 그 권한을 남용한 것이라 할지라도 일단 회사의 행위로서 유효하고, 다만 그 행위의 상대방이 대표이사의 진의를 알았거나 알 수 있었을 때에는 회사에 대하여 무효가 되는 것이다.

(3) 주식회사의 대표이사가 회사 명의로 한 채무부담행위가 회사의 목적 범위 내의 행위에 속하는 것으로 인정된 사례.

대판 1987.10.13, 86다카1522

(1) 회사도 법인인 이상 그 권리능력이 정관으로 정한 목적에 의하여 제한됨은 당연하나, 정관에 명시된 목적 자체에는 포함되지 않는 행위라 할지라도 목적수행에 필요한 행위는 회사의 목적범위 내의 행위라 할 것이고 그 목적수행에 필요한 행위인가의 여부는 문제된 행위가 정관기재의 목적에 현실적으로 필요한 것이었던가의 여부를 기준으로 판단할 것이 아니라 그 행위의 객관적 성질에 비추어 추상적으로 판단할 것이다.

(2) 주식회사의 대표이사가 그 대표권의 범위 내에서 한 행위는 설사 대표이사가 회사의 영리목적과 관계없이 자기 또는 제3자의 이익을 도모할 목적으로 그 권한을 남용한 것이라 할지라도 일응 회사의 행위로서 유효하고 다만 그 행위의 상대방이 그와 같은 정을 알았던 경

우에는 그로 인하여 취득한 권리를 회사에 대하여 주장하는 것이 신의칙에 반하므로 회사는 상대방의 악의를 입증하여 그 행위의 효과를 부인할 수 있을 뿐이다.

대표권의 남용과는 다른 경우로서 **대표권의 범위를 넘어선 행위**가 있다. 이것은 대표기관이 대표권의 범위를 벗어나서 법인의 이름으로 법률행위를 한 경우이다. 자연인에 의한 대리행위와 달리 대표기관에 의한 대표행위의 경우에는 대표권한을 넘어서는 경우가 드물지만, 가령 정관에 의해 대표권이 제한된 경우에는 그러한 일이 있을 수도 있다.

이런 경우에 대해서는 제126조를 우선하여 적용하자는 견해, 제35조를 우선하자는 견해, 선택적으로 적용하자는 견해 등이 있다. 그러나 이 문제는 바로 다음 항에서 보는 바와 같이 '정관에 의한 대표권의 제한'이라는 측면에서 제60조에 의해 해결할 수 있다.

대판 2004.3.26, 2003다34045
대표이사의 대표권한 범위를 벗어난 행위라 하더라도 그것이 회사의 권리능력의 범위 내에 속한 행위이기만 하면 대표권의 제한을 알지 못하는 제3자가 그 행위를 회사의 대표행위라고 믿은 신뢰는 보호되어야 하고, 대표이사가 대표권의 범위 내에서 한 행위는 설사 대표이사가 회사의 영리목적과 관계없이 자기 또는 제3자의 이익을 도모할 목적으로 그 권한을 남용한 것이라 할지라도 일단 회사의 행위로서 유효하고, 다만 그 행위의 상대방이 대표이사의 진의를 알았거나 알 수 있었을 때에는 회사에 대하여 무효가 되는 것이며, 이는 민법상 법인의 대표자가 대표권한을 남용한 경우에도 마찬가지이다.

6. 정관에 의한 대표권의 제한

이사의 대표권은 정관에 의하여 제한될 수 있고(cf. 34, 49 ② 제9호, 59 ① 단), 정관에 기재하지 않은 대표권의 제한은 무효이다.

제41조(이사의 대표권에 대한 제한) 이사의 대표권에 대한 제한은 이를 정관에 기재하지 아니하면 그 효력이 없다.

그런데 정관에 기재가 되었더라도 이를 등기하지 않으면 제3자에게 대항하지 못한다.

제60조(**이사의 대표권에 대한 제한의 대항요건**) 이사의 대표권에 대한 제한은 등기하지 아니하면 제삼자에게 대항하지 못한다.

제60조는 "제삼자"라고만 하고 있어서 여기에 악의의 제3자도 포함되는지가 문제된다. **제한설**은 악의의 제3자에는 대항 가능하다는 견해이고, **무제한설**은 선의·악의 상관없이 대항하지 못한다는 입장(判)이다. 참고로 상법은 대표사원의 권한에 대한 제한은 선의의 제3자에게 대항하지 못한다고 규정한다.

상 제209조(**대표사원의 권한**) ① 회사를 대표하는 사원은 회사의 영업에 관하여 재판상 또는 재판외의 모든 행위를 할 권한이 있다.
② 전항의 권한에 대한 제한은 선의의 제삼자에게 대항하지 못한다.

대판 1992.2.14, 91다24564
(1) 재단법인의 대표자가 그 법인의 채무를 부담하는 계약을 함에 있어서 이사회의 결의를 거쳐 노회와 설립자의 승인을 얻고 주무관청의 인가를 받도록 정관에 규정되어 있다면 그와 같은 규정은 법인 대표권의 제한에 관한 규정으로서 이러한 제한은 등기하지 아니하면 제3자에게 대항할 수 없다.
(2) 법인의 정관에 법인 대표권의 제한에 관한 규정이 있으나 그와 같은 취지가 등기되어 있지 않다면 법인은 그와 같은 정관의 규정에 대하여 선의냐 악의냐에 관계없이 제3자에 대하여 대항할 수 없다.

대판 2003.7.22, 2002다64780
비법인사단의 경우에는 대표자의 대표권 제한에 관하여 등기할 방법이 없어 민법 제60조의 규정을 준용할 수 없고, 비법인사단의 대표자가 정관에서 사원총회의 결의를 거쳐야 하도록 규정한 대외적 거래행위에 관하여 이를 거치지 아니한 경우라도, 이와 같은 사원총회 결의사항은 비법인사단의 내부적 의사결정에 불과하다 할 것이므로, 그 거래 상대방이 그와 같은 대표권 제한 사실을 알았거나 알 수 있었을 경우가 아니라면 그 거래행위는 유효하다고 봄이 상당하고, 이 경우 거래의 상대방이 대표권 제한 사실을 알았거나 알 수 있었음은 이를 주장하는 비법인사단측이 주장·입증하여야 한다.

II 법인의 기관

1. 법인 기관의 개념

법인이 실제로 활동하기 위해서는 법인의 의사를 결정해야 하고, 외부에 대하여 법인을 대표해 행위해야 하며, 내부의 사무를 처리하기 위한 일정한 조직을 갖춰야 한다. 실재설에 따르면 이러한 기관은 법인의 구성 부분이다.

2. 법인 기관의 종류

법인의 기관으로는 **이사**(理事: 법인을 대표하고 업무를 집행함), **감사**(監事: 이사의 사무집행을 감독), **사원총회**(최고의 의사결정기관)가 있다.

3. 이사

(1) 이사의 개념

이사는 법인을 대표하고 법인의 업무를 집행하는 기관이다. 이사는 법인의 필요적(즉 반드시 있어야 하는) 상설기관이며, 수 제한은 없다. 다만 이사가 될 수 있는 것은 자연인에 한한다.

> **제57조**(이사) 법인은 이사를 두어야 한다.

(2) 이사의 임면

이사의 임면(任免: 임명과 면직)은 정관의 규정에 의하며, 이사의 임면에 관한 규정은 정관의 **필요적** 기재사항이다(40조 5호). 또한 이사의 성명과 주소는 등기사항이다(49 ② 8호). 즉 등기하지 않으면 이사의 선임, 해임, 퇴임을 가지고 제3자에게 대항하지 못한다. 여기서 선임행위는 위임과 유사한 계약이며, 일반적으로 사원총회에서 이사가 선임된다. 선임행위에 하자가 있으면 무효 또는 취소의 소, 직무집행 정지 가처분, 직무대행자 선임 가처분 등이 가능하다. 해임·퇴임도 정관의 규정에 의거한다. 이에 관해서도 대리에 관한 규정이 적용되고, 위임에 관한 규정이 유추적용된다.

이사가 임기 만료로 사임한 경우 후임이사 선임 시까지는 사임한 이사의 직무 수행이 가능하다. 단 임기 미완료의 다른 이사가 있으면 그렇지 않다. 이사는 자유롭게 사임(辭任)할 수 있으며, 사임의 법적 성격은 상대방 있는 단독행위이다.

(3) 이사의 직무권한

이사의 선임행위는 일종의 위임계약이므로 이사는 **선관주의의무**(681, 61)를 진다. 이사가 임무를 해태(懈怠: 게을리 함)하면 채무불이행책임을 지며, 이사가 여러 명인 경우에는 연대책임을 진다(65).

> **제65조(이사의 임무해태)** 이사가 그 임무를 해태한 때에는 그 이사는 법인에 대하여 연대하여 손해배상의 책임이 있다.

이사의 직무권한은 크게 두 가지로 구분된다. 대외적 권한은 법인을 대표하는 것(**대표권**)이고, 대내적 권한은 업무를 집행하는 것(**업무집행권**)이다.

① 이사의 **대표권**은 법인이 행위능력을 가지는 모든 사항에 미친다. 이때 이사가 여럿인 경우라면 각자대표(단독대표)의 원칙에 따른다(59 ① 본). 대리의 규정이 준용되는 사항은 현명주의(115), 무권대리, 표현대리 등이다.

> **제59조(이사의 대표권)** ① 이사는 법인의 사무에 관하여 각자 법인을 대표한다. 그러나 정관에 규정한 취지에 위반할 수 없고 특히 사단법인은 총회의 의결에 의하여야 한다.
> ② 법인의 대표에 관하여는 대리에 관한 규정을 준용한다.

이사의 대표권이 제한되는 경우로는 몇 가지가 있다. 우선 정관에 의한 제한은 등기해야만 제3자에게 대항할 수 있는데, 그에 관한 상세한 내용은 앞에서 본 바 있다. 사원총회의 의결에 의한 제한에 대해서는 긍정설과 부정설이 있다. 단 사원총회의 의결이 있더라도 그것이 정관에 기재되지 않으면 제한의 효력이 없다고 보아야 할 것이다. 이익상반의 경우, 즉 법인과 이사의 이익이 상충하는 경우에 이사는 대표권이 없고 특별대리인을 선임해야 한다(64). 또한 이사에게는 원칙적으로 복임권이 없다. 다만 예외적으로 특정의 행위를 대리하게 할 수는 있으며(62), 이사에게 포괄적인 복임권은 없다.

② **업무집행권**과 관련된 사무의 내용으로는 재산목록과 사원명부의 작성, 사원총회의 소집, 총회의사록의 작성, 파산의 신청, 해산 시 청산인이 됨, 법인등기의 신청 등이 있다.

제58조(이사의 사무집행) ① 이사는 법인의 사무를 집행한다.
② 이사가 수인인 경우에는 정관에 다른 규정이 없으면 법인의 사무집행은 이사의 과반수로써 결정한다.

제62조(이사의 대리인 선임) 이사는 정관 또는 총회의 결의로 금지하지 아니한 사항에 한하여 타인으로 하여금 특정한 행위를 대리하게 할 수 있다.

4. 이사의 대치

이사의 역할을 대체할 수 있는 기관으로서는 **임시이사, 특별대리인, 직무대행자**가 있다.

(1) 임시이사

이사가 없거나 결원이 있을 경우에 선임되는 **임시이사**는 일시적 기관이지만 정식이사 선임 시까지는 이사와 동일한 권한을 가진다.

제63조(임시이사의 선임) 이사가 없거나 결원이 있는 경우에 이로 인하여 손해가 생길 염려 있는 때에는 법원은 이해관계인이나 검사의 청구에 의하여 임시이사를 선임하여야 한다.

(2) 특별대리인

법인과 이사의 이익이 상반되는 사항에 대하여 이사는 대표권이 없으므로, 그 사항에 관하여 법인을 대표할 자를 법원이 선임하는데 그 자가 **특별대리인**이다. 명칭은 '대리인'이라고 되어 있지만 실제는 법인이나 이사의 대리인이 아니라 **법인의 기관**이다.

第64条(특별대리인의 선임) 법인과 이사의 이익이 상반하는 사항에 관하여는 이사는 대표권이 없다. 이 경우에는 전조의 규정에 의하여 특별대리인을 선임하여야 한다.

(3) 직무대행자

직무대행자는 이사의 선임행위에 흠이 있어서 직무집행이 정지되었을 때 법원이 가처분으로 선임하는 임시적 기관이다(52의2, 60의2).

第52条의2(직무집행정지 등 가처분의 등기) 이사의 직무집행을 정지하거나 직무대행자를 선임하는 가처분을 하거나 그 가처분을 변경 · 취소하는 경우에는 주사무소와 분사무소가 있는 곳의 등기소에서 이를 등기하여야 한다.

第60条의2(직무대행자의 권한) ① 제52조의2의 직무대행자는 가처분명령에 다른 정함이 있는 경우 외에는 법인의 통상사무에 속하지 아니한 행위를 하지 못한다. 다만, 법원의 허가를 얻은 경우에는 그러하지 아니하다.

5. 감사

(1) 감사의 개념

민법상의 **감사**는 **임의기관**이고, **상법상**의 **감사**는 **필요기관**이다(cf. 상 312, 317 ② 8호 등). 감사는 법인을 대표하는 기관이 아니므로 그의 성명과 주소는 등기 사항이 아니다.

第66条(감사) 법인은 정관 또는 총회의 결의로 감사를 둘 수 있다.

상 第312条(임원의 선임) 창립총회에서는 이사와 감사를 선임하여야 한다.

(2) 감사의 직무권한

감사는 법인의 재산상황과 이사의 업무집행을 감독하고, 잘못이 있을 경우에는 총회 또는 주무관청에 보고한다.

제67조(감사의 직무) 감사의 직무는 다음과 같다.
1. 법인의 재산상황을 감사하는 일
2. 이사의 업무집행의 상황을 감사하는 일
3. 재산상황 또는 업무집행에 관하여 부정, 불비한 것이 있음을 발견한 때에는 이를 총회 또는 주무관청에 보고하는 일
4. 전호의 보고를 하기 위하여 필요있는 때에는 총회를 소집하는 일

감사도 이사와 마찬가지로 사무 처리에 있어서 선관주의의무(681)가 있다. 선관주의의무 위반 시에는 채무불이행 책임을 지나, 이사의 경우처럼 감사들 사이에 연대책임은 없다. 감사가 여럿인 경우 각자 단독으로 직무를 수행한다.

6. 사원총회

(1) 사원총회의 개념

사원총회는 사단법인의 **최고·필수 의사결정기관**이다(재단법인에는 없음).

제68조(총회의 권한) 사단법인의 사무는 정관으로 이사 또는 기타 임원에게 위임한 사항외에는 총회의 결의에 의하여야 한다.

(2) 사원총회의 종류

사원총회의 종류로는 통상총회와 임시총회가 있다.

제69조(통상총회) 사단법인의 이사는 매년 1회 이상 통상총회를 소집하여야 한다.
제70조(임시총회) ① 사단법인의 이사는 필요하다고 인정한 때에는 임시총회를 소집할 수 있다.
② 총사원의 5분의 1 이상으로부터 회의의 목적사항을 제시하여 청구한 때에는 이사는 임시총회를 소집하여야 한다. 이 정수는 정관으로 증감할 수 있다.

(3) 사원총회의 소집절차

제71조가 정하는 1주간의 기간은 **단축**은 안 되지만 **연장**은 가능하다. 하지만 소집절차가 법률이나 정관을 위반할 경우 **총회의 결의**는 **무효**이다.

> **제71조**(총회의 소집) 총회의 소집은 1주간전에 그 회의의 목적사항을 기재한 통지를 발하고 기타 정관에 정한 방법에 의하여야 한다.

(4) 사원총회의 권한

사원총회는 '정관으로 이사 또는 기타의 임원에게 위임한 사항' 이외에 원칙적으로 모든 것을 결의할 수 있다. 그러나 예외적으로 결의할 수 없는 사항들이 있다. 즉, ① 강행법규, 사회질서, 법인의 본질에 반하는 사항, ② 정관의 규범적 의미 내용과 다른 해석, ③ 소수사원권(少數社員權)과 사원의 고유권(eg. 결의권) 박탈이 그러하다(**다수결 원리의 한계임**). 또한 사원총회에는 대표권과 업무집행권이 없다. 사원총회의 **전권사항**(全權事項)은 정관의 변경(42)과 임의해산(77 ②)이다. 총회의 이 권한은 정관에 의해서도 박탈될 수 없다.

(5) 사원총회의 결의

사원총회의 결의(決議)에 관해서는 다음과 같은 내용이 중요하다.

① **총회의 성립**: 총회를 성립시키는 정족수에 대해서는 민법이 따로 정하고 있지 않으므로 정관이 정한 정족수의 출석이 필요하다. 정관에 규정이 없는 경우에 대해서는 견해가 대립하는데, 2인 이상의 출석이면 된다는 견해(多)와 총사원의 과반수 출석이 필요하다는 견해가 있다.

② **결의사항**: 정관에서 달리 정하지 않는 한, 미리 통지한 사항에 한정(72)하여 결의할 수 있다.

③ **결의권**: 사원은 평등하게 결의권을 가지는 것이 원칙(73 ①)이나 정관으로 변경 가능하다. 법인과 특정 사원과 관계되는 사항에 대해서 그 사원은 결의권이 없다(74).

④ **결의정족수**: 정관에 달리 정하지 않았으면 사원 과반수의 출석과 출석 사원의 결의권의 과반수가 있어야 결의가 성립한다.

제75조(총회의 결의방법) ① 총회의 결의는 본법 또는 정관에 다른 규정이 없으면 사원 과반수의 출석과 출석사원의 결의권의 과반수로써 한다.

특별정족수가 필요한 경우로는 **정관변경**(총사원 3분의 2 이상의 동의)과 **임의해산**(총사원 4분의 3 이상의 동의)이 있다(42 ①, 78).

7. 사원권

(1) 사원권의 개념

사원권(社員權)이란 사단의 구성원인 사원이 사단에 대해 가지는 권리를 말한다. 사원권은 공익권(共益權)과 자익권(自益權)으로 나뉘는데, 공익권은 사단의 운영에 참여(결의권, 감독권 등)하는 권리이고, 자익권은 이익을 향유(사단의 설비 이용 등)하는 권리이다.

(2) 사원권의 양도·상속

사원권의 양도와 상속은 영리법인에서는 허용되지만(상 335) 민법상의 비영리법인에서는 원칙적으로 허용되지 않는다. 그러나 제56조는 **임의규정**이므로 정관이나 관습으로 달리 정할 수 있다.

제56조(사원권의 양도, 상속금지) 사단법인의 사원의 지위는 양도 또는 상속할 수 없다.

대판 1992.4.14, 91다26850

"사단법인의 사원의 지위는 양도 또는 상속할 수 없다"고 한 민법 제56조의 규정은 강행규정은 아니라고 할 것이므로, 정관에 의하여 이를 인정하고 있을 때에는 양도·상속이 허용된다.

(3) 사원권의 소멸

사원의 사망, 탈퇴, 사원총회의 결의, 기타 정관이 규정하는 사유가 있으면 사원권은 소멸한다.

III 법인의 주소

법인의 주소지는 주된 사무소의 소재지이고(36), 거기에서 허가 후 3주 이내에(49 ①) 설립등기를 함으로써 법인이 성립한다(33). 사무소를 이전할 때에는 이를 3주 이내에(51 ①) 등기하여야 제3자에게 대항할 수 있다(54 ①).

第36조(법인의 주소) 법인의 주소는 그 주된 사무소의 소재지에 있는 것으로 한다.

第33조(법인설립의 등기) 법인은 그 주된 사무소의 소재지에서 설립등기를 함으로써 성립한다.

第49조(법인의 등기사항) ① 법인설립의 허가가 있는 때에는 3주간내에 주된 사무소소재지에서 설립등기를 하여야 한다.

第51조(사무소이전의 등기) ① 법인이 그 사무소를 이전하는 때에는 구소재지에서는 3주간내에 이전등기를 하고 신소재지에서는 동기간내에 제49조 제2항에 게기한 사항을 등기하여야 한다.

IV 정관의 변경

1. 정관 변경의 개념

정관의 변경이란 법인이 동일성을 유지하면서 그 조직을 변경하는 것을 말한다. 변경의 가능성은 사단법인과 재단법인 간 큰 차이가 있다. 즉 **사단법인**은 원칙적으로 변경이 **가능**하나, **재단법인**은 원칙적으로 변경이 **불가능**하다.

2. 사단법인의 정관 변경

(1) 사단법인 정관 변경의 요건

사단법인의 정관을 변경하기 위해서는, ① 사원총회의 결의가 있어야 하고, ② 주무관청의 허가(효력발생요건. 당해 정관이 등기사항인 경우에는 변경을 등기하여야 제3자에게 대항)가 있어야 하며, ③ 정관이라는 서면의 변경은 반드시 필요하지는 않으나, 변경사항이 등기사항이면 등기하여야 제3자에게 대항할 수 있다.

> **제42조(사단법인의 정관의 변경)** ① 사단법인의 정관은 총사원 3분의 2이상의 동의가 있는 때에 한하여 이를 변경할 수 있다. 그러나 정수에 관하여 정관에 다른 규정이 있는 때에는 그 규정에 의한다.
> ② 정관의 변경은 주무관청의 허가를 얻지 아니하면 그 효력이 없다.

(2) 사단법인 정관 변경의 한계

정관에 변경금지 규정이 있는 경우에도 전사원(全社員)의 동의가 있으면 변경이 가능하다. 정관에서 정한 목적의 변경도 가능하나, 영리목적으로의 변경은 불가능하다.

3. 재단법인의 정관 변경

재단법인의 정관변경은 다음의 경우에만 **예외적**으로 인정된다.

> **제45조(재단법인의 정관변경)** ① 재단법인의 정관은 그 변경방법을 정관에 정한 때에 한하여 변경할 수 있다.
> ② 재단법인의 목적달성 또는 그 재산의 보전을 위하여 적당한 때에는 전항의 규정에 불구하고 명칭 또는 사무소의 소재지를 변경할 수 있다.
> ③ 제42조 제2항의 규정[주무관청의 허가]은 전2항의 경우에 준용한다.

(1) 정관의 변경 방법이 정해져 있는 경우

재단법인은 정관에서 정한 방법에 따라 정관을 변경할 수 있다(45 ①). 주무관청의 허가는 효력발생요건(행정법상의 인가)이다. 당해 정관이 등기사항인 경우에는 변경을 등기하여야 제3자에게 대항할 수 있다.

(2) 사무소 등의 변경

재단법인은 정관에서 정하지 않은 경우에도 명칭 또는 사무소의 소재지는 변경할 수 있다(45 ②). 주무관청의 허가와 등기는 앞의 (1)에서와 마찬가지이다.

(3) 목적달성이 불가능한 경우

정관변경 방법이 미리 정해져 있지 않을지라도 재단법인의 목적을 달성할 수 없을 때에는 목적 기타 정관의 규정을 변경할 수 있다.

제46조(재단법인의 목적 기타의 변경) 재단법인의 목적을 달성할 수 없는 때에는 설립자나 이사는 주무관청의 허가를 얻어 설립의 취지를 참작하여 그 목적 기타 정관의 규정을 변경할 수 있다.

이때 변경 전의 목적과 비슷한 목적으로 변경해야 하는지에 대해서는 긍정설과 부정설(通)이 있다. 주무관청의 허가와 등기는 앞의 (1)에서와 마찬가지이다.

(4) 기본재산의 처분 및 증감

재단법인의 기본재산의 처분과 증감은 **중대한 조직변경**을 의미한다. 따라서 판례는 재단법인의 기본재산의 처분에 **주무관청의 허가**를 요구한다. 이것은 기본재산의 증가의 경우에도 마찬가지이다. 사후 허가도 가능하지만, 허가 전까지는 처분의 효력이 없다가 허가가 있으면 유효하게 된다.

대결 2018.7.20, 2017마1565

민법 제32조, 제40조 제4호, 제42조 제2항, 제43조, 제45조 제3항, 제1항에 의하면, 재단법인은 정관에 재단법인의 자산에 관한 규정을 두어야 하고, 재단법인의 설립과 정관의 변경에는 주무관청의 허가를 얻어야 한다. 따라서 주무관청의 허가를 얻은 정관에 기재된 기본재산의 처분행위로 인하여 재단법인의 정관 기재사항을 변경하여야 하는 경우에는, 그에 관하여 주무관청의 허가를 얻어야 한다. 이는 재단법인의 기본재산에 대하여 강제집행을 실시하는 경우에도 동일하나, 주무관청의 허가는 반드시 사전에 얻어야 하는 것은 아니므로, 재단법인의 정관변경에 대한 주무관청의 허가는, 경매개시요건은 아니고, 경락인의 소유권취득에 관한 요건이다. 그러므로 집행법원으로서는 그 허가를 얻어 제출할 것을 특별매각조건으로 경매절차를 진행하고, 매각허가결정 시까지 이를 제출하지 못하면 매각불허가결정을 하면 된다.

V 법인의 소멸

1. 법인 소멸의 과정

자연인과 달리 법인에서는 일정한 절차를 거쳐서 단계적으로 권리능력의 상실(법인의 소멸)이 이루어진다. 즉 먼저 **해산**(解散: 법인 활동의 중단)을 하고 **청산**(淸算: 법인의 잔여 사무와 재산의 정리)으로 들어가서 청산이 완료되면 소멸하게 된다. 이때 청산 과정의 법인을 **청산법인**이라고 부른다. 이렇게 복잡한 과정을 거치는 것은 법인과 이해관계를 맺고 있는 사람들이 법인의 소멸로 입게 될 피해를 최소화하기 위해서이다.

2. 해산

해산의 사유에는 사단법인과 재단법인에 공통된 사유가 있고, 사단법인에만 해당하는 사유가 있다. 단 재단법인에만 해당하는 사유는 없다.

(1) 공통된 해산 사유

해산의 공통된 사유는 다음과 같다.

① 존립기간의 만료 기타 정관에 정한 해산사유(사단법인은 필요적 기재사항, 재단법인은 임의적 기재사항)의 발생.

② 법인의 목적달성 또는 목적달성 불능(정관을 변경하여 존속 가능: 42, 46).

③ 파산(법인의 채무초과로 파산을 신청).

④ 설립허가의 취소(38).

第77條(해산사유) ① 법인은 존립기간의 만료, 법인의 목적의 달성 또는 달성의 불능 기타 정관에 정한 해산사유의 발생, 파산 또는 설립허가의 취소로 해산한다.

第79條(파산신청) 법인이 채무를 완제하지 못하게 된 때에는 이사는 지체없이 파산신청을 하여야 한다.

「채무자 회생 및 파산에 관한 법률」 第306條(법인의 파산원인) ① 법인에 대하여는 그 부채의 총액이 자산의 총액을 초과하는 때에도 파산선고를 할 수 있다.

동법 第294條(파산신청권자) ① 채권자 또는 채무자는 파산신청을 할 수 있다.

(2) 사단법인 특유의 해산 사유

사단법인에만 해당하는 해산의 사유는 사원이 한 명도 없게 되거나, 총회에서 해산결의를 한 경우(**임의해산**)이다.

第77條(해산사유) ② 사단법인은 사원이 없게 되거나 총회의 결의로도 해산한다.

第78條(사단법인의 해산결의) 사단법인은 총사원 4분의 3이상의 동의가 없으면 해산을 결의하지 못한다. 그러나 정관에 다른 규정이 있는 때에는 그 규정에 의한다.[임의해산]

3. 청산

(1) 청산의 개념

청산(淸算)이란 해산한 법인이 잔존사무를 처리하고 재산을 정리하여 완전 소멸할 때까지의 절차를 말한다. 청산절차규정(80, 81, 87)은 **강행규정**이다.

(2) 청산법인의 능력

청산법인은 **청산의 목적범위** 내에서만 권리가 있고 의무를 부담한다. 여기서의 '목적

범위'는 넓게 해석하여야 한다(學判). 청산의 목적범위 외의 행위는 무효이다.

> **第81条(청산법인)** 해산한 법인은 청산의 목적범위내에서만 권리가 있고 의무를 부담한다.

(3) 청산법인의 기관

법인이 해산하면 이사의 역할을 **청산인**이 하고, 감사·사원총회 등 나머지 기관은 계속하여 권한을 행사한다. **청산인**(清算人)은 청산법인의 집행기관 겸 대표기관이다. 이는 이사와 마찬가지이므로 이사에 관한 규정이 준용된다.

> **第82条(청산인)** 법인이 해산한 때에는 파산의 경우를 제하고는 이사가 청산인이 된다. 그러나 정관 또는 총회의 결의로 달리 정한 바가 있으면 그에 의한다.

> **第83条(법원에 의한 청산인의 선임)** 전조의 규정에 의하여 청산인이 될 자가 없거나 청산인의 결원으로 인하여 손해가 생길 염려있는 때에는 법원은 직권 또는 이해관계인이나 검사의 청구에 의하여 청산인을 선임할 수 있다.

(4) 청산사무

청산인은 다음과 같은 직무에 대한 권한을 가진다. 법인해산의 등기와 신고(85, 86), 현존사무의 종결(87 ① 1호), 채권의 추심(87 ① 2호), 채무의 변제(90), 채권신고의 독촉(공고, 최고절차: 88, 89), 변제절차(90~92), 잔여재산의 인도(80), 파산신청(93), 청산종결의 등기와 신고(94) 등이다.

VI 법인의 등기

1. 법인 등기의 종류

주무관청의 허가가 있으면 3주 이내에 주된 사무소의 소재지에서 설립등기(49 ①)를 하여야 한다. 설립등기의 등기사항은 목적, 명칭, 사무소 등이다(49 ②).

제49조(법인의 등기사항) ① 법인설립의 허가가 있는 때에는 3주간내에 주된 사무소 소재지에서 설립등기를 하여야 한다.

② 전항의 등기사항은 다음과 같다.[설립등기사항]

1. 목적
2. 명칭
3. 사무소
4. 설립허가의 연월일
5. 존립시기나 해산사유를 정한 때에는 그 시기 또는 사유
6. 자산의 총액
7. 출자의 방법을 정한 때에는 그 방법
8. 이사의 성명, 주소
9. 이사의 대표권을 제한한 때에는 그 제한

그 밖의 등기로는 분사무소 설치 및 사무소 이전등기, 변경등기, 이사의 직무집행정지 등 가처분의 등기, 해산등기가 있다. 청산이 종결된 때에는 청산등기를 한다.

2. 법인 등기의 효력

설립등기는 법인의 **성립요건**이고, **기타의 등기**는 모두 **대항요건**이다(등기해야 제3자에게 대항할 수 있다). 등기를 해태하면 과태료가 부과된다(97조 1호).

VII 법인의 감독과 벌칙

1. 법인의 감독

(1) 사무감독

법인의 감독 중 사무감독은 설립허가를 한 **주무관청**이 담당한다. 감독의 내용은 법인의 사무 및 재산상황의 검사, 설립허가의 취소 등이다.

第37조(법인의 사무의 검사, 감독) 법인의 사무는 주무관청이 검사, 감독한다.

(2) 해산과 청산의 감독

법인의 감독 중 해산과 청산의 감독은 법원이 담당한다. 감독의 내용은 필요한 검사와 청산인의 선임 · 해임이다.

第95조(해산, 청산의 검사, 감독) 법인의 해산 및 청산은 법원이 검사, 감독한다.

2. 벌칙

법인의 이사, 감사 등이 직무와 관련하여 다음의 행위를 한 경우에는 500만 원 이하의 과태료가 부과된다.

第97조(벌칙) 법인의 이사, 감사 또는 청산인은 다음 각호의 경우에는 500만원 이하의 과태료에 처한다.

1. 본장에 규정한 등기를 해태한 때
2. 제55조의 규정에 위반하거나 재산목록 또는 사원명부에 부정기재를 한 때
3. 제37조, 제95조에 규정한 검사, 감독을 방해한 때
4. 주무관청 또는 총회에 대하여 사실아닌 신고를 하거나 사실을 은폐한 때
5. 제76조와 제90조의 규정에 위반한 때
6. 제79조, 제93조의 규정에 위반하여 파산선고의 신청을 해태한 때
7. 제88조, 제93조에 정한 공고를 해태하거나 부정한 공고를 한 때

30장 물건

I 물건 서론

권리의 객체는 권리(법이 인정하는 힘)의 대상을 말한다. 권리의 객체의 종류를 권리에 따라서 나누면 물건(물권), 특정인의 행위(채권), 권리(권리 위의 권리), 법률관계(형성권), 지적 창조물(지식재산권), 인격적 이익(인격권) 등이다. 사람은 물권의 객체는 아니지만 인격권·가족권의 객체는 될 수 있다.

우리 민법은 권리의 객체 중에서 **물건**에 관해서만 일반 규정을 두고 있다(98~102).

II 물건의 개념과 요건

1. 물건의 개념

우리 민법은 물건을 다음과 같이 정의한다.

> **제98조(물건의 정의)** 본법에서 물건이라 함은 유체물 및 전기 기타 관리할 수 있는 자연력을 말한다.

2. 물건의 요건

(1) 유체물 또는 무체물

물건에는 **유체물**과 **무체물**이 있다. 민법은 무체물 중에서 **관리가능한 자연력**(eg. 전기, 가스)만을 물건으로 인정한다. **권리**는 유체물도 무체물도 아니므로, 물건이 아니다.

(2) 관리가능성

관리가능성이란 **배타적 지배가능성**을 의미한다. 이것은 자연력뿐만 아니라 유체물에서도 물건이기 위한 요건이다. 따라서 천체(eg. 태양, 달, 행성 등)는 물건이 아니다.

(3) 외계의 일부

외계란 인간을 제외한 나머지 세계를 말한다. 따라서 **사람**의 신체나 그 일부는 물건이 아니다. 유체 · 유골에 대해서는 매장 · 제사 등을 위한 특수 소유권이 인정되며(多), 이 특수소유권은 제사주재자(상주)에게 속한다(判).

대판(전) 2008.11.20, 2007다27670

<u>사람의 유체 · 유골</u>은 <u>매장 · 관리 · 제사 · 공양의 대상이 될 수 있는 유체물</u>로서, 분묘에 안치되어 있는 <u>선조의 유체 · 유골</u>은 민법 제1008조의3 소정의 <u>제사용 재산인 분묘와 함께 그 제사주재자에게 승계</u>되고, <u>피상속인 자신의 유체 · 유골</u> 역시 위 제사용 재산에 준하여 <u>그 제사주재자에게 승계</u>된다.

(4) 독립한 물건

물건이 물권의 객체로 되려면 이른바 **일물일권주의**(一物一權主義: 하나의 물건에는 하나의 물권이 성립한다는 원칙)에 의하여 독립된 물건으로서 존재하여야 한다(**독립성**).

III 물건의 종류

1. 물건의 개수에 따른 분류

물건의 일부는 독립한 물건이 아니고, **단일물**은 독립한 하나의 물건이다. **합성물**은 두 개 이상의 물건이 결합(부합)하여 만들어진 물건(cf. 256 이하)이다. 그리고 **집합물**은 단일물 또는 합성물이 모여 거래상 하나의 물건으로 다루어지는 경우이다.

첨부에 의한 소유권의 취득

첨부(添附)란 특정 물건이 일정한 사유에 의해 다른 물건(합성물, 혼화물, 가공물)으로 바뀌는 것이다. 첨부에는 부합(附合), 혼화(混和), 가공(加工)의 세 가지가 있다. 부합에는 다시 부동산에의 부합(256)과 동산 간의 부합(257)이 있고 그 결과로 이루어진 물건은 합성물(合成物)이라 한다. 혼화(258)와 가공(259)의 결과로 만들어진 물건은 각각 혼화물과 가공물이라 한다.

2. 거래 가능성에 따른 분류

사법상 거래의 대상이 될 수 있는 물건이 **융통물**(融通物)이고 그렇지 않은 물건이 **불융통물**(不融通物)이다. 후자에는 다시 **공용물**(公用物: 국가나 공공단체의 공적 목적에 사용, eg. 관공서, 교도소), **공공용물**(公共用物: 일반대중에 의해 공동사용, eg. 도로, 공원), **금제물**(禁制物: 법령으로 거래가 금지되는 물건, eg. 무기, 마약)이 있다.

3. 분할 가능성에 따른 분류

물건을 손상시키지 않고 분할할 수 있는지 여부에 따라 가분물과 불가분물로 분류할 수 있다. 이 구분은 공유물의 분할방법, 다수당사자의 채권관계 등에서 의미가 있다.

4. 재사용 가능성에 따른 분류

같은 물건을 다시 사용할 수 있는지 여부에 따라서는 소비물과 비소비물을 나눌 수 있다. 예컨대 소비대차와 소비임치는 소비물의 경우에만 가능하고, 사용대차와 임대차는 비소비물의 경우에만 가능하다.

5. 대체 가능성에 따른 분류

물건의 개성이 당사자에게 중요하지 않아서 동종·동질·동량의 다른 물건으로 바꿀 수 있는지에 따라 대체물과 부대체물을 나누어볼 수 있다. 가령 소비대차는 대체물에 대해서만 가능하다.

6. 특정 여부에 따른 분류

특정물과 불특정물의 구별은 당사자가 특정 물건을 특별히 다른 물건과 구별하여 선택, 즉 '특정'했는지에 따른 것이다. 특정물과 불특정물은 각각 특정물채권(374, 462)과 종류채권의 객체가 된다.

7. 부동산인지 여부에 따른 분류

부동산과 동산의 구분은 물건의 분류 중에서 법적으로 가장 중요한 것이다. 이에 관해서는 절을 바꾸어 설명한다.

 부동산과 동산

1. 부동산·동산 구별의 이유

부동산은 동산에 비해 경제적 가치가 큰 것이 보통이다. 또한 부동산은 권리관계를 공적 장부(등기부)에 의하여 공시하나, 동산은 그것이 곤란하다(일부 동산은 등기나 등록으로 공시).

제99조(부동산, 동산) ① 토지 및 그 정착물은 부동산이다.

② 부동산 이외의 물건은 동산이다.

항목 \ 구분	부동산	동산
공시방법	등기(186)	점유(188)
선의취득	×	○(249)
취득시효	20, 10년(245)	10, 5년(246)
무주물(252)	국유	선점
첨부	256	257~259
제한물권	용익권, 저당권	질권, 유치권

2. 부동산

'토지 및 그 정착물'이 부동산이다(99 ①).

(1) 토지

토지에는 그 상하가 포함된다(212).

제212조(토지소유권의 범위) 토지의 소유권은 정당한 이익있는 범위내에서 토지의 상하에 미친다.

토지의 구성물(암석, 토사, 지하수)은 독립된 물건이 아닌 토지의 일부이다. 미채굴의 광물은 국유에 속하는 독립한 부동산으로서 국가의 배타적 채굴취득허가권의 객체이다.

바다는 사적 소유권이 부인되지만, 어업권 · 공유수면매립권 등 이용권의 대상은 된다. 하천은 과거에는 국유였으나 현재는 국유제가 폐지되었다. 따라서 예외적으로 사적 소유권, 저당권, 점용권(점유하며 사용할 권리)이 인정된다(cf. 하천법 4).

도로에는 사적 소유권 · 저당권이 인정되나, 그 외에는 제한된다.

(2) 토지의 정착물

토지의 정착물은 토지에 고정적으로 부착되어 이동이 어려운 물건을 말한다. 이것은 모두 부동산이지만, 토지와 별개의 부동산인 것(eg. 건물)도 있고 토지의 일부(eg. 도로의 포장)가 되는 것도 있다.

별개의 부동산이 되는 경우는 다음과 같다.

① **건물**: 대부분의 국가에서 건물은 토지의 정착물로서 토지의 일부로 취급된다. 이것은 'Superfices solo cedit(지상물은 토지에 귀속한다)'라는, 이미 로마인들이 확립한 원칙의 당연한 귀결이었다. 그러나 우리 민법은 건물을 토지와 독립된 별개의 부동산으로 다룬다.

건물인지의 여부는 사회통념에 의해 결정되지만, 최소한의 기둥과 지붕 및 주벽(主壁)을 갖추어야 한다. 건물로서 성립하게 되면 당시의 건축주가 등기 없이도 소유권을 원시취득(原始取得: 최초로 취득)한다.

대판 1986.11.11, 86누173

건물이라고 함은 최소한의 기둥과 지붕 그리고 주벽이 이루어지면 이를 법률상 건물이라 할 것이다.

대판 1993.4.23, 93다1527 · 1534

(1) 건축주의 사정으로 건축공사가 중단되었던 미완성의 건물을 인도받아 나머지 공사를 마치고 완공하였다고 하더라도 공사가 중단된 시점에서 사회통념상 독립한 건물이라고 볼 수 있는 형태와 구조를 갖추고 있었다면 원래의 건축주가 이를 원시취득하였다고 봄이 상당하다.

(2) 지하 1층 지상 2층 건물공사에서 지상 1층 일부와 2층 벽 및 지붕공정 등이 완성되지 않은 미완성건물이지만 사회통념상 독립한 건물이라고 한 사례.

대판 2001.1.16, 2000다51872

(1) 독립된 부동산으로서의 건물이라고 하기 위하여는 최소한의 기둥과 지붕 그리고 주벽이 이루어지면 된다.

(2) 이 사건 공작물은 최소한의 지붕과 기둥 그리고 주벽이 이루어졌다고 할 것이어서 미완성 상태의 독립된 건물(원래 지상 7층 건물로 설계되어 있으나, 지상 1층만으로도 구분소유권의 대상이 될 수 있는 구조임이 분명하다)로서의 요건을 갖추었다.

다음 판결에 따르면 **토지의 경계선**은 지적도상의 경계에 의하여 특정되므로 **경계확정소송**이라는 공적 소송에 의하여 확인되는 데 비하여, **건물의 경계**는 건물 사이의 현실적 경계에 의해 특정되므로 **소유권확인소송**이라는 사적 소송에 의해 확인된다.

대판 1997.7.8, 96다36517

(1) 토지는 인위적으로 구획된 일정범위의 지면에 사회관념상 정당한 이익이 있는 범위 내에서의 상하를 포함하는 것으로서, 토지의 개수는 지적법에 의한 지적공부상의 필수, 분계선에 의하여 결정되는 것이고, 어떤 토지가 지적공부상 1필의 토지로 등록되면 그 지적공부상의 경계가 현실의 경계와 다르다 하더라도 다른 특별한 사정이 없는 한 그 경계는 지적공부상의 등록, 즉 지적도상의 경계에 의하여 특정되는 것이므로 이러한 의미에서 토지의 경계는 공적으로 설정 인증된 것이고, 단순히 사적관계에 있어서의 소유권의 한계선과는 그 본질을 달리하는 것으로서, 경계확정소송의 대상이 되는 '경계'란 공적으로 설정 인증된 지번과 지번과의 경계선을 가리키는 것이고, 사적인 소유권의 경계선을 가리키는 것은 아니다.

(2) 건물은 일정한 면적, 공간의 이용을 위하여 지상, 지하에 건설된 구조물을 말하는 것으로서, 건물의 개수는 토지와 달리 공부상의 등록에 의하여 결정되는 것이 아니라 사회통념 또는 거래관념에 따라 물리적 구조, 거래 또는 이용의 목적물로서 관찰한 건물의 상태 등 객관적 사정과 건축한 자 또는 소유자의 의사 등 주관적 사정을 참작하여 결정되는 것이고, 그 경계 또한 사회통념상 독립한 건물로 인정되는 건물 사이의 현실의 경계에 의하여 특정되는 것이므로, 이러한 의미에서 건물의 경계는 공적으로 설정 인증된 것이 아니고 단순히 사적관계에 있어서의 소유권의 한계선에 불과함을 알 수 있고, 따라서 사적자치의 영역에 속하는 건물 소유권의 범위를 확정하기 위하여는 소유권확인소송에 의하여야 할 것이고, 공법상 경계를 확정하는 경계확정소송에 의할 수는 없다.

② **수목**(樹木)**의 집단**: 원칙적으로 수목은 토지의 정착물로서 토지의 일부이다. 그러나 입목법 또는 관습법에 의해 토지와 별개인 부동산으로 될 수 있다. **입목법**(立木法)**에 의한 입목**은 입목법에 따라 소유권보존등기를 한 수목을 말한다. 이러한 수목은 토지와 분리하여 양도할 수도 있고 저당권을 설정할 수도 있다. **입목법의 적용을 받지 않는 수목** 역시 원칙적으로 토지의 일부이나 **관습법상의 명인방법**(누가 소유자인지를 명인[明認: 명확하게 확인]할 수 있도록 하는 관습법상의 공시방법)을 갖추면

독립한 부동산으로서 거래가 가능하다. 그러나 이 방법으로 저당권은 설정할 수 없다(등기할 수 없기 때문).

③ **미분리의 과실**: 원칙적으로는 수목의 일부로서 토지의 일부가 되지만, 명인방법을 갖추면 독립한 물건이 된다. 이때 동산이라는 견해와 부동산(多)이라는 견해가 대립한다. 다음 규정(민집 189 ② 2호)은 소수설의 근거를 뒷받침하는 것처럼 보이지만, 다수설의 입장에서는 강제집행의 편의를 위하여 동산처럼 다루는 것이 된다.

민사집행법 제189조(채무자가 점유하고 있는 물건의 압류) ② 다음 각호 가운데 어느 하나에 해당하는 물건은 이 법에서 유체동산으로 본다.
2. 토지에서 분리하기 전의 과실로서 1월 이내에 수확할 수 있는 것

④ **농작물**: 토지의 정착물이므로 토지의 일부이나, 우리 법원은 경작자의 소유권을 우대하는 판례를 확립했다.

예제 1

농부 A는 자기 밭 옆의 (자기 땅은 아닌) 놀고 있는 땅을 늘 안타깝게 생각하고 있었다. 그래서 거기에 배추를 심었고 이제 곧 수확하게 되었다. 그때 갑자기 나타난 그 땅의 주인 B는 자기 허락 없이 배추를 심었으므로 배추가 자기 소유라고 주장한다. 이 배추는 누구의 소유인가?

제256조(부동산에의 부합) 부동산의 소유자는 그 부동산에 부합한 물건의 소유권을 취득한다. 그러나 타인의 권원에 의하여 부속된 것은 그러하지 아니하다.

대판 1968.6.4, 68다613, 614
타인소유 토지에 농작물을 경작한 경우에도 그 생산물은 사실상 이를 경작배양한 사람의 소유가 된다.

대판 1977.4.12, 76도2887
피고인이 이 토지에 대하여 경작하여 모를 식부 재배(植付 栽培)한 것은 정당한 권원에 의하여 한 것이라 할 것이니 식부 재배된 벼의 소유권은 민법 제256조 단서의 규정에 의하여 피

고인에 귀속된다고 할 것이다. 뿐만 아니라 피고인이 타인의 소유의 토지에 권한 없이 함부로 농작물을 경작한 경우라 할지라도 피고인이 식부한 바의 소유권은 피고인에게 귀속된다 할 것이니(당원 1968. 6. 4. 선고 68다613, 614 판결 참조) 피고인은 이를 수확함이 마땅하므로 그 수확행위를 지목하여 타인의 재물을 절취하였다고 단죄할 수 없다고 할 것이다.

예제 1의 해결

농부 A는 땅 주인 B의 허락 없이 배추를 심었으므로 제256조 단서가 아니라 본문이 적용되어 배추는 B의 소유로 된다. 그러나 판례의 입장에 따르면, 농작물은 경작배양한 사람의 소유가 되므로 A가 배추를 취득하게 된다.

3. 동산

부동산 이외의 물건이 **동산**으로, 토지에 부착된 물건도 **정착물이 아니면 동산**이다. 또한 **전기 기타 관리할 수 있는 자연력**도 동산에 포함된다. 한편 동산이지만 마치 부동산과 같은 취급(취득에 등기나 등록 필요)을 받는 특수동산으로는 자동차, 항공기, 건설기계, 선박 등이 있다. 또, 무기명채권(無記名債權: 채권자가 특정되어 있지 않고 증권 소지자에게 변제해야 하는 채권, eg. 상품권, 입장권)은 물건이 아니므로 동산도 아니다.

금전은 동산의 일종이나 특수한 취급을 받는다. 즉 금전의 경우에는 점유자가 바로 소유자로 취급되고, 반환문제는 소유물 반환청구가 아니라 부당이득으로 처리해야 한다고 한다(多). 또한 금전의 지급채무에 있어서는 이행불능이나 불완전이행이 있을 수 없다.

4. 주물과 종물

제100조(주물, 종물) ① 물건의 소유자가 그 물건의 상용(常用: 일반적 용도)에 공(供: 제공)하기 위하여 자기소유인 다른 물건을 이에 부속하게 한 때에는 그 부속물은 종물이다.
② 종물은 주물의 처분에 따른다.

(1) 종물의 요건

종물의 요건으로는, ① 주물의 일상적인 사용을 돕고, ② 독립한 물건이고, ③ 주물·종물 모두 동일 소유자에게 속해야 한다.

대판 1995.6.29, 94다6345

(1) 주유소의 지하에 매설된 유류저장탱크를 토지로부터 분리하는 데 과다한 비용이 들고 이를 분리하여 발굴할 경우 그 경제적 가치가 현저히 감소할 것이 분명하므로, 그 유류저장탱크는 토지에 부합.

(2) 주유소의 주유기가 비록 독립된 물건이기는 하나 유류저장탱크에 연결되어 유류를 수요자에게 공급하는 기구로서 주유소 영업을 위한 건물이 있는 토지의 지상에 설치되었고 그 주유기가 설치된 건물은 당초부터 주유소 영업을 위한 건물로 건축되었다는 점 등을 종합하여 볼 때, 그 주유기는 계속해서 주유소 건물 자체의 경제적 효용을 다하게 하는 작용을 하고 있으므로 주유소건물의 종물.

(2) 종물의 효과

종물은 **주물의 처분**에 따른다(처분의 수반성). 여기에서 **처분**이란 주물에 대한 권리의무를 설정·변경·소멸시키는 일체의 법률행위를 말한다. 다만 주물의 **시효취득**의 효력은 종물에 미치지 않는다.

제358조(저당권의 효력의 범위) 저당권의 효력은 저당부동산에 부합된 물건과 종물에 미친다. 그러나 법률에 특별한 규정 또는 설정행위에 다른 약정이 있으면 그러하지 아니하다.

대판 1993.8.13, 92다43142

(1) 백화점 건물의 지하 2층 기계실에 설치되어 있는 전화교환설비가 건물의 원소유자가 설치한 부속시설이며, 위 건물은 당초부터 그러한 시설을 수용하는 구조로 건축되었고, 위 시설들은 볼트와 전선 등으로 위 건물에 고정되어 각 층, 각 방실까지 이어지는 전선 등에 연결되어 있을 뿐이어서 과다한 비용을 들이지 않고도 분리할 수 있고, 분리하더라도 독립한 동산으로서 가치를 지니며, 그 자리에 다른 것으로 대체할 수 있는 것이라면, 위 전화교환설비는 독립한 물건이기는 하나, 그 용도, 설치된 위치와 그 위치에 해당하는 건물의 용도, 건물의 형태, 목적, 용도에 대한 관계를 종합하여 볼 때, 위 건물에 연결되거나 부착하는 방법으로 설치되어 위 건물인 10층 백화점의 효용과 기능을 다하기에 필요불가결한 시설들로서, 위 건물의

상용에 제공된 종물이라 할 것이다.

(2) 부동산의 종물은 주물의 처분에 따르고, 저당권은 그 목적 부동산의 종물에 대하여도 그 효력이 미치기 때문에, 저당권의 실행으로 개시된 경매절차에서 부동산을 경락받은 자와 그 승계인은 종물의 소유권을 취득하고, 그 저당권이 설정된 이후에 종물에 대하여 강제집행을 한 자는 위와 같은 경락인과 그 승계인에게 강제집행의 효력을 주장할 수 없다.

(3) 종물 법리의 유추적용

앞에서 본 종물 법리는 권리 상호 간에도 유추적용된다(通判). 가령 원본채권을 양도하면 이자채권도 양도되고, 건물 소유권을 양도하면 그 대지의 임차권, 건물 소유를 위한 지상권 등도 함께 이전된다.

대판 1993.4.13, 92다24950

건물의 소유를 목적으로 하여 토지를 임차한 사람이 그 토지 위에 소유하는 건물에 저당권을 설정한 때에는 민법 제358조 본문에 따라서 저당권의 효력이 건물뿐만 아니라 건물의 소유를 목적으로 한 토지의 임차권에도 미친다고 보아야 할 것이므로, 건물에 대한 저당권이 실행되어 경락인이 건물의 소유권을 취득한 때에는 특별한 다른 사정이 없는 한 건물의 소유를 목적으로 한 토지의 임차권도 건물의 소유권과 함께 경락인에게 이전된다.

대판 1996.4.26, 95다52864

저당권의 효력이 저당부동산에 부합된 물건과 종물에 미친다는 민법 제358조 본문을 유추하여 보면 건물에 대한 저당권의 효력은 그 건물에 종된 권리인 건물의 소유를 목적으로 하는 지상권에도 미치게 되므로, 건물에 대한 저당권이 실행되어 경락인이 그 건물의 소유권을 취득하였다면 경락 후 건물을 철거한다는 등의 매각조건에서 경매되었다는 등 특별한 사정이 없는 한, 경락인은 건물 소유를 위한 지상권도 민법 제187조의 규정에 따라 등기 없이 당연히 취득하게 되고, 한편 이 경우에 경락인이 건물을 제3자에게 양도한 때에는, 특별한 사정이 없는 한 민법 제100조 제2항의 유추적용에 의하여 건물과 함께 종된 권리인 지상권도 양도하기로 한 것으로 봄이 상당하다.

5. 원물과 과실

(1) 원물과 과실의 개념

물건으로부터 생기는 경제적 수익이 **과실**(果實)이고, 그 과실을 생기게 하는 물건이 **원물**(元物)이다. 과실에는 물건의 용법에 따라 생기는 **천연과실**과 물건의 사용대가로 받는 금전 기타의 물건인 **법정과실**이 있다.

제101조(천연과실, 법정과실) ① 물건의 용법에 의하여 수취하는 산출물은 천연과실이다.
② 물건의 사용대가로 받는 금전 기타의 물건은 법정과실로 한다.

(2) 과실의 귀속

천연과실은 원물로부터 분리되는 때에 수취권자에게 귀속하며, 법정과실은 수취권 존속기간에 비례하여 수취권자에게 귀속한다.

제102조(과실의 취득) ① 천연과실은 그 원물로부터 분리하는 때에 이를 수취할 권리자에게 속한다.
② 법정과실은 수취할 권리의 존속기간일수의 비율로 취득한다.

수취권자는 원칙적으로 **원물의 소유자**이나 **예외**가 많다. 즉 선의의 점유자(201), 용익물권자(지상권자: 279, 전세권자: 303), 담보물권자(유치권자: 323, 질권자: 343), 저당권자(359), 매도인(587), 사용차주(609), 임차인(618), 친권자(923), 수증자(1079) 등도 **과실수취권**을 갖는다.

대판 1996.9.10, 96다25463

돼지를 양도담보의 목적물로 하여 소유권을 양도하되 점유개정의 방법으로 양도담보설정자가 계속하여 점유·관리하면서 무상으로 사용·수익하기로 약정한 경우, 양도담보 목적물로서 원물인 돼지가 출산한 새끼 돼지는 천연과실에 해당하고 그 천연과실의 수취권은 원물인 돼지의 사용·수익권을 가지는 양도담보설정자에게 귀속되므로, 다른 특별한 약정이 없는 한 천연과실인 새끼 돼지에 대하여는 양도담보의 효력이 미치지 않는다고 본 사례.

양도담보

양도담보(讓渡擔保)란 채권담보의 목적으로 채무자나 제3자(물상보증인 등)가 특정 물건의 소유권(또는 기타의 재산권)을 채권자에게 이전하여, 채무자가 채무를 변제하지 않으면 채권자가 그 물건의 소유권을 취득하거나 우선변제를 받고, 채무자가 채무를 변제하면 물건을 원래의 소유자에게 반환하는 제도이다.

여기에는 매도담보와 협의의 양도담보가 있다. 매도담보(賣渡擔保)는 채권자에게 목적물을 매도하는 방식으로 하는 일종의 환매유보부(還買留保附) 매매이다. 한편 협의의 양도담보는 소비대차와 담보 목적의 목적물 소유권 이전을 결합한 것이다.

대판 1994.12.2, 93다62577

갑이 원물인 한우, 꽃사슴 등을 매수하여 매매대금 전부를 지급하고 인도를 받아 을에게 위탁하여 사육하도록 하였고 이로부터 가축이 생산되어 증식된 것이라면 특별한 사정이 없는 한 그 가축은 갑의 소유라 할 것이고 이와 같이 그 소유자가 갑임이 밝혀진 이상 을에 대한 채무명의에 기하여 그 가축에 대하여 한 가압류집행은 불허되어야 함이 마땅하고, 을 명의로 축산업사업자등록이 되어 있다거나 을과 갑 소유의 토지상에 걸쳐 그 가축의 축사가 있다는 등 사정을 들어 대외적으로는 그 가축의 소유자가 을이라고 보아야 하는 것은 아니라 할 것이다.

대판 1996.1.26, 95다44290

민법 제201조 제1항에 의하면 선의의 점유자는 점유물의 과실을 취득한다고 규정하고 있는바, 건물을 사용함으로써 얻는 이득[사용이익]은 그 건물의 과실에 준하는 것이므로, 선의의 점유자는 비록 법률상 원인 없이 타인의 건물을 점유 · 사용하고 이로 말미암아 그에게 손해를 입혔다고 하더라도 그 점유 · 사용으로 인한 이득을 반환할 의무는 없다.

7부

민법 총칙에 관해 못다 한 이야기들

지금까지 민법 총칙과 관련된 여러 가지 공부를 해왔다. 이제 마무리로, 앞에서 설명하지 못하고 넘어간 몇 가지 기초적인 주제를 다루고자 한다. 민법이란 어떤 법인지, 왜 중요한지, 구체적으로 민법에 해당하는 법규범은 어떤 것들인지, 민법의 기본 원리는 무엇인지, 민법은 어떤 방법으로 공부하는 것이 좋은지 등을 생각해보면서, 민법 총칙과 함께 걸어온 우리의 여정을 일단 마치고자 한다. 이것은 끝이 아니다. 앞으로도 민법의 다른 주제들에 대하여 꾸준하게 공부를 계속해보자.

31장 민법의 의의와 법원

I 민법의 개념

1. '민법'이라는 용어의 기원

민법이라는 용어의 유래를 살펴보면, 법의 많은 부분이 그러하듯 이 역시 고대 로마로부터 유래한다. 로마인은 자신들의 법을 '로마 시민에게 적용되는 법'이라는 의미에서 **시민법**(라 ius civile)이라 불렀다. 시민법은 **만민법**(라 ius gentium: 로마 시민이 아닌 자들에게도 적용되는 법) 및 **자연법**(라 ius naturale: 인류에게 보편적으로 적용되는 법)과 대비되었다. 또, 다른 한편으로 시민법이라는 용어는 이 세 가지를 포괄하여 '법 일반'을 의미하기도 했다.

중세에 시민법이라는 말은 교회법과 구별되는 세속법(즉 로마법)을 의미함과 동시에 법 일반을 가리켰다. 그리고 근대에 들어와서 각국은 이 시민법이라는 용어를 그대로 차용했다. 가령 프랑스는 droit civil, 독일은 Bürgerliches Recht 또는 Zivilrecht라는 용어를 민법의 의미로 사용했다.

이 개념을 '민법(民法)'이라는 한자어로 번역한 사람은 19세기 후반 일본의 학자 쓰다 마미치(津田眞道)였다. 그는 네덜란드에서 수학한 후 네덜란드어 'Burgerlyk regt'(시민법이라는 뜻)를 '민법'으로 번역했다고 한다(자세한 내용은 우치다 다케시, 『법학의 탄생』, 2021, 14면 이하 참조).

2. 공법과 사법

민법은 개인들 사이에서 일어나는 법률 문제를 해결하기 위한 **일반 사법**이다. 이 절에서는 **사법**이란 어떤 법인지, 그 앞에 붙은 **일반**은 무엇을 의미하는지를 차례대로 살펴본다.

법을 **공법**(公法)과 **사법**(私法)으로 나누는 것은 가장 보편적인 분류 방법이다. 공법에는 헌법, 형법, 행정법, 세법 등이, 사법에는 민법, 상법 등이 속한다. 공법과 사법의 중간 영역을 **사회법**이라 부르는데, 노동법, 경제법, 사회보장법 등이 해당한다.

(1) 사법과 공법에 관한 최초의 구별

사법과 공법을 최초로 구별한 이들은 로마인이었다. 로마 법률가들은 사법과 공법을 의도적으로 분리한 후 법적 역량을 사법에 집중시켜서 고도의 학문성을 가진 '법학'으로 발전시켰다.

3세기 초에 활약한 로마의 대표적인 법률가 울피아누스(Ulpianus)는 공법과 사법에 관한 고전적인 정의를 다음과 같이 제시한다.

울피아누스 D. 1,1,1,2 (법학입문 제1권)

법 공부에는 두 가지 대상, 즉 <u>공법</u>과 <u>사법</u>이 있다. 공법은 <u>로마 국가의 질서</u>에 관한 것이고, 사법은 <u>개인의 이익</u>에 관한 것이다. 어떤 것들은 <u>공적으로</u>, 어떤 것들은 <u>사적으로</u> 유익하다.

<u>publicum ius</u> est quod ad <u>statum rei Romanae</u> spectat, <u>privatum</u> quod ad <u>singulorum utilitatem</u>: sunt enim quaedam <u>publice</u> utilia, quaedam <u>privatim</u>.

이러한 울피아누스의 생각은 다음의 '이익설'의 기원이 되었다.

(2) 사법과 공법의 구별에 관한 학설

사법과 공법의 구별에 관한 대표적인 학설로는 **이익설**(목적설)과 **성질설**이 있다. 전자는 법이 보호하고자 하는 이익이 공적인 것인지 사적인 것인지에 따라 공·사법을 구별한다. 후자는, 공법은 불평등관계(권력·복종관계)를 규율하고 사법은 평등·대등관계를 규율한다고 본다. 그 밖에도 **주체설**, 생활관계설, 사적 자치설, 다원설 등이 있다.

관련된 판결을 하나 보자. 이 판결을 놓고서 법원이 성질설을 채택한 것으로 해석하는 학자도 있고, 주체설의 입장을 취하는 것으로 보는 학자도 있다.

대결 2006.6.19, 2006마117

지방재정법에 의하여 준용되는 '국가를 당사자로 하는 계약에 관한 법률'에 따라 지방자치단체가 당사자가 되는 이른바 공공계약은 사경제의 주체로서 상대방과 대등한 위치에서 체결하는 사법(私法)상의 계약으로서 그 본질적인 내용은 사인 간의 계약과 다를 바가 없으므로, 그에 관한 법령에 특별한 정함이 있는 경우를 제외하고는 사적 자치와 계약자유의 원칙 등 사법의 원리가 그대로 적용된다.

(3) 사법과 공법의 차이점

양자를 구별할 실제적 필요성이 무엇인지 살펴보자. ① 지배적인 법 원리가 다르다. 공법에서는 여러 헌법적인 원리가 중요하다면, 사법에서는 사적 자치의 원리가 주로 적용된다. ② 구체적 법률관계에 관해 명문규정이 없는 경우에 적용될 법 또는 법원칙이 달라진다. ③ 민사사건과 행정사건의 구별 표준이 된다. 즉 공·사법 여부에 따라 관할 법원이 지방법원 또는 행정법원으로 결정된다.

(4) 사법관계

사법의 내용을 이루는 **사법관계**는 다시 **재산관계**와 **가족관계**로 양분된다. **물권관계**와 **채권관계**가 재산관계에 속하며, **친족관계**가 **가족관계**에 속함은 이론(異論)의 여지가 없다.

그런데 **상속관계**가 어느 쪽에 속하는지에 대해서는 학설 다툼이 있다. 전통적인 입장에 따르면 상속관계는 가족관계에 속한다. 유력한 다른 입장은 상속관계가 재산관계에 속한다고 본다. 이 학설은 가족들 사이의 문제라는 상속관계의 특수성보다는 재산의 귀속이라는 측면을 더 중요하게 생각한다.

3. 기타의 구별

법을 여러 기준에 따라 구별할 때 민법이 어느 쪽에 속하는지를 살펴보자.

(1) 일반법과 특별법

민법은 가령 상법과의 관계에서 보면 **일반법**이다.

> **상 제1조(상사적용법규)** 상사(商事)에 관하여 본법에 규정이 없으면 상관습법에 의하고 상관습법이 없으면 민법의 규정에 의한다.

물론 상법도 다른 상사특별법(eg. 은행법, 선박법 등)과의 관계에서 보면 일반법이다. 특별법은 일반법보다 우선하여 적용되며, 특별법에서 정하지 않은 사항에 대해서만 일반법이 적용된다. 따라서 민법은 민사에 관한 법률 중에서도 가장 일반적인 법, 즉 다른 법에서 정하고 있지 않은 사항에 대하여 최종적으로 적용되는 법이다.

(2) 실체법과 절차법

민법과 민사소송법은 각각 민사에 관한 **실체법**(實體法)과 **절차법**(節次法)에 해당한다. 즉 실체법은 권리 그 자체를 다루고, 절차법은 그 권리를 어떻게 실제적으로(eg. 소송을 통해) 실현할지를 다룬다.

(3) 형식적 의미의 민법과 실질적 의미의 민법

형식적 의미의 민법과 실질적 의미의 민법 간 구별은 매우 중요하다. **형식적 의미의 민법**은 현행 민법전을 말하고, **실질적 의미의 민법**은 민법전에 포함되어 있지 않더라도 민사문제를 규율하는 법들을 포함한다. 실질적 의미의 민법에 민법 제97조 및 제389조는 속하지 않으나, 부동산등기법, 주택임대차보호법, 민사 관습법은 포함된다. **민법학의 대상**이 되는 민법은 **실질적 의미의 민법**이다.

법전

법전(法典, 영 code, 독 Gesetzbuch)은 일반적으로는 '법을 모아놓은 책'을 의미하지만, '민법전'이나 '상법전'처럼 쓰일 때에는, 양이 많고 적용 범위도 넓은 '큰 법률'을 의미한다. 우리나라에서 '법전'이라고 불리는 경우는, 헌법전(130개의 조문), 민법전(1118개의 조문), 상법전(935개의 조문), 형법전(372개의 조문) 밖에는 없다.

(4) 민사와 상사

민사(民事)와 상사(商事)를 합쳐서 **광의(廣義)의 민사**라고 부르며, 그것은 형사(刑事)와 대비된다. **협의(狹義)의 민사**는 형식적 민법과 실질적 민법을 합친 것이고, 상사와 대비된다.

II 민법의 법원

1. 법원의 의의 및 순위

법원(法源, 라 fontes iuris, 독 Rechtsquellen, 영 sources of law)이란 법의 **연원**(淵源)을 의미하는데, 어떤 법을 구체적으로 구성하는 '소재'를 말한다. 법원을 보다 추상적으로 표현하면, ① 법의 생성연원으로서 법의 존재형식 또는 현상형태이다. ② 법의 인식연원으로서 재판(법의 발견 작용)의 기준이 되는 것이다.

민법 제1조는 다음과 같이 민법의 법원을 정하고 있다.

> **제1조(법원 法源)** 민사에 관하여 법률에 규정이 없으면 관습법에 의하고 관습법이 없으면 조리에 의한다.

여기서 **법률**이란 넓게 **성문법**을 의미하며(**성문법주의**), 명령, 규칙과 같은 하위 법규도 포괄하는 개념이다. **민사**는 **사법관계**를 의미한다. 제1조가 언급하지는 않지만, 판례는 실질적 법원으로서의 의미가 있으므로 이하에서 살펴볼 것이다.

2. 제1차적 법원: 성문법 또는 제정법

여기에서 **성문법**(成文法)이라 함은 국회에 의하여 제정된 '형식적 의미의 법률'만이 아니고 모든 제정법을 의미한다. 단, 이 성문법에 '불문법'은 포함되지 않는다. 성문법에는 다음과 같은 것들이 있다.

① **법률**은 형식적 의미의 법률로서, 가장 중요한 것은 민법전이며 그 외에 민사에 관한 여러 특별법이 있다. 가령 주택임대차보호법, 농지법, 부동산등기법 등이다.

② **명령**에는 대통령령, 총리령, 부령이 있으며, 민사에 관한 것은 민법의 법원이 된다.

③ **대법원 규칙** 중에서 민사에 관한 것은 민법의 법원이 된다. 가령 민사소송규칙, 부동산등기법시행규칙, '공탁금의 이자에 관한 규칙', 공탁사무처리규칙 등이 그렇다.

④ **조약**도 국내법과 같은 효력이 있으므로(헌 6 ①), 민사에 관한 조약은 민법의 법원이 된다.

⑤ **자치법**은 지방자치단체의 조례 · 규칙을 말하는데, 그 중에서 민사에 관한 것은 민법의 법원이 된다(通).

3. 제2차적 법원: 관습법

(1) 관습법의 개념

관습법이란 사회의 거듭된 관행으로 생성된 사회생활 규범이 사회의 법적 확신에 의하여 법적 규범으로 승인된 것을 말한다.

관습법이 성립하기 위해서는 ① 관행(관습)이 존재하여야 하고, ② 그것이 법이라는 법적 확신(보통은 판결을 통해 확인됨)이 존재해야 하고, ③ 전체 법질서에 반하지 않아야 한다. 이 마지막 요건은 아래의 대판(전) 2005.7.21, 2002다1178에 의해 강조된 바 있다. 한편 관습법이기 위하여 반드시 국가의 승인(판결)이 필요한 것은 아니다.

대판(전) 2005.7.21, 2002다1178

관습법이란 사회의 거듭된 관행으로 생성한 사회생활규범이 사회의 법적 확신과 인식에 의하여 법적 규범으로 승인 · 강행되기에 이른 것을 말하고, 그러한 관습법은 법원(法源)으로서 법령에 저촉되지 아니하는 한 법칙으로서의 효력이 있는 것이고, 또 사회의 거듭된 관행으로 생성한 어떤 사회생활규범이 법적 규범으로 승인되기에 이르렀다고 하기 위하여는 헌법을 최상위 규범으로 하는 전체 법질서에 반하지 아니하는 것으로서 정당성과 합리성이 있다고 인정될 수 있는 것이어야 하고, 그렇지 아니한 사회생활규범은 비록 그것이 사회의 거듭된 관행으로 생성된 것이라고 할지라도 이를 법적 규범으로 삼아 관습법으로서의 효력을 인정할 수 없다.

(2) 관습법과 성문법 간의 우열관계

관습법과 성문법 간의 우열관계에 대한 학설을 보자. **변경적 효력설**은 관습법에는 성문법을 '변경'할 만한 강력한 효력이 있다는 입장이다. 이 학설은 그러한 관습법의 예로 양도담보, 명인방법을 들고 있다(이 두 제도에 대해서는 아래 (6)에서 설명함). **보충적 효력설**은 관습법에는 성문법을 '보충'하는 기능만을 인정한다. 판례는 보충적 효력설을 따른다.

대판 1983.6.14, 80다3231

가족의례준칙 제13조의 규정과 배치되는 관습법의 효력을 인정하는 것은 관습법의 제정법에 대한 열후(劣後)적, 보충적 성격에 비추어 민법 제1조의 취지에 어긋나는 것이다.

앞의 판결을 보다 자세히 살펴보자. 우선 사실관계를 정리하면 다음과 같다. D가 사망한 후 유족으로는 아들 B와 남편 C가 있었다. B는 D의 분묘를 A가 소유하는 토지에 설치하고 관리했다. A는 B를 상대로 분묘를 철거하고 묘역에 해당하는 토지를 돌려달라고 청구했다.

이 사건에서의 핵심 쟁점은 A가 누구를 상대로 청구하는 것이 타당한지이다. 즉, A는 B와 C 중에서 어느 쪽을 상대로 소를 제기해야 하는가? 실제 소송에서 A는 B를 피고로 하여 소를 제기했다.

원심(原審: 현재의 재판보다 한 단계 전의 재판. 대법원의 입장에서 원심은 제2심, 즉 항소심 법원을 말함)은 A가 호주상속인 겸 제사상속인인 피고의 아버지 C를 상대로 청구해야 한다고 보았다. 관습에 따르면 남편이 사망한 부인의 제주(祭主: 제사주재자)가 되므로 원고 A는 제사상속인(당시에 적용되던 민법 제996조에 따르면 호주상속인이 제사상속인이 됨) C를 상대로 청구해야 하기 때문이다.

구(舊) 제996조(분묘 등의 승계) 분묘에 속한 1정보 이내의 금양임야(禁養林野)와 6백평 이내의 묘토(墓土)인 농지, 족보와 제구(祭具)의 소유권은 호주상속인이 이를 승계한다.

> **현(現) 제1008조의3(분묘 등의 승계)** 분묘에 속한 1정보 이내의 금양임야와 600평 이내의 묘토인 농지, 족보와 제구의 소유권은 제사를 주재하는 자가 이를 승계한다.

따라서 A는 엉뚱한 B를 피고로 하여 잘못 청구한 셈이 되므로, 원심은 A의 청구가 부적법하다는 이유로 각하(却下: 원고가 청구한 내용을 법원이 판단하지 않고, 소송의 요건을 갖추지 못했다는 이유로 청구를 배척함)했다.

대법원의 입장은 원심과 달랐다. 우선, 대법원이 보기에 민법 제996조는 호주상속과 관계없는(즉 호주상속을 발생시키지 않는) 가족이 사망한 경우에는 적용되지 않는다. 따라서 누가 제사주재자가 되는지에 대해서는 관습법이 적용될 수 있는데, 가정의례준칙 제13조 역시 이 문제를 규율하고 있어서 관습법과 제정법이 충돌하는 문제가 발생할 수 있다는 것이다.

> **가정의례준칙 제13조(상제)** ① 사망자의 배우자와 직계비속은 상제(喪制)가 된다.
> ② 주상(主喪)은 장자가 되고, 장자가 없는 경우에는 장손이 된다.
> ③ 사망자의 자손이 없는 경우에는 최근친자(最近親者)가 상례를 주관한다.

앞의 제2항을 보면, 주상(主喪), 즉 제사주재자는 장자가 되는 것이 원칙이다. 따라서 위 사건의 경우에 가정의례준칙이라는 제정법에 따르면, B가 제사주재자가 되고 분묘에 대한 관리·처분권을 가지게 된다.

대법원은 관습법의 제정법에 대한 열후적(劣後的: 뒤떨어지는)·보충적 성격 때문에 가정의례준칙과 상충하는 관습법은 인정될 수 없다고 한다. 혹은 원심이 제사상속인이 분묘의 처분권을 가진다는 것을 관습법이 아니라 사실인 관습이라고 보았다면, 그 경우에는 먼저 그러한 관습이 존재하는지의 여부, 그리고 그 관습이 임의규정에 관한 것인지의 여부를 먼저 밝혔어야 한다고 보았다.

그런데 여기에서 대법원은 원고가 누구를 상대로 청구하는 것이 옳은지에 대한 최종적인 결론을 직접 내리지는 않고[직접 종국판결, 즉 최종적 결론을 내리는 판결을 하는 경우를 **파기자판**(破棄自判)이라 함], 이 사건을 고등법원에 돌려보내고 있음에 주의해야 한다[**파기환송**(破棄還送)이라 함].

파기자판 vs. 파기환송

대법원이 원심을 파기하면서 직접 종국판결을 하는 '파기자판'은 예외적으로 아래 민사소송법 제437조의 경우에만 가능하다. 나머지 경우에는 모두 '파기환송'이다.

민소 제437조(파기자판) 다음 각호 가운데 어느 하나에 해당하면 상고법원은 사건에 대하여 종국판결을 하여야 한다.

1. 확정된 사실에 대하여 법령적용이 어긋난다 하여 판결을 파기하는 경우에 사건이 그 사실을 바탕으로 재판하기 충분한 때
2. 사건이 법원의 권한에 속하지 아니한다 하여 판결을 파기하는 때

(3) 사실인 관습

앞의 판결에서 법원은 사실인 관습과 관습법을 구별하고 있다. 이 둘의 구별은 관습법의 이해에 있어서 매우 중요한 문제이므로 보다 자세히 살펴보기로 한다.

제106조(사실인 관습) 법령중의 선량한 풍속 기타 사회질서에 관계없는 규정과 다른 관습이 있는 경우에 당사자의 의사가 명확하지 아니한 때에는 그 관습에 의한다.

'사실'의 의미

제106조에서 그냥 관습이 아니라 굳이 '사실'인, 즉 사실에 해당하는 관습이라고 말하는 것은, 그것이 '법률'인, 즉 법률에 해당하는 관습, 다시 말해 관습법이 아님을 강조하기 위해서이다. 법에 있어서 '사실'은 '법 규범'과 대비되어 자주 쓰인다. 법에서는 '자연'도 사실의 유의어로서, '법적인 것'의 반대말로 쓰인다. 가령 '사실적 계약관계'는 '법적' 계약관계가 아니며, '자연적 해석'은 '법적' 또는 '규범적' 해석이 아니라는 의미를 담고 있다.

제106조는 법률행위 해석의 표준으로서 사실인 관습이 임의규정(법률 규정 중에서 강행규정이 아닌 것들)에 우선한다고 규정한다. 그렇다면 우리가 제1조로부터 알고 있는 법률이 관습법에 우선한다는 기본 원칙과 제106조는 상충하는 것일까?

이 문제에 관해서는 학설의 대립이 있다. 사실인 관습과 관습법의 구별을 인정하는 입장이 있다(多). 이 견해는 다시 제1조와 제106조의 모순을 인정하는 입장과 그렇지 않은 입장으로 나뉜다. 전자는 제1조가 제106조에 의하여 그 의의를 상당 부분 상실하

는 것으로 본다. 그렇다면 사실인 관습은 사실상 관습법 이상의 효력을 가지게 되는데, 이 견해는 **변경적 효력설**에 입각한 것이다. 한편 양 조문의 모순을 부인하는 입장에 따르면, 법원으로서의 관습법과 법률행위 해석의 표준으로서의 사실인 관습은 논의의 차원이 다르다고 한다. 사실인 관습이 효력을 갖는 근거는 관습법의 규범력이 아니라 당사자의 의사라는 것이다. 이 입장은 **보충적 효력설**에 입각하고 있다. 한편, 사실인 관습과 관습법에는 차이가 없다는 입장도 있다(少). 이 견해 역시 결론에 있어서는 **변경적 효력설**과 동일하다.

(4) 관습법과 사실인 관습의 차이

사실인 관습은 사회의 관행에 의하여 발생한 사회생활 규범인 점에서 관습법과 같으나, 사회의 법적 확신이나 인식에 의하여 법적 규범으로서 승인된 정도에 이르지 않은 것이다.

관습법은 바로 법원으로서 법령과 같은 효력을 갖는 관습으로서, 법령에 저촉되지 않는 한 법규범으로서의 효력이 있다. 사실인 관습은 법령으로서의 효력이 없는 단순한 관행으로서, 법률행위의 당사자의 의사를 보충함에 그친다.

대판 1983.6.14, 80다3231

(1) 관습법이란 사회의 거듭된 관행으로 생성한 사회생활규범이 사회의 법적 확신과 인식에 의하여 법적 규범으로 승인 · 강행되기에 이르른 것을 말하고, 사실인 관습은 사회의 관행에 의하여 발생한 사회생활규범인 점에서 관습법과 같으나 사회의 법적 확신이나 인식에 의하여 법적 규범으로서 승인된 정도에 이르지 않은 것을 말하는 바, 관습법은 바로 법원으로서 법령과 같은 효력을 갖는 관습으로서 법령에 저촉되지 않는 한 법칙으로서의 효력이 있는 것이며, 이에 반하여 사실인 관습은 법령으로서의 효력이 없는 단순한 관행으로서 법률행위의 당사자의 의사를 보충함에 그치는 것이다.

(2) 법령과 같은 효력을 갖는 관습법은 당사자의 주장 입증을 기다림이 없이 법원이 직권으로 이를 확정하여야 하고 사실인 관습은 그 존재를 당사자가 주장 입증하여야 하나, 관습은 그 존부자체도 명확하지 않을 뿐만 아니라 그 관습이 사회의 법적 확신이나 법적 인식에 의하여 법적 규범으로까지 승인되었는지의 여부를 가리기는 더욱 어려운 일이므로, 법원이 이를 알 수 없는 경우 결국은 당사자가 이를 주장입증할 필요가 있다.

(3) 사실인 관습은 사적 자치가 인정되는 분야 즉 그 분야의 제정법이 주로 임의규정일 경우

에는 법률행위의 해석기준으로서 또는 의사를 보충하는 기능으로서 이를 재판의 자료로 할 수 있을 것이나 이 이외의 즉 그 분야의 제정법이 주로 강행규정일 경우에는 그 강행규정 자체에 결함이 있거나 강행규정 스스로가 관습에 따르도록 위임한 경우등 이외에는 법적 효력을 부여할 수 없다.

(5) 특별규정

법률들은 곳곳에서 관습법의 효력을 인정하는 특별규정을 두고 있다. 물론 이 경우에도 관습법은 보충적 효력만을 가지는 것으로 보아야 한다(**보충적 효력설**).

제185조(물권의 종류) 물권은 법률 또는 관습법에 의하는 외에는 임의로 창설하지 못한다.

상법 제1조에 의하여 상관습법은 민법전에 우선한다.

상 제1조(상사적용법규) 상사(商事)에 관하여 본법에 규정이 없으면 상관습법에 의하고 상관습법이 없으면 민법의 규정에 의한다.

민법 제234조에 따르면 관습이 용수권에 관한 규정(제231~233조)보다 우선한다.

민 제234조(용수권에 관한 다른 관습) 전3조의 규정은 다른 관습이 있으면 그 관습에 의한다.

앞에서 언급한 제106조에 의해서도 성문법인 '임의규정'보다 사실인 관습이 우선한다.

임의규정 vs. 강행규정

제106조에서 "선량한 풍속 기타 사회질서에 관계없는 규정"이라고 표현된 법률 규정을 '임의규정'이라 한다. '임의'라는 말은 국어에서는 하고 싶은 대로 한다'는 뜻인데, 여기에서는 어떤 규정을 적용하지 않고 '당사자의 마음대로 해도 됨'을 의미한다. 즉 임의규정보다 당사자의 의사가 더 우선한다는 뜻이다. 반대로 '강행규정'은 당사자가 다른 것을 원하더라도 '강행'되는, 즉 강제로 적용되는 규정을 말한다. 즉 강행규정은 당사자의 의사보다도 우선한다(강행규정에 대한 보다 상세한 내용은 앞의 13장에서 다룸).

(6) 기타 관습법

우리 민법상 관습법에 의하여 인정되고 있는 대표적인 제도들로는 다음과 같은 것들이 있다.

명의신탁(名義信託)은 대내적 관계에서는 신탁자가 소유권을 보유하고 이를 관리 수익하면서 단지 공부(公簿: 국가가 관리하는 장부)상의 소유명의만을 수탁자로 하는 것이다.

양도담보는 채권담보의 목적으로 담보목적물의 소유권을 채권자에게 이전하여 채권자로 하여금 그 담보목적의 범위 내에서만 소유권을 행사하도록 하는 담보방법이다.

명인방법(明認方法)은 수목의 집단 또는 미분리의 과실의 소유권을 제3자가 명인(明認: 분명하게 인식)할 수 있도록 하는 공시방법을 말한다.

끝으로, 다음 판결에서 보는 바와 같이 **분묘기지권**(墳墓基地權)이라는 이름으로, 소유자가 아닌데도 불구하고 분묘를 유지할 수 있는 특수한 지상권(地上權: 토지의 사용·수익을 인정하는 권리)이 관습적으로 인정되고 있다.

대판 1982.1.26, 81다1220

분묘수호를 위한 유사지상권(분묘기지권)의 존속기간에 관하여는 민법의 지상권에 관한 규정에 따를 것이 아니라, 당사자 사이에 약정이 있는 등 특별한 사정이 있으면 그에 따를 것이며, 그런 사정이 없는 경우에는 권리자가 분묘의 수호와 봉사를 계속하는 한 그 분묘가 존속하고 있는 동안은 분묘기지권은 존속한다고 해석함이 상당하다.

4. 조리

(1) 조리의 개념

조리(條理)는 구체적인 규정이 아니라 일반적인 원리를 말하므로 그 개념 규정이 쉽지 않다. 사물(事物)의 본성(本性)이라는 측면에서는 사물의 도리, 본질적 법칙, 사물·자연의 이치 등으로, 정의(正義)라는 측면에서 사회통념, 사회적 타당성, 신의성실, 사회질서, 형평, 이성, 법의 일반원칙 등으로 표현된다.

역사적으로 보면, 2세기 중반에 활약한 로마의 법률가 가이우스(Gaius)가 만민법(萬民法, 라 ius gentium: 모든 민족에게 공통적으로 적용되는 법)을 정의하면서 '자연적 이치'(라 naturalis ratio) 개념을 사용한 것이 그 원조라고 볼 수 있다.

Gaius D. 1,1,9 (법학입문 제1권)

자연적 이치가 모든 인간들 사이에서 제정한 것, 그것이 모두에 있어서 동등하게 준수되고, 만민법이라 불린다. 마치 그 법을 모든 민족들이 사용하는 것처럼 말이다.

quod vero naturalis ratio inter omnes homines constituit, id apud omnes peraeque custoditur vocaturque ius gentium, quasi quo iure omnes gentes utuntur.

이 '만민법'과 '자연적 이치'는 헌법 제6조 제1항에서 말하는 '일반적으로 승인된 국제법규'와 정신사적(精神史的)으로 연결된다고 볼 수 있다.

헌 제6조 ① 헌법에 의하여 체결 · 공포된 조약과 일반적으로 승인된 국제법규는 국내법과 같은 효력을 가진다.

결국 조리는 "문명국에 의해 승인된 법의 일반원칙 혹은 원리"라고 할 수 있다[상세한 논의는 곽윤직 편집대표/최병조, 민법주해(民法注解) [I] (1992), 54면(제1조) 참조].

(2) 조리가 법원인지의 여부

긍정설과 **부정설**이 대립한다. 긍정설은 법원의 본질에 관한 인식연원설(법원은 법을 인식하게 해 주는 자료라는 입장)에, 부정설은 존재형식설(일정한 형식을 갖추어 존재해야 법원이라는 입장)에 기초하고 있다. 부정설에 따르면, 조리는 구체적·가시적 형태로 존재하지 않으므로 법원에 해당하지 않는다.

판례는 **긍정설**을 따르는 것으로 보이나, 판례의 입장이 불분명하다는 견해도 있기는 하다. 이하는 조리와 관련된 판례의 예시이다.

대판 1965.8.31, 65다1156

정관(定款)에 보수에 관한 규정이 없고 주주총회의 의결도 없는 경우의 구상법(舊商法)상의 상무취체역에 대한 보수(報酬)는 그에 대한 상관습이나 민법의 규정 또는 민사관습도 없는 바이니 조리(條理)에 의하여 상당한 액을 지급하기로 한 것이라고 단정하고 그 상당액을 증거에 의하여 일정액으로 인정한 원심의 조처에 위법이 없다.

대판 2020.4.29, 2015다224797

국가배상책임에 있어 공무원의 가해행위는 법령을 위반한 것이어야 하고, 법령을 위반하였다 함은 엄격한 의미의 법령 위반뿐 아니라 인권존중, 권력남용금지, 신의성실과 같이 공무원으로서 마땅히 지켜야 할 준칙이나 규범을 지키지 않고 위반한 경우를 포함하여 널리 그 행위가 객관적인 정당성을 결여하고 있음을 뜻하는 것이므로, 수사기관이 범죄수사를 하면서 지켜야 할 법규상 또는 조리상의 한계를 위반하였다면 이는 법령을 위반한 경우에 해당한다.

5. 판례

우선 판례와 관련된 용어들을 명확히 구별할 필요가 있다. **판결**은 하나의 재판에서 법원이 내린 판단을 말한다. 즉, 판결은 법원의 구체적·개별적 결론이다. **판례**(**판결례**)는 일반적인 성격을 가진다. 즉, 어떤 판결이 이후의 유사한 사건의 경우에도 선례(先例)로서 적용됨으로써 일종의 구속력을 갖게 된 경우를 말한다. 판결에 의하여 밝혀진 이론·법칙 또는 규범이 판례라고 보는 견해도 있다. **판례법**은 판례가 아예 법적 구속력을 가지는 경우를 말한다. 즉 판례가 법원으로 확고하게 인정되는 경우이다.

영미법에서는 이른바 **선례구속 원칙**(先例拘束 原則, 라 stare decisis: 글자 그대로는 '판결에 입각함'의 의미)을 따름으로써 판례의 법원성(法源性)이 확실하게 인정된다. 그러나 우리의 경우 판례의 법원성이 적어도 형식적으로는 인정되지 않는다(通). 다음의 조문을 보자.

법원조직법 제8조(**상급심재판의 기속력**) 상급법원의 재판에 있어서의 판단은 당해 사건에 관하여 하급심을 기속(羈束)한다.

부정설은 이 규정을 근거로 삼고 있다. 상급법원의 판단은 오로지 "당해 사건에 관하여" 하급심에 대한 기속력(즉, 구속력)을 가질 뿐, 선례로서 다른 유사한 사건에도 적용되는 일반적 구속력을 가지지 못한다고 본다.

물론 우리 법원의 판결, 특히 대법원의 판결이 선례로서의 구속력을 전혀 가지지 못하는 것은 아니다. 다음 규정을 보자.

법원조직법 제7조(**심판권의 행사**) ① 대법원의 심판권은 대법관전원의 3분의 2이상의 합의체에서 이를 행하며 대법원장이 재판장이 된다. 다만, 대법관 3인 이상으로 구성된 부에서 먼저 사건을 심리하여 의견이 일치한 때에 한하여 다음의 경우를 제외하고 그 부에서 재판할 수 있다.

1. 명령 또는 규칙이 헌법에 위반함을 인정하는 경우
2. 명령 또는 규칙이 법률에 위반함을 인정하는 경우
3. 종전에 대법원에서 판시한 헌법 · 법률 · 명령 또는 규칙의 해석적용에 관한 의견을 변경할 필요가 있음을 인정하는 경우

앞의 규정은 대법원이 종래의 입장을 변경하려면 반드시 전원합의체에서 하도록 함으로써 대법원이 판례를 변경할 때에는 신중을 기하도록 한다. 따라서 하급심의 입장에서 대법원의 종전 입장과 다른 판결을 하는 것은 매우 어려워진다. 대법원이 전원합의체 판결로 스스로의 입장을 바꾸지 않는 한, 대법원의 판례에서 벗어난 하급심 판결은 상급심에서 파기될 가능성이 극히 높기 때문이다. 요컨대, 형식적으로 판례는 법적 구속력을 가지지는 못하지만, **사실상의 구속력**을 가진다.

이 사실상의 구속력은 매우 강력한 것이다. 이런 면에서 우리나라도 판례법 국가와 크게 다르지 않다고 할 수 있다.

6. 판결문 읽는 방법

앞으로 수많은 판결을 읽고 공부하게 될 것이므로, 판결문이 어떻게 구성되어 있고 각 부분의 의미가 무엇인지 먼저 배워 보자. 이하에서는 설명의 편의를 위하여 판결문의 내용을 몇 부분으로 쪼개면서 ① ② 등의 번호를 추가했다.

① 대법원 1983. 6. 14. 선고 80다3231 판결
② [분묘이장]
③ [공1983.8.1.(709), 1072]

①: 재판법원, 재판일자, 사건번호, 재판종류가 기재된다. 재판일자는 판결(선고일) 또는 결정 · 명령(고지일)이 내려진 일자이다. 사건번호는 접수연도, 사건부호, 진행번호의 순서로 이루어진다. 사건부호의 예를 들자면, 가단(민사 제1심 단독사건), 가합(민사 제1심 합의사건), 나(민사 항소사건), 다(민사 상고사건), 고합(형사 제1심 합의사건),

드합(가사 제1심 합의사건) 등이 있다. 재판의 종류에는 판결, 결정, 명령이 있다.

②: 사건명이다. 법관이 정하는 것이 아니라 소장 제출시 접수공무원이 정한다.

③: 출전(出典)으로서 판결의 공간(公刊) 정보를 담고 있다. 대법원의 판결 등은 대법원판례집, 법원공보(73~95년), 판례공보(96년~)을 통하여, 하급심의 경우는 고등법원판례집, 하급심판결집, 각급법원 판결공보를 통하여, 헌법재판소의 경우는 헌재공보를 통하여 공간된다.

④ [판시사항]

가. 호주 아닌 가족의 사망의 경우 호주가 그 가족의 분묘에 관한 권리를 당연취득하는지 여부

나. 관습법과 사실인 관습의 차이

다. 관습법과 사실인 관습의 주장입증책임

라. 사실인 관습의 효력범위

마. 가정의례준칙 제13조의 규정과 상치되는 관습법의 효력을 인정할 수 있는지 여부

바. 가정의례준칙 제13조의 규정과 상치되는 사실인 관습의 효력인정 요건

⑤ [판결요지]

가. 민법 제996조의 규정은 호주 아닌 가족의 사망의 경우에는 그 적용이 없고, 호주라고 하여 그 가족이 사망하였을 경우에 그 가족의 제사상속인으로서 분묘 등에 관하여 당연히 그 권리가 귀속된다고 할 근거도 없다.

나. 관습법이란 사회의 거듭된 관행으로 생성한 사회생활규범이 사회의 법적 확신과 인식에 의하여 법적 규범으로 승인 · 강행되기에 이르는 것을 말하고, 사실인 관습은 사회의 관행에 의하여 발생한 사회생활 규범인 점에서 관습법과 같으나 사회의 법적 확신이나 인식에 의하여 법적 규범으로서 승인된 정도에 이르지 않은 것을 말하는바, 관습법은 바로 법원으로서 법령과 같은 효력을 갖는 관습으로서 법령에 저촉되지 않는 한 법칙으로서의 효력이 있는 것이며, 이에 반하여 사실인 관습은 법령으로서의 효력이 없는 단순한 관행으로서 법률행위의 당사자의 의사를 보충함에 그치는 것이다.

다. 법령과 같은 효력을 갖는 관습법은 당사자의 주장 입증을 기다림이 없이 법원이 직권으로 이를 확정하여야 하고 사실인 관습은 그 존재를 당사자가 주장 입증하여야 하나, 관습은 그 존부자체도 명확하지 않을 뿐만 아니라 그 관습이 사회의 법적 확신이나 법적 인식에 의하여 법적 규범으로까지 승인되었는지의 여부를 가리기는 더욱 어려운 일이므로, 법원이 이를 알 수 없는 경우 결국은 당사자가 이를 주장입증할 필요가 있다.

라. 사실인 관습은 사적 자치가 인정되는 분야 즉 그 분야의 제정법이 주로 임의규정일 경우

에는 법률행위의 해석기준으로서 또는 의사를 보충하는 기능으로서 이를 재판의 자료로 할 수 있을 것이나 이 이외의 즉 그 분야의 제정법이 주로 강행규정일 경우에는 그 강행규정 자체에 결함이 있거나 강행규정 스스로가 관습에 따르도록 위임한 경우 등 이외에는 법적 효력을 부여할 수 없다.

마. 가족의례준칙 제13조의 규정과 배치되는 관습법의 효력을 인정하는 것은 관습법의 제정법에 대한 열후적, 보충적 성격에 비추어 민법 제1조의 취지에 어긋나는 것이다.

바. 가족의례준칙 제13조의 규정과 배치되는 사실인 관습의 효력을 인정하려면 그와 같은 관습을 인정할 수 있는 당사자의 주장과 입증이 있어야 할 뿐만 아니라 이 관습이 사적 자치가 인정되는 임의규정에 관한 것인지 여부를 심리판단하여야 한다.

⑥ [참조조문]

가. 민법 제996조

나. 다. 라. 민법 제1조, 제106조

마. 바. 민법 제1조, 제106조, 가정의례준칙 제13조

④: 판시사항은 이 판결 등에서 다루어지는 법적 쟁점을 정리한 것이다.

⑤: 판결요지는 각 쟁점(판시사항)에 대한 법원의 판단을 정리한 것이다.

⑥: 참조조문은 관련되는 근거 조문들을 적시(摘示)한 것이다.

④~⑥은 대법원판례집, 판례공보의 편집자가 작성한 것으로 원래의 판결에는 포함되어 있지 않다. 판결의 주요 내용을 독자들이 빠르게 이해할 수 있도록 돕는 역할을 할 뿐이므로 어떠한 법적 구속력도 없다.

[전 문]

⑦ [원고, 상고인] ○○○ 소송대리인 변호사 □□□

[피고, 피상고인] △△△

[원심판결] 광주고등법원 1980. 11. 26. 선고 78나610 판결

⑧ [주 문] 원심판결을 파기하여, 사건을 광주고등법원에 환송한다.

⑦: 당사자를 밝힌다. 구체적으로는 원고, 피고, 항소인, 피항소인, 상고인, 피상고인 등이다.

⑧: 주문(主文: 판결의 결론을 제시한 부분)으로서 재판의 결론에 해당한다. 주문은 재판

의 필요적(必要的, 즉 필수적) 기재사항이다. 대법원 판결의 경우 상고기각(上告棄却: 상고를 법원이 받아들이지 않음) 또는 상고인용(上告認容: 상고를 법원이 받아들임), 상고인용은 다시 파기자판(破棄自判: 원심판결을 대법원이 파기하고 스스로 재판함) 또는 파기환송(破棄還送: 원심판결을 대법원이 파기하고 다시 원심이 재판하도록 함) 둘 중의 하나이다.

⑨ [이 유] 상고이유 제1점 및 제3점을 함께 모아 판단한다.

1. 원심판결 이유기재에 의하면, 원심은 원래 분묘의 소유권은 관습상 제사상속인에 전속하는 권리이고 민법 제996조의 규정에 의하더라도 분묘에 속한 1정보 이내의 금양임야와 600평 이내의 묘토인 농지, 족보와 제구의 소유권은 호주상속인이 이를 승계한다고 되어 있으므로 본소와 같이 분묘의 철거 및 묘역에 해당하는 임야부분의 인도를 청구함에 있어서는 위 분묘에 대한 대외적 관계에서의 처분권한을 가지는 호주상속인 겸 제사상속인을 상대로 하여야 할 것인바, 원고가 철거를 구하는 이 사건 분묘는 피고의 어머니인 소외 망 박분금의 묘임이 당사자사이에 다툼이 없고 을 제2호증 호적등본의 기재에 의하면, 피고와 동일 가적에 있는 아버지인 소외 이인창이 일가의 호주로서 생존하여 있음이 인정되므로 피고는 위 민법 법조에 의한 호주 및 제사상속인이 될 수 없음이 명백할 뿐더러 처가 먼저 사망한 경우에는 그 부가 망실의 제사를 통제하는 제주가 되는 것이 관습인 만큼 피고가 비록 위 망 박분금의 장남으로서 위 망인의 분묘를 사실상 설치하고 이를 수호 관리하였다고 하더라도 이러한 사정만으로는 피고에게 위 분묘의 소유권 또는 처분권한이 귀속된다고 할 수 없다 하여 이 사건 분묘의 소유권이나 처분권한이 없는 피고를 상대로 분묘의 철거 및 묘역의 인도를 구하는 이 사건 소는 부적법한 것이라고 판시하였다.
2. 민법 제996조의 규정은 호주상속에 관하여 호주상속의 효력으로 분묘에 속한 1정보 이내의 금양임야와 600평 이내의 묘토인 묘지, 족보와 제구외 소유권은 호주상속인이 이를 승계한다는 것으로 호주상속과 관계없는 가족의 사망의 경우에는 그 적용이 없고 호주라고 하여 그 가족이 사망하였을 경우에도 그 가족의 제사상속인으로서 분묘 등에 관하여 당연히 그 권리가 귀속된다고 할 근거가 없으므로 피고의 아버지인 소외 이인창이 호주이므로 호주로서 그 가족의 분묘에 관한 권리를 당연히 취득하는 것이라고 할 수 없다.
3. 민법 제1조는 민사에 관하여 법률에 규정이 없으면 관습법에 의하고 관습법이 없으면 조리에 의한다고 규정하여 관습법 및 조리의 법원으로서의 근거를 천명하고 있으며 한편 같은법 제106조는 법령 중의 선량한 풍속 기타 사회질서에 관계없는 규정과 다른 관습이 있는 경우에 당사자의 의사가 명확하지 아니한 때에는 그 관습에 의한다고 규정하여 사실인

관습의 효력을 정하고 있다.

관습법이란 사회의 거듭된 관행으로 생성한 사회생활규범이 사회의 법적 확신과 인식에 의하여 법적 규범으로 승인 강행되기에 이르른 것을 말하고 사실인 관습은 사회의 관행에 의하여 발생한 사회생활규범인 점에서는 관습법과 같으나 다만 사실인 관습은 사회의 법적 확신이나 인식에 의하여 법적 규범으로서 승인될 정도에 이르지 않은 것을 말하여 관습법은 바로 법원으로서 법령과 같은 효력을 갖는 관습으로서 법령에 저촉되지 않는 한 법칙으로서의 효력이 있는 것이며 이에 반하여 사실인 관습은 법령으로서의 효력이 없는 단순한 관행으로서 법률행위의 당사자의 의사를 보충함에 그치는 것이다.

일반적으로 볼 때 법령과 같은 효력을 갖는 관습법은 당사자의 주장 입증을 기다림이 없이 법원이 직권으로 이를 확정하여야 하나 이와 같은 효력이 없는 사실인 관습은 그 존재를 당사자가 주장 입증하여야 한다고 파악할 것이나 그러나 사실상 관습의 존부 자체도 명확하지 않을 뿐만 아니라 그 관습이 사회의 법적 확신이나 법적 인식에 의하여 법적 규범으로까지 승인된 것이냐 또는 그에 이르지 않은 것이냐를 가리기는 더욱 어려운 일이므로 법원이 이를 알 수 없을 경우 결국은 당사자가 이를 주장 입증할 필요에 이르게 될 것이다.

한편 민법 제1조의 관습법은 법원으로서의 보충적 효력을 인정하는 데 반하여 같은법 제106조는 일반적으로 사법자치가 인정되는 분야에서의 관습의 법률행위의 해석기준이나 의사보충적 효력을 정한 것이라고 풀이할 것이므로 사법자치가 인정되는 분야 즉 그 분야의 제정법이 주로 임의규정일 경우에는 위와 같은 법률행위의 해석 기준으로서 또는 의사를 보충하는 기능으로서 이를 재판의 자료로 할 수 있을 것이나 이 이외의 즉 그 분야의 제정법이 주로 강행규정일 경우에는 그 강행규정 자체에 결함이 있거나 강행규정 스스로가 관습에 따르도록 위임한 경우 등 이외에는 이 관습에 법적 효력을 부여할 수 없다고 할 것인바, 가정의례에 관한 법률에 따라 제정된 가정의례준칙(1973.5.17 대통령령 제6680호) 제13조는 사망자의 배우자와 직계비속이 상제가 되고 주상은 장자가 되나 장자가 없는 경우에는 장손이 된다고 정하고 있으므로 원심인정의 관습이 관습법이라는 취지라면(원심판시의 취지로 보아 관습법이라고 보여지나 반드시 명확하지는 않다) 관습법의 제정법에 대한 열후적(劣後的), 보충적 성격에 비추어 그와 같은 관습법의 효력을 인정하는 것은 관습법의 법원으로서의 효력을 정한 위 민법 제1조의 취지에 어긋나는 것이라고 할 것이고 이를 사실인 관습으로 보는 취지라면 우선 그와 같은 관습을 인정할 수 있는 당사자의 주장과 입증이 있어야 할 것일 뿐만 아니라 사실인 관습의 성격과 효력에 비추어 이 관습이 사법자치가 인정되는 임의규정에 관한 것이어야만 비로소 이를 재판의 자료로 할 수 있을 따름이므로 이 점에 관하여도 아울러 심리판단하였어야 할 것이므로, 따라서 원심인정과 같은 관습을 재판의 자료로 하려면 그 관습이 관습법인지 또는 사실인 관습인지를 먼저 가려 그에 따라 그의 적용여부를 밝혔어야 할 것이다.

4. 결국 원심은 민법 제996조 호주상속의 효력에 관한 법리를 오해하여 호주상속인만이 분묘에 관한 처분권한을 갖는다고 그릇 판단하였을 뿐만 아니라 관습법 및 사실인 관습의 효력과 그 성격에 관한 법리를 오해하여 심리를 다하지 아니하고 사실을 그릇 인정하였다고 할 것이므로 이를 탓하는 상고논지는 그 이유가 있다 하겠으므로 상고이유 제2점에 대한 판단의 필요없이 원심판결은 파기를 면할 수 없다고 할 것이다.

그러므로 원심판결을 파기하여 사건을 광주고등법원에 환송하기로 관여법관의 의견이 일치하여 주문과 같이 판결한다.

⑩ 대법관 ●●●(재판장) ■■■ ▲▲▲ ◆◆◆

⑨: '이유'는 판결의 사실적·법적 근거가 제시되는 부분이다. 민사소송법 제208조 제2항에 따르면 "판결서의 이유에는 주문이 정당하다는 것을 인정할 수 있을 정도로 당사자의 주장, 그 밖의 공격·방어방법에 관한 판단을 표시한다."고 되어 있다.

⑩: 재판한 법관의 이름을 기재한다. 재판장은 재판진행과 행정업무를 담당하며, 주심(主審: 사건의 주장·증거를 검토하고 법적 결론을 제시하는 책임을 맡은 판사)은 재판기록을 검토하고 의견을 제시하는 역할을 한다.

32장 민법전의 연혁과 구성

I 한국 민법전의 제정 과정

1. 19세기 말부터 20세기 초반까지의 과정

- 1876년: 강화도조약
- 1894~1896년: 갑오개혁
- 1895년: 법관양성소 설치
- 1910년: 칙령(勅令) '조선에 시행할 법령에 관한 건'에 의해 조선에서 필요한 법률은 조선총독의 명령, 즉 제령(制令)으로 정할 수 있게 됨
- 1912년: 조선민사령(朝鮮民事令, 제령 제7호)으로 한국인의 민사에 관해서 일본 민법 등 일본의 법률 적용

일본의 군사적 위협의 결과로 1876년에 조선과 일본은 강화도 조약을 체결하게 되었다. 이 조약은 불평등 조약으로서 일본의 치외법권을 인정하고 조선의 세 개 항구를 강제로 개방하는 내용이었다. 이어서 조선은 미국, 영국, 독일, 러시아 등과도 비슷한 내용의 불평등 조약을 체결하게 되는데, 이후 조선은 일본과 서구 열강의 각축장이 되고 말았다.

한반도의 주도권을 둘러싼 열강들의 다툼 속에서 최종적인 승자가 된 것은 일본이었다. 일본은 청일전쟁(1894)과 러일전쟁(1904)의 승리를 통하여 조선에서 청나라와 러

시아를 몰아내고 독점적인 지배권을 확립했다. 일본은 을사보호조약(1905)을 통하여 대한제국의 외교권을, 한일신협약(1907)을 통하여 입법권·행정권을 박탈한 후, 한일 병합조약(1910)을 통하여 식민지화를 완료했다.

1912년 일본은 '조선민사령'을 제정함으로써, 일본의 민법전을 비롯한 23개의 법령이 한국인의 민사에 관하여 적용되도록 했다. 이렇게 하여 한반도에서는 조선 왕조 이래의 전통적인 법과는 완전히 단절된 일본의 법이 적용되게 되었다. 일본 민법은 대한민국이 독립을 회복한 1945년 이후에도 계속 적용되어, 대한민국 민법전이 1960년 1월 1일 발효할 때까지 약 48년 동안 그 효력을 유지했다.

2. 해방 이후의 민법전 제정 과정

- 1948년: 법전편찬위원회 설치
- 1949년: 심의 시작
- 1953년: 공식 초안의 정부 이송
- 1957년: 국회 본회의 통과
- 1958년 2월 2일: 공포
- 1960년 1월 1일: 시행
- 이후 34차례의 개정(2024년 5월 17일 기준)

1945년 8월 15일 일본이 2차 세계대전에서 패망함으로써 한국은 독립을 되찾았다. 일본법으로부터 벗어나서 자주적인 법률을 갖추는 것은 새로운 국가의 가장 시급한 과제 중 하나였다. 그러나 이 작업이 바로 시작될 수는 없었다. 즉시 한국인에 의한 정부가 구성되지 못하고 미군에 의한 군정이 3년 동안 실시되었기 때문이다.

1948년 한국 정부가 수립된 직후부터 법전편찬위원회가 구성됨으로써, 민법전의 기초 작업을 수행할 '법전편찬위원회 민법분과위원회'도 활동을 개시했다. 그러나 얼마 후에 한국전쟁이 발발했고 법전편찬위원회의 활동은 사실상 중단되고 말았다.

이러한 상황에서 법전편찬위원회의 위원장이었던 김병로(나중에 초대 대법원장이 됨)가 거의 단독으로 작업을 진행하여 4년 7개월 만인 1952년 7월에 민법전의 초안이 완성되었다. 이 초안은 1954년 10월에 정부안으로서 국회에 제출되어 1957년 12월에 국회에서 의결되었다. 정부는 이 민법안을 1958년 2월 22일 법률 제471호로 공포했다. 공포 당시 민법전의 본문은 1111개조이고 부칙은 28개조였다. 민법전은 1960년 1월 1일부터 시행되었다(부칙 28).

3. 제정 민법전의 특징

이와 같은 과정을 거쳐서 제정된 한국 민법전의 주요한 특징은 다음과 같다.

(1) 일본법으로부터의 시급한 탈피

새로운 민법전의 가장 큰 목표는 일본법으로부터의 조속한 해방이었다. 1945년 해방이 이루어진 이후에도 법의 공백을 막기 위하여 일본의 법이 한국에서 계속 적용된다는 것은 한국인들에게는 참을 수 없는 일이었다. 그래서 내용이 완벽하지 않아도 좋으니 하루 빨리 독자적인 민법전을 완성하자는 것이 가장 중요한 목표였다.

가령 민법전의 기초자였던 김병로는 국회 본회의에서 다음과 같이 발언했다.

> (전시 중) 행정부에서나 입법부로서나 또 재야 법조계로서나 뭐 그뿐만 아니라 대한민국 국민된 자의 양심상에 있어서 졸속 … 좀 졸렬하더라도 신속한 주의를 취해서 남의 나라 것을 대략 번역이라도 하더라도 일본법이라는 그것은 일소하고 대한민국 법률로서 우리가 제정을 아니 하면 안 되겠다는 이러한 여론이 높았습니다.

그래서 중간에 한국 전쟁이라는 큰 장애물이 있었음에도 불구하고, 한국 민법전의 초안은 불과 4년 7개월(1948년 12월 15일 ~ 1952년 7월 4일) 만에 완성이 되었다. 국회에서의 심의 작업과 공포(1958년 2월 22일)까지의 시간을 합치더라도 10년이 채 걸리지 않았다.

그런데 이렇게 짧은 시간 내에 민법전을 완성할 수밖에 없었던 사정은 부작용도 가져왔다. 그것은 이하에서 언급하는 특징들과 관련이 있다.

(2) 학문적 연구의 부족

아직 민법학계가 성립하기도 전에 실무가들에 의하여 먼저 법전이 만들어져야 했으므로, 학문적 연구의 결과가 충분히 반영된 민법전은 기대하기 어려웠다. 거기에다 시간의 제약, 입법 자료의 부족, 한국 전쟁의 혼란 등이 겹쳐서 충분한 자료와 연구 성과를 반영하지 못했다.

결과적으로 민법전은 제정 당시부터 서로 모순된 내용의 규정을 포함하기도 했고, 용어가 통일되지도 않는 등 많은 결함을 안고 있었다. 따라서 국회 심의 단계에서부터 이미 민법 규정의 불완전성을 지적하는 많은 비판들이 이루어졌다.

(3) 일본 민법학의 영향

일본 민법으로부터의 탈피를 목표로 했지만, 역설적으로 한국 민법전에 가장 큰 영향을 끼친 것은 일본 민법전과 일본 민법학이었다.

우선 인적인 면에서 보면, 법전편찬위원회의 위원으로서 또는 국회에서의 심의 과정에서 주도적으로 참여한 이들은 모두 일제 강점기에 법관이나 변호사로 일했던 사람들이었다. 이들은 일본법에 따른 법학 교육을 받았고 일본의 사법시험에 합격하여 법률가 자격을 얻었다. 새로운 한국의 민법전 제정을 위하여 이들이 동원할 수 있었던 최선의 자료는 당시까지의 일본 민법과 일본 민법학이었다.

일본 민법 역시 일본이 전통법으로부터 독자적으로 만든 것이 아니라, 서구법을 받아들여 만든 것이다. 19세기 후반 들어 일본은 미국 등에 의하여 강제 개국을 당한 후 불평등 조약 철폐 전제로서의 법제 정비가 시급했다. 우선은 프랑스 학자인 브와소나드(Gustave Boissonade, 1825~1910)가 중심이 되어 프랑스법을 모방한 민법을 제정하게 되었다. 이 민법(이른바 '브와소나드' 민법 또는 구[舊] 민법)은 1890년 공포되었지만, 곧 격렬한 반대에 부딪혀 1892년 폐지되고 만다. 호스미 노부시게(穗積陳重, 1856~1926), 토미이 마사아키라(富井政章, 1858~1935), 우메 겐지로(梅謙次郎, 1860~1910) 이렇게 3인이 중심이 된 새로운 민법 제정 작업에 있어서는 전체적으로 보아 프랑스법으로부터 독일법으로의 전환이 이루어졌다. 그 큰 징표는 일본 민법(1898: 이른바 '메이지 민법')이 판덱텐 체계를 채택한 것이었다.

그러나 전체적으로 보아 일본 민법은, 우리 민법의 경우에 비하여 프랑스 민법전의 영향을 훨씬 크게 받았다. 일본의 민법학계는 민법전 제정 이후 이른바 '학설계수'라고 하여 독일법학의 영향을 압도적으로 받게 되었다. 결과적으로, 프랑스적인 민법전에 독일적인 민법학계라고 하는 이른바 '이중구조'를 가지게 되었다.

한국 민법의 기초자들은 일본 민법전과 일본 민법학을 일본의 고유한 것이 아닌 서양의 것을 거의 그대로 가져온 것으로 파악했다. 가령 법전편찬위원회 위원장 김병로는 국회의 민법안 심의과정에서 다음과 같이 말했다.

> 일본법이라는 법 자체가 민법의 불란서법, 독일법 그것을 태반히 갖다가 그대로 번역한 것이란 말이에요. 또 근래에 참고로 하는, 제일 가찹게 제정되었다는 중국법 또는 만주국법 이것도 전부 일본사람이 가서 다 기안하고 일본사람이 한 것이라 그 말이예요. 그럼 인제 여기서 독일 것이나 불란서 것이나 설혹 중국 것이나 만주국법이나 어느 것을 가서 참고하고서 우리나라에 이와 같이 조문이 적당하다고 생각할 수 있는 그것이 자연적으로 일본 것하고 보통에 있어서는 합치되는 조문이 많습니다.

이처럼 한국 민법의 기초자들은 일본 민법에 대하여 실용적으로 접근했다. 즉 일본 민법 및 일본 민법학의 성과를 무조건 거부하는 것이 아니라, 적극적으로 수용하면서 그것을 한국 사회의 상황에 맞게 적절히 수정하는 것을 목표로 삼았다.

(4) 비교법적 성과

한국 민법전은 비교법적 검토 작업의 결과물이었다. 물론 일본 민법전과 일본 민법학의 영향을 가장 크게 받았다. 그러나 초안 편찬 당시 고려 가능한 다른 주요 법전들, 가령 프랑스 민법전, 독일 민법전, 스위스 민법전(채무법 포함), 중화민국 민법전, 만주국 민법전, 영미법 등을 모두 참조하여, 한국의 실정에 맞게 취사선택했다.

결과적으로 볼 때 한국 민법전의 재산법 부분은, 프랑스 민법의 큰 영향을 받은 일본 민법전에 비하여 훨씬 더 독일 민법전에 가까운 모습을 가지게 되었다. 그러나 한국 민법전에는 독일 민법전 이외에도 위에서 언급한 다양한 다른 법전들에서 유래하는 규정들이 상당수 포함되어 있다.

(5) 전통법과의 단절

한국 민법전의 제정 과정에서 조선시대의 경국대전으로 대표되는 전통법 중의 민사법적 내용이나 관습법은 거의 고려되지 못했다. 그 원인은 대체로 다음과 같다.

입법 과정이 시간에 쫓기면서 급히 진행되었으며 기초 작업에는 오직 실무가만이 참여했으므로, 전통법에 대한 학문적인 연구를 통하여 그것을 적절하게 반영하는 일이 불가능했다. 또한 관습법의 조사를 통하여 그것을 조문화하는 작업도 이루어지지 못했다.

일제 강점기를 통하여 한국의 전통 일반에 대한 철저한 파괴가 이루어졌다. 입법자들이 전통적 관습을 고려할 만한 여력도 없었지만 설사 고려하려고 시도했다 하더라도, 일제 강점기를 통하여 전래의 관습은 이미 왜곡되고 소멸된 상태였다.

일제의 식민지 통치는 한국인들이 자신들의 과거의 역사와 문화에 대하여 부정적인 인식을 가지도록 강요했다. 해방이 되고 나서도 한국인들 스스로가 이러한 식민지적 역사관을 극복하는 데에 많은 시간이 필요했다. 가령 한국의 전통법에 대한 연구와 조명이 한국의 법학계에서 본격적으로 시작된 것은 해방 후 25년 이상이 지난 1970년대 이후였다.

(6) 소결

우리 민법의 제정 작업에 참여한 학자와 실무가들은 어쩔 수 없이 일제 강점기에 법률가로서 활동했던 세대였으므로 일본 민법학의 영향을 많이 받았고, 일본 민법학은 이미 독일 법학 쪽으로 심하게 기울어져 있었으므로, 결국 한국 민법전에서는 일본 민법전의 경우에 비하여 더욱 독일 민법의 영향이 크게 나타났다.

그렇다고 하여 우리 민법전의 기초자들은 일본과 독일의 성과에만 전적으로 의존한 것은 아니고, 당시 상황에서 활용 가능한 모든 비교법적 성과를 종합하여 그것을 입법에 반영했다. 우리 민법전은 스위스 민법의 영향을 받기도 했고, 프랑스 민법이나 오스트리아 민법의 흔적도 곳곳에서 나타난다.

결국 우리 민법전은 일본을 통하여 독일 민법학을 수용한 결과가 상당 부분 반영되어 만들어졌지만, 보다 넓게 서구 민법학의 성과를 반영한 결과물이라고 볼 수 있다. 그렇게 보면 우리 민법전은 일본의 영향 속에서가 아니라, 역사적으로 발전해 온 서구 민법학의 성과와 연결되어 창조되었다고 볼 수 있다. 그런데 서구 민법학의 뿌리는 로마법이므로, 결국 우리 민법은 중세 이후의 서구 법학의 발전 과정을 거쳐서 최종적으로는 로마법에까지 정신사적으로 연결된다.

Ⅱ 한국 민법전의 개정 과정

1960년 1월 1일부터 발효한 이래 한국 민법전에는 2024년(2024년 5월 17일 기준)까지 모두 35차례의 크고 작은 규모의 개정이 이루어졌다. 특히 재산법 분야에 관한 전반적인 개정 작업은 2009년부터 정부의 주도하에 새롭게 제3차 민법개정위원회가 구성되면서 시작되었으며, 그 성과는 제18차 개정(2011년 3월 7일)에서부터 부분적으로 반영되어왔다. 2023년에는 새롭게 제4차 민법개정위원회가 구성되었고, 재산법에 관한 전면적인 개정을 주제별로 단계적으로 진행할 예정이다.

1. 2009년 이전의 개정 작업

여기에는 제1차 개정(1962년 12월 29일)부터 제17차 개정(2009년 5월 8일)까지가 해당된다. 이 중에서 민법 부칙에 의한 4차례의 개정(제2~4차, 제14차) 및 다른 법률의 개정에 따른 네 차례의 개정(제8~9차, 제13차, 제15차)을 제외하면, 민법 조항 자체의 개정이 이루어진 것은 모두 아홉 차례(제1차, 제5~7차, 제10~12차, 제16~17차)였다.

이 아홉 차례의 실질적 개정 중에서 가족법(친족·상속편)에 관한 것은 모두 여덟 차례(제1차, 제5차, 제7차, 제10~12차, 제16~17차)였고, 재산법(총칙·물권·채권편)에 관한 것은 모두 세 차례(제6차, 제10차, 제16차)였다. 제10차와 제16차 개정에서는 가족법과 재산법이 함께 개정되었다.

개정 횟수만 보아서도 알 수 있지만, 가족법에 대해서는 빈번하게 많은 규정이 개정되었다. 개정에 대한 지속적이고 강력한 요청이 여성계에 의하여 항상 제기되었고 이것이 중요한 정치적인 쟁점이 됨으로써 개정을 위한 강력한 동력을 확보할 수 있었다. 그리하여 내용 면에서 근본적인 변화들이 많이 이루어졌다(특히 제5차, 제7차, 제12차 개정). 이와 같은 개정의 결과로 한국 민법의 가족법은 제정 당시와는 완전히 다른 모습이 되었다. 한마디로 요약한다면, 가부장제로부터 양성 평등으로 가족법이 진화했다고 할 수 있다.

재산법 분야에 대해서는 극히 소규모의 개정만이 이루어졌다. 제6차 개정(1984년 4월 10일)과 제10차 개정(2001년 12월 29일)에서는 각각 세 개의 조문이 개정·신설되었고,

제16차 개정(2007년 12월 21일)에서는 두 개의 조문이 개정되는 것에 그쳤다. 민법 중의 재산법에 대한 개정은 민감한 정치적 쟁점과는 비교적 거리가 멀기 때문에 대중적 지지를 추구하는 각 정당들로서도 재산법의 개정에 적극적으로 나설 이유가 없었기 때문이다. 더구나 이렇게 개정 또는 신설된 조문들은 사회적 파급력과는 비교적 동떨어진 것들이었다. 가령 제16차 개정에서 개정된 제97조는 법인 이사 등의 일정한 행위에 대한 과태료를 이전의 "5만환 이하"에서 "500만 원 이하"로 현실화했다.

민법이 시행된 초기부터 민법 규정의 불완전성이 많이 지적되었으며, 입법 당시와는 크게 달라진 사회적·경제적 여건과는 어울리지 않는 규정들이 늘어났음에도 불구하고, 민법 개정을 위한 체계적이고 종합적인 연구가 시작된 것은 1980년대 이후의 일이다.

재산법의 규정 가운데서 정책적인 이유로 개정이 꼭 필요한 부분이 있는 경우에도, 개정이 이루어지는 것은 매우 어려운 일이었다. 재산법 부분의 내용이 매우 방대하기 때문에 한 규정의 개정이 체계적으로 문제가 없는지에 대한 검토가 어려웠고, 다른 법률과 판례에 미칠 영향도 컸기 때문에 개정 작업에 쉽게 착수할 수 없었다. 학계와 실무계, 사회 전반의 동의를 확보할 수 있는 개정안을 마련하는 것은 정부나 그 어떤 주체도 감당하기 어려운 숙제였다.

그래서 정부는 개정이 꼭 필요한 문제들에 대하여 특별법을 제정하는 방법으로 접근할 수밖에 없었다. 「주택 임대차 보호법」(1981), 「가등기담보 등에 관한 법률」(1983), 「집합건물의 소유 및 관리에 관한 법률」(1984), 「상가건물 임대차 보호법」(2001), 「보증인 보호를 위한 특별법」(2008) 등이 그러한 예이다.

민법 중 재산법 부분의 개정을 위한 정부의 노력이 본격화된 것은 1999년에 법무부가 '민법(재산법)개정특별위원회'를 조직하면서부터였다. 이 위원회는 모두 13인의 위원으로 구성되어 5년 동안 민법 개정을 위한 연구를 계속했고 2004년에 그 결과를 민법 개정안으로서 법무부에 제출했다. 이 개정안은 정부제안 법률안으로서 같은 해에 국회에 상정되었으나 국회에서 심의를 마치지 못한 채 국회가 폐회됨으로써 자동 폐기되고 말았다.

2. 2009년 이후의 개정 작업

2009년 이후부터 현재까지는 추가로 17 차례(제18~34차)에 걸쳐서 민법 개정이 이루어졌다.

제18차 개정(2011년 3월 7일)에서는 재산편 및 가족편에 걸쳐서 130여개 조항이 개정·신설·폐지되는 대폭적인 변화가 이루어졌다. 이것은 한국 민법전 제정 이후 최초로 이루어진 재산법 분야에 대한 본격적인 개정이며, 2009년부터 활동을 개시한 제3차 민법개정위원회의 개정안이 반영된 첫 번째 성과라는 의미가 있었다. 이 개정은 행위능력과 후견제도를 전면적으로 변경한 것으로서, 성년연령을 20세에서 19세로 낮추고, 금치산·한정치산 제도를 폐지하고 성년후견 제도를 도입하는 것을 주요한 내용으로 했다.

제19차로부터 제32차까지의 개정을 통해서도 주로 친족상속법에 관한 개정이 이루어졌다. 몇 가지만 언급하자면, 제19차 개정을 통해서는 친권자 내지 미성년후견의 지정에 관한 많은 규정들이 신설되었고(eg. 909의 2), 제20차 개정으로 양자 제도의 큰 개선이 이루어졌다. 제22차 개정은 친권에 관한 약간의 규정들(eg. 922의 2)을 신설했고, 제27차 개정을 통해서는 면접교섭권에 대한 변화(eg. 837의 2 ② 신설)가 이루어졌고, 제31차 개정에서는 친권자의 징계에 관한 규정(915)이 삭제되었다. 제32차 개정에서는 미성년자 상속인이 성년이 된 후 한정승인을 할 수 있는 특별절차가 마련되었다(1019 ④ 신설).

제33차 개정에서는 나이 계산 방식을 '만'으로 함을 보다 명확히 했다. 가장 최근의 제34차 개정에서는 제255조 제목의 '문화재'를 '국가유산기본법 제3조에 따른 국가유산'으로 개정했다.

재산법과 관련해서는 비교적 소수의 규정들만이 개정되었다. 제21차 개정을 통하여 유실물에 관한 규정(253)이, 제25차 개정을 통해서는 보증에 관한 규정들이 개정되었고(428조의 2 및 428조의 3 신설 등) 여행계약(674의 2 이하)이 새로운 전형계약의 한 유형으로 인정된 정도에 그쳤다.

III 민법전의 체계

1. 판덱텐 체계

총칙을 시작으로 하여 물권, 채권, 친족, 상속까지 다섯 개의 부분으로 민법을 구성하는 방식을 흔히 **판덱텐 체계**(Pandektensystem, '체계'라는 표현 대신 '편별법'이라고도 함)라고 한다.

판덱텐이라는 말은 독일어 '판덱텐'(Pandekten)에서 유래한 것으로, 이 말은 다시 그리스어 '판덱테스'(pandektes)로부터 유래한다. 또한 라틴어로는 **디게스타**(digesta)라고 하는데, '요약(또는 정리)된 것'을 의미한다. 이러한 원래의 의미와는 다소 무관하게, 이 판덱텐 또는 디게스타는 529~534년에 걸쳐서 동로마 황제 유스티니아누스가 만든 법전인 로마법 대전 중의 일부인 **학설집**[학설휘찬(學說彙纂) 또는 학설유집(學說類集)이라고도 번역함]이라고 부르는 책을 가리킨다. 로마 법률가들의 학설을 모아 정리한 이 책이야말로 로마법의 핵심 부분이며, 중세 이후 법학 연구에 있어서 가장 중심이 되었던 대상이었다.

19세기 독일의 법학은 바로 이 판덱텐, 즉 로마법의 연구에 전념했었기 때문에 판덱텐 학파(Pandektistik)라는 이름을 얻게 되었다. 판덱텐 학파에 속하는 학자들 중에서 특히 19세기 초에 활약한 구스타프 후고(Gustav Hugo, 1764-1844), 아놀드 하이제(Arnold Heise, 1778-1851)에 의해 만들어진 민법의 체계가 바로 판덱텐 체계이다.

판덱텐 체계의 가장 중요한 특징은 **총칙**을 가지고 있다는 점이다.

이 체계는 우선 민법 전체를 4 등분하여 '물권-채권-친족-상속'으로 구성한 후, 다시 이 네 부분의 공통된 요소를 앞으로 끄집어 내어 '총칙'이라 불렀다. 이 총칙(독 Allgemeiner Teil)은 '일반적 부분'이라는 뜻으로, 법학에 있어서의 기하학적 사고 또는 체계화 추구의 산물이다. 아래의 수식에서 공통적 요소인 a를 괄호 앞으로 보내는 것처럼, 민법 세부 부문에 공통적으로 적용될 내용을 모아서 정리한 것이 '총칙'이라고 할 수 있다.

$$aw + ax + ay + az = a(w + x + y + z)$$

이처럼 공통적인 요소를 추출하기 위해서는 법전 전체가 매우 유기적이고 체계적으로 구성되어야 할 뿐 아니라, 고도로 추상적이고 정확한 개념이 사용되어야 한다. 19세기 초에 만들어진 프랑스 민법전과 오스트리아 민법전은 전통적인 방식인 법학제요 체계를 채택한 반면, 판덱텐 법학의 영향하에 19세기 후반에 만들어진 법전들은 대체로 이 방식을 채택했고, 일본 민법전에 이어 우리 민법전도 이 방식을 받아들였다.

2. 법학제요 체계

법학제요(法學提要 또는 **법학입문**, 라 institutiones)는 원래 제도, 체계, 규정, 교육, 입문 등을 의미하는 라틴어 단어 '인스티투티오'(institutio)에서 유래하며, 법과 관련해서는 법학입문 또는 법학개론과 같은 입문적 교과서를 의미한다. 이 이름의 책 중에서 가장 유명한 것은, 2세기 후반에 활동한 로마의 법률가였던 **가이우스**(Gaius)의 것(161년 경)이다. 이 책은 간단명료한 체계와 문체로 로마법의 핵심 내용을 잘 정리했기 때문에 후세에 큰 사랑을 받았다.

이 책의 영향력이 워낙 컸기 때문에 6세기에 동로마의 유스티니아누스 황제가 로마법 대전을 편찬할 때, 이 책의 상당 부분을 그대로 가져와 같은 이름의 책을 만들어서 법전에 포함시켰다. 후세에는 유스티니아누스 황제가 만든 이 법학제요가 매우 큰 영향을 끼쳤고, 18세기에 이르기까지도 이 책은 법전이면서 동시에 법학입문 교과서의 역할을 했다.

이 책이 채택하고 있는 민법의 체계 역시 18세기 말까지 지배적인 역할을 했다. 가이우스에 의하여 처음 도입된 이 방식은 민법 전체를 **사람**(라 personae), **물건**(라 res), **소권**(訴權, 라 actiones)이라는 세 부분으로 구성하는 것이다.

가이우스의 법학제요와 마찬가지로 4권으로 이루어진 유스티니아누스의 법학제요는 각 권이 다시 여러 개의 장으로 나뉘어 있기는 하지만 구성면에서 가이우스의 3분법을 충실히 계승하고 있다.

가이우스에서의 서론(Gai. 1,1~1,8)에 해당하는 두 개의 장(1,1~1,2)에서 정의(正義)와 법 그리고 법의 종류가 언급된 후, 제1권의 끝까지(1,3~1,26) 사람(인 人)에 관한 법이 다루어진다.

물건에 관한 법은 제2권에서 제4권의 앞부분까지(2,1~4,5)를 차지한다. 우선 물건의 분류(2,1)와 무체물(2,2)이 설명된 후, 무체물에 속하는 제한물권(2,3~2,5)이 다루어진다. 이어서 물건의 취득이 설명되는데, 먼저 단일물의 취득인 사용취득(usucapio: 우리의 시효취득과 비슷한 제도)과 증여가 다루어지고(2,6~2,7), 양도가 금지되는 경우(2,8) 및 권력복종자에 의한 취득(2,9)에 관한 설명이 이루어진다. 집합물(로마의 분류에 따르면 무체물에 속함)의 대표적인 경우인 상속재산의 취득에 관해 제2권의 나머지와 제3권의 앞부분이 할애된다(2,10~3,12). 무체물의 세 번째 범주라고 할 수 있는 채권이 제3권의 나머지와 제4권의 초입부에서 다루어진다(3,13~4,5).

제4권의 나머지(4,6~4,18)에서는 소권에 관한 내용이 가이우스에서와 마찬가지의 순서로, 즉 소권, 항변권, 특시명령의 순으로 설명된다.

3. 소결

법학제요의 삼분법은 역사적으로 다소 복잡한 경로를 거쳐서 판덱텐 체계 속으로 수용되었다.

법학제요 체계의 핵심은 물건(라 res)이라는 포괄적인 개념 속에 오늘날의 물권뿐만 아니라 채권, 상속이 포함되어 있다는 점이었다. 중세 이후에 물권과 채권의 구별이 지속적으로 진행됨으로써 채권이 물건 개념으로부터 떨어져 나왔고, 다시 자연법학의 영향으로 친족법이 인법(人法)으로부터, 상속법이 물건으로부터 분리됨으로써, 18세기 말의 후고(Hugo)와 하이제(Heise)에 이르러 판덱텐 체계가 완성되었다.

결국 **판덱텐 체계**는 **법학제요 체계**와는 전혀 다른 어떤 것이 아니라 그것을 변형·발전시킨 것이다. 이것은 이미 가이우스의 법학제요 체계 속에 내재되어 있던, 법 전체를 하나의 체계를 가지고 일목요연하게 설명하고자 하는 시도의 완성이라고 볼 수 있다. 이러한 체계화 시도는 로마법학의 결의론(決疑論, 독 Kasuistik: 체계 없이 case by case로 문제를 해결하는 방법)적 방법을 충실하게 수용했던 중세법학에서는 결코 성공할 수 없었다. 법의 체계화는 인문주의 법학과 자연법론에 의한 지속적인 문제제기를 통해 결국 근대 민법전의 제정을 통해 그 꽃을 피우게 되었다. 그 뒤를 이은 판덱텐 체계는 체계화의 노력을 더욱 발전시켜 '총칙'을 탄생시켰으며, 독일 민법전과 우리 민법전의 기초가 되었다.

IV 총칙의 구성

1. 일곱 개의 장

우리 민법전의 총칙편을 보면 모두 일곱 개의 장으로 구성되어 있다. 우선 제1장은 통칙으로서, '총칙의 총칙' 같은 역할을 한다. 그러고 보면 판덱텐 체계의 특징인 총칙은 민법 전체의 구성에서뿐만 아니라 각 개별 부분에 있어서도 나타남을 알 수 있다. 제2편 물권편의 제1장인 총칙(185~191), 제3편 채권편의 제1장인 총칙(373~526)이 그 대표적인 예이다. 제1편 총칙편 안에서도 제3장인 법인과 제5장인 법률행위는 다시 그 안에 제1절로서 '그 장에 대한 총칙'을 두고 있다.

총칙편에서 제1장 통칙을 제외한 나머지 여섯 개의 장은 권리의 주체(인, 법인), 권리의 객체(물건: 물권의 객체가 됨), 권리의 변동(법률행위)이라는 틀에 따라 구성되어 있다. 특히 제6장 기간은 권리 변동과 관련된 사항이고 제7장 소멸시효는 권리의 변동 원인이 되기 때문에, 두 장 모두 권리의 변동에 포함시킬 수 있다. 아니면 이 두 장을 나머지 총칙 부분에 대한 일종의 '부록'과 같이 이해할 수도 있다.

민법 총칙의 이러한 구성 방식은 사람·물건·소권이라는 법학제요 체계를 충실히 계승한 것이다. 권리의 주체는 법학제요의 사람에, 권리의 객체는 물건에, 권리의 변동은 소권에 대응한다.

2. 가족법과 총칙 규정

총칙은 원칙적으로 재산법에만 적용된다. 그러나 법원(法源), 신의칙, 주소, 부재와 실종, 물건, 기간 등에 관한 규정은 가족법에도 적용된다. 가족법에 있어서는 총칙과 다른 특별규정이 있는 경우 그 특별규정이 우선하고, 특별규정이 없는 경우에도 총칙은 원칙적으로 적용되지 않는다.

33장 민법의 기본 원리 및 기타 문제

I 민법의 기본 원리

1. 근대 민법전의 원리

서구의 주요한 민법전들은 19세기에 만들어졌다. 1804년 **프랑스 민법전**, 1811년 **오스트리아 민법전**, 그리고 가장 늦게 1900년 **독일 민법전**이 등장했다. 이 법전들은 자본주의, 산업혁명, 시민계급의 성장이라는 이 시대의 키워드로부터 벗어날 수 없었고, 다음과 같은 원리들을 민법의 최고 가치로 인정했다.

① **사적 자치** 원칙은 달리 표현하자면 법적 자유방임주의라고 할 수 있는데, 법적 거래에 있어서 개인의 자유를 최대한 보장하고 법이 최소한으로 개입하려는 입장이다(헌 10, 37 ①, 119 ① 등, 민 103~105).

② **사유재산권 존중** 원칙은 소유권 절대 원칙이라고도 하며, 개인의 소유권을 철저하게 보장하는 것을 말한다(cf. 211, 헌 23 ①).

③ **과실책임** 원칙은 채무불이행이나 불법행위에 따른 책임을 부과함에 있어서 채무자나 불법행위자의 고의나 과실을 요구하는 입장이다(민 390, 750).

고의와 과실의 구별

고의는 결과 발생을 인식한 것이고, 과실은 결과를 부주의로 인식하지 못한 것을 말한다. 형법과는 달리 민법에서는 원칙적으로 책임의 유무나 범위에서 고의와 과실이 구별되지 않고 똑같이 취급된다. 그래서 보통은 과실 여부만 따지게 된다.

과실의 종류

과실을 부주의의 정도에 따라서 구분하자면, 중과실은 현저하게 주의를 게을리한 경우(조문에서 "중대한 과실"로 표현)이고, 경과실은 다소라도 주의를 게을리한 경우로서 일반적으로 민법에서 말하는 과실이다.

한편 주의의무의 종류에 따라 구분하자면, 추상적 과실은 객관적으로 보통 · 평균인에게 요구되는 주의를 게을리한 것(조문에서 "선량한 관리자의 주의", "선관주의[善管注意]" 등으로 표현됨)이고, 여기에는 다시 경과실(민법상의 원칙)과 중과실이 있다. 구체적 과실은 주관적으로 행위자 자신의 평상시의 주의를 게을리한 것("자기 재산과 동일한 주의"라고 조문에 표현)이다. 구체적 중과실의 경우는 없고 항상 구체적 경과실만 요구된다.

2. 사회적 조정의 원칙

이미 19세기 후반에 오면 자본주의와 부르주아(bourgeois)적 자유주의에 대한 비판이 거세졌고, 앞에서 언급한 근대 민법전의 고전적 원리들을 제한하고자 하는 새로운 요구들이 등장했다. 이 요구들은 고전적 원리를 제한하는 새로운 원리들로 부상했는데, 이것들을 뭉뚱그려 **사회적 조정의 원칙**이라고 부를 수 있을 것이다.

이러한 제한 원리가 우리 법에 반영된 예로는 공공복리(헌 23, 119 ②), 신의칙 및 권리남용 금지(민 2), 사회질서(민 103), 폭리행위 금지(민 104), 소비대차 및 임대차의 강행규정(민 607, 608, 652 등), 정당방위 및 긴급피난(민 761), 유류분(遺留分, 민 1112), 기타 다수의 특별법(이자제한법, 「주택 임대차 보호법」, 「약관의 규제에 관한 법률」 등)이 있다.

II 민법전의 적용 범위

민법이 적용되는 사항은 **사법관계**(私法關係)이다. 시간의 측면에서 볼 때 **법률불소급**(法律不遡及: 법률이 제정되기 이전의 일에 대해서는 적용되지 않음)**의 원칙**은 민법의 경우에도 원칙적으로 타당하지만 형법에서만큼 엄격히 준수되는 것은 아니다. 오히려 우리 민법은 다음과 같이 민법의 **소급효**(遡及效: 과거까지 거슬러 올라가서 적용되는 효력)를 인정했다.

> **부칙 제2조(본법의 소급효)** 본법은 특별한 규정이 있는 경우 외에는 본법 시행일 전의 사항에 대하여도 이를 적용한다. 그러나 이미 구법에 의하여 생긴 효력에 영향을 미치지 아니한다.

사람(인[人])의 측면에서 보면, 우선 자연인의 경우 민법은 모든 국민에게 적용(헌 11 ①)된다. 준거법의 문제는 국제사법이 결정한다. 법인의 경우에도 민법이 적용된다.

장소의 측면에서, 민법은 대한민국의 모든 영토 내에서 적용된다.

III 민법의 해석

1. 민법 해석의 방법

민법 해석의 문제에 대해서는 전통적으로 네 가지 해석 방법이 확립되어 있다.

① **문리해석**(文理解釋)은 조문을 문자적으로 해석하는 것으로서 모든 해석에 있어서 출발점이 된다.
② **논리해석**(論理解釋)은 체계적 해석이라고도 하는데, 어떤 조문을 그 법 전체와의 체계적 조화라는 맥락에서 해석하는 것이다.
③ **역사적 해석**은 법 제정 당시의 입법자의 의도를 반영하려는 해석 방법이다.
④ **목적론적 해석**은 법이 제정된 목적과 취지에 맞게 해석하려는 방법이다.

해석 방법의 적용 순서는 다음과 같다. 가장 먼저 문리해석을 하고, 다음으로 논리해석을 하며, 역사적 해석과 목적론적 해석은 마지막으로 한다.

2. 민법 해석의 기술

민법을 해석할 때 자주 사용되는 대표적인 해석의 기술로는 다음과 같은 것들이 있다.

(1) 반대해석

법 조문은 대부분 조건명제이다. 즉 p → q (= p이면 q이다)와 같은 내용일 때가 대부분이다. 이때 **반대해석**이란 ~p → ~q (= p가 아니면 q가 아니다)를 긍정하는 것을 말한다. 다음의 예를 보자.

> **제184조(시효의 이익의 포기 기타)** ① 소멸시효의 이익은 미리 포기하지 못한다.

이 조문을 p → q 와 같은 형식의 두 개의 명제로 분리해보면, p는 '소멸시효의 이익이 미리 발생했다'이고, q는 '소멸시효의 이익을 포기하지 못한다'이다. 이것을 반대해석에 해당하는 ~p → ~q로 바꿔 보면, '소멸시효의 이익이 미리 발생하지 않았다(즉 나중에 발생했다)' → '소멸시효의 이익을 포기할 수 있다'와 같이 된다.

간단한 논리학 지식을 동원해보면, 원래의 명제가 p → q일 때 ~p → ~q는 원래 명제의 '이(裏, 영 inverse)'라고 부른다. ~q → ~p는 원래 명제의 '대우(對偶, 영 contrapositive)'이다. 여기서 원래 명제와 참·거짓을 같이하는 것은 '이'가 아니라 '대우'이다. 원래 명제와 '이'는 참·거짓에 있어서 서로 무관하다. 그런데 반대해석은 '이'가 원래 명제(즉 원래의 조문)와 마찬가지로 '참'이라고 보는 것이다. 따라서 반대해석은 논리적으로 볼 때 타당하지 않다.

논리적으로 타당하지 않은 반대해석을 법학에서 굳이 사용하는 이유는 무엇일까? 해석의 대상이 되는 조문을 원래 명제라고 할 때, 반대해석은 그것의 이'에 해당하므로 '참'일 수도 있고 '거짓'일 수도 있다. 그러므로 반대해석은 '이'가 항상 참이라는 것이 아니라, '이'가 참인지 거짓인지를 확인해보는 과정에 불과함을 잊지 말아야 한다.

(2) 유추해석

유추해석(類推解釋)이란 특정 조문에서 예정하고 있는 경우를 그와 유사한 사례에까지 확장시켜 적용하는 것을 말한다. 다음의 예를 보자.

> **제107조(진의 아닌 의사표시)** ① 의사표시는 표의자가 진의 아님을 알고 한 것이라도 그 효력이 있다. 그러나 상대방이 표의자의 <u>진의 아님을 알았거나 이를 알 수 있었을 경우</u>에는 무효로 한다.

이 조항은 원래는 비진의 의사표시(cf. 상세히는 앞 15장 II.)를 규율한다. 그런데 이 규정이, 대리인이 본인의 이익·의사에 반하여 자기 또는 제3자의 이익을 위한 배임적 대리행위를 하는 경우인 이른바 대리권의 남용 및 법인 이사의 대표권의 남용에도 유추적용되고 있다(cf. 상세히는 앞 29장 I. 5). 다음의 판결을 보자.

대판 1999.3.9, 97다7721·7738

지배인의 행위가 영업에 관한 것으로서 대리권한 범위 내의 행위라 하더라도 영업주 본인의 이익이나 의사에 반하여 자기 또는 제3자의 이익을 도모할 목적으로 그 권한을 행사한 경우에 그 상대방이 지배인의 진의를 알았거나 알 수 있었을 때에는 민법 제107조 제1항 단서의 유추해석상 그 지배인의 행위에 대하여 영업주 본인은 아무런 책임을 지지 않는다고 보아야 하고 (…)

지배인의 행위는 원래는 제107조에서 말하는 비진의 의사표시에 해당하지 않는다. 그러나 법원은 여기에서 '진의(眞意)'의 의미를 '본인의 이익이나 의사에 반하여 자기 또는 제3자의 이익을 도모할 목적으로'의 경우에까지 확장시킴으로써 제107조의 유추해석을 인정하고 있다.

(3) 확장해석과 축소해석

확장해석(擴張解釋)과 **축소해석**(縮小解釋)이란, 조문에서 사용된 특정 개념의 의미를 각각 확장 또는 축소하여 적용하는 방법을 말한다. 가령 이른바 '송두율 교수 사건'에 대한 다음 판결에서는 국가보안법 제6조 제2항에서 말하는 '탈출'의 의미가 문제되고 있다.

국가보안법 제6조(잠입, 탈출) ② 반국가단체나 그 구성원의 지령을 받거나 받기 위하여 또는 그 목적수행을 협의하거나 협의하기 위하여 잠입하거나 탈출한 자는 사형·무기 또는 5년 이상의 징역에 처한다.

대판(전) 2008.4.17, 2004도4899

[판시사항] 대한민국 국민이 외국에 거주하다가 반국가단체의 지배하에 있는 지역으로 들어간 행위가 국가보안법 제6조 제2항의 '탈출'에 해당하는지 여부.

[다수의견] 국가보안법 제6조 제1항의 탈출에는, 누구라도 대한민국의 통치권이 실지로 미치

는 지역을 떠나 직접 또는 외국을 거쳐 바로 반국가단체의 지배하에 있는 지역으로 들어가는 행위 외에 대한민국 국민이 외국에 거주하다가 그곳을 떠나 그에 대한 대한민국의 통치권이 사실상 행사되기 어려운 반국가단체의 지배하에 있는 지역으로 들어가는 행위도 포함되며, 제6조 제2항의 탈출에는 위 행위 외에 누구라도 대한민국의 통치권이 실지로 미치는 지역을 떠나 외국으로 나가는 행위까지 포함된다.

[별개의견] 국가보안법 제6조 제1항, 제2항에서 말하는 탈출이란 대한민국의 이른바 영토고권(領土高權)이 현실적으로 미치고 있는 남한 지역으로부터 이탈하는 행위를 말하는 것으로 보는 것이 옳다. 따라서 대한민국의 영역 밖에서 거주하다가 반국가단체의 지배하에 있는 지역으로 들어가는 행위는 그 행위자가 대한민국 국민이든 대한민국 국민이 아니든 가리지 않고 모두 국가보안법 제6조 제1항, 제2항에서 정한 탈출에 해당하지 않는 것으로 보아야 한다.

이 판결에서 다수의견과 별개의견은 '탈출'의 해석과 관련하여 서로 다른 입장을 취하고 있다. **다수의견**은 외국에 있다가 북한으로 들어가는 경우 탈출에 해당한다고 하고, **별개의견**은 그 경우 탈출이 아니라고 한다. 즉 탈출 개념에 대하여 전자는 일종의 **확대해석**을, 후자는 **축소해석**을 시도하고 있다.

3. 해석의 사명

우리가 법해석 작업을 함에 있어서는 **법적 안정성**(일반적 확실성)과 **구체적 타당성**(**정의** 또는 **형평**의 표현) 사이에서 위태로운 줄타기를 해야 하는 경우가 많다. 이에 관해서는 다음의 흥미로운 두 판결을 비교해봄으로써 많은 시사점을 얻을 수 있을 것이다.

이미 언론을 통하여 '아름다운 판결'로 유명해진 이 사건의 사실관계는 다음과 같다. 1999년 70대 노인 한 분이 딸 이름으로 계약을 하고 주택공사의 임대아파트에 입주했다. 원래 5년이 지나면 분양을 받을 수 있었을 텐데, 이 노인은 계약당사자가 아니었고, 딸은 무주택자가 아니어서 분양을 받을 자격이 없었다. 주택공사가 노인을 상대로 제기한 이 아파트의 명도소송(明渡訴訟: 부동산을 깨끗이 비워서 넘겨달라는 소송)에서 고등법원과 대법원은 각각 구체적 타당성과 법적 안정성을 중시하는 서로 다른 입장을 보여주었다.

대전고판 2006.11.1, 2006나1846

이 사건 임대주택의 임차 목적은 분명히 피고 2의 주거공간을 구하는 것이었지 피고 1의 주거공간을 구하는 것이 아니었다. (…) 이 사건에서 피고 1이 자신의 명의로 아버지의 주거에 관한 임대차계약을 체결하면서 법적으로 허용되지 않는 어떠한 이익을 얻거나 법적 규제를 회피하려 하였던 것은 아니다.

만일 위와 같은 실수가 개입되지 않았더라면 피고 2가 임대주택을 우선분양받을 권리를 갖게 되었을 것이라는 점에 대해서는 의문의 여지가 없다. 피고 2는 현재 75세의 고령에 홀로 살고 있는 노인이다. 경제적 활동을 할 능력을 잃었고 넉넉한 재정능력도 갖고 있지 못하다. 이런 사정에 놓여있는 피고 2에 대하여 임대차계약 체결과정에서 있었던 작은 실수 때문에 이제 와 그 주거공간에서 계속 거주할 권리를 갖지 못한다고 하기에는, 원인이 된 피고들측의 잘못과 그 결과 사이에 균형을 잃었다는 느낌을 지울 수 없다.

법률용어로서의 '임차인'이라는 단어가 임대차계약의 양 당사자 중 부동산을 빌리는 측 당사자를 의미한다는 사실은 굳이 법률가가 아니더라도 잘 알고 있다. 그러나 법률 문언의 올바른 의미를 밝히기 위해서는 법률용어로서의 의미만이 아니라 그 법률이 달성하고자 한 정책목표와 우리 사회가 법체제 전체를 통하여 달성하고자 하는 가치를 아울러 고려하여야 한다. 위 법률의 문언만이 아니라 위 법률이 달성하고자 한 정책적 목표와 위 법률이 의도한 계획의 관점에서 보면, 피고 2의 주거안정은 당초부터 위 정책목표와 계획상의 보호범위 내에 있었던 것이지 그 바깥에 있었다고 생각되지 않는다. 정책적 목적과 계획을 분명하게 하기 위하여 사용된 언어가 그 정책적 목적과 계획의 실행을 제한하고 억제하는 방향으로 해석되고 집행되는 것은 옳은 일이 아니다. (…)

오히려 이 법상의 임차인의 요건을 그렇게까지 문언적, 법형식적으로 해석할 것이 아니라 이 사건과 같은 특별한 사정이 있는 예외적 사안에서 임대차계약의 목적과 재정적 부담과 실제 거주자라는 실질적 측면에서 사회적 통념상 임차인으로 충분히 관념될 수 있는 피고 2가 위 법상의 임차인 요건을 갖추었다고 보는 것이 위 법의 공익적 목적과 계획에 부합하는 해석이라고 생각한다.

가장 세심하고 사려 깊은 사람도 세상사 모두를 예상하고 대비할 수는 없는 법이다. 가장 사려 깊고 조심스럽게 만들어진 법도 세상사 모든 사안에서 명확한 정의의 지침을 제공하기는 어려운 법이다. 법은 장래 발생 가능한 다양한 사안을 예상하고 미리 만들어두는 일종의 기성복 같은 것이어서 아무리 다양한 치수의 옷을 만들어 두어도 예상을 넘어 팔이 더 길거나 짧은 사람이 나오게 된다. 미리 만들어 둔 옷 치수에 맞지 않다고 하여 당신의 팔이 너무 길거나 짧은 것은 당신의 잘못이니 당신에게 줄 옷은 없다고 말할 것인가? 아니면 다소 번거롭더라도 옷의 길이를 조금 늘이거나 줄여 수선해 줄 것인가? 우리는 입법부가 만든 법률을 최종적으로 해석하고 집행하는 법원이 어느 정도 수선의 의무와 권한을 갖고 있다고 생각한다. 이는 의회가 만든 법률을 법원이 제멋대로 수정하는 것이 아니라 그 법률이 의도된 본래의 의미를 갖도록 보완하는 것이고 대한민국헌법이 예정하고 있는 우리 헌법체제의 일부라고 생각한다.(…)

가을 들녘에는 황금물결이 일고, 집집마다 감나무엔 빨간 감이 익어 간다. 가을걷이에 나선 농부의 입가엔 노랫가락이 흘러나오고, 바라보는 아낙의 얼굴엔 웃음꽃이 폈다. 홀로 사는 칠십 노인을 집에서 쫓아내 달라고 요구하는 원고의 소장에서는 찬바람이 일고, 엄동설한에 길가에 나앉을 노인을 상상하는 이들의 눈가엔 물기가 맺힌다.

우리 모두는 차가운 머리만을 가진 사회보다 차가운 머리와 따뜻한 가슴을 함께 가진 사회에서 살기 원하기 때문에 법의 해석과 집행도 차가운 머리만이 아니라 따뜻한 가슴도 함께 갖고 하여야 한다고 믿는다. 이 사건에서 따뜻한 가슴만이 피고들의 편에 서있는 것이 아니라 차가운 머리도 그들의 편에 함께 서있다는 것이 우리의 견해이다. (…)

대판 2009.4.23, 2006다81035

(1) 법은 원칙적으로 불특정 다수인에 대하여 동일한 구속력을 갖는 사회의 보편타당한 규범이므로 이를 해석함에 있어서는 법의 표준적 의미를 밝혀 객관적 타당성이 있도록 하여야 하고, 가급적 모든 사람이 수긍할 수 있는 일관성을 유지함으로써 법적 안정성이 손상되지 않도록 하여야 한다. (…) 요컨대, 법해석의 목표는 어디까지나 법적 안정성을 저해하지 않는 범위 내에서 구체적 타당성을 찾는 데 두어야 한다. (…) 그 과정에서 가능한 한 법률에 사용된 문언의 통상적인 의미에 충실하게 해석하는 것을 원칙으로 하고, 나아가 법률의 입법 취지와 목적, 그 제·개정 연혁, 법질서 전체와의 조화, 다른 법령과의 관계 등을 고려하는 체계적·논리적 해석방법을 추가적으로 동원함으로써, 앞서 본 법해석의 요청에 부응하는 타당한 해석이 되도록 하여야 한다. 한편, 법률의 문언 자체가 비교적 명확한 개념으로 구성되어 있다면 원칙적으로 더 이상 다른 해석방법은 활용할 필요가 없거나 제한될 수밖에 없고, 어떠한 법률의 규정에서 사용된 용어에 관하여 그 법률 및 규정의 입법 취지와 목적을 중시하여 문언의 통상적 의미와 다르게 해석하려 하더라도 당해 법률 내의 다른 규정들 및 다른 법률과의 체계적 관련성 내지 전체 법체계와의 조화를 무시할 수 없으므로, 거기에는 일정한 한계가 있을 수밖에 없다.

(2) 구 임대주택법(2005.7.13. 법률 제7598호로 개정되기 전의 것) 제15조 제1항에서 규정하는 '임차인'이란 어디까지나 그 법률이 정한 요건과 절차에 따라 임대주택에 관하여 임대사업자와 임대차계약을 체결한 당사자 본인으로서의 임차인을 의미하고, 이와 달리 당사자 일방의

계약 목적, 경제적 부담이나 실제 거주 사실 등을 고려한 '실질적 의미의 임차인'까지 포함한다고 변경, 확장 해석하는 것은 법률 해석의 원칙과 기준에 어긋나는 것으로서 받아들일 수 없다.

IV 민법의 적용 방법으로서의 3단논법

논리학의 가장 기본적인 추론 방법인 **3단논법**은 법에 있어서 대단히 빈번하게 사용된다. 대전제(大前提)는 추상적인 법규, 소전제(小前提)는 구체적인 생활관계, 결론은 법률효과에 해당한다. 예를 들어 불법행위에 관한 일반규정인 제750조를 보자.

제750조(불법행위의 내용) 고의 또는 과실로 인한 위법행위로 타인에게 손해를 가한 자는 그 손해를 배상할 책임이 있다.

대부분의 법규가 그러하듯이 이 조문 역시 **요건**과 **효과**라는 두 요소로 이루어져 있다. **요건**은 3단논법의 **대전제**에 해당하는 것으로, 앞의 조문에서는 고의·과실, 위법행위, 손해발생이 이에 해당한다. **소전제**는 이 요건들을 구체적 사안에 적용하여 그 해당 여부를 판단하는 사실 인정 부분이다. 가령 '갑돌은 고의로 위법행위를 하여 손해를 발생시켰다'가 될 것이다. **효과**는 논리적인 결론에 해당하는 부분으로서 앞 조문에서는 손해배상책임이 이에 해당한다.

법에서는 일반적으로 특정한 조문의 전제에 해당하는 부분을 **법률요건**, 결론에 해당하는 부분을 **법률효과**라고 부른다. 우리가 공부하는 대다수의 조문이 이처럼 '법률요건 + 법률효과'의 구조로 되어 있다는 것을 잘 기억하고, 조문을 읽을 때마다 요건과 효과를 잘 구별할 수 있어야 한다.

34장 민법의 공부 방법

I 조문

민법 공부의 초심자들이 흔히 범하기 쉬운 실수 중의 하나는 **조문**(법률)을 등한시한 채 교과서만 열심히 읽는 것이다. 그러나 조문이야말로 민법과 다른 모든 법을 공부함에 있어서 출발점이자 종착점이다.

이 점은 실무에 있어서도 마찬가지이다. "법관은 헌법과 법률에 의하여 그 양심에 따라 독립하여 심판한다."(헌 103)라고 우리 헌법이 규정하고 있으므로 법의 해석과 적용이 법률에 의해 이루어져야 함은 당연하다. 만약 법원이 헌법 · 법률 · 명령 또는 규칙을 위반했고 이것이 판결에 영향을 미쳤다면, 그것은 상고(항소심의 판결에 불복하여 대법원에 소를 제기하는 것)의 이유가 된다(cf. 민소 423).

법을 공부하는 과정에 있어서 **조문**은 **공부의 가장 중요한 대상**이다. 해당 법 영역의 핵심 내용이 최대한 압축되어 표현된 것이 바로 조문으로, 조문의 내용만 제대로 이해한다면 그 법과 관련된 대부분의 내용을 이미 파악했다고 볼 수 있다. 다른 법의 공부에 있어서도 마찬가지이지만, 민법 공부에 있어서도 그 출발점은 조문을 열심히 읽고 이해하려고 노력하며, 가능하면 (특히 중요한 조문들은) 외우는 것이다.

민법전은 모두 1118조문으로 이루어져 있다. 현행법 중에서 가장 많은 조문을 가진 방대한 법률이다. 제1편 총칙 부분만 해도 184조문이나 되는데 이것은 결코 적은 수가 아니다. 참고로 헌법은 130조문으로 되어 있고, 대부분의 법률이 100조문을 넘지 않는다(eg. 어음법은 78조문, 수표법은 62조문으로 구성).

법 공부에 처음 입문했다면, 그것도 민법으로 시작했다면 언제 어디서나 민법전을 볼 수 있어야 한다. 강의실이나 도서관에서, 버스나 지하철에서 자투리 시간이 생기면 법전을 꺼내어 몇 번이고 반복하여 읽는 습관을 기르면 좋다.

요즘은 휴대전화 등의 스마트 기기를 통하여 민법전을 읽는 것이 매우 용이해졌다. 항상 민법전과 함께 생활하는 것이 가능하다. 법제처의 '국가법령정보센터(http://www.law.go.kr/)'에 가면 모든 법률을 다운로드 받을 수 있을 뿐 아니라, 스마트 기기에서 사용할 수 있는 다양한 앱(App)도 나와 있다. 저자 역시 컴퓨터와 스마트 기기에 민법전을 포함한 민사 관련 주요 법률들을 텍스트 형식으로 저장하여두면서 참조하고, 다른 필요한 법률이 있으면 수시로 법제처 홈페이지에 접속하여 확인한다.

인간이 숨을 쉬지 않으면 살 수 없는 것처럼 민법전 없이는 생활할 수 없을 정도가 된다면, 우리는 틀림없이 민법을 잘하게 되고 유능한 법률가로 성장할 수 있을 것이다.

II 학설

1. 교과서의 선택

어떤 교과서가 좋은지에 대해서는 절대적 기준이 있을 수 없다. 어떤 책이든 나름대로의 장점과 단점, 특색을 가지고 있기 때문이다.

저자의 견해뿐만 아니라 다른 학자들의 견해 또한 균형 있게 소개하고, 중요한 판례의 입장을 잘 정리하여 제시하고, 저자의 고유한 관점에 따라 일관성 있게 서술했다면 틀림없이 좋은 책이다. 대부분의 교과서는 이미 이러한 기준들을 충족하고 있다. 독자 스스로 읽기에 친근하고 이해가 잘 되는 책을 고르는 것이 더 중요한 기준이 될 수 있다. 남들이 추천하는 책을 선택하는 것도 무난한 방법이 되겠지만, 서점이나 도서관에서 본인 스스로 여러 교과서를 비교하여 읽으면서 자신에게 맞는 것을 **스스로 고르는 것이 더 좋은 선택**이 되지 않을까 한다.

2. 학설의 대립

교과서를 읽다 보면 특정한 법적 문제에 대하여 너무나 많은 학설을 소개하고 있어 초보자로서는 도대체 그중 어떤 것이 옳은 것인지 혼란에 빠진다. 그리고 모든 학설의 내용을 다 알고 있어야 하는지에 대해서 큰 부담을 느낀다.

우선 학설과 관련된 용어를 살펴보자.

① 모든 학자의 견해가 일치되어 있는 경우 **일치설** 또는 '학설은 일치하여'와 같이 표현한다.

② 일부 반대 견해가 없는 것은 아니지만 대다수 학자의 견해가 일치한 경우에는 **통설**(通說)이라고 한다.

③ 통설의 정도에까지 이르지는 못했지만 상당히 많은 수의 학자가 지지하는 견해를 **다수설**이라 하고 그 나머지 견해를 **소수설**이라 한다.

④ 다수설이라고 하기에는 부족하지만 비교적 많은 학자가 표방하는 견해를 **유력설**이라 한다.

⑤ 딱히 유력설이 무엇인지 말하기 어려울 정도로 견해가 다양하게 나뉘어 있는 경우에는 각각의 견해가 경중 없이 소개된다.

이처럼 학설의 우열 관계를 나타내는 용어가 매우 복잡한 것은, 민법과 관련하여 엄청나게 많은 학설이 존재하기 때문이다.

판례는 실질적으로 법률과 거의 대등한 중요성을 가지지만, **학설**은 형식적으로든 실질적으로든 법원(法源: 법의 존재 또는 인식의 연원이 되는 것)으로서의 힘을 가지지는 못한다.

그래도 학설은 법을 공부하는 과정에서 다음과 같은 이유에서 매우 중요하다.

① 특정한 법적 문제에 있어서 하나의 절대적으로 타당한 입장이 있는 것이 아니라 다양한 선택지가 존재함을 알려준다. 우리가 법을 공부하고 또 실제로 적용함에 있어서는, 한편으로는 법적 안정성의 입장에서 무엇이 법인지를 명확하게 밝혀야 하지만, 다른 한편으로는 정의의 관점에서 최선의 법적 해결책이 무엇인지를 끝없이 의심하고 탐구하는 자세를 유지해야 한다. 물론 법관의 입장에서는 최선

의 의미에서의 법이라고 해석되는 것을 적용할 수밖에 없겠지만, 적어도 학교에서 법을 공부하는 동안에는 정해진 답에 만족할 수 없다. 보다 타당한 새로운 답을 추구해보아야 하며, 다양한 학설은 그러한 시도의 과정이자 결과이다.

② 학설들은 특정한 법적 문제가 우리가 생각하는 것 이상으로 훨씬 다양하고 복잡한 계기들을 포함하고 있음을 보여준다. 초보자들은 법이 단지 외우기만 하면 되는 단순명료한 것이라고 착각하는데, 실제로 법은 수많은 인간의 다양한 삶의 모습이 반영되어 있는 매우 복잡하고 중층적인 세계이다. 따라서 학설은 그 문제가 가지고 있는 특별한 측면에서의 의미를 포착하여 보여준다는 의미를 가진다.

그러나 이렇게 학설이 법적 논의가 가지는 폭과 깊이를 잘 보여준다 하더라도, 초보자에게는 그러한 다양함이 일종의 혼란과 두려움으로 다가오게 된다. 복잡한 학설의 세계를 정리해줄 나름의 기준은 반드시 필요하며, 그것은 보통 **통설** 또는 **다수설**로 표현된다. 공부를 하는 과정에서 학설의 다툼이 있는 경우에, 적어도 통설 또는 다수설의 입장은 확실하게 이해하고 넘어가야 한다. 실제로 법적 문제를 해결할 때에도 **판례** 또는 통설의 입장을 따르는 것이 보통이며, 법원 역시 통설의 입장을 따르는 경우가 많다. 드물게 판례와 통설의 입장이 서로 다른 경우도 있는데, 이렇게 양쪽의 입장이 팽팽한 때에는 두 입장을 모두 잘 이해하고 있어야 한다. 사례 문제에 대한 답안을 작성할 때, 양쪽의 입장에 따른 상이한 해결책을 모두 서술해주어야 하기 때문이다.

통설과 판례의 입장은 대부분 일치하므로, 학생은 통설과 판례의 입장을 정확하게 이해하고 있으면 충분하다. 간혹 이 통설과 판례의 입장에 반대하는 유력한 학설이 있는 경우도 있다. 법원에서는 그러한 유력한 반대설을 채택하는 것이 쉽지 않지만, 학교에서 법을 공부하는 입장에서는 통설과 판례의 입장을 비판하고 새로운 해결책을 모색하는 자유로운 태도를 얼마든지 가질 수 있다. 물론 그러한 경우에도 통설과 판례의 입장을 완전히 무시할 수는 없고, 서로의 입장이 어떻게 다른지를 명확하게 이해하고 답안에도 상이한 입장을 균형 있게 서술하는 것이 중요하다.

III 판례

1. 판례의 중요성

법률과 학설이 법의 내용을 추상적으로 서술한 것이라면, 법의 생생한 현실은 판례를 통하여 표현된다. 판례 공부의 중요성은 아무리 강조해도 지나치지 않다.

현실적으로 대법원의 판결은 단순한 법의 해석 기능을 넘어서서 법이 미처 규정하지 못한 많은 사회적 문제에 대하여 일종의 입법 기능을 수행한다. 우리나라는 판례법 국가들과는 달리 선판례(先判例: 기존의 판례)의 구속력(stare decisis: '판결에 입각함'이라는 뜻의 라틴어)을 형식적으로는 인정하지 않는다(cf. 법원조직법 8 및 앞 31장 II. 5). 하지만 최고 법원인 대법원 판결의 선례로서의 효력은 실질적으로 인정되고 있어서, 결과적으로 판례법 국가들과 큰 차이는 없다.

법 실무에 있어서 판례가 중요한 것과 별도로, 법 공부에 있어서도 판례의 학습은 중요하다. 단순히 중요하다는 말로는 부족할 정도이다. 판례 공부는 **살아 있는 법**을 공부하는 것이다. 추상적인 법률과 학설은 그 자체로는 공허하다. 그것을 실제 사례에 적용할 수 있는 능력은 오로지 판례를 통해서만 획득될 수 있다. 의학도가 아무리 열심히 공부해도 이론만 공부하는 것으로는 의사가 되기에 부족한 것과 마찬가지이다. 직접 해부도 하고 임상 실습을 통해서 의학 이론을 실제로 적용하는 연습을 부단히 하여야만 비로소 제대로 된 의사가 될 수 있는 것과 같은 이치라는 것이다.

2. 판례의 공부 방법

그렇다면 판례를 어떤 방법으로 공부하여야 할까? 법학 초심자가 대법원의 판결문을 읽는다면, 한글로 쓰여 있어도 전혀 내용을 이해할 수 없다. 마치 미지의 외국어를 읽는 것처럼 느껴질 것이다. 판결문은 조문과는 달리 반복하여 읽더라도 거의 이해하기 어렵다. 적절한 조력이 뒷받침될 때에만 초보자도 판결문의 내용을 조금이나마 이해할 수 있을 것이다.

그러한 도움을 제공하는 것이야말로 법학 강의의 핵심 부분이라고 저자는 생각하고 있다. 그것은 이 책의 핵심적 목표이기도 하다. 이 책에서는 판결의 핵심 내용을 간략한 형태로 재구성하고, 그것이 어떠한 논리적인 흐름에 의하여 최종적인 결론에 도달하고 있는지를 쉽게 설명한다. 초보자도 이러한 도움을 받으면서 판결문을 읽고 이해하기 위해 노력하다 보면 점차 혼자 힘으로도 판결문을 이해할 수 있는 수준으로 발전하게 될 것이다.

흔히 초심자는 판결의 요지를 그냥 외우기만 하면 판례 공부를 다 한 것으로 생각한다. 변호사 시험 및 각종 자격 시험에서 시행되는 객관식 시험이 이러한 풍조를 부채질해왔다. 물론 판결의 결론만 암기하는 것은 최소한의 법적 지식의 함양이라는 면에서는 도움이 될 수 있다. 하지만 정작 암기는 민법 공부(나아가서 법 공부 일반)의 핵심인 법적 추론 능력(흔히 리걸 마인드[legal mind]라고 부르는)을 기르는 데에는 별로 기여하지 못한다.

요컨대 판례를 공부할 때에는 그 결론을 암기하는 것이 중요한 것이 아니라, 그 결론이 어떤 과정을 통하여 도출되었는지 하는 **법적 추론 과정을 이해**하는 것이 더욱 중요하다.

3. 법률 사례의 파악 방법

실제로 판결문을 읽을 때 다음과 같은 식으로 그 내용을 정리해본다면 공부에 많은 도움이 될 것이다.

① 사례 문제의 해결에 있어서 출발점이 되는 네 가지 기본 요소를 정리해본다. 즉 누가(원고), 누구를 상대로(피고), 무엇을(청구의 내용 = 재판에서는 '청구취지'), 어떤 근거로(청구의 법적 근거 = 재판에서는 '청구원인') 청구하는지를 파악한다.

② 청구의 법적 근거가 되는 조문을 중심으로 하여 그 요건을 파악한다. 가령 민법 제109조 제1항은 "의사표시는 법률행위의 내용의 중요 부분에 착오가 있는 때에는 취소할 수 있다. 그러나 그 착오가 표의자의 중대한 과실로 인한 때에는 취소하지 못한다."라고 규정하고 있다. 우리는 이로부터 착오로 인한 법률행위가 성립하기 위한 '요건'이, 첫째, '법률행위의 내용'의 착오여야 하고, 둘째, '중요 부분'의 착오여야 하고, 셋째, 표의자(表意者: 의사표시를 한 사람)에게 '중대한 과실'이 없어야 한다는 세 가지임을 알 수 있다.

③ 요건 중 특히 그 사례에서 쟁점(핵심적으로 중요한 것)이 되고 있는 문제에 집중하여 고찰한다.

④ 앞에서 살펴본 것들을 토대로 하여 그 사안의 구체적인 법적인 결론(eg. 원고의 청구가 인정되는지 아니면 부인되는지)을 도출한다.

4. 심화된 판례 학습

선례로서 아주 중요한 의미를 가지는 판결에 있어서는 그 판결에 이르기까지의 이전 판결이나 학설의 추이, 그 판결 이후의 변화 등도 함께 살펴보면 좋을 것이다. 특히 중요한 것은 대법원의 전원합의체 판결들이다. 이들에 있어서는 대법관들이 의견 일치를 보이는 경우도 있으나, 다수의견 이외에 반대의견이나 보충의견이 제시되는 경우도 많다. 서로 대립하기도 하고 조금씩 다르기도 한 다양한 법적 논변을 검토해볼 수 있기 때문에 판례 공부를 위해서는 더 없이 완벽한 소재이다.

이 책에서는 제법 많은 판례가 소개되고 있지만, 이것들은 그 주제와 관련된 많은 판결 중에서 극히 일부에 불과하다. 대부분의 경우에는 판례의 핵심 내용만 간략하게 소개했으므로, 스스로 판결의 전문을 찾아 읽으면서 그 상세한 내용을 확인해보면 좋다. 경우에 따라서는 이 책에서 소개되지 않은 다른 관련된 판결들까지도 함께 읽어볼 필요가 있다.

이러한 목적을 위하여 매우 유용한 사이트로, 대법원이 제공하는 '종합법률정보(http://glaw.scourt.go.kr/)'가 있다. 여기에서는 판례를 중심으로 하여 관련되는 법령과 참고문헌까지 한꺼번에 검색하고 읽을 수 있다. 법 공부에 있어서 필수적인 세 가지 기본자료에 모두 접근할 수 있는 셈이다. 대법원의 공식적인 간행물인 판례공보를 통하여 소개된 판결은 물론이고, 공간(公刊)되지 않은 판결이라 하더라도 중요한 판결들에 대해서는 그 전문을 제공하고 있어서 더욱 유용하다. 이렇게 훌륭한 서비스를 사설 업체가 아닌 대법원이 제공하고 있으므로 누구든지 무료로 이용할 수 있다. 하루에도 몇 번씩 이 사이트를 방문하여 판례를 검색하고 판결문과 씨름할 때마다 우리의 민법 실력은 무럭무럭 성장할 것이다.

IV 법률용어

대개 법학 공부의 시작은 민법 총칙인 경우가 많으므로, 여기에서 초보자들은 많은 생소한 법률 용어를 처음 접하게 된다. 한자가 많이 사용되는 것은 물론이고, 한국어라고는 도저히 보기 어려운 이상한 용어들도 적지 않다. 주로 일본식의 용어들이 그러한데, 인(人), 태양(態樣), 간주(看做), 표현대리(表見代理) 등이 대표적이다. 이러한 용어들 때문에 초보자들은 민법 공부에 대한 흥미와 의욕을 잃게 된다. 이 법률용어들의 정확한 의미를 제대로 이해하지 못하면 민법은 점점 더 어렵고 골치 아픈 것이 되고 만다.

새로운 용어가 하나라도 등장하면 그것이 민법 총칙의 범위에 속하는지 여부와 상관없이, 그 대강의 의미는 반드시 숙지(熟知)하고 넘어가야 한다. 이 목적을 위해서는 법률용어사전이 매우 유용하다. 이미 여러 출판사에서 그러한 사전들이 출간되어 있다. 두꺼운 법률용어사전을 항상 휴대하는 것이 불편하다면, 인터넷을 통하여 법제처 국가법령정보센터에서 제공하는 '법령용어(https://www.law.go.kr/lsTrmSc.do?menuId=13&subMenuId=65)' 메뉴를 활용하는 것도 좋다. 구글이나 네이버 검색만 활용해도 용어의 의미는 충분히 파악할 수 있다.

V 양창수 교수가 추천하는 공부 방법

판사, 대법관, 교수로 재직했으며 가장 권위 있는 민법학자 중의 한 분인 양창수 교수는 민법 공부의 어려움을 극복하는 바람직한 공부 방법에 대하여 다음과 같이 조언한 바 있다(cf. 양창수, 『민법입문』(제9판), 2023, 제6장 '민법과 민법공부').

우선 민법 공부가 어려운 이유는 민법의 내용이 방대할 뿐만 아니라 그 내용이 매우 복잡하고 다양하기 때문이라고 한다. 민법은 복잡한 인간사의 모든 문제에 대하여 2천년이 넘게 축적된 지혜의 결정판이며, 가장 오랫동안 가장 완벽하게 발전한, "문제의 끝"까지 밀고 나가는 철저한 사고(思考)의 결과물이라고 한다. 그래서 다른 법들도 모두 민법에 기초하고 있다고 양 교수는 말한다.

그렇다면 이렇게 복잡하고 방대하며 심오한 민법을 어떤 식으로 공부하는 것이 좋을까? 다음은 양 교수가 추천하는 방법이다.

① 교과서나 판례를 '읽는 것'과 '생각하는 것'을 균형 있게 병행한다. 교과서를 그냥 읽기만 하고 구체적 의미를 생각하지 않으면, 그 공부는 살아 있는 지식이 되지 못한다. 스스로 많이 생각해보는 것도 좋지만, 친구들과 스터디 그룹을 만들어 판례에 대해 토론해보는 습관을 기르면 더욱 좋을 것이다. 법은 결국 이성이라는 무기를 가지고 벌이는 싸움이며, 법적 문제에 대한 토론은 그와 같은 정신적 싸움의 훌륭한 훈련장이다.

② 법전을 중시한다. 교과서를 포함한 다른 모든 자료는 법전을 제대로 이해하기 위한 보조적 수단에 불과하다. 항상 법전과 함께 생활하는 자세, 자신의 법적 주장의 근거를 법조문을 통하여 제시하는 습관을 길러야 한다.

③ 무비판적 외우기는 위험하지만, 외우기를 결코 외면하지 말아야 한다. 법 공부에 있어서 근본적으로는 암기보다 이해가 중요한 것이 사실이다. 잘 이해한 내용을 암기까지 했을 때 비로소 그 지식을 실제로 활용할 수 있게 된다. 중요한 조문들은 반복적으로 읽어서 반드시 암기해야 하고, 중요한 청구권들의 성립 요건들도 잘 외우고 있어야 사례 문제의 해결이 가능하다.

④ 혼자서 공부를 할 때(eg. 교과서를 읽을 때)에는 양보다 질을 생각한다. 스스로의 머리로 생각하지 않으면서 암기만을 목적으로 그냥 읽어나가는 것은 효율적인 방법이 아니다. 제대로 암기도 되지 않는다. 항상 '왜?'라는 질문을 던지면서 읽으면 당장은 시간이 많이 걸릴 것이다. 하지만 그 생각의 훈련이 쌓이고 쌓여서 튼튼한 민법 실력이 된다. 아무리 생각해도 이해할 수 없는 부분은 체크만 해두고 그다음으로 넘어가는 것이 효율적이다.

⑤ 나무가 아니라 숲을 본다. 세부적인 내용을 꼼꼼하게 이해하는 것도 중요하겠지만, 총칙의 공부에 있어서는 내가 지금 전체 중에서 어느 부분에 와 있는지를 잊어서는 안 된다. 총칙은 일곱 개의 장으로 구성되어 있다. 내가 지금 어느 장의 어느 부분을 공부하고 있는지를 알면서, 즉 전체 속에서의 위치를 생각하면서 공부해야 한다.

⑥ 책에서 인용된 판례와 조문은 총칙의 범위를 벗어나는 것이라도 반드시 찾아보고 확인한다. 총칙 공부가 특히 어려운 것은 총칙을 벗어난 내용이 자주 등장하

기 때문이다. 내용을 모두 이해할 수는 없다 하더라도, 새롭게 등장하는 판례·조문·법률용어 등은 꼭 찾아보고 확인하는 습관을 기르는 것이 좋다.

⑦ 너무 학설대립에 집착하지 않는다. 하나의 문제에 관하여 어떤 상이한 입장들이 있는지 대체적으로 파악하는 것으로 일단은 충분하다. 나중에 공부의 깊이가 더해지면 다양한 학설에 대한 보다 입체적인 이해가 가능할 것이다. 우선은 통설과 판례의 입장을 중심으로 하여 기본적인 법리를 확실하게 이해하면 좋다.

지금까지 양창수 교수가 제안하는 민법 공부의 방법을 살펴보았다. 중요한 것은 말보다 실천이다. 좋은 공부 방법이 자신의 습관이 되어야 한다. 지금 당장 민법 공부를 시작해보자.

참고문헌

Brox, Hans, & Wolf-Dietrich Walker, *Allgemeiner Teil des BGB*, 47. Aufl., Vahlen, 2023.

Flume, Werner, *Allgemeiner Teil des Bürgerlichen Rechts, 2. Bd.: Das Rechtsgeschäft (Enzyklopädie der Rechts-und Staatswissenschaft, Band 2)*, 4. unver nd. Aufl., Springer, 1992.

Kaser, Max, Rolf Knütel, & Sebastian Lohsse, *Römisches Privatrecht (Kurzlehrbücher für das Juristische Studium)*, 22. Aufl., C. H. Beck, 2020.

Kaser, Max, *Das römische Privatrecht, 1. Abs.: Das altrömische, das vorklassische und das klassische Recht*, 2. Aufl., C. H. Beck, 1971.

송덕수 · 김병선, 『민법 핵심판례 240선』, 박영사, 2024.

송덕수, 『기본민법(제4판)』, 박영사, 2022.

송덕수, 『물권법(제6판)』, 박영사, 2023.

송덕수, 『민법총칙(제7판)』, 박영사, 2024.

송덕수, 『신 민법사례연습(제7판)』, 박영사, 2024.

송덕수, 『신민법강의(제17판)』, 2024.

송덕수, 『신민법입문(제15판)』, 박영사, 2024.

송덕수, 『채권법각론(제6판)』, 박영사, 2024.

양창수 · 권영준, 『민법 II: 권리의 변동과 구제(제5판)』, 박영사, 2023.

양창수 · 권영준, 『민법 III: 권리의 보전과 담보』, 박영사, 2023.

양창수 · 김재형, 『민법 I: 계약법』, 박영사, 2024.

양창수(편집대표), 『민법주해[I]: 총칙1(제2판)』, 박영사, 2022.

양창수(편집대표), 『민법주해[II]: 총칙2(제2판)』, 박영사, 2022.

양창수(편집대표), 『민법주해[III]: 총칙3(제2판)』, 박영사, 2022.

양창수(편집대표), 『민법주해[IV]: 총칙4(제2판)』, 박영사, 2022.

양창수, 『민법입문(제9판)』, 박영사, 2023.

우치다 타카시, 『법학의 탄생: 근대 일본에서 '법'은 무엇이었는가?』(정종휴 역), 박영사, 2022.

최병조 · 이상훈 편역, 『원사료로 보는 로마법의 일반원리: D.1.1~D.1.4, D.50.16, D.50.17 대역 및 역주』, 민속원, 2023.

최병조, 『한국민법의 로마법적 배경과 기초: 민법 제373조-제407조』, 법무부, 2013.

찾아보기

[ㅇ]

[ㅈ]

[ㅊ]

[ㅌ]

[ㅍ]

[ㅎ]

처음 배우는
민법 총칙

펴낸날 1판 1쇄 2024년 9월 5일
지은이 서을오
펴낸이 주소현
펴낸곳 이화여자대학교출판문화원
주소 서울특별시 서대문구 이화여대길 52(우 03760)
등록 1954년 7월 6일 제9-61호
전화 02) 3277-2965 (편집), 02) 362-6076 (마케팅)
팩스 02) 312-4312
전자우편 press@ewha.ac.kr
홈페이지 www.ewhapress.com
책임편집 이지예
디자인 정혜진

ISBN 979-11-5890-530-9 93360
값 29,000원